Introduction to
Augmentative and Alternative Communication

走出自闭

——发展障碍儿童、青少年和成人的沟通辅助技术

【挪威】 斯蒂芬·冯·特茨纳　　哈拉尔德·马丁森 ◎著

五彩鹿儿童行为矫正中心　　北京师范大学特殊教育系 ◎编译

hjem 家

datamaskin 计算机

sprák 语言

hjelpe 帮助

nár 几时

leke 玩

天津教育出版社

TIANJIN EDUCATION PRESS

序一

促进残疾人事业发展,改善残疾人生存状况,已成为我国一项重要而紧迫的任务。中国人口众多,残疾人的基数也很大。目前我国各类残疾人总数达到了 8296 万人,占全国人口的比例为 6.34%,涉及 2.6 亿家庭人口,其中精神残疾人数上升最多,到目前为止,中国没有全面的的统计方式,以联合国和世界卫生组织的统计方式来推算,中国自闭症总人口约为 722.6 万人,这个数字是中国 0～14 岁残疾儿童(387 万)的 8.71%。而自闭症儿童的新增机率仍在不断攀升。因此,如何帮助残疾人自立自强,让他们能够最大限度地融入社会,是摆在我们面前的巨大挑战。

有的挑战可以说是全球性的。在二十一世纪,物质和文化层次的发展都有了令人炫目的丰富。然而,在精神层面,在人与人的语言和社会交往方面,越来越多的交流障碍问题正在引起全球的广泛关注。比如孤独症(又称自闭症)患者这个特殊的精神发育障碍群体,国际上对其复杂性至今没有突破性的研究和认识,因而在诊断和治疗的及时性和有效性上难度极大,至今被认为是不治之症。其症状以社会交往障碍、沟通障碍和局限性、刻板性、重复性行为为主要特征,是广泛性发育障碍中最有代表性的疾病。

2006 年我国第二次全国残疾人抽样调查残疾标准中将儿童孤独症纳入精神残疾范畴。摆在我们面前的重任是,在科学发展的局限性面前,政府有关部门如何携手广大专业科研机构、各类特殊教育机构,以及各种力量,众志成城,共同关爱和帮助提高这些人的生活质量,使他们回归社会,自强自立,有尊严地生活,使他们和他们的家庭摆脱孤独无奈的现状,感受社会的温暖,这既是需要研究和探讨的重要社会课题,也是我们建设和谐社会的社会责任。

我欣慰地看到,作为特殊教育专业的重点院校之一的北京师范大学特殊教育系联合北京五彩鹿儿童行为矫正中心在孤独症儿童的课题研究和行为矫正方面所做出的努力。在我国基础研究相关经验尚未完善的阶段,借鉴国际上最新的研究成果和领先的干预技术将是有益的尝试。

我希望挪威奥斯陆大学特殊教育学院的斯蒂芬·冯·特茨纳教授和哈拉尔德·马丁森教授所著的《走出自闭—发展障碍儿童,青少年和成人的沟通辅助技术》一书将为我们带来更加先进和规范的相关理论知识,成为帮助发展障碍残疾人群体的有价值和功效的工具。

为了促进残疾人事业发展,需要全社会的共同努力。让我们以科学的方法为基础,更好地为残疾人服务,解决他们最切身的问题,共同营造残疾人有尊严、有生活品质的更加人性化的和谐社会。

中国残疾人联合会副主席

汤小泉

中国残疾人福利基金会理事长

2011 年 1 月 29 日

序二

　　一个偶然的机会，我接触到了这样一群特殊的儿童群体：他们被人们形容为是折了翅膀的天使，他们有着天使般可爱的外貌，却缺乏沟通的技巧和能力。他们像是坠落人间的星儿，孤独地闪烁着。

　　第一次近距离地接触到孤独症患者，我就被深深地震撼了：患者数量竟然如此之多，而且不分人种和地域，发病率正在逐年攀升，更为严重的是目前的医学水平还无法判断发病的确切原因，并且还没有找到对症的良药。这些看起来那么漂亮可爱的孩子，却没有目光对视，没有眼神交流，似乎与身边的世界毫无关系。如何能让这些无辜的星儿们回归社会，如何架起一座能让他们与这个世界沟通的桥梁，如何提高他们的生活质量，将来能够独立地在这个社会上有尊严地生活，是一个全世界都在研究和探讨的重大命题，也是我们这些从事孤独症儿童早期干预工作者肩上承担的义不容辞的责任。从我们在中国发起成立五彩鹿儿童行为矫正中心的第一天开始，我们就抱定了一个坚定的信念，要放眼全球，为我们的星儿们寻找最先进的干预技术。因为我们知道早期干预的重要性，我们要分秒必争，我们的孩子不能等。

　　国外在这方面的研究比我们早了将近半个世纪，积累了不少经验，而我国的社会大众还普遍对孤独症缺乏认知，并且不具备很多发达国家的社会公共组织的援助和政府从财政到组织特殊康复机构、特殊科研教育机制的社会资源，无论从孤独症儿童家长，到我们这些民办的教育机构，都在孤军奋战。我们一路走来，每一步都充满了困难、艰辛，有时甚至是无奈。面对不断渴求得到救助的家长们希翼的眼光，使我们增添了责任感，家长们的鼓励和认可为我们增添了成就感，让我们坚持下来，更加积极地为我们的孩子寻求康复之路。

　　在一次关于孤独症的国际学术交流会上，我听到了挪威奥斯陆大学特教学院的斯蒂芬·冯·特茨纳教授关于替代沟通法的学术演讲。替代沟通的方法能够帮助孤独症的孩子进行交流,这让我心中为之一震,这种方式在中国还没有得到研究和尝试,或许能为孤独症儿童的救治拓宽新的路子?我决心将这种方式引入中国。会后我特别邀请斯蒂芬·冯·特茨纳教授到中国来参观了我们五彩鹿儿童行为矫正中心,并与我们的教师们开展了现场交流。他充分肯定了我们的干预方法,并演示了他采用的替代沟通法,为我们全体老师进行了替代沟通法的技术培训和经验交流,并对我们的教学提出了宝贵的意见和建议,使我们受益匪浅。

五彩鹿已经将替代沟通这一国际上较先进的新方法率先在五彩鹿的教学实践中进行应用,并取得了令人欣喜的效果。一些没有语言的孩子学会了利用沟通工具表达自己的想法和需求,减少了孩子由于无法表达自己的需求和意愿而产生的一些行为问题。对一些有语言,但对语言理解能力有限或语言的重复、仿说等表达困难的孩子,替代沟通是辅助和启发他们语言能力的有效方法。有了先进的方法作为指导,我们的教学水平得到更大的提升。但是,我们的能力是有限的,面对那么多儿童的家长焦心地排队等待,我们也只能解决其中一小部分儿童的入园问题。在全球化的今天,我们有条件扩大视角,引进更先进的理论研究、教学方式来改变中国在这个领域的落后面貌,填补研究和教育的空白。由此,引进专家和先进的教学理论势在必行,也是我们作为先行者的义务。

最近,五彩鹿获得斯蒂芬·冯·特茨纳教授和哈拉尔德·马丁森教授的正式授权,将他们的扩大替代沟通一书译成中文,在全国推广,让更多有替代沟通需求的人群受益。这正是我们组织引进和翻译此书的初衷。

斯蒂芬·冯·特茨纳教授和哈拉尔德·马丁森教授的扩大替代沟通方法是他们三十多年教学经验和研究成果的积累,给没有语言功能或有语言障碍的人群提供了一套实用工具,可以帮助他们完成与外界沟通的需要。作为特殊教育领域中的一本实用教材,本书已经在欧洲和北美的许多国家的高等院校特殊教育系被广泛采用。原文为挪威语,已被译成英语、西班牙语、葡萄牙语、波兰语、德语、荷兰语等多种文字在世界多个国家出版发行。由于影响力大,挪威版和英文版本都曾多次再版印刷。在我们进行中文版的编译过程中,斯蒂芬·冯·特茨纳教授又进一步增添和汇集了在替代沟通领域中的最新研究成果和案例。为了更加适合中国特殊教育领域对教材的需求,他一再强调要在编写翻译此书时按中国的特殊情况进行充实,使其能够达到"本土化"效果,他的这种专业精神和责任感让我们由衷的敬佩。

我国在替代沟通方面的研究还刚刚起步，有关教材非常匮乏。由于替代沟通方法不仅仅适用于有语言障碍的孤独症人群，而是对所有不同原因造成沟通障碍的人群都有极大的帮助。因此，中文译本的出版必将在我国的特殊教育领域留下浓墨重彩的一笔！

我们衷心感谢挪威奥斯陆大学斯蒂芬·冯·特茨纳教授对中国特殊教育的热心帮助和无私奉献！我们在联合北京师范大学特教系肖非教授和学生与我们共同进行翻译、审校的同时，特别组织五彩鹿的老师把相关的案例加以理论归纳、提炼，编写了在中国本土的实践案例和初步研究成果，充实为书的一部分，这将会对国内读者产生更大的参考作用。

我们在出版此书时，曾经遇到各方面困难，曾经受到各方面对孤独症儿童爱心人士的相助，在此一并感谢。相信本书中文译本的出版会给我国有特殊需要的群体带来一缕清新的空气！

五彩鹿儿童行为矫正中心校长　孙梦麟

2011 年 1 月 9 日

Preface

Language and communication are the foundations of human social interaction. Most children develop spoken language without any difficulties, but there are children who struggle and need much longer time than others. The use of an alternative communication form may support their speech development and help them communicate and cope better during the extended language acquisition period. Some individuals with disabilities develop little or no speech and therefore need an alternative language form throughout life. For individuals with limited spoken language, developing and mastering an alternative language form will change their life in significant ways, giving them better means of communication and contributing to a richer and more happy life.

A significant number of families and professionals in China and other countries are involved with severely communication impaired children, adolescents and adults who need alternative communication systems to compensate and supplement delayed or limited development of spoken language. These families and professionals need to have sufficient knowledge about the various alternative communication systems and their practical application in intervention and everyday conversations. The aim of the present book is to serve as an introductory text and guide for speech and language therapists, special educators, teachers in kindergarten and school, psychologists, care nurses and other professionals, as well as for families with members who need an alternative communication form for a period or thought - out life, and to facilitate collaboration between different groups of professionals, and between professionals and families.

The book provides information about the diverse groups of users with developmental disorders, and the variety of augmentative and alternative communication systems and intervention strategies that can be useful in increasing the communicative possibilities of people with limited spoken language. It is a guiding principle that communication intervention should include all parts of the communication impaired individual's usual environment and aim to enhance the initiative and participation of the individual.

The field of augmentative and alternative communication is still quite young. There is already a substantial body of published research, but new ideas and insights are being developed all the time. The present book is mainly a translation of the Norwegian edition from 2002 but it has been adapted to the Chinese reality and updated in 2010 with the most recent theoretical and clinical developments. A textbook on visual forms of communication needs an abundance of illustrations in order to relay the essence of these communication forms, and the book is therefore richly illustrated.

The present book is the first comprehensive textbook on augmentative and alternative communication in Chinese, and its publication represents an important milestone in the work for individuals with disabilities. It is important for all countries to have a comprehensive textbook on augmentative and alternative communication in the national language(s), so that professionals and families can have access to the knowledge they need, independent of their mastery of foreign languages. We are very proud and honoured that our textbook has been chosen for a Chinese edition, and we believe it will make an important difference for the development of many children, adolescents and adults with severe disorders of speech, language and communication in China.

We are very impressed with the leadership Beijing Normal University and Wucailu Rehabilitation and Research Center have taken in making knowledge about augmentative and alternative communication available to a broad public in China. They took the initiative and have been responsible for the Chinese translation and adaptation of the present book. In particular we want to thank professor Fei Xiao and his student at Beijing Normal University and Fu Xiuyin, Sun Menglin and Tony Liu at Wucailu Center for their hard work and friendly collaboration.

Oslo, December 2010

Stephen von Tetzchner
Harald Martinsen

前 言

　　语言与沟通是人类社会交往的基础。大多数儿童语言的发育是没有障碍的，但有一些儿童则需要经过很大的努力，学习时间远比别人长。替代沟通方式的使用可以支持他们的语言发展，帮助他们沟通，在扩大语言沟通期间更好地应对生活。有的发育障碍个体几乎发展不出语言，因此终身需要替代语言形式。对于口语受限制的个体，发展和掌握一种替代语言形式将为他们的生活带来重大改变，给他们更好的沟通工具，从而享受更丰富幸福的人生。

　　在中国和其他国家，有相当数量的家庭、专业工作者致力于帮助沟通能力有严重障碍的儿童、青少年和成人。这些有障碍的个体需要替代沟通系统来弥补口语发展迟缓或受限。这些家庭和专业工作者需要有各种替代沟通系统的丰富知识以及它们在干预中和日常会话中实际应用。本书的目的是作为一本介绍和指导教材，帮助语言治疗师、特教人员、幼儿园和学校教师、心理工作者、护理和其他职业人员，以及家庭成员中有在一段时间内需要或终身需要替代沟通方式的家庭，促进不同专业团体以及专业人员与家庭间的协调。

　　本书提供了关于发展障碍不同群体和各种扩大替代沟通系统和干预策略的信息，这些系统和信息对口语受限制的人提高其沟通的可能性有所帮助。干预沟通应当包括沟通障碍个体生活环境的所有方面，目的是要促进个体的主动性和参与性，这是一条指导原则。

　　扩大替代沟通领域的研究虽然刚刚起步，已经有了相当数量的出版物，但新思想，新见解层出不穷。本书主要依据 2002 年挪威版的翻译版本，但结合了中国的国情，并且充实了 2010 年的最新理论和医疗界的发展。因为与沟通视觉形式相关的书需要丰富的视觉图，以便展示这些沟通的精髓，因此，本书采取了图文并茂的形式。

　　本书是扩大替代沟通的第一本中文综合教材,它的出版对服务残障人士的工作具有重要的里程意义。所有国家都有自己语言的关于扩大替代沟通的教材,这很重要。只有这样,专业人员、家庭才能够接触他们需要的知识而不受外语的困扰。我们的书被选为中译本教材,我们深感自豪与荣幸,我们相信本书会对中国有严重语言和沟通障碍的儿童、青少年和成人起重要帮助作用。

　　北京师范大学和五彩鹿儿童行为矫正中心为在中国普及扩大替代沟通知识而做的开拓性努力给我们印象至深。他们提出创意并负责本书中文的翻译和改编。我们特别要感谢北京师范大学的肖非教授和他的学生们以及五彩鹿儿童行为矫正中心的付秀银,孙梦麟和刘勇的努力工作,友好合作。

斯蒂芬·冯·特茨纳

哈拉尔德·马丁森

2010 年 12 月,于 奥斯陆

目　录

第一章 绪 论

　　人群中有少数人无法完全通过语言沟通。他们可能完全无法讲话或者语言不足以实现完整的沟通功能。他们也许需要一种替代沟通模式补充或替代口语。这些人包括儿童、青少年以及成人中的运动障碍、学习障碍、自闭症、言语和语言发育迟缓者，以及其他发展性或一些后天因素导致的障碍者。这个群体的总数尚未有准确的统计数字。后天因素导致障碍的人群较为广泛，其中包括许多老年人。

　　本书主要注重于有发展性语言与沟通障碍者。一方面是先天的和早期后天发育障碍，另一方面是后天的或因老龄化而产生的障碍，二者间也许有很大不同。若要涵盖后天因素导致的障碍将需要另著一本书来论述。先天的和早期后天因素造成的障碍较难发展出一些与障碍有关的技能。比如，成年失明和失聪的人通常仍能说和写，而那些天生聋或盲的人则很少有人能学会这些技能。许多运动和语言障碍儿童要发展阅读和书写技能很困难，而有类似运动和语言障碍的成人不大会有这样的困难。还有，这两组人不同的发展经历，导致他们文化和生活风格也将不同。

　　据统计，非语言沟通发展群体的需求占人口的 0.4% ~ 1.2% 之间（斯科普，2008；莱特等，2003，冯·特茨纳，1997）。对语言和沟通障碍关注越多，诊断出的言语和语言能力受限的人数也就越多。对语言和沟通障碍日益增长的关注也导致了日益增长的需要替代沟通系统的意识。如今，有许多这样的系统可选。

　　本书探讨语言干预中手势、图形符号和可触式符号的使用。绝大多数用手势的人是聋人。聋童学符号语言和大多数有听力的儿童学说话一样，是通过自然方式学习，他们在符号环境中长大，不需要任何学符号的特殊的教育。因此，本书不涉及聋人，除非是因运动障碍，无法表达符号而需要沟通辅助的聋人。

　　需要替代沟通系统的人群也有很大不同。他们唯一的共同点是语言不充分，需要替代沟通方式来替代或补充口头语言。许多儿童会借助替代沟通方法发展语言，进而不再需要此系统，他们也不同程度地适应了社会并且成为社会的普通成员。

对于终身需要替代沟通系统的人，语言理解和运动能力会决定他们的生活情况以及他们参与正常社交活动的程度。有一种特殊的亚群体能够理解其他人说什么以及发生在他们周围的事情，共享流行文化的价值与规范。他们需要替代沟通系统是因为运动障碍妨碍了语言。他们通常也有妨碍其他活动的运动障碍，使他们需要技术辅助并且需要依赖于别人。

另一亚群体是无法讲话，也无法从传统的语言治疗中受益的人。对这一群体的大多数，语言障碍只是其他一般性障碍的中的一部分，会影响其智力和社会技能。

与他人的沟通困难会导致广泛的后果，其影响涉及生活的各方面和各年龄段。在无语言阶段，沟通困难影响儿童与他们监护人的互动，阻碍或破坏自然的文化适应过程。广泛性沟通障碍的儿童家长常常体验到与孩子之间交流受限。他们难以了解孩子的兴趣，如孩子喜欢什么或不喜欢什么，在孩子面前经常不知所措。儿童也有丧失在普通社会环境中自然学习能力的危险。儿童成长过程中的大多数知识是从社会成员中学到的，其学习是通过共同的关注、对成年人和其他儿童的反应、别人向他们解释和讲述的东西、以及所听所见其他人的行为。儿童正是用这种方式学习语言，获取他们的文化知识，价值与规范（纳尔逊，2007；托马塞洛，1999，2003）。有严重语言与沟通障碍的儿童相比其他人这样的学习机会更少。

人的一生，自足、自尊和自我价值感与一个人的表达能力紧密相关。一个人与他人的独立平等感关系到自己表达需求、思想、关切以及感情的能力。当这种能力打折扣的时候，人们会难以使自己"被听见"，从而丧失他们对命运的主宰。他们有被社会公众疏远隔离的危险。他们会体会到其他人对他们的低估，不给他们说话机会，为他们做决定，从而强化他们二等公民的感觉。另一方面，其他人也许会高估他们，认为他们对情况有了解、有控制，其实他们没有，在社会互动中适当反应能力减弱，从而把无聊与恶意强加于他们。对障碍最严重的人，这种负面体验会（连同违背他们初衷与愿望）导致他们学习被动，过度依赖他人，还会沮丧与压抑。

提高沟通能力的干预可以增加其所处环境中人们对他们的了解，以及人们适应他们沟通技能的能力。通过干预，使用替代沟通方法的人和其周围环境中的人都会发生变化。

给没有语言或有限语言能力的儿童、成人提供替代沟通方式可以提高他们的生活质量，掌控自我生活，得到自尊和在社会中平等的机会。而且，对于广泛性运动障碍者，语言与沟通也许比其他技能更容易发展。对于他们，改善的表达语言技能有双重功能——使他们也能够更多参与各种家庭、社会和群体活动。

一种替代沟通系统的选择必须从大视角着眼。沟通系统应当能够改善日常生活，使使用者的障碍减少，更能控制生活。因此，沟通系统的选择必须考虑个人的整体状况。多数需要替代沟通系统的人也需要其他干预形式。一个新沟通系统的提供必须与提供的整个康复服务范围协调，如教育、训练、帮助等。语言与沟通干预决不能与其他干预形式相隔离。与其他语言与沟通形式相同，替代沟通系统应当作为一种工具在全部生活情景中起作用。

许多新的沟通系统和辅助方法已经投入使用，也许对它们的描述和评估很困难。各种需要替代或补充沟通的人群经常得到不同的沟通系统，尽管最新的模式不一定是最好的，但知道有哪些系统可选择十分重要，以便我们做出正确决定。也有必要知道如何使不同系统和辅助适用于个体需要以及他们需要什么样的支持。所以，本书主要目的是：

• 概述可用于需要替代和补充语言的儿童、青少年以及成人的手势、图形符号和可触式沟通系统和沟通辅助；

• 概述需要替代沟通形式的主要人群，以及各群体中个体间的主要差异；

• 描述沟通系统和个别符号选择的评估与重要因素，探讨如何尽可能使选择基于使用者的特殊性格、兴趣和需要；

• 描述教学和为不同替代沟通系统提供环境支持最重要的原则，包括讨论如何使语言和沟通干预更好地适用于促进个体的主动性和自理能力的发展。

术 语

非聋人语言与沟通障碍者使用图形符号、手势还是一个较新的领域，而且术语常常变化。本书所使用的术语依照目前专业文献，不过，在某种意义上本书的术语与大多数文献的领域有所不同。术语"符号"（sign）是指语言形式而不是讲话的通用术语，包括手势和图形符号。这么做的原因是即便在扩大替代沟通文献中，图形符号常常被用于指"符号"（symbols），在语言学领域，语言和手势、图形符号都指语言符号（symbols）（莱昂斯，1977）。另一些人如皮尔斯（1931），把"象征符号"（symbolic sign）与"图像符号"（iconic sign）做了区分。多数被描述为"符号系统"（图片沟通系统 PCS，象形表意沟通 PIC，等等）的图形符号不会被皮尔斯看作为"符号的"。用术语"符号"（symbol）只表述一种沟通系统看来欠妥，只指表达形式的"符号"（sign）似乎是更中立的概念。

从国际术语看，诸如讲话，说点什么，讲话人，听话人等词和词组使用得相当宽松。一个受辅助沟通者使用某种沟通辅助形式，一个受辅助讲话人使用某种人造或数字化语言输出沟通辅助，而一个自然讲话人用正常方式讲话。一个听话人就像一个谈话伙伴。一个听话人不必听某人讲，但可以"读"一个图形符号或手势，或领会另一种沟通形式。术语"不言语"用于指个人讲话少，而"无言语"指所说之人缺乏任何一种语言：口语、手势、可触式或图形。

尽管多数接受干预的个体是儿童，但许多有发展障碍的青少年和成人也接受替代沟通系统教学。原因之一在于许多严重障碍者进入成年后需要干预——有的要持续终身。另一原因在于在中国和许多其他国家仍有许多成人需要替代沟通方法，但他们在儿童期从未有机会学习这样一个系统。因此，我们使用的术语"个人"指接受干预的人，除非语境清晰表明是指一个儿童、一个青少年或一个成人，而一个"教师"可以是一个幼儿园老师、教师、特教教师、护士、语言治疗师、心理医生等。术语"相当数量的人"用于指家庭、朋友、日常照顾者和其他与这个人亲近或他的利益监护人，通常不含教师和其他教育者。

符　号

本书所用符号依照冯·特茨纳和詹森（1996）的方法。据此，自然口头话语标成斜体字，而"机制数字化或人造语言中的词和句子"标成斜体字加引号。在符号语言书面表达中，每一个符号有一个注解，即一个名字或翻译。这样的注解用大写，比如，买东西 SHOP（图 1 - 1）。图形符号 *GRAPHIC SIGNS* 和图片 *PICTURES* 的注解用大写加斜体字。（本书中许多例子不特指手势或图形符号，在这些例子里采用大写）。同样的符号用于可触式符号 *TANGIBLE SIGNS*。当一个单独手势或图形符号需要不只一个字翻译时，这些字用连字符连接。比如，你和我 YOU - AND - ME 或 *YOU - AND - ME* 。整个词whole words 和书面造好的句子written ready - made sentences 的表示加下划线。拼写的 s－p－e－l－l－e－d 词也加下划线。引号符号用于手势或图形符号话语的"意思的解释或翻译"。它们也用于面部表情、姿势、指点等的意思解释。比如"是 yes"（点头）和"不是 no"（摇头）。大括号 ¦…¦ 表示同时发生的表达形式。比如，语言和手势符号或手势和图形符号『高兴 HAPPY，我高兴 I AM HAPPY』的意思是手势高兴 HAPPY 与自然口语句我高兴 I AM HAPPY 同时发生。

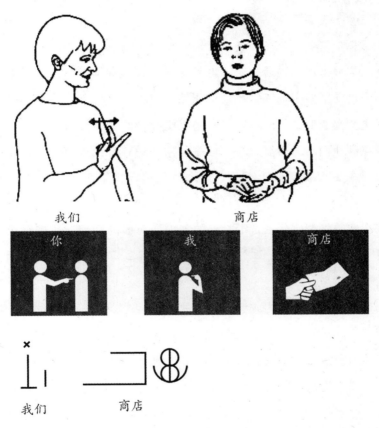

图 1－1 买东西

我们俩 we, us 买东西 shop。

本书用的符号。我－俩买东西 WE－TWO SHOP，或你我买东西 YOU I SHOP，可以指"我们去买东西"。

第二章　扩大与替代沟通

言语是人类最常用的沟通方式，也是普通人首选的沟通方式。尽管如此，仍然有一些人不管接受了多少训练，还是不能够开口说话。对于这些人来说，替代沟通将是他们的主要沟通形式。而对于另一些程度较轻的言语障碍者来说，当他们在学习说话或者提高他们的沟通能力时，可能也需要一种替代沟通的形式，以使他们的言语让沟通对象更容易理解。因此，扩大替代沟通，是口语的一种补充或者替代形式。

●**替代沟通**是指个体使用言语之外的其他面对面的互动方式进行沟通。例如手势、图形符号、可触式符号、摩尔斯码、文字等等，都是没有能力说话的个体所使用的替代沟通方式。

●**扩大沟通**是指补充性的或者支持性的沟通。"扩大"这个词所强调的是替代沟通方式所进行的干预所包含的双重目的：即在促进和支持言语的同时，还要保证那些尚未发展出说话能力的人能够用一种替代的沟通形式进行沟通。

所有的非口语沟通系统都称之为"替代性的"，这种替代沟通形式可以用来完全替代口语，也可以仅用作口语的补充。替代沟通系统包括了手势、图形符号和可触式符号。"符号系统"这个词可以用来描述以下几种符号的集合：

●**手势符号**包括了聋人的手语以及其他用手来演示的符号（例如挪威手语和精确手势英语（Signing Exact English））。手语仅仅包括了聋人所使用的手势符号。而"打手势"这个词是指使用手势符号，包括使用手语和手势符号系统。

●**图形符号**包括所有由图形组成的符号（例如布利斯符号、图片沟通符号、象形意会沟通系统）。

●**可触式符号**通常由木头或者塑料做成（例如普雷马克词语积木）。一些可触式符号是为盲人和视力严重受损者所设计的。通常也是由塑料或者木头做成，形状和表面质地都非常明显，使其很容易通过触觉辨认，也有由丝绸或沙粒制成的。

辅助和非辅助沟通的区分，提示了不同类型的替代沟通方式：

• **辅助沟通**是指沟通表达方式以一种物理形式的并存在于使用者之外的所有沟通方式。这类符号需要进行选择，沟通板、书籍、有合成语音输出系统的电子设备以及一些其他类型的沟通辅助都是属于这个类型的。指示某个图形符号或者图片也是一种辅助沟通形式，因为这些符号或者图片同样属于沟通性的表达。

• **非辅助沟通**是指残疾人自己做出的沟通性表达。这种类型的符号是由他们自己"发出"，主要包括了手势符号，但拼写字母以及摩尔斯码也是属于这种类型的，因为他们都是使用者自己一个个字母拼写而成的单词。用眨眼来表示"是"、"否"同样是非辅助沟通的一种方式。日常指示以及其他的姿势也同理，因为这些情况下，指示也是一种沟通性表达。

依赖性沟通和独立性沟通的区分取决于替代沟通的使用方式以及在沟通障碍者表达时交谈对象所起的作用：

• **依赖性沟通**是指沟通障碍者依赖他人来整合、解释以及理解当前谈话的意义。依赖性沟通可能是通过使用由单词以及图形符号组成的沟通板来进行的，但使用手势符号的人也可能会需要一个同伴来帮助他们解释并理解片段性的或者像电报文一样的符号所表达的意义。

• **独立性沟通**是指信息完全由沟通障碍者自己发出。对于那些使用图形沟通系统的人来说，这可能需要一些电子沟通辅助设备，在屏幕呈现出完成句子或者输出人工合成语音才能实现。

手势符号

大多数国家都有两种手势符号。一种是大多数聋人所使用的手语，命名方式通常是在国家之后，例如挪威手语（NSL）、美国手语（ASL）、中国手语（CSL）。手语是原创的，也就是说它并不是来自于口语。他们有自己的语法，与口语有不同的词法以及词序（句法）。手语同口语一样，不同国家之间也会有差异（图 2－1）。这些手势的构型（发音）不同，他们词法不一样，而且句子的词序也完全不同。手语也会有一些方言差异。手语就这样自然的发展着，同时在与其他手语以及口语和书面语的接触过程中也逐渐发生着变化（埃莫雷和莱恩，2000；克利马和贝吕吉，1979；林等，2009）。

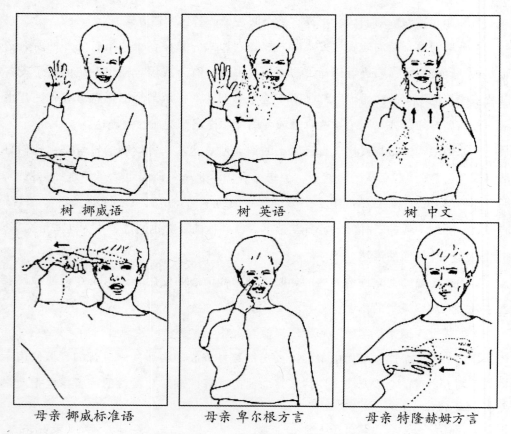

图 2-1 手语在不同国家的差异

另一种手势符号称之为手势符号系统。这类符号系统是继发性的，是根据语言一个词一个词的打出来的，而且他们的词法也和口语一致。相应地，每个国家也会有差异，例如精确手势英语（Signing Exact English）（格斯特森，普费茨因和扎沃寇，1980）和手势汉语（利特尔，约翰逊和回，2005/2006）。手势符号系统通常由聋人老师进行修订，从而达到用手势来表达口语的目的。许多手势都是从国家手语中借鉴而来，但是词法和句法是来源于国家口语。由于口语性的词法和句法并不适合视觉的手语，因此这些系统在聋人之中并没有广泛应用。（图 2-1）

在对听力正常的沟通障碍者进行干预时，最重要的就是要使用基于口语的手势符号系统。除了美国手语外，听力正常的人几乎都不能够很好地使用国家手语，因为手语表达不够详细，而且缺乏合适的教学材料。而手势符号系统是基于口语，能够很容易和口语一起结合使用。这一点非常重要，因为在替代沟通干预中，言语和手势符号往往是同时使用的。此外，在普通人群中学习外语的能力是因人而异的，很多人要费尽心力才能掌握一门新的语言。但是对于使用口语的人来说，掌握跟他们的口语组合相近的一个符号系统要比掌握语法完全不同的手语要容易得多。但是，对那些符号控制能力非常强的人来说，基于口语的符号系统并没有自然手语有用。

图形符号

图形符号系统主要在沟通辅助中使用，它可以是简单的沟通板、书籍，也可以是基于先进的电脑技术的设备。布利斯符号、图片沟通符号、象形意会沟通系统是首要的沟通系统，经过这些年的发展，大量的沟通系统都已经逐渐发展起来（富勒，劳埃德和斯特拉顿，1997；冯·特茨纳和詹森，1996）。我们这里只呈现最常用的系统。

布利斯符号

布利斯符号系统（图2-2），是一种意音或者形意文字，也就是一种并非基于字母的文字（唐宁，1973）。布利斯符号最初是以中文字体为模型而建立的一套国际书面语，目的是为了让来自不同国家的政治家能够更好的相互沟通从而促进世界和平（布利斯，1965），但这套系统从来没有发挥这个作用。它的第一次使用是在加拿大，用于有运动障碍同时也不会说话，学习读写也有困难的孩子（麦克诺顿，

图 2-2

2003）。有严重发音困难或者不能够说话的孩子在学习字母书写的语言时通常都会存在明显的问题。这与这些孩子常常通过意音文字或者形意文字的方式来学习阅读词语，而单词却又是由字母构成有关（杰斯克温得，1972）。

布利斯符号系统由 100 个基本符号或称词根组成，他们可以组合成基本符号不能表达的意义单词或者意义。有很多这些符号组合是约定俗成的。多伦多布利斯符号研究所以及国际布利斯符号委员会已经正式通过了大量的能够适用于不同语言文化的固定英文注释或者说"翻译"。如同口语中的某一单词在不同语言中可能会有完全一样的解释，一个特定的布利斯符号或者某一符号组合在不同国家用法可能会略微不同。当尚未形成固定组合时，可能会有几个布利斯符号意思等同于相同的口语单词，例如圣诞老人（图 2-3）。这些差异反映出了布利斯符号本质上的灵活性和创造性。

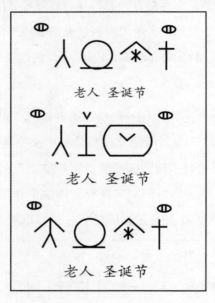

图 2-3

使用布利斯符号的沟通辅助一般是由使用者经常需要的基本符号以及符号组合共同构成。但对于口语中的大部分单词，并没有确定的布利斯符号的习惯用法，并且许多使用者可能也并不知道通常的使用形式或者没有必需的元素。因此，在日常生活的沟通中，使用者通常会将布利斯符号词语组合起来表达出他们想说的话。

布利斯符号是一种类比系统。布利斯符号组合是由通过类比的形式结合并理解的语义学元素构成的。例如，布利斯符号大象通常是由动物＋长＋鼻子组成。家是由房子＋感情组成。马桶是由椅子＋水组成。高兴是情感＋上组成（图 2-4）。布利斯符号的可理解度是各不相同的，也就是将不同图形表达和特定意义相联系起来的难易程度是不同的（博恩曼，阿兰特和都普利斯，2009）。除了与所有单词对应的布利斯符号外，还有很多标记表示语法上的词形变化和象征部分言语，例如过去时态、复数形式、行动、反义词。名词加上行动，就变成了动词。行动＋船就成了"航行"，自行车＋行动就成了"骑自行车"。其他的一些布利斯符号是"策略性的"，因为他们能够根据某种基本原则改变另一布利斯符号的意义，或者暗示沟通对象理解某一布利斯符号。例如，反义词、类似于、听起来像、看起来像都是布利斯符号策略。加上反义词之后让注释有了相反的意义：反义词＋大就变成"小"，反义词＋重就变成"轻"。因此，基于布利斯符号的不同组合、功能各异的标记以及策略，布利斯符号系统的构成是相当复杂的（施洛瑟，1997a，b）。此外，布利斯符号也是可以同字母结合使用的。动物＋c是指以字母c开头的动物，例如猫（cat），或者牛（cow）。干预专家常常会将布利斯符号结合不同的背景颜色来代表不同的词语类别。但是，一些布利斯符号的使用者会埋怨这会限制每一个布利斯符号意义的数量，从而限制符号系统的创造性使用（科拉尔，1999）。

基本符号和符号组合相结合构成了句子。布利斯（1965）提出了布利斯符号的一套特殊句法，但是在原则上，使用任何词序都可以。在大多数国家，布利斯符号的词序是与其国内口语的词序相近，但是这种词序并不一定就是图形沟通形式的最佳词序（见第九章）。

布利斯符号的图形构成比较复杂，通常大部分都由一个以上的基本符号构成。对于视觉正常并且有良好语言以及认知能力的人来说，这并不会影响他们使用该系统。但是，对于那些学习障碍者来说，如此复杂的系统会阻碍他们的使用。除了能仅仅使用数量有限的简单的布利斯符号，教授学习障碍者使用布利斯符号的尝试还尚未成功。认知功能良好的言语障碍者和阅读困难者从布利斯符号中获益最大（麦克诺顿，2003；桑德伯格和耶尔姆奎斯特，1992）。

对那些言语功能有限的人们来说，布利斯符号系统无疑是最先进的图形沟通系统。虽然它的使用并不是非常复杂，但是要想用好这套系统还要取决于适当的教学策略（冯·特茨纳，1997a）。一个常用的教学策略是说出布利斯符号相对应的口语单词。另一个典型策略是解释出布利斯符号系统的元素或基本符号所代表的意义。假设学生理解口语，那么老师们只需要对布利斯符号的意思进行简单命名，就能满足学习布利斯系统基本符号的需要。要让学生学会更加复杂的布利斯符号复合词，

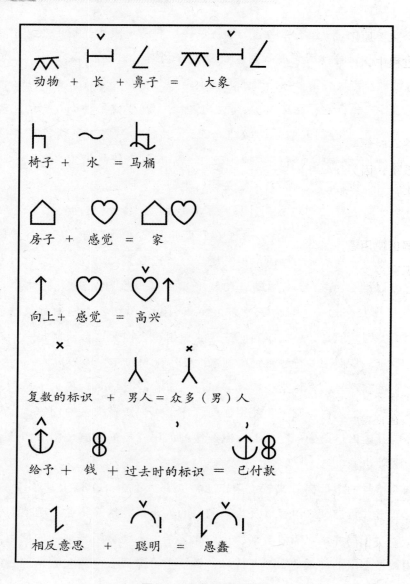

图 2-4 布利斯符号

非常重要的一点就是老师们要详细解释每一个元素的意义以及他们在复合词中的功能（施洛瑟和劳埃德，1997；谢泼德和哈夫，1995）。这能够帮助使用者学会布利斯复合词的不同意义，并且能够帮助他们灵活而有创造性地使用布利斯符号系统。

为了使布利斯符号更加象形化，干预专家有时候会尝试着在布利斯符号中增加更多的细节，这些细节使其看起来就像这类符号所指的原型。例如，为房子画上窗户和门。这能使年纪较小的儿童以及学习障碍者更容易记住个别布利斯符号（拉哈文达和弗里斯托，1990，1995），但是所添加的图形细节也可能会对使用布利斯符号的几个主要原则造成影响：类比和隐喻。另外，这还可能减少该系统的灵活性。在使用过程中，可能刚开始是用的有画面感的系统，例如 PCS 或者 PIC（图 2-5 或图 2-6），然后当使用者能力发展到适当的时候逐渐过渡到使用布利斯符号系统。

象形意会系统

或许有时候某些人会说，对于那些能够阅读的交谈对象来说并不需要知道布利斯符号系统，因为每个布利斯符号上面或下面总会有相应的单词。对于那些出现在交流板上的基本符号和符号组合来说，的确如此。但是，当使用者将布利斯符号组合起来表达交流板上没有的单词时，交谈对象就必须对布利斯符号的构成有所了解，才能理解出使用者所表达的意思。相应地，使用者也必须知道交谈对象所掌握的这方面知识有多少。由于交流板所能呈现的符号组合是有限的，并且使用者用布利斯符号构建出新意义的经验也不足，因此做出表达以及理解都非常困难。

> 一个 20 岁的小伙子能够很好的理解口语，但是有严重的阅读障碍，他使用的是一个由 240 个布利斯符号组成的沟通板。在一个青年交流会上，他接到了一个任务，要和另一个青年交流他未曾听说的并且和当时情景毫无关联的某件事。他试图说："拥有一切的人也拥有健康。"但过了 20 分钟，他仍然不能让别人明白自己。这段对话通过录像带记录下来了，第二天展示给了一群使用辅助沟通（其中一些使用的是布利斯符号系统）的青少年观看。经过了很长一段时间，大家纷纷提出了很多试探性的问题之后，这群青少年才明白这个小伙子想表达的意思。

> 一个 10 岁的小男孩告诉他学校老师："妈妈就像可口可乐。"虽然老师提出了很多问题，但是老师还是不知道男孩想表达的意思。当男孩的妈妈那天放学后来了学校，并且告诉老师那天早上她很生他儿子的气，这个老师才明白小男孩说的话想表达的是：妈妈生气了。

回想起来，其实小男孩所做的"妈妈几乎冒泡"的隐喻是很好理解的。这个例子给大家展示了用布利斯符号完全表达出自己的意思有多么困难，同时也反映出当交谈包含了比较复杂的想法和事件时，符号系统的使用者以及交流对象必须要有创造性。

布利斯符号是首个最早应用于多个国家的图形系统（冯·特茨纳和詹森，1996），但是这些年过去了，布利斯系统在欧洲和北美的使用率却是逐渐下降的

（默菲等，1995；桑德伯格和耶尔姆奎斯特，1992；冯·特茨纳，1997a）。其中一个原因可能是许多早期的使用者都觉得其使用困难。这一结果不仅不会促进交流，反而会阻碍交流。这些都是使用象形系统之前的问题，现在有学习障碍和严重语言障碍的个体所使用的都是更加适合的系统。

尽管如此，局面还是朝着相反方向越走越远，导致了一些孩子缺乏适当的交流和发展机会。布利斯符号是一种最先进的系统，为使用者的交流提供了最大的可能性。因此，对那些能够学会使用该系统的人提供干预是非常重要的。但是，很多家长和专业人员却对布利斯系统持消极态度。只有当孩子到诊所进行评估时才使用到布利斯符号沟通板，这种现象目前并不少见。这种负面态度的一个重要原因就是缺乏对该系统使用方法的介绍和指导，并且也没有对布利斯系统为什么是这些孩子最佳的沟通形式做出适当的解释（弗拉夫约德和布雷克，1997）。

另一个原因就是对布利斯系统的教学有时候被认为太浪费时间，会影响到其他活动。在对一名二年级男孩的老师进行的采访中，他回忆起当小男孩五岁时所进行的一段讨论：

> "他还是需要扩大词汇量，提高沟通能力。接下来是提高他的读写能力以及与之相关的一些能力。我们应该怎么安排时间呢？如果他要学习布利斯符号，那么还剩下多少时间做游戏？这就是真正的争论点所在。如果在一年级之前，他能够从象形表意沟通进步，阅读速度加快，那么我们就能够把花在布利斯符号的教学时间用于游戏（冯·特茨纳，1997a，p. 229）。

如果学生所依赖的系统是落后于他们所能掌握的技能的，其后果就是这些孩子可能会在他们的表达性语言发展过程中停留一段很不必要的平台期，同时还需要等待着被传授传统的书写方式。上面提到的那位老师仅仅知道游戏的重要性，却忽视了对运动障碍的孩子来说，语言才是他们参与到游戏以及对话中的关键。

布利斯符号系统是一种沟通系统，但是却构建得像是一个表意或者意音文字系统。由此出现了这样一个问题，中国以及其他使用意音和表意文字系统的国家是否需要布利斯系统呢？使用沟通辅助的人学习的目标就是要能够掌握该国文化中常用的文字系统？然而，不管从视觉（形式）还是语义上（意义）来说，这些文字系统常常比布利斯符号系统更加复杂。在中文文字系统中有 200 个形旁，1 100 个声旁，还可以进一步分成 648 个亚复合词，进而组合成为成千上万个汉字（休，2003）。由此可见，汉字总体上来说比布利斯符号系统复杂得多。作为一种书写语言，中文文字的首要功能就是用图形呈现出口头词语。80% 的中文文字都有声旁，儿童很容易混淆同音异义字以及声旁相同的字（休，2003）。布利斯符号系统的主要功能就是帮助那些不能说话的人发出信息，并且这些符号都没有语音元素。因此，在语言发育早期，布利斯符号可能是一种比较理想的语义沟通工具。医学经验指出布利斯符号系统可能是一种有效的中介系统，是连接简单的象形沟通系统以及日常形意文字系统（例如中国所使用的文字系统）的桥梁。

象形表意沟通

象形表意沟通（PIC）起源于加拿大（马哈拉吉，1980）。这个系统是第一个取代布利斯符号在严重学习障碍人群中使用的系统，并且在葡萄牙和北欧国家得到了更广泛应用（福尔克，2001）。象形表意沟通（PIC）由一些风格统一的黑色背景白色轮廓的图画构成。在图画上面通常会有白色字母书写的注释（图 2-5）。目前大概有 1 400 个象形表意沟通图形（2010）。

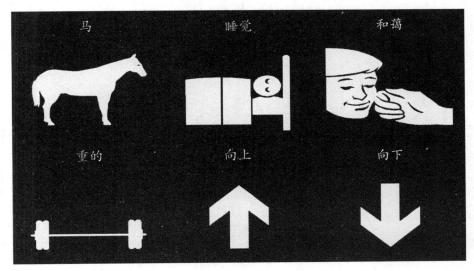

图 2-5　象形表意沟通（PIC）符号

由于象形表意沟通系统比布利斯符号系统简单，家长和专业人员都觉得 PIC 比较好理解。但是，它们跟布利斯符号系统相比，缺乏灵活性和多用性。该系统词汇量有限，并且也不能够组合成更复杂的意思，但用 PIC 的图画可以构成完整的句子。相对较小的词汇量限制了所能表达的意思和句子的数量，但当沟通者需要表达现有的 1 400 个词汇所不能提供的更多内容时，可以用其他系统的项目进行补充。

象形表意沟通系统的应用使广大人群获益，但是这一系统的普及也导致了过度使用。有时候那些能够使用布利斯符号系统甚至常规文字系统的个体都被建议使用象形表意沟通系统。

图片沟通符号

图片沟通符号（PCS，约翰逊，1981；1985，1992，2004）起源于美国，目前由大约 11 000 个词汇构成。每个词由简单的黑白线条图构成，图片下方为注释（图 2-6）。其中一些是像冠词、介词一样的功能词，例如 OF，FOR 以及 WITH，他们都以传统的正字呈现，没有相应的线条图。这种图形很容易画，因此 PCS 能够徒手复制。目前，在大多数国家 PCS 都是应用最广泛的图形系统。与象形表意沟通（PIC）相比，它最大的优势就是庞大的词汇量。

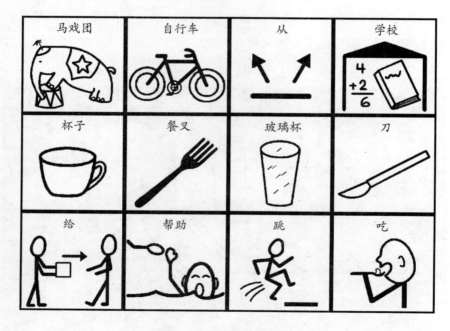

图 2-6　图片沟通符号

威吉特识字符号（Widgit Literacy Symbols）

这一系统有很多名字，起源于美国，最初被称为组字画，由 950 个象形的和表意的项目构成（琼斯，1979）。1985 年，出现了英国版本（范奥斯特罗姆和德弗卢，1985），现在已经被扩展成了马卡顿符号（沃克等，1985）。组字画后来被整合成了威吉特识字符号，由 7 000 个图像构成（2010）。其中有一个子集有 2 400 个针对低视力的人所设计的粗线条的图像，并且还为他们做出了其他一些改编。

威吉特识字符号可以按不同方式进行组合，例如街道＋灯成为路灯。这点跟布利斯符号有一些类似，他们都通过基本的图像相结合形成新的语义。例如，妈妈是女性周围环绕一个圆。此外，注释的发音也能够发挥作用。例如，LIGHT 可以表示"明亮"和"轻"（图 2 - 7）。这是威吉特识字符号特有的一个特征，但从某种程度上又和布利斯符号系统的 SOUND - LIKE（听起来像）策略相似。

组字画系统的设计初衷是为了帮助那些轻度和中度学习障碍的人学习的，在后来的发展过程中也用作图形沟通系统（琼斯，1979）。在组字画系统的传统教学过程中，强调的是将字母和图形的结合使用。一个或几个字母与图形注释的发音相结合，从而形成新的词。当一个图形符号结合了一个字母时，两者的发音相结合可以代表新的词，图形符号的意思不起任何作用。例如，S + IT（它）成为"SIT"（坐），P + LIGHT（光）成为"PLIGHT"（困境），H + OT 变成"HOT"（热）（图2 - 7）。威吉特一直以来都关注于识字，这在威吉特选择"识字符号"作为名字显而易见。威吉特识字符号通常是和电脑程序 SymWriter 一起使用，在这个程序中用

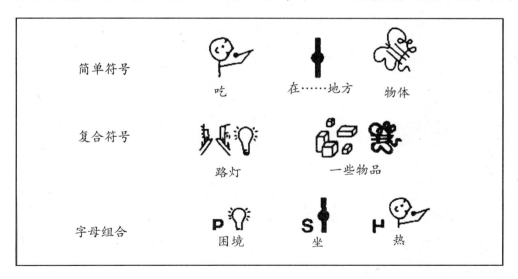

图 2 - 7　组字画系统

户可以结合识字符号和字母，也能够结合其他的图形系统。有研究表明使用组字画对阅读能力有积极的效用（基兰，里德和琼斯，1982），这可能是因为它同时利用了注释和字母的发音。组字画和威吉特系统不太强调拼写能力，因为学生并不需要能

读出单词中的每一个字母。在对阅读和声音识别的教学所进行的研究中发现，不管儿童能否辨别出其他单词的音，他们一开始就能够说出单词的第一个音或者音节是什么。威吉特系统就是利用了阅读及书写技能获得过程中的中间阶段，从而促进这些技能的发展。阅读导向的策略是该系统的一个重要贡献，威吉特似乎就是主要着眼于对阅读和书写的支持。尽管如此，其中的许多策略也同样可以被其他任何系统所吸收，并且威吉特识字符号也可以用于面对面的沟通。

手势符（sigsymbol）

手势符系统由象形表意项目以及手势的图形组成，但是与其他系统相比，手势的图形是其最突出的特点（图 2-8）。sigsymbol 这个名字是 sign-symbol 的缩写（克雷根，1993）。每个国家的手势都有差异，并且不同系统也会不同，因此手势符要发映出各个地区所用的手语或手势系统，这点非常重要的。

图 2-8　手势符

英国手势符于 1982 年创立时，包括 240 个项目（克雷根，1982；琼斯和克雷根，1986）。美国版本有 390 个项目，大约一半都是基于手势英语（克雷根和劳埃德，1984，1990）。手势符对那些使用同时图形和手势符号的人来说特别有用，学习手势的人有时候也把它当成一种书面语。基于手势的手势符有时候也能和其他图形系统合用。图片沟通系统的词汇当中有 750 个项目都是基于美国手语和手势英语的。

图　片

图片，也就是图画和照片，通常他们是最早给幼儿提供的图形沟通。但是，幼儿并不能完全理解图片的意义。婴儿期的孩子就能够辨认出图片上的物体，但是理解图片是一个复杂的认知过程，需要好的认知能力，这通常是缓慢发展的，学习障碍的个体可能不容易获得该能力（狄洛奇等，1998；科塞，贝林和奥康纳，1983；特罗塞斯，皮尔洛扎科斯和狄洛奇，2004）。许多学习障碍个体的图片理解能力都非常有限，有时候照片对他们来说比线条图更难以理解（迪克森，1981；麦克诺顿和莱特，1989）。如果某人不能理解图片要展示的内容，那么使用图片来替代图形沟通系统就没有意义了。

使用图片的一个原因就是，有时候图片代表了某人能分辨出并且能作出反应的物体。但是，辨认物体并对图片作出反应并非是其真正目的。其根本目的在于图片是否能够帮助这个人更好的沟通。基于这一视角，使用图片沟通是有利有弊的。对图片总体兴趣就在于图片所采用的是形象的图形系统，但这个"兴趣"并不是让某人刻板地盯着图片看。如果某人是对特定的图片感兴趣，那么对这些图片的使用就得取决于这个人把什么和图片形象联系在一起。看图并对图片作出反应并不是一个语言上的使用，把图片用作词语可能会使其忘记图片原本的作用。忘记对已知图片已经建立的反映，可能会使用户失去社会互动的基础，这既不必要又不明智。

大多数人周围都围绕着大量的图片。当图片被用作词语时，显然会跟图片通常的用法（看图并记住图片、谈论图片、装饰和说明，等等）不同，这时候的图片已经成为了人们词库中的一部分。使用与其他系统截然不同或者有明显区别的图片作为图形词库是非常有用的。大部分的图形符号系统主要都是基于形象性，其画面内容有时候会跟词语的意思（附加的注释）混淆。例如，在图片沟通系统（PCS）中，儿童可能很难理解人物肖像和椅子是坐的一部分（史密斯，1996）。同时，图片沟通系统（PCS），象形表意系统（PIC）以及其他图形系统也有一些特征可以帮助沟通者双方把象形沟通系统和图片的日常使用功能区别开。因此，使用图形符号系统替代图片会更有效。

命名对使用象形系统的孩子来说非常困难，使用图形系统能够帮助学生学习命名。能说话的孩子常常和家长坐在一起，边看图片书籍，边说出他们所见到的物品名称，这也是那些使用沟通辅助的孩子和他们的家长常常自然进行的一种活动。但是如果交流板上的图片（非系统性的）和书上的图片非常相似，那么孩子们可能会不明白为什么他们要同时认出书上的图片和交流板上的图片。他们可能不会把这个活动看做是一种语言上的命名，而把他们当做一种图片配对——许多残疾孩子使用的训练。因此，就算指出交流板上的图片这一活动跟大人—小孩对话中所常常使用的语言模式很像，可能还是会被认为是简单的指示，而不是命名书上的物品和活动。使用图形系统来代替常用图片可能会让词语质量和命名更加的清楚，从而能够帮助孩子行使这一重要的语言功能。

　　与使用普通图片相关的一个问题是，图片可能不容易被看作是个体的语言。辅助沟通者有时候会有这样的经历，他们使用图片进行沟通时总是不太受到重视，他们指示某一图片时，别人不能够理解他们是有话想说（康韦，1986）。巴兹尔（1989）描述了当孩子指着一张图片时，家长是如何反应的，例如，说出图片里面是什么东西，或者图片中有什么事。

　　当给那些严重学习障碍的幼儿或者成人制作交流板时，常用方法就是使用他们自己环境中物品的照片。例如，家长可能会拍一张自己汽车的照片，然后将这个照片作为一个通用项目，教会孩子认识"车"（图2-9），因为他们觉得让孩子认出自己熟悉的车辆比其他从没见过的车辆容易得多。但是，这可能会导致孩子很难使用这个照片来代表其他车。照片应该取一个比较恰当的名字"爸爸和妈妈的车"，而不是用一个笼统的可以代表所有类型的车的名字"车"。试想如果某人用孩子父母的照片来教会孩子笼统地表达"男人"和"女人"，也就是总体上来说的男人和女人，那么使用熟悉的物体来代替某一大类这个方法所存在的问题可能会更加明显。

图2-9

　　当使用象形材料时，很重要的一点就是要考虑个人分辨图形的能力。一些严重学习障碍者可能是色盲，或者不会使用色觉信息（费根，1987）。对图片的感知也存在很大的文化差异。在某些文化中，人们能够理解黑白两色的线条图，但是不能理解彩色的照片（斯蒂芬森和林富特，1996）。选择使用对比强烈的黑白两色符号系统是有证据的，因为可能在这样一个系统中，使用者最能够感知和理解符号的差异。

沟通板的照片最重要的功能可能就类似于人（或动物）的名字。因为一个名字就代表了某一个人，因此照片也能很好地发挥这样的功能。但是，在辅助沟通中，当照片发挥其他功能，某个儿童出现在照片中，此时沟通双方常常很难理解照片的意思，或者不知道该怎么使用这个照片。如果照片描绘的是孩子在游乐场里荡秋千，这可能提示的是地点、秋千、儿童以及其他方面，也可能是用来提示整个场景。更重要的是，用这样的照片在沟通中更难用来表达秋千、其他孩子以及成年人。为了避免这些问题，最好是先介绍某人的单人照片，然后和其他代表物品、活动等更多的照片或者图形符号相结合。保留孩子的照片，将孩子的单人照和其他照片或者图形符号相结合，而不是将他们融合到一张照片中，或者将孩子的单人照插入与某活动或物品有关的另一个孩子或成人的照片中，这可能会完全改变整个活动、物品。但是，即使最初将孩子和活动呈现在了一张照片中，这也可能同时为发展多符号表达提供基础（参见第十章）。

文　字

辅助沟通也可能是基于日常文字的。这主要是用于那些表达性语言技能比较弱的人。因为对于运动障碍的人来说，要说出字和词很耗费时间，而文本辅助能够包涵一些基本的字、词和短语。对于那些词汇量有限的人来说，这里辅助沟通主要包涵的是一些简单的词。

可触式符号

可触式符号最大的特点就是他们的材质，并且能够被身体觉察、操纵和移动。这种符号不是二维的图形表达，是由木头或者塑料制成，用以表达不同的意思。可触式符号同样也有不同的质地。一些人通过触摸，更容易分辨符号。可触式符号并不一定是跟他们所指的物品或者活动相似，他们可能包含了一些不太形象的木质或者塑料形状。更重要的是使用者要能够学会分辨这些符号，因为这是他们使用这些符号来表示不同意思所必需的（布卢姆，1990；哈古德，2002；罗兰德和施瓦特，1989）。除了正式的可触式符号系统，物体模型以及某些活动的标志都能看作是可触式符号（麦克拉蒂，1997；帕克，1997）。

普雷马克词语积木

最广泛应用的实体沟通系统是由普雷马克创建的（1971）。普雷马克词语积木在英国和美国已经用在了学习障碍和自闭症学生的教学中。发明词语积木的初衷是为了调查猿猴是否能够学会一门非言语性的语言。普雷马克希望看到猿猴能够学会非形象性的表达，因此对他来说非常重要的就是，词语积木看起来不能够像他们用来指代的物品。戴奇和霍奇斯（戴奇和霍金斯，1977）又添加了一些词语积木，其中很多都是跟他们用以指代的物品非常相像的。词语积木用塑料和木头制作，形状各异（图2-10）。

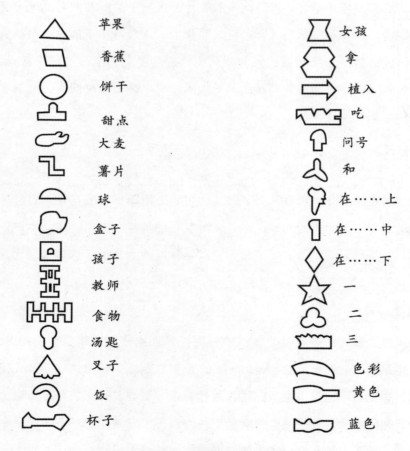

图 2-10 普雷马克词语积木

触觉符号

一些可触式符号是为盲人或者严重视力障碍的人所设计的。这些符号是三维的，形状和质地非常容易触觉辨认，因此这类符号又称之为"触觉符号"（哈古德，2002；马西·莱科等，1989；默里·布兰奇，尤达法利·索奈尔和贝利，1991）。为了让视力障碍者能够使用图形符号，曾经有人将象形表意系统（PIC）和布利斯符号系统刻在物体上，让图形部分凸出，就像浮雕画一样，让人非常容易感知到图形（埃德曼，1991；加勒特，1986）。这种方法对低视力的人来说很有用，可以通过触觉来支持视觉。但是，对那些完全依靠触觉来分别符号的人来说，象形表意系统（PIC）和布利斯符号系统是不容易用手指感知出来的。很多通过视觉很容易辨别的形状，都难以通过触觉来辨别。对于完全依赖触觉的人来说，最好使用将这些视觉障碍的可能性和局限性都全面考量的系统。例如，通过熟练操作，普雷马克词语积木可能就相对比较容易触觉辨认和研究。

符号系统的选择

为了帮助那些需要替代沟通的人找到最合适的沟通形式，符号系统的选择应该基于对个体特征的全面了解，特别是运动能力和感知手部运动、形状和图片的能力。专业人员应该首先确定个体是否需要辅助沟通，然后在手势符号、图形符号以及可触式符号系统中作出选择。如果个体需要的是多个系统，那么还应该确定哪个（些）需要首先学习。

比较不同的符号系统不是一件容易的工作。在某一个国家内，选择一个系统来替代另一个系统的最重要的理由就是使用的规范性。最重要的一点就是使用同一系统的人越多越好，这样教师和其他专业人员就更容易与来自其他学校和机构的学生和成人沟通并继续工作。使用标准化的系统更有可能对系统获得广泛的认识，因而也会暴露出系统的优缺点。同时，这也更可能让使用者之间直接进行交流。这意味着在英国最好就使用英国手语和英国手势系统，而在中国则使用中国手语和手势汉语，等等，并且还应该使用那些国内普遍应用的图形系统（例如，布利斯符号系统，图片沟通系统以及象形意会沟通系统）。在新系统引入之前，必须要有确切证据证实确实需要这一系统，这个系统能够给使用者提供目前所用系统所不包含的新的可能。现有系统词汇量不足并不会起到决定性作用，因为所有系统都是可以扩展的。当某个系统被介绍到新国家时，总需要对词汇作出一定的调整，调解一些新项目。此外，在不同国家不同图形的解释可能也不同（乔等，2009）。

手势、图形或者可触式符号

当在手势和图形符号之间做选择时，必须要考虑个体的感知能力。视觉障碍的个体感受手势运动比图形的线条容易得多。这种运动也可以被理解成为运动觉，就像盲聋人的沟通交流过程中，交流对象要握着残疾者的手来打手势。而对某些人来说，图形系统和人工语言的技术辅助更有用。一些学习障碍的个体使用图片对他们并没有帮助，另一些个体用图形符号却能很好地引起他们的注意。还有一些人可以利用对如同普雷马克词语积木一样的可触式符号的感觉和熟练操作这一能力，并从中获益，但是总的来说，我们并不知道这些系统的学习和使用能够带来什么影响。

个体使用手臂和手的能力对选择沟通方式也非常重要。手势和图形符号的一个显著区别就是，图形符号是选出来的，可以通过多种方式来指示；而手势符号必须用手比划出来。手势符号对活动能力和记忆力也有更高的要求。此外，当感知一个手势或者图形符号时，个体必须把视觉注意转移到交流对象身上，并且要知道他们所用的符号有关的沟通结果。但是，对不同符号，对注意力的要求在某种程度上是不同的。使用手势的人可能需要打手势的同时，注意交流对象或某个人、某个物品或者某件事。使用图形符号的人在沟通时，要指点或者指示这些图形，他们必须关注于图形，因此这会让他们很难同时注意到交流对象以及情境当中的其他方面。由此可见，很多因素对手势和图形系统的选择都非常重要。但是除了某些人学习某种类型的系统会比其他系统容易，对大多数人来说，除了知道运动能力和视觉非常重要，人们较少知道这些因素在实践中到底是怎么产生作用的。

有一些研究对辅助沟通和非辅助沟通进行了比较。其中最好的是1984年霍奇斯和施韦瑟姆所作的调查（霍奇斯和施韦瑟姆）。他们比较了52个平均非言语智商为13的儿童和青少年（5~17岁）学习手势以及普雷马克词语积木的情况。将这些被试者分成4组，13人一组。在最初三个月，教其中一个小组使用戴奇和霍奇斯1978年所指定的普雷马克词语积木。教另一小组使用卡里尔和皮克1975年指定的积木。最后两个小组前三个月不进行训练。在接下来的两个月中，前两小组加上另两个小组中的一个，学习手势符号（表2-1）。

表 2 - 1　霍奇斯和施韦瑟姆小组的教学（1984）

组　别	训练的第一阶段（3 个月）	训练的第二阶段（2 个月）
1	根据戴奇和霍奇斯指定的方法对普雷马克词语积木的使用进行训练（1977）	对手势符号的使用进行训练
2	根据卡里尔和皮克指定的方法对普雷马克词语积木的使用进行训练（1975）	对手势符号的使用进行训练
3	不进行训练	对手势符号的使用进行训练
4	不进行训练	不进行训练

　　一开始就学习词语积木的小组，首先是训练他们的配对能力，当他们学会了配对之后，才教他们使用可触式符号。这两组的 26 个孩子中仅有 7 个学会了配对，能够继续学习词语积木。没有完成配对的 19 个孩子中，有 12 个在第二阶段中学习了 1～11 个手势。只有一个学习了使用普雷马克词语积木的孩子没有学会手势。接受词语积木使用方法的指导对孩子学习手势并没有显著影响。前两组的孩子平均掌握了 4.3 个手势，在前三个月没有接受训练的孩子平均掌握了 5 个手势。最后一组学会的符号比平均水平少一个。这个研究表明，一些孩子不需要特殊的指导就能够学会手势。

　　研究结果并不仅仅反映了手势和可触式符号之间的差异，同时反映了教学方法的差异。卡里尔着重强调了将颜色和数字的配对作为普利马克词语积木教学中的一个标准。霍奇斯和戴奇也很强调配对能力的发展。但是，并没有研究证明孩子掌握配对能力的程度对掌握手势符号非常重要。如果使用更加有效的教学方法，而不要那么关注配对能力，或许有的孩子已经学会了使用普雷马克词语积木。另一方面，这个结果还指出了用手势符号可能更容易建立起有效的教学情境。

　　从这个实验我们很难得出可靠的结论。尽管如此，它仍然表明了，如果个体使用手部没有问题，我们最好一开始使用手势符号。但是，也有些孩子学习了手势教学之后，再学习辅助沟通，仍然没有学会。在霍奇斯和施韦瑟姆（1984）的试验中，其中一个孩子学习了使用词语积木，但在第二阶段的教学过程中，并没有学会使用手势符号。在另一项研究中，一个 9 岁的男孩很快学会了使用普雷马克词语积木，但是令人失望的是，之前的手势教学却并没有成功（戴奇和霍奇斯，1977）。后来，他还是学会了手势符号。冯·特茨纳（冯·特茨纳，2004）及其合作者描述了一个学前期患有自闭症的女孩，她不能理解口语，经过两年的符号支持性言语和符号教学后，手势符号并没有取得进步，但学会了使用大约100张照片和象形表意沟通（PIC）图。另一个自闭症孩子在手势符号的学习中进步很慢，但是在学会了图形沟通之后，却掌握了口头词汇和一些手势符号（冯·特茨纳等，1998）。在一项试验中，罗斯霍尔茨、伯科威茨以及伯伯里（1989）发现，对两名自闭症成年来说，图形沟通干预比手势符号更有效。手势符号的干预对运动功能良好的人来说是一个很好的选择，但是也有一些语言和沟通障碍的个体使用图形或者实体沟通形式的干预效果更好。

符号系统的使用

当与学习相关的因素并不能明确提示哪个系统是最适合的，那么就应该多考虑一下其他情况。手势符号的最大优点就是能随处使用。个体不用随身携带着板子或者其他形式的沟通辅助。另一方面，图片沟通系统中的许多图形符号对熟悉该系统，尤其是那些能够阅读图形下面的注释的人来说更容易理解。如果在选择某一个替代或补充的沟通形式时，想要较大的词汇量，同时又方便使用，还容易为大多数人所理解，那么就非常矛盾。应该首选什么方式，取决于使用该系统的本人。一个智力良好，但不能够书写的青少年，有很多朋友和亲人的陪伴，或者经常遇到陌生人，那么对他来说图形系统是最有帮助的。一个低功能自闭症的青少年，很少和家庭、学校及机构以外的人接触，那么对他来说手势可能是最好的选择。如果交流对象的数量比较少，而且他们有可能学会理解和打一些沟通所需的手势，并促进他掌握一些新的符号，那么这个青少年（或者他的父母及老师）则不用时时刻刻记着要随身携带交流板了。

没有必要总是在图形符号和手势符号之间作出选择，有时候图形符号可以作为手势符号的补充。

一个8岁的轻度学习障碍的女孩，口语理解能力很好，但是口头表达能力很差。她学会了手势符号和图形符号交流板。女孩比较喜欢使用手势符号，但是当手势符号不能完全表达时，她也使用交流板（卡尔普，1989）。

手　势

在聋童教学中所使用的手势符号系统中，并没有证据表明某一种手语或者手势系统比其他系统更难或者更容易学习。所有的手语都有一些比较容易打的手势和一些比较难的手势，聋童常常用一种简单的或者孩子气的方式来打手势（图 2 - 11）。根据口语设计的手势符号系统包括了口语的词法，如果把这些词法考虑进来，那么手势会非常复杂。自然手语也有自己的词法。与所用的词法的范围相比，手势系统的复杂性可能更少取决于使用的系统。在教学的早期，使用词法是没有必要的（见第九、十章）。

小汽车　　　　　　　　　　　　大汽车

图 2 - 11

对于那些运动困难（主动运动困难）或者其他运动障碍的个体来说，简单的符号对他更有优势。大部分关于手势符号的研究所使用的都是最初为聋童所设计的符号系统。有必要时，可以简化手势，以方便那些运动困难以及由其他运动障碍的人使用（参照，格罗夫，1990）。这点已经做得很好了。

图形符号

选择图形符号系统时，语言理解能力是一个需要重点考虑的方面。布利斯符号很复杂，和 PIC 和 PCS 相比，对语言理解能力有更高的要求。这些符号系统通常要面对的都是不同的使用群体，也就是说语言能力水平各异的群体。

关于图形符号系统的特征以及学习他们的难易程度已经有了大量的讨论（例

如，阿兰特等，2005；克拉克，1984；富勒和劳埃德，1987；施洛瑟，1997a，b）。实验研究已经有力地证明，对那些没有沟通障碍的人来说，组字画和布利斯符号比普雷马克词语积木更容易学习，有画面的系统例如图片沟通系统，比布利斯系统更容易学习（阿兰特，莱福和哈蒂，2005；克拉克，1981，小宫，1987）。组字画比布利斯系统更容易学习（克拉克，1981）。图画比布利斯符号容易学习（赫尔伯特，岩田和格林，1982）。布利斯符号和组字画比正常文字容易学习（布雷迪和麦克莱恩，1995；克拉克，1981；罗姆斯基，塞弗西科，佩特和鲁博，1986），但是条件是个体不会写字。当学会了正常的文字之后，原则上个体就有机会学习无限量的词汇。

由此可见，在这些学习不同系统的项目的难易程度似乎有一定的等级制度。但是，对使用相同系统的人来说，学习该系统的难易程度并不一定相同。例如，并没有研究比较在学习障碍的学生教学中使用象形表意沟通系统（PIC）和普雷马克词语积木的情况。很多图形系统非常类似，那些声称某一个系统好于其他系统的人都是基于自己的猜测，或者因为他们参与到某一系统的创作才说出这样的观点。例如，使用黑色背景白色剪影的这种方法（如同 PIC 的符号）比用普通的线条图更好（如同图片沟通系统和威吉特识字符号），这一观点是非常可信的。但是，这仍然有待证明。此外，布利斯符号对于一个 3 岁的说话正常的孩子来说，比 PIC 和 PCS 更难掌握，但是布利斯符号在实际交流中仍然是更有效的。

符号系统中的词库也并非为每一个使用者量身定做。如果考虑到个体能够学会的符号，他们这些词库或多或少都有些局限性。系统词汇的选择，需要大量的工作，但他们也应该被视为一个提议使用者的能力和要求决定了交流板所包含的词汇。如果使用辅助沟通的人需要一个系统中不存在的词，那么家长或专业人员应该制作一个新的图形符号。为了强调符号的语言沟通，家庭自制的符号应该类似于个体所使用的图形系统。例如，PIC 系统中最初是没有"完成"这个词的。完成是一个有用的手势符号，因此应该为使用 PIC 的人做一个黑色背景白色剪影构成的图形符号（图 2－12）。家庭自制的照片对人名、地名等非常有用。

不同图形符号系统是可以混合使用的。并没有什么神奇的力量要求某人必须使用某一个系统。PIC 图片的数量有限，因此用 PCS 和威吉特识字符号来进行补充是非常必要的。有时候，使用者会比较偏爱某种方式。这就使选择变得非常容易。在发展长链中，PCS 和 PIC 对许多使用者来说，会逐渐变得越来越局限，可能在 PIC

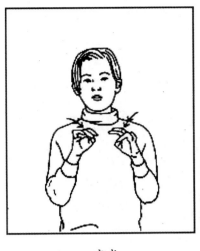

完成

图 2－12

和 PCS 之间起到一个自然的连接作用。总的来说，布利斯符号比 PCS 和 PIC 使用更广泛，因此对使用者来说，能使沟通辅助成为更加高效、有帮助的工具。同时，布利斯符号对沟通技能的要求也更高，他们是基于使用者通过使用 PIC、PCS 或者其他象形系统所获得的沟通技能。

可触式符号

对那些视觉障碍个体来说，最常用的可触式符号就是物品和物品的模型。通常是在个体的生活环境中选择物品，而且他们的意义需有一定的异质性（琼斯，普林和格罗夫，2002；帕克，1997）。这些物品被赋予信号或者日程表的作用。但是，物品的应用通常是不实用的。此外，和使用图形相比，幼儿可能很难理解用一个物体来表示物体本身之外的其他东西（狄洛奇等，1998）。有人认为物品的材质会使物品更好理解，但当物品用于表示其他物品时，其材质似乎是一个缺陷。为了避免与日常用品混淆，通常需要尽快改为使用图形或者手势符号。如果某人似乎需要用可触式符号进行干预，普雷马克词语积木或其他系统比较值得推荐。视觉障碍个体需要在没有视觉支持的情况下能够通过触觉辨别的符号（哈古德，2002）。目前，还没有这种类型的综合系统。

第三章　沟通辅助

"沟通辅助"这一术语，通常用来表示为使用者自我表达提供帮助。听力辅助被看作是对听觉的辅助，眼镜或者隐形眼镜却不被看作是一种视觉辅助。虽然这两者无疑都会促进个体之间的沟通，但是这两种资源都不被视为沟通辅助。

沟通辅助已经使用很长一段时间了，包括非电子沟通板和沟通辅助，运用了简单技术的沟通辅助（例如，能够移动的光或者指示棒）以及基于先进电脑技术，有屏幕显示和人工语音的沟通辅助（库克和波尔格，2008；奎斯特和劳埃德，1997a、b）。在高技术辅助方式投入使用之后，沟通辅助的使用以及发展均引起了广泛的关注。

使用沟通辅助对运动障碍个体来说通常是最为重要的，但许多没有运动障碍的自闭症、语言障碍以及学习障碍个体也能够从中获益。辅助沟通应该是便携式的，这样在各种状况下都能够使用。虽然电子沟通辅助已经变得很小巧了，但是对小孩子或者力量有限的成人来说，随身携带还是非常困难。对于使用电轮椅的人来说，就算是笨重的沟通辅助器械也比较容易携带，并且还可以将这些设备的插头插到电轮椅电池上。而那些没有使用轮椅的人，往往偏爱非电子交流板或者有图形符号、图片、偏旁部首及文字的书本。

操作性辅助方式

沟通辅助通过直接选择以及自动或者定向扫描来进行。

•**直接选择**就是使用者直接指向或者触摸他们想选择的图形或者触摸符号，或者按下键盘上的一个按钮。可以使用手指、脚、头上的指示棒、光线、眨眼等等来指示。直接选择也可以是将所选择的图形符号移动到交流板或屏幕上的特定位置，或者把它递给沟通对方。

● **自动扫描**是指光线、指示棒或一些类似的东西在一组照片、图形或触摸式符号间移动，当光线或者指示棒到达了他想要的位置时，使用者开启某开关。

● **定向扫描**通常当使用者使用两个或两个以上开关时，使用定向扫描。其中一个或多个开关是将光线或指示棒等或类似的东西在一组照片、图形或触摸式符号间移动，另一个开关是用来进行选择的。

定向扫描和自动扫描可以是简单的或者复合的：

● **简单扫描**是指轮流扫描交流板上的所有符号（图 3 - 1）。

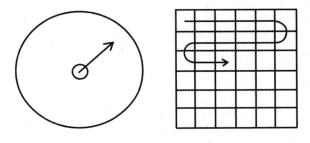

图 3 - 1　简单扫描

● **复合扫描**是指分别扫描每一个维度。例如使用者先选择行，然后在这一行中选择想要指示的符号。这种扫描可以用多种组织方式（图 3 - 2）。

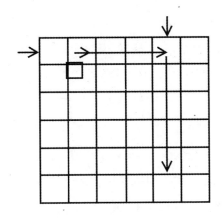

图 3 - 2　复合扫描
（首先出现一个箭头，然后出现一个词语或者符号）

当使用者词汇量很大，简单扫描就很浪费时间。复合扫描更快速，也更有效。对于那些运动障碍的幼儿和学习障碍者来说，比较自然的方法就是从简单扫描开始学习，掌握了之后，过渡到复合扫描。扫描还可以分为依赖扫描和独立扫描：

● **独立扫描**是指使用者在没有他人的帮助下，自己指向或者停止扫描光束或其他指示器。

● **依赖扫描**是指其他人系统性地指示交流板，当指到了想要的行、字、词、或图形符号，使用者就会眨眼，身体肌肉紧张或发出声音等，提醒帮助他的人。

直接选择要求个体有较好的动作协调性并且距离是能可及的。定向扫描要求个体能够执行重复动作，而自动扫描要求使用者能够将自身动作和光线、指示棒等的运动相协调。人比技术辅助更加敏锐。如果交流的对象很了解使用者，依赖扫描只需要面部表情的或者姿势的变化就能完成，因此它是一个促进那些依赖于扫描但尚未掌握独立扫描技能的儿童，发展更多其他沟通方式的好方法。我们的总体目标是尽力使扫描越来越独立，但是在个体无法持续地控制某一动作时，依赖扫描仍然是最好的方式来完成沟通。

对于运动障碍的儿童来说，需要大量的帮助才能操作沟通辅助。在他们学习组织这些辅助词汇以及寻找某一词语条目的同时要学习操作这些辅助方式是非常困难的。

传统的辅助

传统辅助方式主要是由偏旁部首、字、图形符号或者照片构成的交流板或者书籍（图3-3）。在某些情况下，交流板可以仅由数字或者代码的形式构成，这些数字和代码对应着相应的词语表（注释）。数字代码及其相对应的词，让使用者能够表达出更多的图形符号单词或句子，这是单靠他们自己的力量所办不到的，但是这也要求使用者掌握这些词语表。

传统沟通辅助，即交流板及其他低技术辅助，对大多数使用者来说都很常用，并且发挥了重要作用。但是，这些沟通辅助也确实有很多缺点。如果在使用者没有完全拼出单词之前，听他说话的人是无法正确猜出他所要表达的词汇和句子的，可见沟通板非常耗费时间。使用者指示偏旁部首来拼好一个单词，或者等自动扫描设备移动到想要的图形符号、偏旁部首或汉字，可能要花好几分钟。当使用者要做出比较长的表达时，沟通常常会失败，因为听话的人要回忆之前的词，同时又要记录下一个词的偏旁部首，这非常难以做到。对使用者来说，他们在寻找所要表达的下

图 3 - 3 传统辅助举例

一个偏旁部首、汉字或者图形符号的时候，也可能忘记已经说过了哪些词。此外，沟通对象要长时间集中精力注意使用者在做什么这也非常困难。在日常的沟通中，沟道对象可以随意转移目光，也不会错过接下来要说的话。但是在与使用传统辅助的人进行交流时，一点点不注意就可能失败，只能盲目猜测，其结果就是使用者的表达或者不能被理解或者误解。尽管如此，使用辅助沟通的人和说话正常的人进行沟通时，交谈中的持续注意还起到了建立合作，拉近彼此关系的作用（史密斯，默里，冯·特茨纳和兰恩，2010）。

高科技辅助

新一代高新技术辅助通常是基于电脑技术的专用设备。当价格比较便宜、电池寿命又较长的便携式电脑问世后，在个人电脑上使用特殊沟通程序就变得更加平常了。专门为某种类型机器设计的程序通常是不能用在其他系统上的。苹果和 IBM 便携式电脑使用的是不同的操作系统，这可能会限制程序的选择。但是，目前苹果和 IBM 便携式电脑都有很多适当的沟通程序可以选择。

普通便携式电脑都设计了很多用途，可供学校、工作场所以及家庭使用。电脑的广泛使用也正是设计这一基于电脑技术的辅助模式的重要原因之一。这种技术可以用在养护学校、普通学校和工作场所，或者是"工作站"的形式用在家庭里，这个系统可以写文章、字母、命令、纳税申报单，诗歌等等。许多使用图形符号的人从来没有自己写过一个字母，使用带有图形符号程序的电脑就能给他们提供一个全新的领域。这个程序不仅仅能够用于认知功能较高的个体，有一定书写能力（正常书写或图形符号）的学习障碍者都能使用这个系统发出生日祝福的邮件、信息等（海因和阿诺特，2002；冯·特茨纳，1991）。

凯恩（Ken）是一个 12 岁的脑瘫患儿，还有中度的学习障碍。他不能说话，但是口语理解能力很好。他能使用一些手势符号，还会使用由 25 个组字画组成的交流板，但不能书写。当他有机会使用概念键盘时，他很快就学会开始写字母了，尤其是对他的女朋友，如图 3 - 4（奥斯古索普和张，1987）。

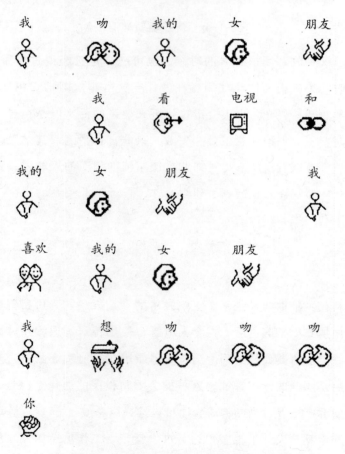

图 3 - 4　一封由学习障碍儿童写的信件

使用辅助沟通的人要想在普通电脑中使用图形系统，就必须安装一个特殊的沟通程序。虽然这类程序还比较少，但是苹果和 IBM 便携式电脑都有最常用的符号系统（布利斯符号、PIC 和 PCS）相应的程序。尽管如此，并不是所有的这类程序都便于操作。尤其是对那些自闭症或者学习障碍者，包括那些图形系统掌握得较好的使用者来说，在使用这些程序时都可能存在困难。

严重运动障碍的儿童如果运动障碍阻碍其高技术辅助的独立使用，则通常不为他们提供高技术辅助。但是，在依赖模式下的词汇量较大的低技术沟通辅助并没有得到广泛使用，因为这类沟通辅助使用起来速度较慢。与其不停翻页，家长以及其他成年人宁愿选择用猜的方式进行交流，仅仅是其他方式都失败了，才将这类沟通辅助作为应急方式使用（冯·特茨纳和马丁森，1996）。基于电脑技术的沟通辅助使使用者在依赖模式下也能进行符号选择，就算是交流对象来操作这些程序，这对孩子来说获得这些辅助也非常重要。

除了用于沟通辅助之外，计算机还能用来进行环境控制，即开门、开收音机、开电视机、开灯、翻书等。这让使用者获得更多的自主权。计算机还能用于寓教于乐的游戏。对严重运动障碍的儿童来说，用开关控制的游戏非常重要。辅助游戏给他们提供了独立活动的机会，让这些残疾儿童和他们的照顾者有了共同的谈资。此外，这类游戏还能锻炼他们将来可能用到的沟通技能。例如，"BLOB 在哪里"这一程序就是在躲猫猫游戏上略作改动，孩子们启动一个开关便能够使游戏中藏着的某一个动物出现。当某个动物上面出现闪烁的星星时表示它希望出现，孩子学会了控制开关之后，通过按开关就能够在几个动物中进行选择（图 3-5）。这种游戏以及扫描技能对于语言获得能力（有开关控制的沟通辅助）的促进作用是显而易见的。

计算机游戏非常有趣，这也是选择这类游戏的一大理由，对那些不能玩普通玩具的孩子而言尤其如此。许多计算机游戏都应用人工语言。但是，如果这类游戏的目的是要促进残疾儿童的沟通技能，那么必须要注意的是这类游戏所使用的人工语言本身是不能促进孩子的沟通能力的。虽然，这类游戏能够"说话"，但是他们却并非和孩子一起对话。机器所发出的语言，并没有沟通意义，他们不仅不能促进沟通技能，并且这类单调的电脑语言可能会导致许多运动障碍的孩子和成人被动的沟通模式。

普通的计算机可以有多种用途，这是它们的一大优势。但是，使用者在使用计算机进行其他活动的时候不能沟通交流，这也确实是一个缺点。而事实上当儿童和青少年用电脑玩游戏或者其他活动时，其实是有很多沟通活动在进行的。因此，使

图 3 - 5   Blob 是一个针对 BBC 和 IBM 兼容电脑的控制开关游戏。
一颗星星在三只半藏在墙后的动物中移动。当孩子按下开关的时候，
星星下的动物会露出墙来。

用辅助沟通的人在做其他事时能够掌握某一沟通手段是至关重要的。这个所强调的就是功能多样的技术辅助所存在的缺陷，也反映出了某一专门的沟通辅助的重要性，就算是这意味着跟普通计算机相比，这类专门的沟通辅助功能较少，词汇量也较小。

低技术和高技术沟通辅助都是基于直接选择和扫描。但是，基于计算机的辅助方式更加灵活，也比较容易翻页，获得更大的词汇量。如果语言是以视觉形式输出，那么屏幕上的讯息会一直呈现，直到新的表达出现才会被擦出或替代。因此，高技术辅助对听话者的注意力没什么要求。这也使使用者以及听话者都没那么紧张，从而促进了彼此交流。此外，这便于交谈对象观察说话者的非语言行为（例如面部表情及姿势）的同时又不会漏掉说话的要点。

有了高技术辅助，还可以使用缩写或者预选进行沟通。

缩写是指使用者仅需要写出两个笔画，然后按下空格键或者其他键，就可以写出完整的汉字或表达。例如，使用者写下 XXX，XXX 就出现在屏幕上。缩写在书写词语时也起到同样的作用，在交流板上可以将词语和句子进行组合。

当使用者写出某一计划好的对话开头的几个句子时，这也是一种类型的缩写。在某些电子沟通辅助中，可能会将这些句子整合到一个持续进行的对话中。这样能

够更快地告诉朋友诸如去另一个城市旅行或者某个派对中的笑话这些交谈内容，也不会打扰彼此的对话（沃勒和奥玛拉，2003）。

预选是指机器会对使用者所输入部分接下来可能出现的词或者输入的某一词语的剩余部分提供一些建议。如果建议错了，那么辅助沟通的使用者仅仅需要继续将这一词语写完。如果建议是正确的，他可以通过输入一个完整的停止键或者按下空格键等等，就能够写下接下来的词语。这些建议都是根据使用者之前的使用情况来确定的。机器会记下之前所使用过的词语，然后将最常用的以及包含了使用者所选择的笔画或汉字的词语提供给使用者选择。例如，在×之后，机器可能给出建议××，××××，×××××等。如果×××是使用者想要的词语，那么打出或者选择这个汉字的按键数量就减半了。在某些程序中，会出现若干个备选项，使用者可以选择其中一个备选项或者自行输入整个字。

缩写和预选都非常有用，这两个系统的设计都基于那些复杂而又常用的汉字，通过使用该系统从而节省时间。通过减少输入汉字的按键数量从而减少时间，有研究表示一些预选系统能够节省 40~60% 的按键时间，不但加快了沟通速度，还减少了能量消耗（纽厄尔等，1992；文格德吉里，1993）。由于运动障碍造成的打字慢、但眼睛注视速度比较快的人，使用预选可以节约大量的时间。但是，写字速度快的人可能需要一直保持注意盯着屏幕看，反而减慢沟通速度。

运动言语障碍的人就算对口语的理解能力很好，通常书写语言都会有很大的问题。对于他们来说，预选可以作为他们的书写假肢以及学习工具来学着书写（纽厄尔，布思和比蒂，1991；冯·特茨纳，罗格内和利勒恩，1997）。

预选的一个高级形式正在试验阶段，不仅根据部分词语给出相应的建议，还可以根据谈话背景以及使用者的情绪状态发挥语用功能，给出相应的选项（阿尔姆和纽厄尔，1996）。

语义压缩，是译码系统的一个特殊形式，逐渐流行起来，并且已经应用在英语和德语的一些高技术辅助中。其中最常用的形式被称为最小化语言（贝克，1982，1986）。使用者将几个图形符号组合起来表示之前说过的话。符号的顺序决定了人工（数字化）语言所表达的句子（如下）。如果符号组合的顺序变了，那么表达出的就是其他词语或句子。例如，如果组合的是牛奶＋热，那么电脑就会说"我想喝热牛奶"，如果组合的是热＋牛奶，那么所表达的就是"牛奶太烫了"。组合的形式也同样可以表达出一个单独的词语。高级的沟通辅助有多种背景或主题可供选择，要表达的词语或句子是根据选择的背景或主题以及按键的排列顺序所决定的。在"咖啡模式"中，上面提到的组合表示的是"卡布基诺"。按键的组合表达的是事先就固定的句子。也就是说，这是一种句子选择而不是句子表达。

语义译码并不是基于任何一种图形符号系统。布鲁斯·贝克尔发明了最小化语言，曾经争论说应该使用每个人独一无二的照片，因为他觉得记住自己的东西比记住别人设计的系统容易得多。但是，他最近为最小化语言设计出了一套图形系统（最小化符号）。当译码并非是基于个人有关的物品时，使用个人日常使用的图形系统会更好。当辅助沟通的使用者指着某一图形时就能够被理解，而不需要参照已经译码的句子。例如，如果电池用完了，或者机器出现了技术问题，这些目前仍然是非常常见的事情。最小化语言可以用于运动障碍者的沟通辅助，也可以用于智力落后儿童或者自闭症儿童（伯吉斯，2010；马西森，阿瑟·凯利，基德和巴森，2009）。

人工语言

高技术沟通辅助最重要的技术发展就是人工语言的使用。有两种形式的人工语言：合成语言和数字化语言（温柯达吉利和拉马巴德兰，1995）。

合成语言由一组规则组成，将文字组合转化成言语（文本—言语）。这些规则根据不同的语言而有所差异，因此，每一个国家都有自己的系统。

使用合成语言的沟通辅助能够说出使用者写出的任何话，但是使用者必须要能够书写，才能使用这种沟通辅助。合成语言还能够很好地与缩写、词语表、预选系统结合使用。因此，合成语言对语言技能较好的人们来说特别有用，它开启了一种灵活的语言方式的使用和带来了无限的词汇量。合成语言还可以与最小化语言结合使用，但前提是所有词语和句子都需要由他人预先制作并输入进设备中。

合成语言比自然的言语更难理解，尤其是在嘈杂的环境中就更难了。在平常的使用中，交谈的对象会习惯于合成语言，就像他们会习惯其他方言一样（德尔格等，2007；麦克诺顿等，1994）。但是，合成语言不是母语的个体对合成语言的理解通常都有较大的问题（雷诺兹，邦德和富奇，1996）。目前，合成语言对每个使用者来说基本都是不变的，并没有创造出与众不同的声音。一些系统有男性和女性以及儿童的声音，但是由于技术限制，男性的声音比女性和儿童的声音更加容易分辨也更容易理解。

数字化语言是自然的语言，用声音采样机记录下来储存在计算机或者谈话辅助工具中。声音采样机是一个将声波（对话信号）转换成数字（数字化信号）的设备。言语就是以这种数字化的形式储存的。数字化的语言跟录音机记录的声音很相似，但是并不需要倒带或者前进来找到想要说的词语。因此，数字化语言比录音机更适合用于沟通辅助。此外，数字化语言还没有言语依赖性。

有许多电子辅助工具都是基于数字化技术，由于科技的整体发展，价格也随之有所下降了。数字化语言音质好，而且可以录制出各种声音，适合不同方言、年纪、性别等的使用者，这都是其优点。数字化语言的缺点就是词汇量有限，每一个词都必须通过录制而成。一个句子可能需要选择几个单独的词串在一起组成，但是句子的语调却要求整个句子应该是作为一个整体录制完成。

使用言语生成沟通辅助可以促进所有类型儿童和成年使用者的沟通水平，包括自闭症患者（桑伯格等，2007，2009）。人工语言比较利于社交，因为这种表达比较正常，而且使用辅助沟通的人在开始交谈之前不需要等着跟交谈者目光接触，也不需要使用铃铛或其他吸引注意的设备。他们能够和其他参与交谈的人一样随意中断或者开始谈话，而且能够同时听到别人在说什么，以及自己所选择的词语是否正确，能够随时纠正自己的用语错误。人工语言的另一个优点就是便于辅助沟通的使用者与他人沟通，而不需要口语正常的人充当翻译或者中介。

电信辅助

几乎所有的语言教学都是面对面的沟通。在社会中，公共电信服务起到了越来越重要的作用。新型服务类型不断涌现，固定电话和移动电话在社交网络的保持以及各种活动的协调中都起到了举足轻重的作用。在年轻人当中尤其如此。

在最近一二十年中，科技的迅猛发展带来了电信服务的广泛使用，例如电子邮件和互联网。此外，新技术使得从前不能使用电信服务的残疾者也能享受服务了（罗伊，1995；维斯马洛维奇，哈芭和琼斯，2000；冯·特茨纳，1991）。言语障碍者可以利用合成语言讲电话，或者利用个人电脑或文本电话将文本和图形符号转化为言语。还有辅助工具能够让使用者不必拿起听筒，还能自动拨号等。带有迷你摄像头的电脑通过电话网络可以传递实时影像，使远距离使用手势符号交流成为可能。对于学习障碍个体来说，通过与谈话对象进行可视电话交流，让他们理解电话中的对话非常重要。共同的视觉焦点还可以促进他们理解并发出信息（鲍罗丁和冯·特茨纳，1996）。

事与愿违的是，那些不能移动以及视觉障碍的个体也很难利用电信沟通。随着语言及沟通障碍个体对电信沟通的使用情况得以改善，他们有机会参与到更广阔的社交网络中。这里面包括了那些走出较大的机构进入到小社区和独立居住的学习障碍者。大多数学习障碍者和其他人的关系都很正常。他们可能有共同生活的密友，普通朋友以及时常遇见的熟人。不管他们是使用有声电话、文本信息、带有图形符号的电子邮件还是视频电话，他们都需要掌握如何使用电信服务进行沟通以及上网。使用替代沟通形式的人通常也使用替代的电信服务方式，需要作出适当调整才能学会使用这些设备。当对沟通互动的环境进行设计时，考虑每个人对电信服务设施的需求以及他们目前的使用状况非常重要。能够使用电信服务对许多人，尤其是那些离开家或者长期远离家乡的年轻残疾人来说非常重要。

指示及开关活化

直接选择一般是通过触摸、按按钮或键盘、或者一些其他形式的指示实现的。指示并非意味着伸出食指。许多运动障碍的人根本就无法伸出食指，或者用他们去指示。因此不能拘泥于传统形式，应该接受使用者能够掌握的指示形式。

皮特是一名严重运动障碍的男性，今年30岁。他喜欢聊天，能够用布利斯符号有效地进行各种主题的沟通，但是常常理解错别人的谈话，因为在他的日间护理人员坚持让他使用食指去指示交流板上的布利斯符号。对他来说使用拇指指根关节要容易得多，这也是他在家所使用的方法。就因为日间护理机构人员缺乏灵活性，阻碍了皮特的语言运用，导致了不必要的挫折感，降低了他的生活质量。

对于那些不能用手进行指示的人，还有很多方法可以指示。脚就是一个很好的替代品，头针或者会发光的灯也同样可以用于指示。

对动手能力较强的学习障碍以及自闭症的患者来说，他们可以通过移动图形符号进行选择，这种沟通辅助对他们来说非常有用。在图形语言发展的早期阶段，就像在图片交换沟通系统的训练一样，沟通辅助的使用者将图形符号递给交谈对象，这种方法非常实用（邦迪和弗罗斯特，2002）。另一种方法是将图形符号移动到特定的位置（用尼龙搭扣来固定他们的位置），例如将其固定在交流板上的某一个位置，或者在沟通书籍中的折叠式插页上固定。交流对象与辅助沟通的使用者交流的时候也可以使用这些"交谈位置"。这种互动促进了交谈双方真正的对话交流以及沟通互动。有屏幕显示的电子辅助工具通常把使用者所选择的项目移动到指定的位置。这不仅便于辅助沟通使用者理解图形符号的功能，也有助于交谈对象看清使用者正在说什么。一些使用者指示的动作太快，交谈对象的视觉注意可能适应不了。这和在制定位置显示所选择项目的方式能有助于说话者说较长的句子，因为当整个句子说完时，每个词语和图形符号都仍然看得见。

对于那些身体和头部控制能力较弱的孩子和成人有很多种眼睛指示的方式。眼睛指示有特别设计的译码系统，但也可以同其他指示方式一样使用。此外，还有高级沟通辅助方式来记录使用者的注视方向，例如，写下或者说出使用者所注视的偏旁部首、汉字或者图形符号超过三秒。注视的方式让使用者可以直接选择，相比开关扫描要快得多。但是，目光操作的沟通辅助体积沉重，不便于携带，因此主要是在课堂上、工作场合或者家庭使用。

指示以及用来示意交流板之外的物品、人物和地点的其他方式都是辅助沟通策略的一部分，可以弥补图形词汇的不足。并且这种方式比摆弄交流板或者交流书快得多，能够节省不少时间。有时候，看着或者指示某一个物体或者事件也是一种符号性的沟通。就是说这个物体或事件代表的是一类物体、活动或者一个大背景。例如，一个8岁的小男孩看着他的房门就是说"我"，这比在交流书籍中找到"我"这个词的图片快得多（冯·特茨纳和马丁森，1996）。当使用目光来指示交流板时，交谈对象必须坐定才能跟随使用者的目光，而这也就决定了他们谈话的整体结构。此外，眼睛功能过于繁多，如果能将其他形式的指示加入使用会更好。假设辅助沟通的使用者能够配合使用手或者脚，那么这对于交谈对象理解来说，更容易觉察到目光的指示。

尽管目光指示是许多残疾儿童沟通中非常自然的沟通方式，它也是辅助沟通使用者常用的求助形式。但是，眼睛指示作为单纯的表情和用于示意环境中的物品或事件有显著的区别。对于那些不能使用手或者其他方式来指示的人来说，例如严重脑瘫的人，眼睛指示无疑是一种表达观点、意愿或者其他讯息的有效的方式。

键 盘

使用电脑的最常用方式就是通过键盘操作。很多辅助沟通使用的键盘都是字母或者偏旁部首标识的，有一些还有额外的按键行使特别的功能。对于那些伸手够不到的人来说，有专门的小型键盘，对于那些对目标定位不准的人来说，有按键较大并且各个按键之间空隙较大的键盘。并且在按键上面有一个透明盘，上面布满了和按键相符的洞，使用者可以将手托在透明盘上面，从而增加了按键的准确性。

自从电脑用作沟通辅助之后，一种被称为概念键盘的特殊键盘也相应产生了。许多概念键盘都是触摸或者压力敏感元件构成。也有扫描式的概念键盘，一束光从一处移动到另一处。概念键盘能激活的区域数量不同，但是通常来说是 128 个。但是，几个区域可以结合起来组成一个较大的区域，同一区域里的所有按键都是行使相同的功能。因此，功能区域的大小是不固定的，而是取决于所使用的程序。如果所有的按键都是起到相同的作用，那么就只有一个功能区域。128 个按键的概念键盘因此可能有 1～128 个功能区域。通过几个按键行使同样的功能，就很容易使概念键盘适合于个人的运动和语言能力。每个按键上都有一层纸，上面标识了所划分的功能领域。其中可能包括偏旁部首、词、图形符号、照片等等。

普通电脑键盘和概念键盘都可以控制按键的敏感性。通常来说，按键被按下的时候偏旁部首或者图形符号会一直重复，直到按键弹起来这个功能才会停止。按键按下到弹起的时间也是可以计算出来的，因此偏旁部首或者符号要复制下来就必须按下按键 2 秒钟以上。操作电脑通常要求使用者能够同时按下两个按键。这对于运动协调性较差，只能使用一只手或者头针的人来说非常困难，甚至是不可能完成的任务。因此，有专门程序让使用者一个接着一个按键来完成通常要求同时按下两个按键才能完成的功能。

最新的科技成果就是触摸敏感式屏幕。有了这项技术，键盘和屏幕融合在了一起，创造出了所谓的"动态展示"。这就意味着"按键"的表面（触摸敏感区域）能够像电脑屏幕一样随意变化。这对于使用辅助沟通，总是费力地兼顾键盘和屏幕的人，以及那些无法将键盘动作和屏幕将发生的变化相联系的人来说也是一大便利。

开 关

在使用扫描装置的时候，使用者通常用开关进行控制。扫描装置一般有一两个开关，但有的系统甚至多达 8 个开关。尽管如此，5 个或者 8 个开关的功能差异却非常小。当开关数量很多的时候，开关、键盘以及概念键盘之间的差异其实就逐渐消失了。概念键盘其实就是触摸或按压即可激活的开关的组合。这些开关可能是手、手臂、脚、头或者眼睛所控制的。有的开关几乎不用力触摸就能激活，也有的开关能经得起粗鲁地对待，开关大小也各异，有的像普通的电灯开关，有一个舌头状按钮，手部可以按压，还有的是相框状的，手或者脚可以伸进去。

通过吸允和吞咽或者肌肉的微微收缩也可能激活开关。还有一些开关由一小管水银构成，能够对一些细小的位置改变作出反应。如果使用者能够较好地控制肢体，类似于操纵杆的东西也能用作开关（自助开关操作概述，参见菲什曼，1987；古森斯和克雷恩，1992；斯特利亚迪斯和康斯坦丁努，2003）。

眼部开关主要有两种类型。第一种是一副眼镜，能够向眼睛发出微弱的红外线，对眼睛的白眼球和虹膜之间的颜色变化作出反应。因此，眼球的运动能够达到打开其他开关一样的效果。红外线也可以通过沟通辅助设备发出。第二种类型的眼部开关是由眼睛后面的电子感受器组成，能够感受到来自大脑的冲动让眼睛运动时眼神经的电流变化。当大脑发出讯息让眼睛左右转动时，效果就和打开了一两个开关一样。用眼睛作为开关，比普通的眼指示有更高的要求。通常是因为使用者没有办法使用其他方式控制开关时，才会使用眼睛来激活开关。

开关方式的选择还可以取决于使用者对沟通辅助的掌握程度。开关的种类多样，但是对于广泛性运动障碍的人来说，调节开关仍然是适应沟通辅助的使用过程中最困难也是最耗时的部分。通常来说，专业人员都是从手部训练开始，因为这是最"自然"的一种方式，如果长时间训练还没有成功就继续尝试着身体其他部分的训练。有经验表明 80% 的使用者控制最好的就是头部，因此，对他们来说首先学习使用头部开关是最有效的方式。第二个开关的控制首选的是手或者脚部的控制。虽然，能够使用手部控制是很令人期待的，但是更重要的是从有辅助开始练习，避免挫折感的产生。当手部功能不太可靠时，最好就是从头部控制开关开始。如果之后证实手部控制能力良好，就可以转变为用手控制开关。

专业人员也会尝试着为辅助沟通使用者选择功能最好的开关。但是，这种开关可能是很费劲，使用者很难控制，并且这种开关也不是不必要的。使用者可能很快就会觉得疲倦，并且对控制这个开关投入的注意甚至超过了沟通过程本身。虽然头部开关是一个好的开始，但过度使用可能导致颈部肌肉紧张和眩晕。而使用者的身体状况也可能每天都不同，这可能会影响他们控制不同开关的能力，甚至从总体上影响沟通交流。为了避免肌肉紧张，很重要的就是辅助沟通的使用者能够使用不同方式激活的开关。在与比较熟悉的交流对象沟通时，依赖性扫描也可以是一种比较放松的沟通模式。

辅助沟通的选择

究竟应该单独使用沟通辅助还是将手势符号与其结合使用，取决于要找到一个或者几个辅助方式来支持个体目前或者不久的将来可能掌握的沟通技能。因此，沟通辅助应该能够为使用者带来发展沟通技能的可能性。这也意味着一种辅助方式可能并不一定总能满足要求，还需要不断更新或者经常替换（史密斯·刘易斯，1994）。此外，个体在使用该辅助方式时觉得比较舒服也很重要，如果使用该沟通辅助并不能带来理想的结果，那么专业人员就会尝试其他的沟通模式（参见史密斯等，2010）。

通常比较推荐的就是从评估个体的沟通需要开始，列出适合的辅助方式，然后慢慢缩小范围，找到最能满足需要的辅助方式。但是，沟通需要仅能部分决定沟通辅助方式的选择。大多数儿童和成人还需要在不同情境及不同地点和识字及不识字的人（成人和儿童）沟通。个体对写电子或非电子信件、文章、报告等的需要各不相同，工作岗位对书写工作的需要也应该在一定程度上被独立地看作是一种面对面沟通。尽管如此，个体运用普通文稿的能力对选择辅助沟通来说仍然非常重要，因为拼写能力能够帮助理解人工语言，带来无限的词汇量。

将图形系统的选择和辅助方式的选择区别开来非常重要。对个体沟通能力以及生活环境的评估对图形系统的选择比对辅助方式的选择更具有决定性。辅助方式是取决于个体的身体状况以及认知和语言能力、辅助的物理设计、运输和使用方式以及学习操纵该辅助方式的难易程度。例如，对于那些居住在山区的人来说，所选择的设备必须能够经受得住极端气温、暴雨暴雪的考验。当使用者在热带度假时，辅助沟通设备须经受阳光直晒和高温炙烤。这就是当为个人选择辅助方式或者帮助辅助沟通使用者选择辅助方式时，专业人员通常必须优先考虑的事情，而这也反映出了目前辅助工具的发展尚处于起步阶段。但这种优先考量可能会限制智力正常的人和自闭症及学习障碍者的沟通。

沟通辅助工具的一个主要问题就是他们通常都是为年纪较大的儿童及成人使用所设计的。没有为儿童学语阶段而特别设计的沟通辅助方式。这就意味着在那些使用辅助性沟通长大的儿童中，现有的沟通辅助方式对处于牙牙学语阶段或者语言技能早期发展阶段的儿童很难提供帮助。这也是为什么婴幼儿很难有机会开始学习使用辅助性沟通的原因之一（杜根，坎贝尔和威尔科克斯，2006；冯·特茨纳和格罗夫，2003）。

移动性

移动性对使用沟通辅助的每一个人来说都非常重要。其总体的目的就是让每一个使用辅助沟通的人在任何时间都能表达出全部或者大多数词汇。使用电轮椅的人可以使用体积相对较大重量较沉的辅助工具。而对于那些能够独立行走有些困难的儿童和成人来说，使用的沟通辅助工具不能太重，体积也不能太庞大。根据他们词汇量的大小，含有图形符号或偏旁部首以及汉字的书本，或者双面都有符号或文字的薄板可能是最适合这类人群的选择。有时候，装着照片和图形符号的玩具箱也是一个实用的选择。考虑到辅助工具的携带问题，因此每个人都有必要掌握几种沟通辅助方式。在家或者在课堂中的时候，孩子使用的是带有超大词汇量、合成语言甚至可能还有打印功能的笔记本电脑，而在学校操场及户外时使用的是交流板或者带有合成或人工语言的轻便型辅助工具。

沟通辅助必须在各种各样的场合中使用意味着使用者并不总是坐在椅子上或轮椅中。当他们躺下时也需要使用辅助工具，并且这样可能更便于他们使用，因此要为这样的用途改变辅助方式。

直接选择及扫描

正是个体对肢体的使用能力决定了示意偏旁部首、汉字、句子和图形符号的设备及策略。虽然扫描可以通过个别化设置来提高速度，但如果使用者具备了必需的技能，直接选择还是比扫描更加快捷和方便（莱舍，莫尔顿和希金博特姆，1998）。

扫描需要一个或者多个开关控制，并且使用的开关越多，直接选择和扫描的差异就越小。使用操纵杆和直接选择的差异也可以非常小。操纵杆的优点就是可以通过增加阻力来适应个体的运动功能，达到稳定输出力量的作用，因此，个体对操纵杆的输出力量差异不大。但是，操纵杆要求个体有相当好的运动控制能力以及方向感。而扫描跟直接选择相比，更多强调的是注意力和认知能力（霍恩和琼斯，1996；拉特克利夫，1994）。直接选择和扫描之间的选择是取决于个体指示的可及范围、准确性，成功完成控制动作的速度、能力，以及动作的力量。同样，个体的感知能力或者视觉定位能力对使用简单的交流板和电子设备也非常重要。

感知能力

视觉感知能力对使用沟通辅助至关重要。盲人可能会用到听觉扫描，但这种方式使用起来比较慢，而且在听觉扫描中持续重复词语会影响个体对环境中的定向能力。尽管如此，人工语言的使用能够对使用者自己的表达作出即时反馈。如果辅助沟通的使用者的视野较窄，或者其中一只眼睛视力很差，就有必要使用交流板的一部分。盲人所用的沟通辅助有触摸式标志和不同的质地来帮助他们定向。此外，交流板应该是固定的，这一点非常重要，这样盲人就不用将交流板各种新的布局全部记在脑子里。

可及范围和准确性

除了眼睛指示之外，直接选择要求个体的身体能够得到足够数量的图形符号或汉字。例如，有肌肉疾病的患者肢体的可及范围通常都比较有限，通过使用微缩键盘就能够解决这一问题。开关或者操纵杆扫描是增加个体功能性可及范围的另一种方式。一束光或者一个箭头也能够起到扩展个体直接指示范围的功能。

直接选择还要求有一定的准确性。许多脑瘫患者身体可及范围都没有问题，但是由于他们运动协调能力有问题，导致他们在指示某物品时，沟通对象很难看清楚他们指示的是哪里，因此他们需要较大的图形符号或者汉字。准确性也同样决定了开关的选择以及开关之间的距离。如果准确性较差，就需要有较大的区域安放开关，并且开关之间的距离也较大。同样，交流板上的安置形式也很重要，有时候仅仅用到交流板上的部分位置。

速　度

辅助性沟通比起自然的语言总是比较耗时的，并且表达越快越好也总是辅助性沟通所追求的一个目标。虽然扫描是一个速度较慢的方法，但是对于某些人来说直接选择可能更慢而且更让人筋疲力尽。如果个体的某一动作的开始到结束需要花费很长时间，那么扫描是最好的选择，因为个体可以利用设备扫描的这段时间开始他自己的动作。同样，个体的速度还取决于沟通辅助的扫描速度，也就是指针从一个项目指向另一个项目需要多久。

重复性动作

如果个体能够连续快速完成几个动作，那么定向扫描会比自动扫描速度快得多。一些人能够连续快速完成几个动作，而另一些人却花了很长一段时间练习下一个动作。还有一些人在按键达到了正确次数后停不下来。在这些情况下，自动扫描比较有用。有了电子辅助工具，就可以通过规定开关必须达到一段时间之后才做出反应，从而延长停顿时间，防止使用者多按键。

激活力量

当使用者在指示的时候，并不强调激活的力量，但如果必须通过打开开关、按下按键或者使用概念键盘在屏幕上展示信息或产生合成语言，就需要一定的力量。不同类型的键盘和开关要求的激活力量不同。很多沟通辅助方式所需要的力量都很小，但也有部分沟通辅助需要较大的力量。对于使用键盘或开关的辅助方式，个人的激活力量在辅助方式、开关以及键盘的选择中都起到了重要的作用。

沟通板及电子辅助

在选择沟通辅助方式的讨论中，通常要将对沟通板和电子辅助的需要区分开来。但这个区别并没有特别的意义。重要的是为个体找到一个或多个促进沟通的辅助方式。是否使用电子辅助方式是取决于许多因素。大的词汇量要求基于电脑技术的辅助方式，而独立性扫描总是需要某些技术设备的支持，一般是电子设备。

有观点认为，为了使用技术先进的沟通辅助，通常要求个体先掌握简单的交流板。但这种观点并没有什么根据。相反，我们有理由相信学会了使用电子辅助的人，在有需要时（例如技术故障或者电力供应出现问题时）同样能够使用带有直接选择或依赖性扫描的手动沟通板。

与传统的交流板相比，先进的科学技术有时候会让辅助沟通的使用者、家人和朋友、以及专业人员将电脑技术看作是最高的成就。尽管如此，许多辅助沟通的使用者使用交流板的速度却比电子辅助快得多，而且更有效。因此，在不同沟通辅助之间选择时，非常重要的就是评估在不同环境中与不同沟通对象交流时，这些沟通辅助是怎样发挥作用的。

人工语言

人工语言主要适用于智力正常的年龄较大的儿童、青少年和成人。而对年龄较小的儿童以及学习障碍个体来说，在选择图形符号或照片的同时能够听见口头表达的话也非常重要。充分利用个人的语言理解能力能够促进对当前发生的事件的理解。对于视觉障碍的人来说，人工语言能够给他们提供重要的线索。比较自己发出的"语言"和他人说的话可以促进对新词的掌握。因此，人工语言对处于语言发展早期阶段的儿童作用比对已经获得了一定沟通技能的人来说更重要。一些研究表明带有人工语言的沟通设备对学习障碍和自闭症的儿童有很多积极影响（罗姆斯基和塞弗西科，1996；谢皮斯，里德和贝尔曼，1996）。有研究者成功对一名六岁的自闭症女孩进行干预，并且认为其成功是由于她的第一件沟通辅助工具带有语音输出设备（可巴克尔和托达罗，1992）。

对于有一定语言理解能力的人来说，非常重要的就是其沟通辅助设备要便于使用；也就是说，使用者不用等候很长一段时间辅助设备才发挥作用。这并不意味着这种辅助设备所运用的就是简单的技术。人工语言可能就比交流板更容易学会使用，因为使用者的动作所带来的交流结果更加的明确。

另一方面，使用人工语言输出似乎对口语理解能力提出了一定要求。在某项使用语言输出设备干预的研究中，口语理解能力相对较好的儿童（高级学习者）似乎受益更多。语言理解能力较差的孩子（初级学习者）并没有取得同样的进步，这也提示了这两组孩子需要不同的干预方式（罗姆斯基和塞弗西科，1996）。其中一个原因可能是如果某人能够说话（就算是在机器的帮助下说话），那么他的交谈对象就可能会认为他理解了自己说的话。从而他们很少使用手势或者图形沟通方式，以至于他们的沟通方式不能适应辅助沟通者的实际语言理解水平。如果这两位研究者使用的干预策略并不是基于对口语的理解能力，那么"初级学习者"可能会显示出显著的进步（冯·特茨纳等，2004）。

价　格

尽管在最近一二十年，科学技术的成本已经大大降低了，但是许多电子辅助设备仍然价格高昂。虽然这并不是说反对使用这些设备，但是这些设备的效用应该跟他们的价格相匹配。然而其中的某一些设备可能沟通功能非常有限。对于那些用布利斯符号沟通板交流得又快又好的孩子来说，那些较难操作和携带带有数字语言的辅助方式，并不能促进其沟通交流（科，麦康纳基和乔勒夫，1998；萨敏能，2001）。另一方面，如果孩子尚未学会阅读，那么带有数字语言的辅助方式对促进孩子阅读技能的获得会很有帮助。如果专业人员能够防止不能说话的孩子阅读障碍的发展，那么就算价格高昂也不算是一个问题了。

辅助沟通的特征

要想成为一名优秀的交流对象，并且能够为沟通辅助的使用提供足够的帮助，非常重要的就是要了解辅助沟通的一些特殊的特性，也就是要知道交流对象在使用辅助性沟通时的交流进程。正常说话的人和使用辅助沟通的人（或者偶尔使用）在交流过程中有许多差异。同样，使用辅助沟通的人之间以及他们所使用的辅助类型也有显著的不同，使用辅助沟通作出的表达也总是不同于正常说话的发音，而且花费的时间也较长。交谈的对象还能够发挥其他作用，可以明确表达双方交流的讯息以及与辅助沟通使用者探讨所想表达的意思。因此，干预专家和交流对象了解辅助沟通的这些特征，并且尝试将沟通互动的潜在负面影响最小化，这点非常重要。

发　音

说话正常的人一般并不会去想他们是怎样发出某些词的音，怎样运动他们的舌头和嘴，也不会去想他们的声带是怎样颤动的。除了使用不太熟悉的词语或者说外语等情况之外，发音都是一个自动的过程。只有在个别情况下，人们才会停下说话去寻找某一个最想表达的词语。

操作某一沟通辅助方式其功能就相当于发音，但是沟通辅助的表达过程并不是一个自动的过程。这是一个有意识的活动，需要注意力集中，认知活动的参与，甚至需要比较费力才能表达出某个信息。运动协调性下降以及不随意运动可能导致表达出错，如果字母、单词或者符号并非用屏幕或者由合成语言呈现，那么发音动作的不准确还会使听众难以理解。其结果必然是误解、沟通失败以及挫折感的产生。此外，听众的注意力也会从说话者说的话上转移开来。

时　间

正常的说话和使用辅助性沟通最大的区别就是作出表达所用的时间长度。就算辅助方式的操作很快，每分钟说出的单词数或者图形符号比起正常的说话都会少得多。低表达率就意味着辅助沟通的使用者需要花较长的时间来表达他们想说的话。这也对交流对象提出了其他的要求，并且有可能会阻碍辅助沟通使用者参与（冯·特茨纳和马丁森，1996）。七岁的乔治使用眼睛指示以及依赖性扫描进行沟通。他的沟通书包含了845个象形文字，图画和照片。他和爸爸接下来要开始玩游戏，但是爸爸从乔治的表情中发现出了一点问题。

爸爸："哪里？"（爸爸正在翻页，每一页都问一下）

乔治："身体。"

爸爸："身体。身体？"（翻页）

乔治：（乔治发出一些声音，而且身体变得紧张）

爸爸："嗯？不是这个身体吗？是什么呢？是这个吗？"

乔治："不是。"（眼睛运动）

爸爸："这个？"（指着衣服）

乔治："是的。"（眼睛运动）

爸爸："是衣服啊。"（爸爸把书翻到衣服那几页，指示某部位）"是这里吗？"

乔治："是的。"（眼睛运动）

爸爸："是什么？"

乔治："外套"（眼睛凝视）

爸爸："是外套的问题吗？"

乔治："是。"（眼睛运动）

爸爸："外套怎么了？"

乔治："是的。"（眼睛运动，或者他想让爸爸猜测）

爸爸："是不是袖子太长？"

乔治："是的。"（眼睛运动）

爸爸："哦是的，袖子是太长了。"

乔治花了两分钟才让他爸爸帮他卷起袖子。在下面一个例子中，表达的信息所花的时间更长。鲍勃的交流板上有50个词，他自己还能做出一些简单的姿势。他的交流对象约翰是一名男护士（克拉特，1985，p. 81）。

鲍勃："家。"

约翰："家？家怎么了？是不是跟你妹妹有关？"

鲍勃："不是。"（摇头）

鲍勃："一天－的－星期。"

约翰："星期天？星期一？星期二？……星期六？"

鲍勃："是的。"（点头）

约翰："跟家和星期六有关吗？"

鲍勃："人。"

约翰："人？是不是有什么特别的人要来了？"

鲍勃："不是。"（摇头）

约翰："我知道那个人是谁吗？"

鲍勃："是的。"（使劲点头）

约翰："亲戚？朋友？医院的人？"

鲍勃："是的。"（点头）

约翰："医院的人啊，我想想，是医生，治疗师，还是一个朋友啊？能给我多点线索吗？"

鲍勃：（看着约翰的头顶）

约翰："头。头上，大脑。他是不是用脑工作的？"

鲍勃："颜色。"

这个"对话"持续了100个回合，花了20分钟约翰才知道鲍勃想要问："星期六，卡尔（一个黑人保安）能不能用医院的货车把我载回家？"由这些对话可以看出，交流对象是辅助沟通者能够清楚表达自己意思的一个关键因素。

由于辅助沟通的低表达率以及其他因素的影响，使用者说话的总量比自然说话者少得多。有研究者记录了在两周时间内，成年辅助沟通使用者说出的词语总量，每天大约说出 269 到 728 个词语（鲍克曼，克斯顿，波夫莱特和纳兰霍，1984）。类似的数据在儿童间没有测出，但是对他们的父母和专业人员的采访发现，儿童使用辅助沟通所表达的词语和图形符号比成人更少。这与自然说话的 3～12 岁儿童形成了鲜明的对比，他们每天就能说出 2～3 万词（瓦格纳，1985）。由此可见，使用辅助沟通的儿童和成人学习表达自己的机会与正常说话的儿童相比更少，受到的限制更多。

谈话者角色

在一般的谈话中，交流的双方都是平等的。彼此都能说出自己想说的话。虽然双方讨论表达的意思是谈话中固有的一部分，但说话的那人并不会依赖于交流对象的帮助来表达自己的意见。辅助沟通的使用者确实完全不同的情况。例如上面的例子中，他们需要在不完整的、片段的词语以及文字或图形符号形成的句子的基础上，运用"信息合成器"来表达自己想说的话。因此，交流对象必须表达自己的意思，同时还需要组合辅助沟通使用者说的话。事实上，在上面的例子中，乔治和鲍勃想说的话都是他们和交流对象爸爸和约翰共同合作的结果。在 100 个对话来回之后，其实约翰已经没有在表达自己的意思了：他仅仅是在翻译鲍勃所说的话。

尤其是当辅助沟通使用者用的是图形符号以及很少一部分词汇时，交流对象必须解释并合成辅助沟通使用者想说的话。为了加快辅助性沟通的慢节奏，听话者也许会试着猜测使用者想说的话。在上面乔治告诉爸爸袖子长的例子中可以看出，猜测其实很管用。如果乔治通过自己的指示说出一句完整的话（这对他来说是可以完成的），那要比猜测慢很多才能达到沟通目的。由于鲍勃的交流板项目很少，约翰必须使用系统性的猜测才能知道鲍勃所表达的意思。尽管如此，有研究显示那些肩负着翻译和交流对象的双重职责的正常说话的人，对辅助工具发出的讯息敏感性很低。他们不知道辅助工具正在说什么，并且总是将自己的观点或者错误解读强加在辅助沟通使用者身上（科林斯，1996；克拉特，1985）。如果听话的人猜错了，辅助沟通使用者想说的话要花更多的时间，甚至导致沟通失败，就像下面的例子一样（西尔弗曼，凯茨和麦克诺顿，1978，p. 407）。乔伊对口语的理解能力很好，他使用布利斯符号交流板表达。他和比尔在谈话，如下：

比尔："什么时候放假啊？"

乔伊：（指着布利斯符号交流板）"月，O。"

比尔："月，O？我不明白你的意思，乔伊。"

比尔："你试着把这句话说完好吗？"

乔伊：（指了三下这个字母）"O，O，O。"

比尔："是不是以 O 开头的月份？"

乔伊："是的。"

比尔："十月（October）？"

乔伊："是的。"

比尔："这样啊，十月的假期，嗯，我看看。我知道了，感恩节（加拿大人的节日）。你跟我一样喜欢火鸡吗？"

乔伊：（指着交流板）"H。"

比尔："H？我不明白你的意思。H 和感恩节有什么关系啊？"

乔伊：（没有回答）

比尔："你知道为什么我们要庆祝感恩节吗？你知道朝圣者、移民石还有关于这些的故事吗？"

乔伊：（备受打击的表情）

比尔似乎并不关注乔伊所说的话。乔伊指着 H，是想说万圣节前夜，但比尔仅是从自己的观点去猜测。并且，他还像一个高高在上的学校教师一般，告诉乔伊全加拿大人都铭记于心的事情。当然交流的结果是走向失败。

为辅助沟通使用者调整沟通环境时，应该特别关注交流对象所使用的策略。从上面的例子可以看出，交流对象既可以促进辅助沟通使用者表达自己的能力，也可能阻碍他们的表达。例如，虽然敏感性猜测能够有效地加快沟通速度，但是猜测也同样可能限制使用者的沟通，甚至减慢信息的表达。总体上来说沟通对象起到了帮助的作用，但是却不知道他们是怎样影响沟通的，这也能够看出他们缺乏敏感性。

还需要注意的是，我们所探讨的问题并不是辅助沟通者或者交流对象的问题，而是他们之间的关系。辅助沟通使用者表达自己的能力可能是有限的，同时正常说话的交流对象也有可能难以理解他想表达的意思。他们都试图以最好的方法解决这个问题。但是，这一互补性造成了他们之间关系的不平衡性，这一情况有必要进行伦理上的思考。在道德上我们要求自主权，即平等表达的权利，这也赋予了沟通对象一个必须履行的责任：对使用者所说的话保持敏感，努力克服这种不平衡的关系，并且帮助辅助沟通使用者发出可靠的讯息（冯·特茨纳和詹森，1999）。

第四章　有扩大替代沟通需要的
儿童、青少年和成人

有很多人都需要扩大替代沟通才能和他人进行交流，即使只考虑有发展性障碍的个体（他们也是本书关注的主要对象）也是如此。在这一群体中，美国大约有90万人存在语言障碍（布莱克斯通和佩因特，1985）。按人口比例来计算，这暗示在中国将大约有500万不同年龄段的人由于发展性障碍而无法正常使用语言。

需要扩大替代沟通的个体（包括暂时性的和永久性的）的出现率估计在0.4%～1.2%之间（斯科普，2008；莱特等，2003；特克纳，1997）。伯德、汉姆斯、博恩霍耶夫和费希尔（1988）发现在5～21岁的儿童、青少年和成人当中，有0.12%的人使用的单词中有15或少于15个无法被人理解。除去有听力损伤的人群，估计至少有0.12%的人其语言无法满足所有的沟通需要（布隆伯格和约翰逊，1990）。在一项美国华盛顿州的调查当中，迈特斯、麦希·莱克、比科尔曼和莱格赖斯（1985）发现有0.3%～0.6%的学龄儿童无法组织能够被充分理解的语言来作为他们的主要沟通形式。这些儿童占到了所有接受特殊教育的儿童的3.5%～6%。这一数值并未把具有轻度语言障碍的儿童计算在内。如果假定在1～19岁的中国儿童中有0.5%的人无法组织能够被充分理解的语言来作为他们的主要沟通形式，将意味着有高达160万的儿童和青少年有扩大替代沟通需求。

三类功能群体

有扩大替代沟通需求的个体可以被划分为三种类型，划分的依据就是个体需要替代性沟通系统为其实现沟通的功能，即个体是否需要一种表达途径、支持性语言或替代性语言。这三类群体的共同特点在于他们或者没能在正常的发展期开始说话或者是由于疾病或受伤而在早期丧失了语言技能，这让他们难以和其他人进行沟通。这三类群体之间最大的差异在于他们对口语的理解程度以及他们将来学习理解和使用口语能力的不同，这同时也是区分三类群体的基准。

表达性语言群体

属于表达性语言群体的儿童和成人理解他人语言方面的能力与使用口语表达自己的能力之间有显著的差距。这类群体中一部分是脑瘫儿童，他们由于无法充分地控制发音器官因而不能清楚地发音（构音不全 anarthria）。脑瘫患者通常还同时伴有运动器官的损伤，这影响了他们部分或全部的运动功能，使得图片沟通系统成为对他们的当然选择。一些个体具有相对其年龄而言足够的口语理解能力，但是正常的智力并不是表达性语言群体的一个必要条件。学习障碍或者语言障碍的个体也存在同样的问题，他们理解口语的能力和用语言表达自己的能力之间也存在显著的差距。这在唐氏综合征儿童中并不少见，许多这一群体的儿童都属于表达性语言群体。

对于属于表达性语言群体的个体，替代沟通干预的目的是为他们提供一种可以永久性使用的沟通方式，也就是一种在各种情境下都可以使用并受用终生的沟通方式。

提升对语言的理解力通常并不是干预的主要目标，除非是为了补偿在自然学习情境中的缺陷。干预工作聚焦于个体用于表达自己的替代语言形式和语言环境中所使用的口语之间的关系。不过，干预中也可能包括教个体理解简单和复杂的图画系统（例如：PCS、PIC 或 Blissymbols），教个体常用的手写字母也可能是干预内容的一部分。如果沟通环境中使用了手绘符号，那么符号理解通常也属于干预的内容。

支持性语言群体

支持性语言群体可以被划分为两个亚群。对于第一个亚群，发展性群体，替代性沟通干预主要是作为发展语言的一个步骤。这一亚群和后文中的替代性语言群体是相似的，唯一的区别就在于他们更少有广泛性发展障碍并且不需要替代性沟通方式作为一种永久的沟通工具。替代性沟通并非要取代语言，无论对其应用个体还是沟通伙伴都是如此。它的核心功能是辅助对口头语言的理解和表达性使用，在正常的语言发展过程中起到一种"脚手架"的作用（参照，冯·特茨纳，2010）。替代性沟通方式作为一种支持性语言其最适当的用途是对于那些应该开始说话但语言发展却被严重耽误的儿童。发展性脑损伤失语症 dysphasia 的儿童和许多学习障碍儿童都属于这一群体（参照劳诺宁，1996，2003；冯·特茨纳，1984a）。另外还有一些儿童由于上呼吸道 larynx 手术而导致在一段时间内暂时不能说话（亚当森和邓巴，1991；英格利希和普鲁廷 1975）。对这一亚群的干预主要聚焦于讲清楚语言和替代性语言形式之间的关系，以及解决他们因语言受限而引发的社会交往困难。这一亚群内部对口头语言的理解水平存在着差异，相应地干预中对理解力的训练程度也不同。

支持性语言群体的另一个亚群即情境性群体是由这样的儿童、青少年和成人组成，他们学会了如何用语言表达自己，但他们仅仅使用语言尚无法完整地表达自己。这一亚群和表达性语言群体很相似，但是他们并不以替代沟通系统为主要的沟通方式。他们能在多大程度上清晰地表达自己取决于人们对他们的了解程度、交谈的话题和噪音情况。比如，在讨论与谈话对象有相同经历的话题时他们可能很容易表达清楚自己，而如果是叙述一部谈话对象不知道的电影则对方可能就会听不懂。一个儿童可能在小型教室里被很好地理解但在日常的火车上或大街上则可能几乎不被理解。在这类情境下或面对不熟悉的人时，属于情境性语言障碍群体的个体可能需要用手来打符号或指向与谈话对象未能理解的语音相关的图形符号、单词或语音词根。对于这一群体，干预方案应该聚焦于帮助他们学会何时需要增强他们的语言表达，如何判断谈话对象对谈话内容的理解情况，以及如何在不同情境下使用替代沟通方式和策略。

当个体被诊断为某种确定的类型，并且谈话对象也了解这一类型的儿童通常如何组织语言时，采用替代沟通系统作为支持性语言来增强他们的语言表达是最容易的。然而，在大多数情况下人们所面临的情况却并非如此清晰。比如，在唐氏综合征儿童身上就是如此。在这一群体当中，有些儿童发展了很好的语言，有些儿童的语言则较难被理解，也有些儿童没有语言或语言很有限。专家们可能会希望或者相信这些儿童将会学会说话，但只有时间才能证明这能否成为事实（劳诺宁，2003；劳诺宁和格罗夫，2003）。

语言障碍儿童中社交和精神疾病问题的发生率要远远高于普通儿童（贝克和坎特韦，1982；肯恩1998）。语言障碍常常导致家庭冲突，并且因其而产生的困难和沮丧可能会导致极为困难的家庭情况。因而对这一群体干预的目的之一即是为他们提供一种临时性的语言工具，以便减少因语言障碍而造成的负面影响（冯·特茨纳，1984a）。

替代性语言群体

对于属于替代性语言群体的个体，替代沟通是他们终生使用的语言形式，同样也是其他人为了与他们沟通所通常需要使用的语言形式。替代性语言群体的特点是使用有限的或完全不使用语言来作为沟通方式。因此干预的目标是他们把替代性沟通方式作为母语。干预内容将同时包括理解和构建替代性语言，其主要目标之一是构建儿童在不借助于对口语的参照情况下即可学会理解和使用替代性语言的情境。这意味着专家们要建立一个替代性语言能够切实起作用的环境。

替代性语言群体由自闭症、重度学习障碍和重度语言障碍人群组成。在这一群体中，人们还发现有些个体患有听觉性不可知症和单词指向性耳聋。听觉性不可知症患者在识别声音和赋予声音含义方面存在障碍。他们具有正常的听力，能够知道自己听到了声音，但他们无法将自己听到的语音区分开来，严重的甚至无法区分例如孩子的哭喊声和雾天的警笛声（拉科辛格和阿诺德，1965）。

不同群体的区分

区分表达性、支持性和替代性语言群体主要是为了说明需要扩大替代沟通的儿童其语言发展可能遵循不同的路径，不论他们将会达到何种能力水平。替代忄生和增强性沟通训练可能会有不同的目标，同时不同群体的干预方案也不尽相同。训练的目标应该根据每一位个体的具体情况来制定，而对三类群体的划分可能在目标的制定过程中起到帮助作用。

罗姆斯基和塞弗西科（1996）提出了一种不同的分类方法，这种方法将儿童区分为初级学习者和高级学习者。这样划分可能让人以为他们认为不同阶段的儿童遵循相同的发展路线。但是，这两个群体的主要区别在于他们对口语的理解能力。对口语理解力低的儿童有可能不学习怎样理解口语，但却可以在非语言模式的社交能力方面获得巨大进步，只要这些模式的教授不依赖语言和口语教学（例如：冯·特茨纳等，2004）。在罗姆斯基和塞弗西科划分的模式中，一名"初级学习者"有可能并不处于"高级学习者"所遵循发展路线的起始阶段。不同儿童可能并非简单地需要不同量的同一干预措施，而是需要不同的学习条件。一名被划分为初级学习者的儿童可能事实上处于错误的发展路线上，在这种情况下，专家所采取的干预措施并不支持这一儿童发展的最优化路线，因为专家们未能充分考虑该儿童对口语有限的理解能力。

前文所呈现的三种群体的划分并不意味着我们总是能很容易确定一个给定的个体属于哪个群体。例如，埃里克（Eric）是一个唐氏综合征男孩，他很多年来都被认为属于表达性语言群体。手语是他的主要沟通方式并且他掌握了较高的技能，包括很大的手语词汇量、变调技能和复杂的句法。尽管被给与很多鼓励同时接受了语言训练，但他仍然很难通顺地使用口语单词说话，他的语言仍然不能被人理解。13岁的时候，他渐渐地开始能清楚地说话了，到17岁的时候口语成了他的主要表达方式。手语仅仅作为当他缺少适当词语时的一种辅助措施（劳诺宁和格罗夫，2003）。也有人曾教会40～50岁的学习障碍和自闭症人士使用手语，这些人尽管接受了多年的传统语言训练却未能开口说话。基于传统语言训练的结果（在给他们提供替代沟通方式之前），将他们推断为无法建立语言甚至无法完成沟通曾是合理的。然而，替代性沟通干预却表明他们是存在使用口语的潜力的，不过是需要开发一种不同的干预途径罢了。

需要扩大替代沟通的最常见群体

在属于这三类群体的个体当中，又有不同的临床群体，而同一种临床群体当中又可能存在这三类语言群体中的不止一个。一些脑瘫个体需要沟通辅助以便表达自己；另一些则需要对难以被人理解的语言进行支持或补充或者需要短期的辅助。一些自闭症人士在使用了符号性语言之后开始讲话；另一些则始终学不会理解或使用语言，但能够理解并使用一些手语、图形和可触式符号。

运动损伤

脑瘫儿童和成人的运动障碍首先会导致他们无法使用语言进行沟通。这一群体包括那些无法充分控制语言器官（舌、口、嗓子等）来正常发音的人（构音障碍、构音困难）。他们可能是瘫痪的或存在痉挛以致于很难适当地控制发音，这会使得不熟悉他们的人难以理解他们所说的话（哈迪，1983；奥丁等，2006；派里拉等，2007）。

只影响语言的运动障碍很少。大多数存在严重运动性语言损伤的人同时也有其他运动功能损伤。他们可能经受着各种不同程度的手臂和手的运动协调性低下，许多人依赖于轮椅或拐杖。

大约在1000名4到16岁儿童当中有1人同时具有语言和运动障碍（拉格尔格林，1981）。其发生率在青少年中会有增长，主要是由于交通事故受伤和其他事故导致大脑损伤。这些儿童中大约有一半缺少功能性语言并且完全依赖沟通辅助。具有少量功能性语言的运动损伤儿童也可能永久性或临时性地需要辅助技术作为沟通的支持形式。

在中国和其他国家，每年都有大量的运动障碍并需要替代沟通的儿童出生。运动损伤将直接影响儿童所能够使用的沟通形式。他们中大多数将需要某种类型的沟通辅助技术。

运动障碍将以多种不同形式影响儿童的发展（参照：坎波斯等，2000）。他们在运动和语言方面经历的困难以及环境对他们的影响都可能导致他们发展成不活跃的沟通类型。这些儿童通常会给父母造成很大的负担。训练、喂食和洗漱占云了他们很多时间，并且通常很少有活动可以让这些儿童和他们的父母共同参加。甚至于当这些儿童尚年幼时，他们不哭闹的时候父母认为他们是最幸福的。妈妈们给她们的脑瘫宝宝最常见的评价就是"她安静的像个天使"和"她真的太好了"（希尔和鲍姆卡登，1986）。

微笑、哭和发声法是成人回应儿童的方式，这些在早期互动中起着重要作用。运动损伤的儿童可能无法微笑或发声，同时他们的哭声与其他儿童相比可能是怪异的。因而这些儿童发出的信号会是不清晰的以及相当不协调的，他们的父母很容易误解他们。在运动方面也是这样。儿童的非条件反射和非故意运动可能会影响他们对于周围环境中发生的人和事进行回应的尝试（莫里斯，1981）。比如，把头歪向一边的动作是脖子的僵直反射造成的，它可能会使成人误以为儿童对某个人或物没有兴趣或拒绝（博托夫和狄普佩，1982）。较之于肌肉僵直反射弱时，通常认为这些儿童在紧张时注意力更集中和更有兴趣（伯克哈特，1987）。这可能是不幸的，因为强肌肉僵直反射会降低对运动的控制并使互动更难进行。

与其他儿童相比，运动损伤的儿童甚至于连哭都可能不正常。父母通常根据儿童前一次吃奶或换尿布等的时间把儿童的哭声解释为不同需求的表达并给与反馈。

在运动障碍的儿童当中，哭常常缘于父母无法控制的原因，比如，肌肉紧张增强导致的疼痛，或者脊柱弯曲导致的内脏器官疼痛。要使儿童安静下来可能很难或根本不可能，这时父母就可能会感到沮丧和无能。长时间的或频繁的哭闹发作可能会经常地烦扰着父母。当全面考虑这些因素时，父母在他们不哭闹时认为他们是快乐的就绝不会让人感到惊讶了。

在这种情况下，即使儿童习得语言的神经学基础未受影响，其对口语的理解仍会被削弱。患有广泛性运动障碍的儿童失去了很大一部分其他儿童所拥有的自然语言"教学"机会。习语前阶段的儿童哭、笑以及抓握和够取物品、发出咯咯的声音，这些都可能组建起单词等等。这些活动会使父母和其他成人回应他们和他们说话，而这直接形成了语言的学习。当开始说话之后，儿童以一种相似的方式通过参与谈话发展自己的语言。他们收到别人对自己所说和所做的评论以及对他们所感兴趣或思考的物和事提出问题的回答。运动障碍的儿童失去了很多这类的经验，这可能降低他们对语言的理解以及对环境的了解。

儿童的运动损伤会对他们的个人发展造成相当程度的限制。有些活动他们不能参加，很多领域他们只能获得有限的经验。这种限制一部分并不是由运动损伤造成的，但是，由于有了消极的经验，他们认为自己什么都不能做。渐渐地他们就会不再尝试去做他们或许有能力做的事了。他们习惯了依赖别人，因为别人总是替他们做事，而这些事他们本可以独立完成。同时，他们可能感觉到自己是别人的麻烦，是累赘并且当自己不活跃的时候大人们最为满意（希尔和鲍姆卡登，1986）。父母、专家和其他儿童对他们的态度在很大程度上左右了他们对自己的定位（参照：奇和法萨姆，1982），因此这种态度在形成他们的生活和个人成长机会的过程中扮演着十分重要的角色。

消极的沟通风格是童年和青少年时期的总体特征，但是有理由相信这种风格在早期就已经被打下了基础。许多使用确认和拒绝作为他们唯一的沟通形式——一种眼球向上表示"是"向下表示"否"的"20问句"——的运动障碍儿童都被借助于高科技辅助手段提供给新的沟通渠道。但是，许多人似乎并不发起谈话，尽管他们已经掌握了相应的沟通辅助技术并且有能力回答所有的问题，甚至当他们看起来有话要说的时候也是如此。对于以"20问句"为唯一沟通策略而长大的儿童，可能很难学习新的谈话方式。因此寻求儿童能够用以主动发起谈话的沟通性表达方式是很重要的，这样他们不会认为在自己说话之前必须要等待他人问问题。

由运动障碍导致语言问题的儿童和成人其语言理解能力存在很大的差异。许多这一群体的人具有正常的口语理解能力从而属于表达性语言群体，一些人可以说话但其语言难以被人理解，也有人因为脑损伤而导致多重损伤和语言障碍。对于一些人，某种替代性沟通系统将会是他们最易理解的沟通形式。这样一来，在运动障碍人群当中，同时也存在属于被我们称为"支持性语言群体"和"替代性语言群体"的人。

发展性语言障碍

大体上，儿童在 10~13 月大开始说第一个单词，平均到 18 月大时开始使用由两个单词组成的句子。对早期儿童由于障碍的评估存在很大差异，有大约 25% 的 4~5 岁儿童的父母关注他们孩子的语言发展（麦克劳德和哈里森，2009）。在所有儿童中，大约有 3% 在 2 岁时尚未开始说话，4% 的儿童在 3 岁时尚不能说出 3 个具有通顺含义的单词（富恩杜迪斯，可尔文和加赛德，1979）。重度发展性语言障碍的发生率为 0.7~0.8‰（英格拉姆，1975）。

在语言领域发展明显地迟缓于其他领域的儿童通常被认为存在特殊语言障碍，其出现率约为 7%（汤姆柏林等，1997）。实际上，被诊断为这一类型的大多数儿童其非语言性智力测验的得分是处于正常范围内的。这一群体被冠以各种不同的标签：除"特殊语言障碍"之外，常见的还有"发展性言语障碍症"、"发展性言语障碍"和"儿童失语症"。这一群体的个体多种多样，具有不同的特点以及障碍程度。根据他们的韦氏儿童智力量表（WISC）得分又可以划分为不同的亚群。同时根据他们的不同背景因素也可以划分为不同的亚群，这些因素如具有不同的发展史以及与不同的障碍相关（毕晓普，2006；利斯和厄温，1997；奥滕，斯莱特莫和博林默，1991）。

具有发展性语言障碍的大部分儿童会逐渐地开始说话，不论他们属于哪一个亚群，即使他们的语言在整个学龄前时期可能很难为人所理解。这使得这些儿童难以被理解，尤其是对除父母外的其他人，因为父母往往更容易理解他们。当这些儿童到达学龄时，大部分开始足够清楚地说话，即使不认识他们的人也会理解他们。然而，由于语言发展迟缓，这些儿童通常会比同龄人的词汇量要小，同时有关环境的知识也较少。这种情况所发生的程度取决于儿童在其他领域表现得如何。知识的缺乏是大部分中度或重度发展性语言障碍儿童的共同特点，至少直到他们顺利适应学校学习为止。

有失用症特征的儿童是发展性语言障碍的一个重要亚群，这类儿童在完成自发性动作方面存在困难，尤其是那些需要协调性运动的动作。这些儿童可能在许多活动中具有显著的运动障碍，尽管不像患瑞特综合征的女孩和妇女那样达到极端的程度。他们通常还倾向于具有非典型性的认知加工模式。

有语言障碍综合征或言语急促的儿童是另一个重要的发展性语言障碍亚群（拉科辛格和阿诺德，1965；韦斯，1967）。语言障碍综合征似乎是由基因引起，并且通常在同一家庭中会有多个成员患有此症。这种症状的特点是开始说话晚、发音困难以及句法和变调障碍。此外，这些儿童可能表现为感知和区分语音方面存在困难，执行复杂运动时显得困难，缺乏乐感。发音障碍包括词尾和句尾的语速增加，共鸣声发音潦草，好像儿童口中含有石块。发音能力低下意味着在儿童开始学习说话的最初几年对他们不了解的人很难理解他们所说的话。当儿童变得激动时这一问题会尤为明显。大部分儿童到开始上学时能够清晰地说话并能被他人理解，当他们特别激动时除外。句法障碍在儿童省略或改变句子中单词的顺序时会出现。如果只接受普通的阅读教学，他们常常会发展为阅读和书写困难。

在与其他儿童或成人交谈时，语言障碍综合征的儿童和发展性语言障碍的其他儿童都可能有无法让别人理解的经历。这常常导致他们给与对方无意义的回答如："是的"、"不是"或"嗯"，不论对方说的是什么，这些儿童的提问也可能无法得到合适的回答（斯凯奥伯格，1984）。成人可以通过控制与儿童的互动来解决无法沟通的问题。与语言功能正常的儿童父母相比，语言障碍儿童的父母倾向于给与更多的指令并尽量少提问题（邦杜兰特，罗密欧和科雷特斯梅尔，1983）。这样可以减少成人试图理解这些儿童话语的压力，但同时也剥夺了儿童主导谈话主题使之向自己的兴趣靠拢的机会。这些儿童失去了其他儿童所惯于享受的互动，除此之外，发音障碍还可能降低他们对日常社会交往的参与程度。而这些互动正是儿童进行学习的自然形式，这种学习对他们获得语言、概念和社会常识很重要。

成人和其他儿童在与语言障碍儿童相处时所遇到的困难可能导致儿童的互动退缩。许多患有发展性语言障碍的学龄前儿童在与其他人相处时表现出害羞和胆怯，在陌生成人和其他儿童中都是如此。开始上学后，他们往往难以和其他儿童相处。

这在极端情况下可能导致选择性缄默，换句话说，这些儿童在家庭环境之外是不说话的，甚至在学会清楚说话之后仍如此（克莱因和鲍德温，1993）。另外一些则可能表现出行为障碍和攻击性（拉特、莫胡德和豪林，1992；威林格等，2003）。

这些儿童所经历的问题有可能缘于他们在自我表达时所经历的困难。大多数社交情境需要熟练的语言。当遇到陌生人时，这些儿童会被问及这样的问题，比如"你叫什么名字""你几岁了？"，他们的语言障碍就会立刻变得明显起来。在某些情况下，发音困难的儿童会感到清晰地说话并让人理解是如此地受约束以至于他们做其他事也变得更困难了，特殊语言障碍可能由此而发生扩展变成一种更广泛的障碍，一种习得性运动障碍。

通常不会把替代性沟通系统作为第一语言教给发展性语言障碍的儿童。这些儿童属于典型的支持性语言群体，并且是把增强性沟通作为语言发展的一种支持的清晰例子。手语的使用最为常见，但是其他沟通方式也会被用到（休斯，1974/75）。对这一群体所开展的针对手语使用的综合研究相对较少，但是一些个案研究报道了积极的结果（卡帕鲁诺和科恩，1977；冯·特茨纳，1984a）。

手语对儿童的交谈对象所起的作用几乎与学习、了解这些儿童的作用同等重要。成人很容易就会高估或低估儿童理解的程度。如果儿童在说话的同时使用手势或图形符号，成人将更容易以一种有意义的方式理解并回应他们。对儿童而言，这意味着与成人的互动变得更有意义更愉快了。同时成人们也更容易对儿童正做的事进行评论并告诉他们当他们与其他儿童在一起时以与他们所做的相同方式发生着的事物和活动。这将增大儿童学习物体名称、如何讨论事件、如何使用某物体和社会规则等的几率。这些是语言发展的重要基础（纳尔逊，1996，2007）。如果符号语言教授成功的话，那么一个可能的结果就是这些儿童的词汇和概念发展将不会那么差了。

符号干预的第三个目的是提高儿童的社交能力。即使这些儿童开始清晰地表达并能被人理解，也会有很多社交和互动规则是他们未能学到的，而他们的同龄人则对此很熟悉。提高儿童自我表达的能力以及提高他们对社交互动的参与程度可能会减少他们的害羞和胆怯，由此可以帮助他们享受与不熟悉的同龄人和成人的社交互动。

学习障碍

学习障碍①不是一种专业的诊断类型而是一种出于管理考虑的分类。传统的讲，这一名称囊括了所有被认为无法从正常的学校教学中受益因而应该上特殊学校的儿童。当前"学习障碍"被用作一个集合性的名称，涵盖了因各种不同原因引起的全部范围的不同障碍。但其共同点在于这样一个事实：那些被关注的学习障碍以及其在人群中出现的几率或多或少地被低估了，并且其情况在早期就是可见的。

对不同程度学习障碍的区分通常根据智力测验得分。智商（IQ）为 50 ~ 69 的属于轻度，35 ~ 49 属于中度，20 ~ 34 属于重度，而智商低于 20 的则属于极重度学习障碍。智力测验得分为 70 或更低的人占到总人群的 2 ~ 3%（世界卫生组织，1993）。然而，重要的是要知道智商得分并不能太多地解释一个人的能力。学习障碍人群囊括了具有迥然不同发展背景的所有个体。智力测验得分在很大程度上掩盖了这些差异而不是揭示了它们。甚至于所谓的学习能力对于相同智商水平的人而言也存在显著差异。要根据智力测验的得分预测语言技能是非常困难的。对得分高于 40 ~ 50 的人其智商和语言发展关键点之间是没有联系的，关键点是指他们何时开始说话以及何时第一次说出单词的组合。对于智商得分低于 40 ~ 50 的人而言，很难在理论上以及实践上将其语言和沟通技能的低下和其他认知能力障碍区分开来。智力测验成绩取决于测验指导语是否被理解及其他因素。对于那些语言和沟通能力极低的人这个条件很难满足。语言技能低下同时还妨碍人们学习智力测验所测量的其他技能。可能有人在中度和重度学习障碍人群中找到智商测验得分和语言技能的较清晰的统计学相关性，尽管如此仍有一小部分重度和极重度残疾个体的语言发展比功能更健全的人要好，后者同样也属于发展最弱的群体。

学习障碍有很多的亚群。某些个体损伤的病因学原因是清楚的，但 30 ~ 50% 的个案其损伤原因并不清楚（黑库拉等，2005）。这些个体中多重损伤的发病率很高。挪威一个大型福利院中有 30% 的居住者有永久性的视力损伤。其中有 7% 的是全盲，

---

① 许多名词都被用于这一群体：普遍发展障碍或一般性智力落后（general or mental retardation）、智能障碍（intellectual impairment）等。本书中使用"学习障碍"一词是因为它揭示了这一群体的主要特征，即学习能力低下，并不暗示它是一种可以在日后被补偿的发展迟缓或者这些个体像年龄更小的正常发展个体一样。

11～12% 的是功能性盲，也就是说眼睛本身没有问题但大脑中与视觉感知相关的区域存在损伤（斯皮特伦，1990）。此外，相比于其他人群即使更小的视觉问题也可能对学习障碍人士形成更大的影响。对于具有最严重学习障碍的人而言，视力缺失的补偿通常存在问题，因为眼镜容易损坏而隐形眼镜可能导致受伤。听力损伤在学习障碍人群中的出现率同样更高。比如，一项英文调查显示，福利院中有 8% 的特殊儿童是听觉损伤的。这一调查中还发现 14% 的儿童有如此严重的运动损伤以至于无法独立移动（科曼，1985）。

由于感觉和运动损伤的功能水平差异巨大并且发生率很高，所有的替代忭沟通都与学习障碍群体相关。一些属于表达性语言群体，另一些属于支持性或替代性语言群体。

唐氏综合症患者占到学习障碍人群的 20%，并且是最大的以及记录最详实的单一群体（参照 西科彻提和比格利，1990；戴维斯，2008），因此将被用来说眀 "学习障碍" 这一集合性类别。不过，强调学习障碍各亚群之间以及内部可能存在的巨大差异是很重要的。

唐氏综合症儿童通常具有支持性语言需求，但是他们中的也有一些属于替代性语言群体（克利本斯，2001；劳诺宁，1996，2003）。他们中许多人存在被人理解方面的困难并且对语言的理解能力和表达能力之间差距很大，因而属于表达性语言群体。在一项对 29 名接受了手语早期干预的唐氏综合症儿童的研究中，他们 3 岁时的平均口语单词量为 17，4 岁时则达到 105，单词量从 3 到 300 不等（劳诺宁，1996）。另一项研究中，基于父母所提供的信息，儿童平均掌握着 45 个单词，从 0 到 250 不等。而唐氏综合症儿童到 5 岁时，只有一名儿童的平均语句长度达到了 1.5 个单词，这意味着其他儿童的大多数言辞是单个单词（史密斯和冯·特茨纳，1986）。

与正常发展的儿童相比，唐氏综合症儿童具有显著的语言发展迟缓。他们对口语的习得与其他领域的发展相关联，同时也与他们在何种程度上能够或获得与监护者互动的机会相关。儿童参与与他人进行的社交互动以及由此而获得的学习自然语言和概念的机会受到如下事实的影响——他们比其他儿童要花更多的时间阅读外界信息以及作出回应，同时他们参与互动活动的水平又常常是很低的并且大部分互动被成人所掌控（瑞安，1977）。

手语是唐氏综合症儿童最常见的替代沟通形式。有人对早期手语干预在若干国家开展了研究，绝大部分研究结果都是乐观的（例如：劳诺宁，1996，2003；普雷沃斯特，1983）。原则上讲，对唐氏综合症儿童——同样也是对发展性语言障碍儿童——进行替代性沟通干预的目标是促进语言的习得和提高他们在开始说话之前与人互动的质量（图4-1）。同时，替代性语言也将被用于为语言极少或没有语言以及语言不能被他人理解的儿童提供沟通保障。唐氏综合症儿童与发展性语言障碍儿

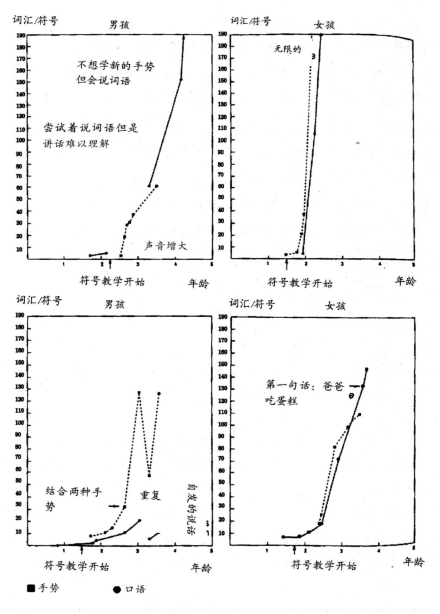

图4-1　手语在四个唐氏综合症孩子中的发展（Rostaa，1989）

童的相似之处被这样一个事实所强化，即前者的发音很难被他人听懂。

自闭症

多数情况下自闭症的发病时间为 2～3 岁之前。这种障碍的特点会随着年龄的不同而发生变化。其三个主要特征为：（1）广泛性语言和沟通障碍；（2）难与他人建立社交关系；（3）对环境反应异常。

从自闭症症候群首次被描述以来，学界对其发生率的统计就一直存在变化。起初其发生率被认为是 0.1‰，在上世纪 80 年代末 90 年代初对其发生率的报道从 0.2‰到 1‰不等。近年来，其发生率出现了极剧攀升，通常被报道为 2～4‰之间。学界对其出现这种增长的原因进行了广泛地讨论，多数人同意这与所使用诊断标准的变化有关。表 4.1 列出了（世界卫生组织，1993）自闭症的 ICD－10 诊断标准。男孩的患病率至少是女孩的两倍。这种综合症的病因学原因尚不清楚，但是有明确的证据表明其存在生物遗传基础。学界认为自闭症的发病存在多种原因（范英格兰和布伊特拉尔，2008；福克玛，斯塔特和克林，2009；温和波特，2002）。

表 4.1　儿童自闭症的 ICD－10 诊断标准（世界卫生组织，1993）

---

1. 发育异常或损害在 3 岁以前就已出现，至少表现在下列领域之一：

（1）社交性沟通时所需的感受性或表达性语言；

（2）选择性社会依恋或相互性社交往来；

（3）功能性或象征性游戏。

---

2. 具有（1）、（2）、（3）项下至少六种症状，且其中（1）项下至少两种，（2）、（3）两项下各至少一种：

（1）在下列至少两个方面表现出相互性社交往来实质性异常：

①不能恰当地应用眼对眼注视、面部表情、姿势和手势来调节社会交往；

②（尽管有充裕的机会也）不能用适合其智龄的方式与同龄人发展涉及相互分享兴趣、活动与感情的相互关系；

③缺乏社会性情感的相互交流，表现为对他人情绪的反应偏颇或有缺损；或不能依据社交场合调整其行为；或社交情绪与交往行为整合较差；

④不能自发地寻求与他人共享欢乐、兴趣或成就（如不向旁人显示、表达或指出自己感兴趣的事物）。

（2）社交性沟通实质异常，表现在下列至少一个方面：

---

①口语发育延迟或缺失，不伴有以手势或模仿等替代形式补偿沟通的企图（此前常没有呀呀学语的沟通）；

②在对方对交谈具有应答性反应的情况下，相对地不能主动与人交谈或使交谈持续下去（在任何语言技能水平上都可以发生）；

③刻板和重复地使用语言，或别出心裁地使用某些词句；

④不能进行各种自发的装扮性游戏，或（幼年时）不能进行社会模仿性游戏。

（3）行为、兴趣与活动狭窄、重复和刻板，表现在下列至少一个方面：

①专注于一种或多种模式刻板、类型狭窄的兴趣之中，这种兴趣的内容或患儿对它的迷恋是异常的；或者尽管其内容或患儿的迷恋并非异常，但其迷恋程度与局限性仍然异常；

②强迫性地明显固执于特殊而无用的常规或仪式；

③刻板与重复的运动性作态，如拍打、揉搓手或手指，或涉及全身的复杂运动；

④迷恋物体的一部分或玩具的没有功用的性质（如气味、质感或所发出的噪音或振动）。

沟通和语言能力贫乏是自闭症的特征之一。早些年学界通常认为有大约一半的自闭症成人缺少功能性语言。现在的观点中明确降低了成人自闭症中缺少功能性语言的比例，在挪威这一比例大约为20%。然而，由于自闭症出现率的增大，实际缺少功能性语言的儿童数量仍在增加。自闭症婴儿和儿童通常缺乏肢体语言（gestures）。最常见的非语言沟通形式是连续性动作。自闭症个体可能会以提要求的眼神看着另一个人，用手将他拉到某个物体前，然后通过碰触或凝视来示意别人某物或为他们做某事。通常自闭症儿童所使用的手势是难以被理解的，他们常常不去有意识地试图影响成人的注意（萨里亚，戈麦斯和 塔默里斯特，1996；斯通等，1997），这使得他们无法建立共同注意以及创造共享的情境。对自闭症儿童，缺少对物理和社会环境中相关线索的参照是他们的最大问题，即使他们学会了语言表达。他们的问题可能不在于人际关系，而主要是一种分享情境的社会问题。

学习语言的自闭症人士，其语言发展通常是迟缓的，语言技能则差异极大。一些人既不使用手势也不使用语言并且几乎不能理解语言；另外一些则能说话且能够理解很多；还有一些人逐渐建立起大词汇量，使用表面上正常的句法并能够表达想法、感情和需要。绝大多数开始说话的自闭症人士以模仿性言语开始，即重复情境中所出现的单词和词组。他们很少对他人发起谈话。即使那些适应功能最好的自闭症人士也是常常自说自话，不理睬谈话对象的言语，并且他们常常从字面上理解他人所说的话（马丁森等，2006）。

自闭症人士在非语言技能方面同样存在很大的个体差异。一些人的技能种类较为均衡，而其他人则在某些方面具有比其他方面更多的技能。对大样本自闭症儿童和青少年到成年期的追踪调查显示，他们的学龄前适应功能水平和语言能力之间存在着相关关系。自闭症儿童在 6 岁之前的有意义语言发展水平被证明最能够预示其之后的适应功能水平，在语言和非语言方面都是如此。挪威一项针对 64 名自闭症儿童和青少年的调查研究发现他们从学龄前到成年早期语言质量并未取得进步。这一结论的少量特例都曾接受过系统的手语教学（科韦尔，马丁森和斯凯奥伯格，1992）。

自闭症人士对他人的异常反应与他们的广泛性沟通和语言障碍有密切的关系。自闭症婴幼儿掌握的正常行为模式（这些行为模式构成了儿童与成人之间早期交流的基础）比一般儿童要少，父母会发现很难与自己的孩子沟通。这些儿童看上去很漠然，当有人面向他们或与他们玩耍时也没有反应，他们不喜欢拥抱，哭闹时不易被安抚，似乎常常在独自一人时表现出满足。婴儿期时，他们常不喜欢被抱起，并且较少像其他儿童那样紧贴在抱着他们的人身上。许多自闭症人士喜欢身体接触，但另外一些在被接触时则会尖叫，变得紧张并且表现出害怕的样子。他们通常不与别人发生目光接触。一些人仅仅会对与他们互动的人匆匆一瞥，另外一些则会以非常近的距离紧盯着对方的脸仔细审视。在与其他儿童或青少年同处时，他们似乎对别人所做的事毫无兴趣，而且很少通过模仿他人来学习（普赖尔和奥泽诺夫，1998）。

"对环境的异常反应"包括一系列在群体内部以不同程度存在的怪异表现。所有这些特征反应当中最常为人们所提及的是当刻板性程式被打破或环境被改变时的负面反应。许多自闭症人士在环境或日常程式发生改变时会表现出愤怒或焦虑。

大多数自闭症人士为自己安排事做的能力很弱，他们从事的活动很有限，并能够长年累月地在一天中长时间从事同样的活动。"对环境的异常反应"同时也表明自闭症儿童总体而言喜欢与多数儿童不同的活动。具体而言，他们中许多人喜欢可以旋转并且会闪光的物体，而一般对常见的玩具兴趣很低或毫无兴趣。他们最喜欢的活动中典型的是无目的的游荡、像旋转木马一样转东西、把脸盆装满水、翻书、开关电灯敲打物品或听音乐，与此密切相关联的是这一群体的标志性特点——刻板行为。这些行为包括：坐着摇动身体、用手指或物体敲打东西、用手指"过滤"光线、缠绕头发、挥动手臂、用头撞物体以及将身体、手臂或手扭转到怪异的位置。

许多自闭症人士对外部刺激有异常反应。一些儿童似乎对话音没有反应，因此可能被怀疑为耳聋。甚至对于高功能自闭症儿童、青少年和成人，也难以知道他们是否在听对方讲话以及是否对谈话内容感兴趣。一些人对声音过度敏感。正常的声音让他们感到烦恼，有时甚至感到痛苦，尤其是当他们承受很大压力的时候。一些人对疼痛没有可见的反应，这让人怀疑他们痛觉感不强。不过，早期对疼痛缺乏反应的儿童随着整体功能的提高会表现出痛觉反应。另外一些自闭症儿童和成人对身体接触过分敏感并且对视觉刺激反应异常。但例外的是，对同时具有视觉损伤或视野、听觉削弱的自闭症人士未发现具体的感觉异常。这些异常似乎与感知觉过程相关（格兰丁，1989；赫梅林和奥康纳，1970；罗杰斯和奥泽诺夫，2005）。

考虑到许多自闭症儿童在语言发展方面的测试成绩相对偏低，对他们的干预很自然地应该包括替代性沟通。有显著比例的自闭症儿童从来不开口说话并缺少对语言的理解，图形或手势沟通系统将成为他们的主要沟通方式，也就是一种替代性"第一语言"。不过，大多数学习使用符号语言的自闭症人士在之后获得了说单词的能力。这些人所说的第一个单词通常与较早学会的符号语言相关，这表明符号促进了语言的发展。一大部分自闭症儿童属于替代性语言群体，而另一大部分学会了使用单词说话因此属于支持性语言群体。

自闭症人士可以利用不同的替代性沟通方式。手势语、不同的图形系统、文字和图片等都可以被使用。直到最近，手势符号成为了最常用的方式（邦维利安 和西尔，1997；施瓦兹和奈，2006；冯·特茨纳和詹森，1996）。在很多国家，自闭症儿童一经确诊后即开始被教授手语，尽管期望他们这时开始说话可能为时尚早。不幸的是，当自闭症儿童开始说话后，手势符号和其他替代性沟通方式通常会很快被放弃。人们似乎忘了有可能是这种替代性沟通方式帮助儿童发展了语言能力，而他们仍然可能从其使用中受益。

教授自闭症儿童使用手势语的经验（成果）毫无疑问是积极的，包括旨在提高有语言儿童语言能力的符号语言训练。并非所有的符号教学都能让教学对象学会很多手势符号，但几乎所有自闭症人士都至少学会了一些符号，通常是在短时期内（例如：邦维利安和布莱克本，1991；谢弗，缪瑟尔和科林纳斯，1980；冯·特茨纳，1984）。在从符号教学中获益最大的自闭症个体中，经过若干年的训练有的能够很自然地使用长的手势语句子，并且某些个体还能掌握几百个符号的单词量。

由此看来，即使是最低功能的自闭症人士，通过一年的干预使他们掌握 5～10 个手语符号也是有可能的。这可能是最保守的目标了，但即使在个体的自我表达和理解他人能力方面有如此有限的提高也能够对日常生活起到巨大的帮助，这可以为他们提供学习社会和实践技能的机会并提高整体的生活质量。

尽管手语符号的使用收到了积极成效，在美国、加拿大和许多其他国家这种沟通方式的流行程度却降低了。取而代之的是沟通板和图形系统。这限制了沟通策略的多样性并且因此也减少了自闭症儿童和成人之间相互学习的机会。

各年龄阶段的自闭症个体之间差异很大，被诊断的"自闭症"也由各种各样的群体组成。他们的语言性和非语言性技能都存在很大差异，对儿童和成人都是如此，即使这一群体的最显著特征——诸如专注于特殊的物品、对变化的消极反应和对声音的敏感——也不是所有个体都明显。因此对自闭症人士的干预不能冠以同样的模式而必须进行个别化设计。

瑞特综合征（Rett syndrome）

多重残疾和极重度沟通障碍的儿童有可能会被放弃并不给予沟通干预。这一群体的代表是患有瑞特综合征（一种主要发生在女孩身上的严重神经功能障碍）的女孩和妇女。她们的发育在 6～18 个月之前看似正常，但如果回头重新审视的话，可以发现她们在发病之前似乎也比其他婴儿更加消极和被动。6～18 个月之后她们开始丧失之前获得的技能。她们的头围在出生时正常但生长缓慢，但随着时间的推移变得低于常态。她们通常患有癫痫并且可能在任何年龄发病。瑞特综合征与一个位于 X 染色体上的调节基因 MeCP2 有关，但同时也与其他基因有关，单独的基因测试无法确定一个女孩是否患有此症（阿米尔等，1999；琪莉等，2006）。她们的发展过程决定着诊断结果，在 3～4 岁之前很难做出可靠的诊断（哈格伯格，2002；克尔，2002）。这一障碍存在四个发展阶段（见表 4-2）。但是，这些阶段的持续时间可能并不相同，而且发展过程差异很大。各种特征在不同个体之间发生的程度也不尽相同（哈格伯格，2002）。

表4-2　经典瑞特综合征的四个临床阶段（哈格伯格，1997）

第一阶段：早期开始停滞（始于5个月大）

　　早期姿势和发展的迟滞；发展模式还没有显著的异常；不协调的发展

　　持续时间：几周到几个月

第二阶段：发展的衰退（始于1~3/4岁）

　　丧失已有的技能：沟通、手指、咿呀学语/单词、玩耍；智力缺损开始出现；偶尔出现"心不在焉"的状况；眼神交流减少；已经有些呼吸问题；百分之十五会癫痫发作。

　　持续时间：几周到几个月，可能是一年

第三阶段：假稳态阶段（始于第二阶段结束时）

　　"唤醒"阶段：一些沟通的补偿；突出的手部失用症/运动困难；走动能力的明显减弱；不明显的、缓慢的神经肌肉衰退。

　　持续时间：几年到几十年

第四阶段：后期肌肉运动退化阶段（始于第三阶段结束时）

　　第一种情况：当走动停止时，之前能够走路的个体现在无法行走，

　　第二种情况：从来没有走动过；在第三和第四阶段之间没有明显的界限。

　　完全依赖轮椅；严重的残疾；消瘦和末梢的变形。

　　持续时间：几十年

瑞特综合征的发生率通常约为每20000人中存在1例，也就是说它在女孩中的出现率为0.1‰（哈格伯格，1997；斯科杰尔德尔等，1997）。最初，瑞特综合征的诊断严格按照传统的诊断标准进行（崔瓦森和莫泽，1988）。但是，在人们的注意力转移到瑞特综合征的特点上之后，出现了一些并不符合所有必要特征的案例，但这些案例似乎仍然与瑞特综合征更相似而不像其他已知的障碍类型。另有一些独特的个案，与经典的类型不同，它们似乎只有这一综合征的一部分症状（哈格伯格和斯科杰尔德尔，1994）。

随着病情的发展，患者对手的控制能力变弱。精细动作技能变差，渐渐地这些女孩变得无法使用镊子夹东西。这一状况的不断加重将导致她们丧失使用手玩耍和操作物品的能力。她们可能用"爪抓"的动作抓东西并用整只手握住物品。抓起和放下物品对她们而言变得愈加困难，因此她们在控制自己独立做事方面会有越来越

多的问题，并且变得更加依赖别人。

大多数女孩——尽管并非全部——可以发展出一种特殊的手部刻板行为，她们的两只手以"洗手动作"相互擦搓，有时她们整天都做这一动作。许多女孩可能还会坐着几乎一刻不停地攥紧和张开自己的手。刻板性洗手动作在学习障碍和自闭症儿童中并不少见，但在这些儿童中出现的程度并不像瑞特综合征女孩中那么典型。

或许瑞特综合征的最典型特征是这些女孩的运动障碍（dyspraxia），即有意动作能力减弱。失用症（apraxia）不仅仅在这些女孩学习新技能时表现明显，还表现在她们进行自己已经掌握了相关技能的活动时。甚至于抬腿走路或提腿上一级台阶的动作都会花费很长时间，她们可能需要帮助才能发起这些动作。失用症的另一特征是它随着情绪激动而加重，因此当动机水平提高时，要做出动作就更加困难。人们常常注意到这些女孩在不给她们造成压力的安静环境中能够最好地执行动作。因此干预的目的就是帮助这些女孩执行动作，从而减少挫败感。

瑞特综合征的女孩看上去存在严重或极重度的学习障碍，而头部生长迟缓和大脑重量偏低则加重了这种状况（阿姆斯特朗，1997；珀西，1997）。对认知能力的尝试性评估表明瑞特综合征女孩和妇女无论年龄大小都很少能够完成比正常发展的1岁儿童所能完成的任务更高级的任务，而且她们中许多人只能获得极低的年龄分数（参照，加伯和维伊德特，1990；奥尔森和瑞特1987，1990；伍德亚特和奥赞，1992，1993）。不过，对测验的解释应该考虑到这一群体的评估极为困难，并且哪种类型的测验更适合于描述她们的认知能力发展水平也完全不清楚（特雷瓦森，1986；范阿克，1991）。大多数患此症的女孩和妇女的手几乎完全丧失了功能。各种研究（包括认知技能评估）都无一例外的使用了涉及手的使用的任务，诸如：搭建积木、寻找藏起来的物品、移动物体以及其他操作性技能。

除少数保留了语言的个案外，瑞特综合征的女孩和妇女从不说话。她们大多完全没有语言而依赖替代性沟通方式表达自己的需要。但是，她们有时会触摸或注视一些物品，走向某个人、物体或特定地点。这些行为表面上看来是随机的，但系统的观察可能会发现情况并非如此（夏普，1992）。替代性沟通干预可能涉及到结构化的深度解释以及结构化的综合沟通（total communication）。这些策略的目的是帮助她们掌控环境并为她们提供表达与兴趣、需要和爱好相关的意愿的可能性。鉴于在手的使用方面存在困难，手势符号不适用于她们。辅助性沟通因而成为当然的选择，包括物品、照片或图形符号以及一系列不同的干预策略。

然而，沟通辅助措施的使用也存在困难。甚至一个简单的动作比如指向某个物体对这些个体而言也可能是困难的。如果她们的注意力集中在动作上（此例中为指向某物体），这可能加重其运动困难。当教师试图教一个女孩指出某物体、照片或图形符号时，通常从手或眼开始。为了降低运动障碍的影响，重要的是不把女孩的注意力引向动作本身，而是引向她所指或注视的物体或图片。在通过女孩的注视动作考察她的偏好时也是如此。有些瑞特综合征女孩存在注视运动障碍（gaze dyspraxia），这可能会加重她们的困难且妨碍与周围人的交流。或许目光指示能够有效的原因在于通常不会用试图影响注视动作本身来吸引女孩的注意力。此外，给她们留出视觉和心理过程所需的时间是至关重要的，尽管这可能会花很长时间。另外，所有策略的使用都必须考虑她们发起和进行交流以及对环境中的人和事作出回应所需的时间（冯·特茨纳，1997b；冯·特茨纳等，1996）。

辅助沟通方式的选择很重要，应该选择那些即使在个体丧失运动技能之后仍能使用的方式。比如：女孩在丧失大部分手部运动技能之后常常仍能长时间使用简单的开关，这不需要精细动作技能。目光指向对无法做出指向动作或有不间断地手部刻板运动的女孩而言是一种有用的替代方式。不过，目光指向时同样不要把注意力集中在动作本身上。

有关瑞特综合征女孩被教授替代性沟通的案例记录相对较少（桑德伯格，2000；西根福斯等，2009；冯·特茨纳，1997b）。似乎她们对语言的理解匮乏或极为有限，但是应该注意到严重运动障碍患者在表达自己以及说明自己所理解的东西存在巨大的困难。有一些轶事记录了这些女孩在适当的时候发笑以及当某人被提起时表示出她们的兴趣，等等。一些瑞特综合征女孩有时也会突然说出独立的单词或句子，通常是在她们对某事物充满热情或激动的时候。

> 一个瑞特综合征女孩和父亲一起进城。他们花了很长时间在十字路口等待红灯变成绿灯。父亲在女孩着迷似地盯着交通灯时对她说话。在当天的晚饭时，这女孩突然说了句："红灯"（林德伯格，1987）。

> 一个瑞特综合征女孩让爷爷留宿在家。当爷爷下楼吃早餐时，她清晰地说："您好！爷爷"（林德伯格，1987）。

但是这些事件在临床上是很难使用的。这些是独立且特有的事件，并且通常在之后不随之发生类似事件。它们没有任何积极的预测性价值并且不能被当做语言出现的标志（冯·特茨纳，1997b）。

另外还有关于瑞特综合征女孩对数字化语言的使用作出积极回应的观察记录。

> 唐（Dawn）是一个7岁的瑞特综合征女孩。一种数字化语言沟通辅助设备被作为替代性沟通训练的一部分尝试使用。在她的谈话辅助器上有一杯牛奶和一块饼干。当她按压图片时，机器发出"巧克力牛奶"和"饼干"的声音。有一次，当她在喝牛奶时把手按在牛奶图片上，机器持续发出"巧克力牛奶"、"巧克力牛奶"的声音。唐尽情地笑着。尽管她只试用了这一设备几次并且按键也很困难，唐却非常感兴趣并在使用它时表现得很活跃（冯·特茨纳和欧伊恩，1989）。

这些观察资料可能暗示一些瑞特综合征女孩对语言具有比通常认为的更多的理解。而通过教她们表达自己收效甚微似乎表明通过沟通辅助技术来提高她们对语言的理解几乎是不可能的。这意味着这一群体中的一些人，尽管对语言的理解有限，却可能属于表达性语言群体。另一方面，大多数瑞特综合征女孩似乎不能引导他人的注意力并建立起共同注意（冯·特茨纳，2006）。没有这一技能，语言的获得将会是不可能或极其困难的。

结构化的深度解释（over-interpretation）和结构化的综合沟通（total communication）是瑞特综合征女孩和妇女当然的沟通干预策略。这种策略是对能够学习自我表达的人进行干预的有目标导向（goal-directed）的方法，并且能够被用来尝试评估瑞特综合征女孩的兴趣和偏好。与其他具有重度障碍儿童的父母相似，瑞特综合征女孩的父母可能需要帮助以便了解他们女儿的偏好和兴趣，并相信他们所做的事。对缺少这一群体相关工作经验的专业人士也是如此。此外，这些女孩的偏好和兴趣会随着时间发生变化，因此有必要对她们进行观察并定期进行新的评估，尽管这并不频繁。

对于许多瑞特综合征女孩而言，结构化的深度解释和结构化的综合沟通并不能使她们发展出自发的独立沟通行为。然而这些策略对女孩及其家庭仍然是有用的，因为它们为进行正常生活打下了基础。结构化的深度解释可以为这些女孩以及学习怎样在不同情境下给予她们最佳反馈的人提供一个更可预测可理解的环境。即使一个瑞特综合征女孩未能学会自我表达，也不意味着她什么都没学到。深度解释作为一种生活方式意味着制造并维持一种稳定可预测的环境，而学习就蕴藏其中。借助于这种策略还可以长期保持女孩从环境中学到的惯例和规则，并可能促进女孩学会用其他方式影响环境。

一些常见问题

对沟通障碍人群的干预常会发生许多问题。这些问题通常涉及到以下方面：学习过程漫长且难以迁移到新的情境中，许多个体在学习过程中变得消极退缩或依赖他人，且可能表现出行为障碍。

学习过程漫长

语言干预中最常见的困难就是教学可能耗时较长。一些沟通障碍个体即使在学习看起来很简单的技能时也可能要花费几年的时间。这一点在一些学习障碍和自闭症儿童青少年身上体现得尤为明显，对一些发展性语言障碍的儿童也是如此。

一些专业人士把学习者所表现出来的进步当作他们自己干预工作的阶段性成果。他们可能会据此设定不现实的目标并对结果失去耐心。这可能导致干预提早结束而代之以尝试其他的方法。对干预效果的评估的确很重要，但前提是保证干预策略实施足够长的时间并且设定合适的短期和长期目标。

干预工作对时长的要求同时也会带来其他后果。其中一个间接结果就是花费时间最长的人同时也是最容易打断干预连续性的人。他们可能会转学，或者学校聘来新教师，而新教师对学生所知道的和所能做的缺少充分的了解，同时他们也不清楚之前的干预是如何组织的。连续性的打断可能导致已经学到的技能得不到回应从而可能被遗忘。新教师可能会尝试教这些学生一些他们已经知道的东西，或者教他们用新的方式来表达他们已经会表达的东西。干预过程的间断和改变可能导致挫败感并导致行为问题，这些又会使学习情况变得更糟。

关于对自闭症和学习障碍的干预因教育计划的改变或废弃而流于无效的实例不在少数（科林纳斯，1984）。如果干预无法持续，那些适应功能最低的人所学到的技能就会存在消退的风险，而这又进一步强化了这些负面结果。

概括化

干预工作的一个显著问题是在一种教学情境中学到的技能无法转移到其他情境当中。这个问题影响着相当多需要扩大替代沟通的人，而不仅仅只是那些认知功能不正常的人。即使当特别强调为技能迁移创设有利条件时，结果仍不能令人满意。当知识迁移到新情境的问题与干预工作的耗时长有关时，重要的是——在可能的情况下——保证沟通方法的训练发生在我们能够确定所教的技能对个体有用的自然情境下。这意味着必须花时间去评估环境并寻找沟通能够对教学目的发生作用并且适合的情境。如果教学是基于其他情境设计的，那么重要的就是要有一个向新情境转换的计划。

习得性被动和对他人的依赖

在语言干预的早期通常有必要为个体提供一定程度的帮助。尽管这种帮助可能是完全有必要的，它却可能引发一个问题。个体常常对这种帮助产生依赖并且将会不能自发地使用他们的技能。

和语言干预相联系的依赖与在所有需要扩大替代沟通的群体中都存在的玥显的"习得性被动"和"依赖他人"有关。表达性群体的人有这样一个共同特征：在大多数情境下，尤其是涉及到自我表达时他们要依赖其他人的帮助。这使他们习惯于这种沟通方式，而当有人尝试交给他们新的表达方式时，此种状况可能很难改变。

属于支持性或替代性语言群体的人可能发展出类似的依赖。那些语言发展迟缓的儿童在和陌生人交谈时会要求父母代替他们说话，即使他们的语言已经能够被他人理解，这种例子并不在少数。在一些运动能力未损伤的儿童案例中，主动沟通的缺乏最为明显。比如，不能说话的自闭症儿童相比于其他儿童其沟通的出现率极低，并且由自闭症儿童主动发起的沟通尤其缺乏。因此这类群体的人在沟通中的反应是迟钝的，他们只有在他人发起谈话时才会回答或者在被催促时才会"主动"发起谈话。尽管人们在设计干预方案时并不是有意的，教学仍可能会强化儿童的依赖性。

行为障碍

严重发展障碍的人往往在面对日常生活中的挫败感、小的或大的挫折情境和人生大事时缺少控制调节技能，因而可能会出现行为障碍和攻击性行为（埃默森，

2001；米尔贝克和冯·特茨纳，2008）。要证明有限的沟通技能和行为问题之间存在关连通常是可能的，沟通技能的改善往往伴随着行为问题的减少（卡尔 等，1994；杜兰德，1993）。出现这种改善的主要原因在于，个体在获得他人的注意和表达愿望和要求方面更加熟练了，因此引发挫败感、失望和愤怒的经历也相应减少了。个体可能能够表达某些意愿比如：出门、休息、得到某种物品、想被安慰、交谈、拜访某人、想要一个人呆着等等。当个体发展出更多的沟通方式时，他的负面经历将会更少（冯·特茨纳，2004）。

有时，行为问题的出现率在干预的早期会出现暂时的升高。个体可能会使用他新学到的技能频繁地发起沟通或拒绝参加某些活动。随着个体的沟通能力逐渐完善，与他进行协商也变会得更容易，并且行为监控和自我监控也得到提高。问题的关键在于行为问题绝不应该被看作是沟通和语言干预的障碍，反而应该被看作一个积极的信号，个体想要与人沟通只是不知道如何用一种可被人理解的方式进行，因此沟通干预是非常必需的。

第五章 评 估

需要扩大替代沟通的儿童、青少年和成人处于不同的年龄段并且认知能力和沟通能力也大不相同。因此，最优化的干预要基于对个体和环境的全面评估。个体的康复训练计划是采取全面的干预措施时的重要工具。评估计划和责任的划分是这一计划中的一个重要部分。

在对严重沟通障碍人士评估的描述中，通常建议评估工作应该从评估个体的沟通需要开始。总体而言，大多数人都有相同的沟通需要：他们想要被人理解并理解他人，希望能跟不同的人（成人和儿童）在各种不同的环境下就多种话题进行沟通，从而满足生理的、情感的和社会性的需要，追逐兴趣和理念等等。为沟通障碍个体设计干预方案的总目标是使沟通和语言变得可能并促进其发展。环境和话题会随着个体的不同以及时间的进展而发生变化，但是若要把它们称作不同的"需求"则需要谨慎，似乎它们表示了个体一种清晰可辨的特征。对"沟通需要"的评估更像是在确定优先权，即决定哪些技能和情境可能适于最先被尝试。

综合干预的需要

需要扩大替代沟通的绝大部分人同时也需要其他的干预形式，障碍越多情况就越是如此。障碍最广泛最复杂的个体将会终生需要干预和支持。干预的首要目的应该是为个体提供尽可能高质量的生活。

不同形式的干预目的在于提供大多数人认为理所当然的生活质量：一个属于自己的家、一份工作——或者至少是有意义的就业——有意义的休闲时间和与他人相伴的快乐，尤其是家人，同样更应包括的还有朋友。个体还应该拥有能够对自己的生活进行控制和选择的经历，并且感受到自尊。需要扩大替代沟通的人会有失去所有这些生活品质的风险。只有当开展适宜的全面干预时，这些目标才能在某种程度上被实现。将这些标准视为一个整体，才能最好地保证生活质量。不能全面考虑被干预个体的整个生活情境以及未能促进整体发展的语言和沟通干预，从个体利益的角度讲是不充分的，它也许是糟糕的语言和沟通干预。

沟通和语言的教学应该成为全面干预的主要部分，也就是说要与其他干预措施相配合。这尤其应该应用于生活自理、工作和为改善与他人进行社会交往打基础的活动。教学内容的选择是基于对哪些内容能使个体最大限度受益的全面评估。在此，我们仅对全面干预的内容和各部分应如何评估及其与全面干预的关系进行一下阐述。通常应该有一份个体的康复训练计划，同时组成良好的全面干预，即各个不同部分必须根据个体的局限和可能性进行调整，并且对属于三种主要替代沟通群体的人因人而异。

评估方法

测 验

正式测验会因测验对象的不同而在评估中具有不同的意义。对一般智力测验和针对更具体领域如语言理解、绘画技能和大运动技能的测验都是如此。结构化的测验可以提供对决定语言和沟通干预形式和内容有用的信息，不过在测验之前了解测验将如何应用仍是一个好的习惯做法。

许多条件都限制了常用测验在需要扩大替代沟通个体身上的使用。不少这类个体具有某种障碍致使这些测验无法按规定的方法实施。比如，对存在广泛性理解困难的人、运动障碍或视觉和听觉损伤的个体就是如此。大多数测验的设计都基于这样的假设：被试个体能够看到、听到、理解指导语并可以说话，以及能够移动积木或其他物体。典型测验项目都需要回答问题或遵循指导、画图形或用积木建造模型以及复述数列。许多测验任务都设有限定时间。

很少有测验在设计时就考虑到了有障碍人士。为了让这些人群能够使用测验，有必要改变指导语、题目呈现方式以及被要求回答的内容。然而，通过调整的测验程序来完成测试意味着原测验的标准化常模将不能使用，并且测验结果也不能按常规方式解释。常模是基于测验以规定的方式完成而获得的。

但执行测验仍是有用的。其有利因素在于我们知道正常儿童、青少年和成人在相似任务上的得分情况，并且随着时间的进展我们可能获得相关的经验，从而了解某一具体群体通常是如何完成这些任务的。

年龄分数和标准分数

如果要使测验有用，那么测验结果必须以一种有意义的方式来呈现。许多情况下测验结果会被转换成年龄分数。这可能是一种直接描述儿童功能水平的方法，但它往往会给人错误的印象。例如，尽管一位 20 岁的男士成功解决了一个测验中相当于 3 岁儿童平均水平的任务，但他的功能水平测验结果将与 3 岁儿童没有大的区别。最好是使用标准分数，它表示个体完成指定任务时与其他同龄人的关系。标准分数的优势在于它能够显示某个具体年龄组之间的差异。而年龄分数只能说明该年龄的平均数。

标准分数基于一个分布曲线，在该曲线上平均值为 0，而一定比例的分数被列为相应的标准分数（图 5-1）。比如：68% 的得分将会落在 +1 标准差和 -1 标准差之间，这一区间通常被称为正常区。不过，应该偏离平均值达 2 个标准差以上才能认为是存在显著偏差。

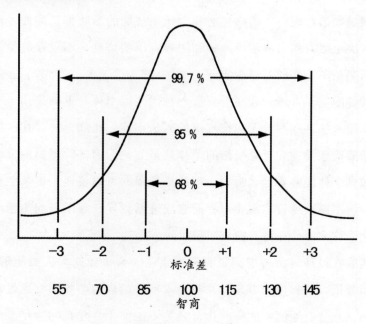

图 5-1　标准分数

在大多数智力测验中一个标准差大约是 15 分，所以 IQ 得分 70 就是低于 100 分 2 个标准差，后者是某个给定年龄中所有人的平均成绩。IQ 得分 70 也被认为是学习障碍的临界值（见 83 页）。

有关年龄分数给人造成误导的例子有很多。雷内尔氏语言测验（Reynell's Language test）的得分曲线从 4 岁开始变得平坦起来，因此，原始分数很小的差异即可能导致年龄分数出现很大差异（雷内尔，1985）。

如果一名 6 岁儿童在伊利诺伊斯心理语言能力测验（Illinois Test of PsychoLinguistic Ability）（ITPA，柯克和麦卡锡，1968）的"语言表达"测验上的得分为 13，那么其标准分数就是 −1。这意味着该儿童的能力处于正常区，但在较低的区间。原始分数相当于 4 岁零 3 个月儿童的平均成绩，它同时也是年龄分数，但是这一子测验所包含的任务解决的频率在 4 到 6 岁之间变化很小。当这个 6 岁儿童的父母看到自己孩子的成绩与 4 岁儿童相同时，他们可能会感到非常惊讶。它可能给出了对儿童技能更为准确的描述，表示他在自我表达方面的能力发展得有些迟缓，但对其年龄段而言，仍被认为是属于正常的范围之内。

测验清单

在为有语言障碍的个体设计干预计划时，一些测验所能提供的关于个体技能方面能够为设计者所关注的信息甚少。在很多智力测验中，大多数语言技能贫乏的人都会获得相似的低分，因为这些测验是为区分正常人群而设计的，并不能提供有特殊障碍人士的相关信息。设计测验以及获取标准化分数时，福利院和特殊学校中的个体通常不被包括在样本之内（昂德黑姆，1978）。因此，智力测验无法很好地区分测验分数处于最低区域的个体。

大多数语言技能贫乏的人其测验结果曲线表现出不平滑。但是，测验的设计使得不同测验相互之间存在合理的相关，也就是说个体一般会在不同的子测验上取得相似的分数。许多语言障碍个体的不平滑曲线表明测验条件未被充分考虑。因此要根据这些测验来预测其他技能是很困难的。而这一点在测验的使用上是至关重要的，因为这才是测验设计的目的所在。测验是用来对个体的能力做整体推测的，而不是用来考察他在处理随机选出的组成测验的某些具体任务时的表现。

检核表

检核表是由一些关于个体和其生活环境的问题组成。而对个体的测验是在标准化情境中进行的，检核表需要根据观察或对熟悉个体的人所进行的访谈来填写。一些检查表用以描述社会的、语言的和日常生活技能（芬森等，1994；基尔南和里德，1987；斯帕罗，西科彻提和巴拉，2005），另一些则是为了便于诊断，诸如自闭症诊断访谈（洛德，拉特和莱考特，1994）和社交与沟通障碍诊断访谈（温，1999）。

用检核表来评估日常生活技能往往是很实用的。常用的测验是文兰适应性行为量表（The Vineland Adaptive Behaviour Scale）（斯帕罗等，2005），它对个体许多方面的技能水平给出了全面的描述。检核表针对不同的技能提出相对详细的问题，并且涵盖了这些领域，如：自理技能、社交技能、行为问题和沟通。表中包括了与日常适应性行为相关的问题，涉及到的活动如：穿衣、吃饭、上厕所等等。最好的检查表应该对每一个特定领域都有很多题目，因此可以得到个体概况的图示。不过，检核表通常缺少针对所需帮助的类型和程度的项目，即测验对象为了执行某个具体行为需要多少帮助以及这些帮助应被控制在何种程度下。这类信息在设计干预计划时是需要的。

对于许多自闭症和学习障碍人士，他们与同龄人的区别是如此明显以至于关于这些差异的标准和题目毫无意义。对他们的首要目的是发现他们拥有哪些技能，然后在随后的干预中以此为基础建立其他技能。

来自重要相关人的信息

重要相关人指的是父母和其他熟悉该个体的人。从这一人群获取信息的途径是谈话和访谈，这些信息以多种形式构成了对检核表的延伸。事实上，相对于通过检核表（含有标注的项目）获得的类似信息，这些信息更为详细具体并且与个体及其所处的环境更具直接相关性。从重要相关人处得到的信息不仅对评估个体的技能和能力有用，而且还提供了他们关于该个体以及他能胜任那些事的具体看法。

系统观察

不论障碍是何种类型，系统观察都将是评估工作的一个重要部分。观察要尽可能全面，应该涉及到个体在不同的情境下和活动中以及与他人相伴或独处时的表现。

录像

录像对记录有障碍人士的沟通和互动技能很重要。它们不会消失，而且可以反复观看。专业人士可以通过录像在随后检查那些意外发生的情况或他们在录像时没有注意到的情况。可以几个人一起观看录像并且多次检查一些具体的连续事件。录像还使得对发展缓慢儿童的情况进展记录变得更加容易。

录像也是与父母和其他重要相关人展开讨论的一个很好的起点。他们可以指出录像中的行为是否是个体的典型行为，可以确定或推翻有关该个体能与不能做什么的假设，还可以指出该个体通常做什么。通过分析录像的内容，可以产生关于新形式干预和沟通情境的创新思路。

CD 和 DVD 的使用使得个体的康复训练计划以及包含录像片段和文本信息的其他形式报告的撰写成为可能。

实验性教学

最初的评估通常无法针对何种干预策略最适合于该个体这一问题给出清晰的答案。在决定如何继续干预之前，可能需要进行实验性教学。这种教学是一种动态评估，这一过程的目标是找出某一特定任务是否处在个体的最近发展区中，也就是说个体是否能从该任务中获益（利兹，1997；列帕亚和冯·特茨纳，2010）。在最近发展区内的任务，个体无法独立解决，不过他可以和一个能力更强的人共同完成（维果茨基，1962）。如果任务太容易而使得个体能够独立完成，那么它就无法带来新的知识或技能。如果个体对任务的性质缺乏了解，或任务在最近发展区之外，那么它同样不能促进个体知识的发展。因此，新知识是通过社会合作发展起来的。只有当任务是新的、可以被理解的、并且教师有能力给与正确的和程度合适的帮助时，这种学习才会发生。

基本信息

在开始评估时，应该把工作重点放在为了开始工作都需要做些什么这类关键问题上。其中之一就是要确定语言和沟通干预的目标是什么。比如，干预对象是需要替代沟通作为一种表达方式，还是作为语言发展的支持，亦或作为一种替代语言。尽管要回答这一问题通常比较难，但是却有助于抓住沟通干预的最基本问题。此外，还需要有关以下核心领域的信息：社会适应水平、活动参与水平、日常情境的理解能力、自理技能、总体知识水平和行为问题。

一旦获得了这些基本信息，评估工作应该按照计划逐步实施。第一步是制定一个计划纲要并确定构成其基础的相关信息。随着问题逐渐变得清晰还会需要更加精确的信息。对干预实施评价是持续评估的重要内容。

如果已经有足够的信息使干预工作生效，那么评估工作就不应该阻碍干预手段的实施。由于某一部分评估耗时过长，干预工作经常会被耽搁。比如：运动障碍儿童通常似乎还具有其他障碍，语言干预可能会因此被推迟，直到该儿童表现出他能够理解口语。这种情况下，沟通辅助被用来彰显技能而不是促进它们出现。

在开始时我们很容易会问过多的问题。这可能加重工作量，有时还会使合作难以开展。许多父母都曾有类似经历，就是我们的专业人士问了许多从不使用的细节信息，花时间进行一些对干预工作没有明显作用的程序性测验和调查。

对一天工作的回顾

在开始语言和沟通干预之前，有必要对个体已经参与过的活动进行一次回顾。这种回顾是洞察对个体全面干预的最快方法，它能够告诉我们个体的优势和弱势以及他所经历的生活。这种回顾还能提供关于已有干预是从何时开始发生的。这样，在设计新的干预措施时就可以避免与现有的有积极意义的活动相冲突，从而使它们共同发挥作用。回顾时应该涉及当天的所有时间，并且足够详细，使得在一整天过程中发生的所有细节都很清晰。

日程表（day clock）是一个对信息的呈现和整理很有用的辅助工具（图 5 - 2）。日程表包括一些填写与个体相关活动的领域。这些信息在访谈过程中由相应的人来填写，根据不同时间段、不同访谈对象所负责的活动。

当填写日程表时，有必要先确定典型的一天。最好是先考察刚刚过去的这一天，如果这一天不够典型，那么就应该考察适合做典型的最近的一天。日程表可以划分成以 15 分钟为长度的时段，记录个体在这一天当中每个 15 分钟做什么以及与谁在一起的信息。对存在的变动、惯例事件以及罕见但却反复的事件进行记录。询问这些也是有用的：一些问题是否在所有情境中都有发生，是否出现了沟通，如果有，其沟通方式又是怎样的。最好是做两个日程表——一个针对正常工作日，一个针对正常周末。当制定沟通干预计划时，应该对两个日程表分别考虑。干预计划中应包括教学情境、个体常规沟通情境以及个体偶然沟通情境。这样就很清楚个体在哪些时段没有沟通。

一个好的日程表应该能说明现有的干预措施、儿童的活动水平、定期发生的活动以及任何问题行为。这将包括对全面干预的回顾，包括日间措施（幼儿园、学校、工作或工作培训）、休闲活动和各种不同形式的休闲服务。此外，综合访谈还提供关于自理技能、自我支配和沟通技能的信息。当这些信息与由家庭成员和其他相关人群执行的常规任务综合到一起时，我们就可以清楚现有的全面干预是如何工作的。

日程表被用来找出适合进行沟通干预和采取其他措施的时间段。当加入

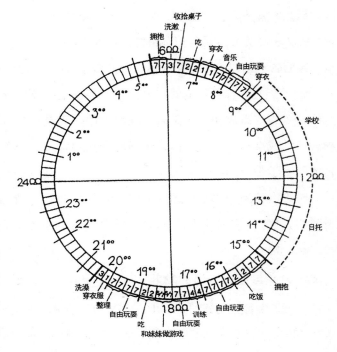

情况	代码	数字	时间
穿衣/训练	1	4	1
吃饭	2	6	1.5
洗漱/洗澡	3	2	0.5
训练	4	2	0.5
独处	5	0	0
与孩子相处	6	2	0.5
与成人相处	7	20(2)	5

图 5 - 2　日程表

新活动时，它们也被纳入日程表，因此该表总是能显示个体的一天是如何被安排的。对不同时期的日程表进行对照就可以知道干预工作的进展情况。这样，日程表就可能在干预的不断评估中扮演重要角色。

一般技能

对人、物、活动和事件的兴趣

扩大替代沟通的一条基本原理是所有人都希望进行沟通，但并非每个人都能做到。通常我们说个体的动机是干预得以实施的先决条件，但这又引发了这样一个问题：

没有动机意味着什么？"动机"的缺乏通常表明个体表现出消极且没有意愿。我们没有理由把这种行为看做是他们不情愿去沟通，而应该认为他们是因为做不到而感到受挫败。经验告诉我们，人们在获得一些沟通能力后不情愿和消极的现象会减轻。

尽管每个人都有着基本的沟通欲望，但他们并不一定对任何事都表现出沟通愿望。干预要想取得成功，就必须保证所教的内容是个体知道的并有兴趣进行沟通的事物、活动或事件。因此对语言干预的评估应该从评估个体的兴趣开始。只有这样干预才能对学习者具有意义。

有时难以找到个体感兴趣的事物或活动。当这种情况发生时，条件是对成功干预不利的，这时就必须采取措施改善条件。在这种情况下教学就应该从激发兴趣和引发意识开始。

注意力和与他人沟通的发起

在需要扩大替代沟通的人群中，注意和与他人沟通的发起各不相同。对三类主要干预群体内部和群体之间都是如此。个体对沟通的发起方式可能非常怪异，以至于只有熟悉的人才能了解。结果是个体在对哪些人会尝试发起沟通方面具有极强的选择性。

属于表达性语言群体的运动障碍个体可能具有很少或不具有发起与他人沟通的能力。一些人缺少运动能力而无法做出任何可以被理解为沟通发起的事，但问题也可能在于他们仅仅学会了回答他人的问题，而不曾学会自己主动发起谈话，这是一种习得性依赖。支持性语言群体的个体间差异非常大，然而在这一群体中有太多的个体很少发起与他人的谈话。出现这些问题一方面可能是缘于习得性依赖，另一方面可能是由于不被人理解的经历造成他们不知道如何发起谈话——习得性无助。这一群体的许多儿童在面对陌生人时表现为害羞和胆怯，另外一些则表现为消极或具有侵略性。他们可能会对说话产生厌恶感；或者极端情况下出现选择性缄默。这种情况出现时，他们只对亲近的家庭成员开口说话（克莱因和鲍德温，1993）。

然而，替代性语言群体才是存在最严重问题的地方。在注意力和对他人发起沟通互动两个方面都是如此。这很可能与他们具有最弱的语言、沟通和社交技能有关。他们可能无法理解目光注视、指向和（其他）共同注意的暗示，或者使用这些行为来引导他人的注意并建立共同注意。在这方面一个独特的亚群是自闭症儿童和成人，他们与他人互动问题是其诊断标准之一。这一群体的人除了在与他人的沟通和注意方面差异很大外，其状况还与情境有关。

自理技能

自理技能包括自我照顾、穿衣、洗漱和做饭等能力。除具有重度运动损伤的年幼儿童外，大部分需要扩大替代沟通的人或多或少拥有一些自主技能。这些技能构成了个体自我决定的重要内容，并且对个体享受良好生活起着重要的基础性作用。自理技能通常是通过对重要相关人进行访谈来了解的，但在不同的日常情境中对个体进行观察同样有用。所有三个群体共同的地方在于他们实际上能够做到的要比环境中人认为他们能做的要多。对于运动损伤的个体以及他们的家庭成员和教师而言，重要的是要让他们知道他们能够发展出自理能力并自己做决定，即使他们需要他人帮助才能完成大部分或所有身体运动。

在语言和沟通干预中，考虑到自主技能的需求是很重要的，如果可能，就应该采取措施促进这些技能的训练。就目前可能的而言，语言和沟通训练应该调整以适合自理训练以便使两种干预都得到发展。

自我支配

个体能够支配自己的程度决定着干预如何被安排。许多家庭成员和重要相关人都发现个体的不能自我支配带来了相当程度的局限。语言和沟通干预可以提高自我支配的能力。自我表达能力的提高可以为个体提供更好的机会来决定想做什么，好的语言和沟通干预还可以提高他们主动发起谈话的技能并且降低习得性依赖。

运动技能

个体的运动技能对沟通系统和可能的辅助措施的选择非常关键。对手部运动的评估以决定个体是否能够做出可被理解的手势，即：改变手的形状、位置和方式形成一种能够被沟通对象辨识的符号语句（格罗夫，1990；克利马和贝吕吉，1979）。

很显然，具有明显运动障碍的人无法使用手势语，不过其他人群也有可能在这方面存在困难。但是，很有必要区分打手语困难是因运动障碍还是因遵从指令困难而造成。比如，某个学习障碍儿童可能在理解手势模仿方面存在困难。对于没有明显生理运动损伤的儿童，把行使日常技能作为起点是很实用的。如果有必要，这些活动的执行方式也会为如何简化这些手势提供线索，这样个体就能够做出手势了。需要指出的是许多重度运动损伤的个体也使用一些符号或手势。尽管数量很少，但这些手势在沟通中起着重要作用，并且要确保它们能被其周围的人所理解（表5－1）。

表 5－1　日常活动可用来评估运动技能

手形 / 动作	脱/穿裤子	穿/脱衣	挤橘子汁	收拾桌子、铅笔	穿袜子	挤牙膏	握住梳子	揉纸	用抹布擦桌子	转动钥匙	收拾书本	自己用杯子喝水	使用餐具	转动方向盘	拿三明治/小吃	打开果酱瓶	开门	梳头	刷牙	搅动碗中的食物	从容器中倒水	摁铵钮	拉拉链	拨号码	使用键盘	玩手指木偶	拧湿衣服	撕纸	脱手套	从口袋中取物	抛球并接住
手形																															
1 挤	×	×	×	×																											
2 侧掌				×	×	×																									
3 拇指内收								×	×	×	×	×																			
4 手半握成拳												×	×	×	×	×															
5 拇指外展																															
6 腕关节转动										×							×	×	×												
7 手指对扣						×																×	×	×	×	×	×				
8 伸出食指																								×							
9 手指展开																													×	×	
10 旋合																															×
11 两指交叉																															
12 大、小拇指伸开																														×	
动作																															
1 单侧				×	×						×	×																			
2 左右对称	×				×																										
3 单侧半握								×			×	×				×															
4 双/单侧移动						×														×											
5 双侧移动														×							×						×	×			
6 双侧半握																															

对有待发展辅助沟通的个体，运动功能的评估还包括确定坐姿和寻求指向动作的方法或操纵钥匙和开关（麦克尤恩，1997；特雷维拉努斯和罗伯茨，2003）。具有广泛性运动障碍的人需要依靠稳定的坐姿才能使用他们的运动技能。因此确定最有利于沟通辅助和其他技术设备的坐姿就非常重要。如果决定让个体使用一种沟通辅助技术，那么就必须找到最好的指示方式或者操作钥匙和开关的方法。这通常是一项困难而又耗时的工作。表5-1它对于重度运动损伤的个体以最优化的方式表达自己非常重要。有一些电脑程序是用来评估运动功能的，并且也有一些游戏或其他程序用来训练个体使用开关的。如果表示方式不清晰，那么整个的沟通交换就不清晰，进而语言学习情境也不清晰。通常倾向于使用手来做出指向动作，但如果手的放置难以被读懂，则最好使用辅助扫描技术 assisted scanning（见第三章）。

视觉和听觉

相对于普通人群，视觉和听觉损伤在三类主要群体中更加常见。因此，选择沟通系统和设计干预计划时，了解个体视觉和听觉的相关信息就很重要。让评估者了解个体的任何视觉和听觉问题同样也是很重要的，这样其行为和测验结果才能得到合理的解释。但是，通常很难对需要扩大替代沟通的个体进行视觉和听觉测验。

有一类"无偏见"测验可以测试视力和听力，这种测验不需要被测者的合作即可进行。检查眼睛和耳朵是否完整和功能是否正常，以及对视觉和听觉器官的刺激是否能被传输到大脑都是可能的。最后一种测验对脑损伤儿童可能是不可靠的（罗森布拉姆等，1980）。

表面上完整的感觉器官并不能保证感知能力是正常的。许多学习障碍和自闭症个体似乎具有因脑损伤而导致的知觉障碍。一般来说，这些不会导致通常意义上的聋或盲，因为个体对刺激的改变有感应，但是其感觉信息无法被正常的处理和感知。因此，客观的检测就必须通过观察个体在日常活动和相似情境下如何使用视觉和听觉来加以补充。

诊　断

要求一份准确诊断的必要性是有多个原因的，这可能与干预计划的制定没有直接关系。某些情况下诊断对提供必要的医疗服务至关重要，但干预很少会是诊断的直接结果。通常被应用的干预措施都被认为是为属于高度异质诊断群体的儿童和成人的。

获取诊断结果的最重要原因在于诊断结果通常为获得必要干预提供一种途径。诊断的标签使得紧急干预更易得到支持。对父母和其他重要相关人，诊断结果对获取有关个体障碍的现状和准确信息很有必要。这些信息还可以通过相关团体或培训课程从有类似障碍儿童的家长那里得到。有障碍儿童的父母为自己安排培训课程并且参加一些同时对专业人士和家长开放的课程。这样，诊断就能提供给他们接触所有这些信息源的机会。

一项准确的诊断还需要作出预测，即根据有相似诊断儿童和成人的经验，提供将来可能发生的信息。这对专业人士和个体的家庭成员都有用。

对语言障碍儿童和成人的正确诊断可以帮助制定更适合的干预方式，并促进将来需要采取措施的设计。这类例子有很多。比如，一个女孩可能被证明是患有瑞特综合征而不是之前所认为的自闭症。这意味着干预将会在很多方面存在不同。比如，基于女孩的运动技能可能进一步恶化的诊断结果，干预者可能会引导干预方式从手语教学转移到沟通板，只要女孩有能力通过手或眼表达意愿，它就可以一直被使用。干预者可能会减小压力并试着创造平静的环境，因为患瑞特综合征的女孩在这种条件下适应地最好。

家庭对支持、放松和帮助的需求

需要扩大替代沟通个体的家庭成员通常遭受着很大的限制。限制的程度和压力的大小取决于该儿童属于哪一群体。重度运动障碍儿童的父母往往遭受着很大的生理压力。常规的护理通常是耗时并需要频繁地将孩子抱起或移动。对于自闭症儿童的父母，压力最大的方面是总是需要陪在孩子身边以防他们伤到自己、跑丢或破坏物品。需要扩大替代沟通儿童的家庭所面临的共同问题是日常家务变得比其他家庭更加耗时，与家庭其他成员和朋友的联系减少，以及他们对未来的担忧。

这些压力意味着家庭成员具有合理适量休息的需求和权力。这种需求的程度如何以及这种休息该如何组织是有所不同的。辅助支持的提供必须要考虑家庭成员的组织关系和其他职责。许多有障碍儿童的日间护理中心只在白天的中午 4~5 小时时间范围内开放，家庭可能在从日间护理结束到父母下班回家的这段时间需要某种帮助。家庭所遭受的压力还可能是经济层面的。确保家庭得到相应的经济支持也是全面干预的部分内容。确保家庭给与所需要及有权得到的经济支持，以及确保他们知道自己的权利也是全面干预内容的一个组成部分。

各个家庭处理和应对这些压力的能力是不同的。在有多个个体需要大量护理和帮助（年幼儿童、病人或年老家庭成员）的家庭中，分配资源就显得至关重要。一些人不像其他人那样强壮，要求每个人都像理想中的父母一样拥有强壮的身体和丰富的资源也是不合理的。经验告诉我们很多情况下有效干预得不到实施是因为给那些支持不足的家庭带来了太大的压力。好的缓解系统会使得其他措施的实施更为容易。

缓解服务不应该仅仅考虑当下的需求，许多家庭想要自己解决问题并声称他们不需要帮助，但随着时间的发展其压力可能会变得非常大。保证家庭成员享有合理的休息和压力缓解也对其他家庭成员有益。偶尔离开家庭可能会促进有障碍儿童和青少年在长大后的自理和自治能力发展。同样一个与同龄人共渡而没有父母相伴的周末也可以起到这一作用（塔瓦雷斯和佩绍图，2003）。

语言和沟通

语言和沟通技能评估包括口语和替代沟通形式以及非语言沟通的理解与使用。个体对其沟通技能的使用取决于其周围的人是否理解他。因此评估必须包括其周围的人的能力和态度。这一点在干预正式实施时尤为重要。

使 用

大多数开始学习替代沟通系统的个体语言很少或没有语言。例外的是那些因运动障碍而导致其语言在与不熟悉人沟通时无法被理解的儿童和成人。因此干预前对个体语言和沟通的评估通常集中在语言之外的其他沟通方式上。

有扩大替代沟通需要的儿童和成人最初使用的沟通形式差异很大。对有重度运动障碍的儿童而言，沟通有时会仅限于注视他们感兴趣的物品、发出声音以表达愿望和兴趣、哭或其他表示兴奋的信号。有时最强烈的兴趣表达表现为肌肉的僵直，比如儿童的身体变硬并不再做小的动作。

其他有运动障碍但口语理解能力相对较好的儿童和成人，通常可以通过向上看、向下看，眨眼、点头和摇头或以其他方式移动自己的头来表达"是"和"不是"。如果有发展障碍的儿童和成人以这种方式沟通，甚至评估的结果认为首选的沟通辅助将会是最合适的，也意味着他们将会在太晚的阶段接受沟通辅助。他们已经发展出了相当程度的语言理解能力，可能还会长时间的需要一种沟通辅助来帮助他们表达自己。

属于替代性语言群体的儿童也可能有很不一样的沟通形式。不过，许多沟通方式都存在共同之处。最常见的形式是儿童接近一个成人，握着他的手，带他到某个有自己想要东西的地方，或者某种特定活动经常开展的地方。比如可能是放有一瓶橙汁的电冰箱。这种情况下，沟通常以一连串事件的形式发生。在儿童和成人到达冰箱之后，成人会打开冰箱门，而儿童会取出那瓶橙汁，或许他会同时说"嗯""嗯"，或发出其他声音。

属于替代性沟通群体的儿童可能还会使用地点作为他们的沟通媒介。有些儿童在想上厕所时会坐在桌子下面，饿了时会站在厨房门口，或者在想出门时会坐在自己的靴子旁边。这些活动可能也会被解释为沟通信号，但它们可能会因隐藏在儿童所有日常活动中而难以被成人和专业人士发现。

凯瑟琳（Kathryn）是一个9岁的自闭症女孩。她没有语言，当父亲把车开进车库时，她经常走到门边拉着门把手同时看着妈妈并发出一种声音。凯瑟琳以这种方式表达她想要跟父亲一起去兜风。

有些儿童具有正常的运动功能但没有发展出多种不同形式的语言手势。大部分具有特殊语言障碍的儿童都以指向动作为一种沟通方式。然而与此不同，自闭症儿童通常在手势和其他形式的非语言沟通方面很贫乏。对他们使用手势和其他形式指示性行为的评估仍然很重要（菲利普斯等，1995）。也有儿童在特别地教给使用手势语后仍然只使用指向动作的。一些支持性语言群体和替代性语言群体的儿童使用异质手势以某种类似单词和符号的方式进行沟通。在一些聋儿家庭，这被称作"家庭符号"。它们由家庭成员发明并且与常用符号不同。

吉奥菲利是一名11岁自闭症男孩。他用敲击桌子的方式第一次喊出了"爸爸"（斯坦德尔，1990）。

另一个例子中，一位妇女自己为重要相关人创造了手语名字符号。"母亲"是用食

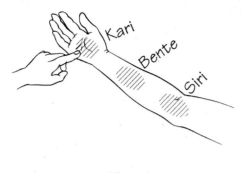

图 5 - 3

指和中指一起按抚太阳穴。"父亲"是将食指放于下颌处。"比特阿姨"（AUNT - BEATE）是用三或两只手指捏住耳垂。特殊教师"艾伦"（ELLEN）是将食指放在脖子上。另外三名教师的名字用前臂表示（图5 -3）。

这种异质沟通不仅仅在有语言和沟通障碍的人中间存在。类似的沟通表达方式也是正常儿童语言发展最初阶段的特点，这通常被称为词外壳（vacables）（弗格森，1978）。词外壳被定义为一个具有固定的可辨识的声音形式和一个清晰定义的使用方式的发音。然而，词外壳与常规单词的发音没有任何相似性。例如，"呜""呜"用以表示玩具轿车和拖拉机，而"嗡""嗡"表示鸟、飞机、苍蝇和其他飞行物。语言障碍儿童所使用的词外壳和等效手势或发音其用法都与具体的口语没有直接联系。但是，儿童不像成人那样使用单词这一事实是他们语言的一般特点，这一点并不仅仅与词外壳的使用有关。一个 1 岁儿童可能会使用"啵—喔"来表示狗、汽车或其他机器（充分延伸），或者仅仅在他的父亲指向自己围裙上的狗图片时才说"狗"（延伸不足）。

来自重要相关人的信息

由父母或其他重要相关人所提供的信息通常是关于儿童多种不同形式沟通的最重要信息来源。这是儿童沟通出现率低的一个直接结果。低的沟通出现率意味着通常只有那些与儿童关系密切的人才有实际机会了解其沟通的形式和内容。语言障碍儿童的一个问题是：他们的异质沟通通常无法被教师和其他专业人士当做"适当"沟通所识别，这是他们的具有相似单词的沟通形式。父母们还讲述到当他们告诉别人说自己理解孩子们的异质沟通时，他们会被怀疑。

当评估发生在一种或多种替代沟通系统开始实施后时，这些系统的使用就成为评估内容的一部分了。评估工作应该包括每一个手势、图形和可触式符号是如何使用的（观念图示），发音的平均长度、语法结构和实际功能又是怎样的（见第十章和第十一章）。不过，替代语言的发展不遵循任何规范。因此，其目的并非建立某种"替代语言水平"而是理解个体所使用沟通形式的复杂性并为确定以后的干预步骤建立功能性标准。这一描述对构建成功的干预及提供可以支持复杂和精确沟通形式的新干预方式更为重要。

理　解

替代语言使用者周围的人通常使用口语，并且许多干预者所使用的策略也都是或明确或隐性地基于个体能够理解口语的假定。这些假定可能是错误的，因此所应用的策略将是不合适的。为了了解个体对于情境中的话语能够理解多少以及他是否能从一系列特定的干预策略中受益，对口语以及其他沟通形式理解力的评估是非常关键的。然而，要弄清楚一个有广泛性语言障碍的个体能够理解哪些话是很困难的。有时儿童和成人被认为对语言有一定的理解力，但详细观察又揭示出他们并非理解那些单词而是理解伴随语言的手势或情境中的特定条件，关于这种情况有很多例子：

马丁（Martin）是一个 3 岁自闭症男孩。他很喜欢外出散步，但是他对"走，咱们去散步吧！"这一口语信息没有反应，除非他的护理老师同时手持他的夹克或穿上她自己的大衣（斯坦德尔，1990）。

极重度运动障碍的人可能完全丧失了普通的表达方式。一些人理解语言和周围所发生事情的能力可能在长达几年的时间里都被人低估了。这种低估意味着这些个体未被给与发展他们本该具有能力的刺激和机会。

乔·迪康生活在一个为学习障碍人士开设的福利院中。直到 24 岁之前他一直被认为没有口语。那时来了一位学习障碍居住者，他尝试解释乔发出的声音。对乔的能力进行重新评估，发现他不是学习障碍。之后，这两个朋友又联合了另外两位居住者，一位会使用打字机的学习障碍男士和一位能够拼写单词的运动损伤男士。在朋友们的帮助下，乔写出了他的自传：《舌头打结了》（迪康，1974）。

相对微弱的低估形式频繁发生（富勒，纽科姆和昂斯特德，1983），很难对这一群体使用系统性观察，因为他们最感兴趣的事件很少发生。观察将不得不延长以至于变得不切实际。不过，当干预开始之后系统性观察就可以在干预的同时得以利用，只要观察者是经常和该个体在一起的人。观察将提供关于个体技能的额外信息并形成干预评价的基础。

　　个体自我表达的能力也在一定程度上取决于理解能力评估所使用的工具。如果个体能够说或写并且似乎拥有自我表达所需要许多合理词汇量，那么通过问不同的问题就可以得到一份好的语言理解测验结果。而如果个体用以表达理解的单词量很少，则理解力评估就很难操作。一个能够通过向上看和向下看说"是"和"不是"的人将能够回答 ITPA 中的这类问题：男孩能吃东西吗？或者番茄能发电报吗？另一方面，他又无法完成 ITPA 的另一项子测验，其任务要求用句子来填空，如：山是高的，山谷是……

　　对于属于表达性语言群体的人以及其他口语理解力好的人，如果该个体具有测验所必须的运动功能，那么测验就是很有用的工具。许多测验或测验项目对运动技能有着相当程度的需求。比如：在雷内尔氏语言量表中，儿童要根据指导语完成这类动作，如：把玩具放在椅子上和把所有的小猪放到棕色马的后面。不列颠图片词汇量表和语法接受效果测验是基于指向动作的，二者对运动损伤儿童的评估很有用（如果中国缺少这类理解测验，那么编制类似测验将是很重要的）。然而，对许多运动障碍的人而言，就连指向动作也很难完成，这时可以由第三者来说出几个选项，找出其中哪一个是被试者所指向的。如果指向动作本身就需要大量的认知努力，这将会减少正确回答的数量。一种替代途径就是借助于辅助性扫描，这个过程中由测试者以相同方式分别指向每一个选项，个体只需要在测试者指向他所选图画时示意一下即可（斯塔兹科雷夫和斯凯奥尔贝克，2008）。少数测验是专门调整以适合运动障碍儿童使用的，比如基于计算机的语言理解能力测验可以通过转换来操作（冯·特克纳，1987）。评估的设计不要仅基于词汇量，因为这种测验无法测试基于句法和字形理解的能力，从而会抑制高年龄分数的出现（费肯，博兰伊尔和格拉巴尔，1993；惠达尔和杰弗里，1974）。

　　来自重要相关人的信息

　　对于理解力的考察，最好的信息可能来自于重要相关人的实际报告。他们有着丰富的与个体共处的经验而具有优势。也正是这些重要相关人，尤其是父母，通过与儿童或青少年长时间的共处为他们使用和理解语言及沟通打下了基础。儿童或青少年表达自己的方式可能会很奇怪并且很难被其他人发现。父母和其他重要相关人也不总是能明白他们所使用的线索，但是系统性访谈可以为个体理解力的基础提供重要信息。而这一信息对干预的设计很重要。

当与个体的家人和其他有亲密关系的人进行谈话时应该一步步来，这很重要。开始时，可以问这样的问题：想想有什么事你可以很确定地说给约翰（John）听或者用另一种方式使他理解。约翰是如何让你知道他已经理解你的？这类问题可以用很多不同的方式来问，发问者应该选择合适的词语和被问者保持一致。

父母和其他重要相关人常常会过于粗略的回答问题。他们可能会说："我只要看着他就能分辨出来。"因此问题的回答应该尽可能详细具体。对个体语言理解能力的粗略描述可能是正确的，但是并不能成为干预的充分依据。进一步的问题是很有必要的。这些问题可能是这类形式：是的，没错。不过请你再描述一下。他会做什么？当他做的时候看起来怎样？哪些话是他总能理解的？哪些话是他似乎只能偶尔理解的？如果访谈者表现出耐心，重要相关人将总能回答这类问题。根据我们的经验，以上情况对于认知功能最低的个体而言也是适合的。

许多父母都曾有这样的经历，专家们大多集中于降低父母对他们孩子的未来发展的期望。关于适应水平的争执可能会使围绕干预进行的合作必须根据对孩子适应水平的假设进行调整。一个基于访谈的建立在家庭成员和专业人士相互合作基础之上的预测五年后情况的康复训练计划，将会对克服这些争议起到作用。

一定程度的深度解释是值得肯定的。结构化的深度解释是干预早期使用的一种策略。但是，评估的目的在于获得有关个体语言理解能力的最可能准确的结具。高估意味着语言干预并未按照它的最好方式进行调整。对一个理解一些他人所说的话的人而言，尤其容易高估他的语言理解能力。比如：在教学或测验情境下，你可以说：指向红色的球，借助于此，个体会正确地指出来。根据这一观察结果我们有可能会认为该个体能够理解所有的话。此外，我们还可能会认为个体在某种给定的情境下能理解的词在其他不相关情境下也能够理解。事实却并非总是如此。更广泛的观察可以揭示该个体可能仅仅明白句子中的一个或很少关键单词，并且他的学习也是针对那个特定情境的。

马丁（Martin）是一个3岁自闭症男孩，他喜欢喝橙汁。当妈妈喊"来喝点橙汁"时经常跑着就过来了。他妈妈被告诉以同样的方式喊但是坐着不动。她很惊讶地发现马丁没有反应，而是转着一个玩具玩。一会儿之后她站起来，走向放橙汁的餐桌站着重复同样的话，马丁立刻就跑过来了（斯坦德尔，1990）。

对单词和情境的理解

理解沟通情境中发生的事不仅取决于符号和语言所表达的内容。有许多条件都促成了对情境的理解并对符号和语言最有可能表达的内容给出了暗示。厨房里炊具叮当的响声可能表明有人在做饭，手持大衣可能意味着有人将很快离开房间了等等。此外，说话的内容常常伴随目光接触、指向和其他手势，这些同样促进了对情境的理解，尽管说话内容并非通过这些线索本身而被理解。

同样，一些个体只有在他与特定的人在一起时才会表现出理解。虽然如此，我们应该谨慎，不能认为个体对所说的话完全不懂。许多需要替代沟通系统的人根据情境可以理解单个的词语或词组。随着对这些单词和符号在不同情境中的经验增多，可能成为在更广范围内理解单词和符号的开始。

个体对语言的理解与手势或其他类型非语言沟通相联系，这一事实很多情况下在对重要相关人进行访谈时并不能被了解到。谈话对象可能没有意识到手势和其他形式沟通线索的使用。因此当所获得的信息表明沟通决定于某种情境或某个人时，有必要对沟通情境进行系统观察。对这些决定性情境的记录可以作为针对干预与父母和重要相关人做进一步讨论的起点。

有关父母和其他人如何判断个体理解力的信息还有另一个作用。它为人们如何解释个体的理解以及如何对其表达方式作出回应，以及他们应在何种程度上调整自己的沟通方式以提高理解效果提供了线索。这些知识在对语言环境进行评估以及调整以促成最好的语言和沟通技能学习效果时非常有用。

替代沟通方式的理解

当包括一种或多种替代沟通系统的干预实施后对其进行评估时，应该把对这些沟通系统的理解作为评估工作的主要部分。理解可能会是很复杂的。一些人可以理解单纯的口语，另一些则必须与手语或图形符号结合起来。一些人能够理解单纯的手语和图形符号，另一些则还需要语言支持。一些人只能理解单纯的手语或图形符号，尽管多年来一直给与他口语单词和手语及图形相结合呈现的训练。对语言的评估应该将个体对手语、图形和可触式符号以及句子的解释相结合起来。对更高级的替代沟通系统使用者而言，评估应该包括对隐喻和其他形式比喻以及复杂句子的理解。

攻击性行为

许多有沟通和语言问题的个体表现出行为问题或"攻击性行为"，其形式为尖叫和破坏东西，或者自伤以及伤害他人。不过，他们可能在接受沟通干预后减少类似行为。卡尔和德兰德（1987）把这类行为称为沟通的"原始尝试"，其目的或者是获取关注或者是逃离不喜欢或费力的情境。根据这种观点，这些行为可以被翻译为"快看我"或者"请不要这样做"，这似乎暗示该种行为的目的是引导他人的注意和行为。但是，另一种解释认为攻击性行为与特定的情境或需求有关，而不是意图影响他人，即使个体可能认为对方具有这种注意力。如果不存在引导他人注意或行为的意图，那么它就不能被认为是真正的沟通，尽管有学者这样解释它。沟通需要有沟通的意图。

不过，评估问题行为的"沟通性"后果仍然是很重要的。逃离可能是在一种枯燥或难以忍受的情境下，因为个体缺少对这种情境的了解，比如不知道它会持续多久，但是出于获取注意的内在动机而表现出问题行为可能太单纯化了（奥利弗，1995）。如果一个人寻求他人的注意，则注意本身从来都不是最终目的。仅仅让人看自己很少成为个体努力达到的目的。"获取注意"其实是一个无意义的范畴。获得注意往往只是沟通行为的第一步。个体可能是想要安全感、一杯咖啡、出去散步、由于痛苦希望得到安慰等等。事实上，有一种原因可能把问题行为和注意联系起来，那就是得到了注意但无法表达实际的愿望或想法，这导致了沮丧（冯·特茨纳2003，2004）。因此，评估的目标应该是找出个体的兴趣所在或关心的内容。这些并不总是恒定不变的，而是随情境变化而变的。有关问题行为的信息可能由此被用来洞察个体兴趣、愿望和害怕的变动。

对沟通对象和环境的评估

把个体能力和环境中人的技能联系起来是很重要的，这是沟通入口的基础。环境中人的能力将会决定个体被理解的程度以及是否有他可以学习的人。环境中人必须能读懂个体的替代沟通方式，使用个体能够理解的沟通形式，并且以一种个体可以学到新的手势和图形符号以及沟通策略的方式进行交谈。评估应该包括与个体存在日常互动的所有人，以及个体在以下情境中参与沟通的可能性：幼儿园和学校、日间护理中心或工作场所、休闲时间和在家里以及放松时的社会支持。

评估应该包括对环境中人能力的"测试"，比如他们识别手势和图形符号的能力，解释他们如何理解伴随着手势和图形符号出现的各种发音，并且通过录像解释个体的表达方式。当个体获得一些沟通技能后，特殊沟通任务就可能有用了。评估者向个体出示一张照片，而沟通对象在另一个房间里（莫莱和冯·特茨纳，1996）。沟通对象的任务是通过问该个体一些问题了解照片的内容，个体通过手势和图形符号来回答。（相似的任务也可以用来评估个体传达信息的能力。）这类对话可以让我们了解沟通对象从个体那里获得什么样的信息，以及他们用哪些策略来弄清楚个体想说的内容。它还能给出关于个体如何使用其词汇和以其他沟通方式来传递信息，以及环境中人能以何种程度理解他。

即使环境中人拥有合适的技能，这些技能也并不总是被使用。对环境的评估应该包括环境中的人通常如何理解并回应该个体。评估还应给出有关环境中的人实际使用的手势和图形符号的信息，以及他们如何使用，在不同情境中使用的频率。这对于选择教授新的词汇很重要。评估还应包括对父母、重要相关人以及其他人关于此种替代沟通的态度进行访谈；他们是否同意使用此种沟通方式以及他们是否服从使用的决定。缺少了这些诚意，干预不会是完全成功的。

对环境的评估可能发现消极的态度及能力和技能的缺乏。这可能暗示负责干预的专业人士需要对环境中的人实施更好的培训，并花时间和资源给他们提供扩大替代沟通的相关信息以及沟通的训练可能对个体的发展和生活质量意味着什么。

对语言干预的评价

应该对干预进行不间断地评价，这些评价要基于详细的目标。不论事先计划的有多好，都不能保证发展会按预期进行。因此，预先设计好评价并从一开始就将其纳入为干预工作的一部分是非常重要的。有计划的评价能够帮助澄清教学目标并使得干预的不同目标之间关系更易于被看清。由于事先计划好了评价，干预就不会在被调整或修订之前出现明显的不适宜。

评价应该尽量的全面。它应该覆盖为语言干预而设定的具体目标，并同时从整个生活状况的角度评价教学的整体效果。也就是说，个体是否问题行为减少了，社会化程度是否更高了，是否参与更多的活动，在教学时及与他人互动时是否更留心了等等。

具体目标

语言干预的评价应该包括关于具体教学目标进展情况的信息以及手势、图形和可触式符号习得情况的信息。这意味着要对所使用的符号和其他教授的语言沟通技能进展情况进行登记。具体目标可以是新符号的使用、句子构建、实际功能或沟通策略、高水平的语言活动等等。为了评价个体语言生成的效力，结构化沟通任务可能会有用。

个体无须了解干预目标是什么。有时教学情境是这样设计但个体却从中学到了另一种计划外的使用方法。其效果并不总是负面的。

吉尔斯（Giles）是一名19岁的学习障碍男生。本打算教他使用常用的手工符号"BREAD"（图5-4），但是他很快开始用它来求助，表达他想要某种东西。该符号的这一用途对他而言非常实用，干预者没有强求他"正确地"使用，"BREAD"这一手工符号被重新定义为"需要帮助"。他周围的所有人都被告知他词汇中的"HELP"这一异质手工行为。

面包

图 5 - 4

这一例子强调了不要仅仅登记"对"和"错"，也要分析理解和使用每一个符号的方式并寻找可能的固定使用方式，而这种用途不一定是教师原计划中的本意。

不过也不要假设符号的用法是随机的。在上例中，如果吉尔斯的老师只是告诉他其用法是错误的并坚持让他按照她试图教授的方法来使用，这很可能会夺走吉尔斯已经获得的沟通技能。通过对情境的持续评价和反馈，有可能会调整干预过程而实现一种非预期的发展，只要它是最能发挥作用的。

评价报告还应该包括个体在教学情境中一定时间内完成某一具体沟通行为所需帮助的类型和程度。教学可能以很多形式展开，而减少个体所需的帮助应该被作为一贯的基本目标。在符号干预的报告当中通常只记录所练习或使用的符号数量，常常只是在有限的训练情境下。这可能会隐藏掉学习者所取得巨大进步。如果在符号使用记录中加上帮助水平，评价就可能显示出个体在明显的进步，即使个体尚未开始学习并使用新的符号，而个体所需要帮助的程度降低了。帮助水平纳入评价记录还会引导专业人士使他们把注意力转移到潜在于沟通和语言学习中的共建（con - constructive）过程。

整体效果

不同的技能在发展过程中会相互影响，因此有必要在评价中涉及语言沟通能力之外的其他技能。新的语言技能在更广泛意义上带给个体关于环境的新信息、概念的学习和社交技能。同样，不同活动的经历及对其理解与个体理解他人沟通及自我表达的能力产生联系。成功的语言和沟通干预将会对大多数活动产生积极效果。总之，在干预前的评估当中涉及的个体生活情况的各个方面都应该包括在评价当中。

对干预的评价不应该只包括关于教学情境下的报告，也包括在家里和其他非教学情境下有关语言使用情况的信息。对替代沟通形式的任何自发使用都应该做记录，这很重要。不过，自发使用也分为不同的形式。比如：自发使用可能意味着个体在教学情境外按要求使用了符号语言；或者个体主动发起了谈话并在无人帮助的情况下独立使用了符号语言。报告应该包括对自发使用提供的帮助类型的信息。自发使用还可能意味着个体用符号语言来表示与教学情境中所练习的不相同的东西。这些使用可能会被根据干预本意解释为是错误的，但是它们却可能代表着真正的沟通尝试。因此，评价应该包括以下信息：每个符号被用来就哪些物体、活动和事件进行沟通，以及这些符号是否被用来与教学情境中不同的物体或活动进行沟通。我们需要知道个体对符号的使用是否在正常情况被拓展了（充分延伸），或以一种更加受限的方式，即比通常更少的活动和物体（延伸不足）。在学习障碍人群中，延伸不足很常见。

语言和沟通干预目标与其他干预目标的调和暗示着语言干预的结果只能在很小的程度上被独立观察到。评价必须包括作为选择特殊干预目标时的起始点的生活和功能领域。对具有运动障碍的儿童和成人而言，这可能要求一项针对干预在何种程度上导致了更多的谈话以及个体在何种程度上获得了对谈话内容的更多掌控的评估。个体的词汇网络可能会随时间发生改变，但是收集关于这一过程的信息很有必要，可以引导此过程朝向更符合符号使用习惯的方向发展，能够使环境中的人更易于理解。

学校、工作和住址发生变动时的信息转移

大量学习替代沟通的人都需要不受时间限制的干预。对于具有重度运动障碍的表达性语言群体人群，新环境必须加以规划以使他们能够适应新的生活。沟通辅助技术的发展为此创造了新的可能性，但需要对个体以及环境中人就如何使用此种技术进行教学和培训。替代性语言群体的人获得新技能通常非常缓慢，对干预的需求可能会持续终生。随着个体的转学、换工作或搬家，干预将会在不同的环境中进行。支持性语言群体的儿童其替代沟通干预过程只有有限的时间，也可能会转学或搬家。当一个享受适合的环境和有组织干预的人离开时，其相关信息要从负责干预和组织的人转移到即将负责此事的人，为这一过程安排适当的程序是至关重要的。通常这些程序是缺失的，会导致教学的不连续性以及技能发展的停滞或技能的丢失（见：史密斯·刘易斯，1994）。

雷蒙德（Raymond）是一位 20 岁的学习障碍男士。他在一所高中接受特殊教育。他接受简单的教学，但他既不说话也不使用任何形式的符号语言。根据他的报告，他从 13 岁开始接受手工符号的干预。截止到 16 岁转学到另一所学校时，他已经学会使用 EAT、WALK、和 TOILET（图 5－5）这些符号，并且正在学几个新的符号。18 岁时，他又被转移到一所新学校，他转学的记录当中写道"他正在学习使用手工符号的过程中"。19 岁时，他再一次转学。当雷蒙德 20 岁转学时，老师附了一张单子和他一起转走，单子上有老师教给他的 50 多个手工符号，并且就如何使用作了注解。然而，报告中没有提到关于雷蒙德自发使用它们的信息。这样，经过了 6 年多的教学，雷蒙德尚不能自发使用任何符号（科林纳斯，1984）。

毫无疑问雷蒙德符号技能的缺乏与他的转学和所接受教学的不连续性有关。科林纳斯（1984）设计了一个沟通记录表用以对沟通技能和教学进行登记，可以用来

传递这类信息。记录包含了当个体训练环境发生改变时必须包含的信息；即：使用中的手势、图形和可触式符号系统，被使用或被教的符号的注解，关于个体如何执行或指出符号的描述，以及每个符号所适用的情境。

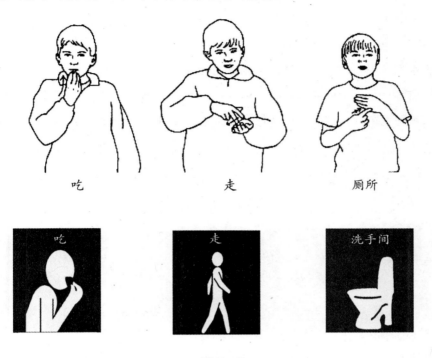

图 5 – 5

这个沟通记录帮助新环境中的人们建立对该个体的切合实际的期望并尽可能地安排环境。它还帮助揭示了个体转向的环境中的人们所需要进行训练的内容。接受变动前已经为个体工作的专业人士的一些指导也是有用的。替代沟通干预中还经常使用外部的教学者和监督者。沟通记录使得接管的专业人士有可能评估在新环境中为指导和训练使用相同的外部顾问是否可取。

一些获得了一定的语言技能的沟通障碍个体有可能自己在新环境训练以及对进入他们新环境的新人训练中起到帮助作用。

伊莎贝尔（Isabel）是一名13岁唐氏综合征女孩。她可以自发使用近70个手工符号，缺乏可被理解的语言。她的老师制作了一个文件夹，里面有所有她能使用的手工符号图片，上面还写有符号的注解。随着伊莎贝尔的学习，新的符号也被加进来。伊莎贝尔不论走到哪都带着这个文件夹。当新的工作人员或辅助工到来时，伊莎贝尔和他们坐在一起通过这个文件夹给他们做"培训"。她演示这些符号是如何使用的，新的辅助人员努力地学着。这是一种角色的转换，伊莎贝尔能清晰地意识到（斯坦德尔，1990）。

如果学到的东西得不到保持，不能以之为基础教授新知识，这不仅对个体是不公平的，而且也是一种资源的浪费，还会增加挫败感和行为障碍的风险。信息的传递可以使教育和生活环境改变所造成的负面影响最小化，因而具有巨大意义。对负责干预的人，填写沟通记录应作为转移计划的一部分。对接管的人，填写沟通记录（表5-2）是了解该个体的一种方式，同时也是评估工作的一部分。

表5-2　沟通记录

姓名：汉森	符号系统	编码
年龄：13岁7个月	图片的	P
教师：劳伦斯	手势的	H
地点：维克学校		
时间：2-10-88		
页码：2/4		

符号	系统	实施	情况信息
椅子	H	正常的	当老师呈现图片的时候表演出符号
桌子	H	正常的	当老师呈现图片的时候表演出符号
踢	P		指着自己来选择在健身房中的活动
马	H	右手的无名指和中指之间	当他知道自己将要骑的时候让他独自实施
厕所	H	正常的	当他想去厕所的时候有时会自发地使用符号。当他被带到厕所的时候手把手教他表示符号。
门	H	正常的	当他想出去的时候能够自发地使用符号
电视	P		在家里想看电视的时候能够自发地使用符号
靴子	H	不清楚的	不能自发地使用，在穿戴的过程中需要手把手加以引导
围巾	H	不清楚的	不能自发地使用，在穿戴的过程中需要手把手加以引导

明确各领域的责任

经验表明对个体干预措施的质量在很大程度上决定于其他干预措施的有无及质量如何。同时，要确保干预措施的连贯性也很困难。最常出问题是那些由几个机构或专家实施的部分，并且在开始的时候往往不清楚谁对各个领域负有责任。

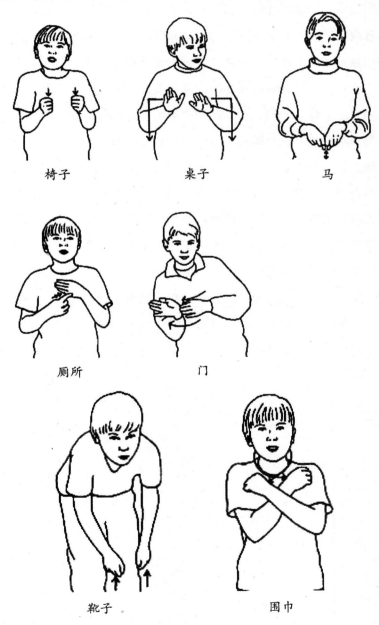

椅子　　　　　桌子　　　　　马

厕所　　　　　门

靴子　　　　　围巾

107

当出现问题时，个体未能接受到必要的干预，通常是由于责任不明确和缺乏协调导致。这种缺乏协调在长期干预计划中最为明显。障碍越严重越需要长短期计划，以确保干预措施是按照个体当前和未来干预需求比例给予的。因此，每一项措施都体现总目标，并且个体康复训练计划的起草体现整体干预的责任和具体措施的划分，这很重要（赫塞尔伯格，1998；赫塞尔伯格和冯·特茨纳，2008）。

对计划的需求和协调在有障碍个体的护理过程中起着核心作用，这一点越来越被人们所意识到。这意味着必须对经济责任进行分配。同样，协调干预工作不同部分的责任和确保制定一份切合实际的长期计划的责任也要进行分配。应该有这样一个人，他熟悉所有的措施，他可以扮演一个护理管理者，家庭成员和其他专业人士可以与他取得联系。为措施的实施安排程序也很重要。问题的出现通常是无人主动去实施所要求的改变并承担责任。

很多国家设立了责任小组来满足这一功能。这些小组是多学科的，哪些机构需要参与取决于干预的需求。儿童的父母要参加小组的会议，小组应该对整个干预工作进行全面了解，并且能够启动新的措施以及分配各种形式的责任。

第六章 教学环境

在正常的环境下，学习了替代性沟通方式的儿童和成人仍不能获得充足的语言和沟通技能。他们语言的发展依赖于为他们特别设计的、易于交际（communicative accessible）的学习环境。语言干预可以被认为是帮助儿童获得语言理解能力和使用能力的情境建构，即在这些情境中他们能获得关于人物、行为、事件的某些假设和预期，并且能去关注有声和无声的语言方式是如何被他人来使用的，而且也可能被他们自己使用。在这些情境中，儿童通过参与到社会交往中来学习如何使用语言和如何进行沟通。

适应环境的理由在于建构新的沟通形式可以被使用的情境。对于替代性语言群体和支持性语言群体来说，首要目标是创建沟通性的情境，这种情境以一种使个体能够在不同的场合中学习和使用手势或图形符号的方式来教授替代性沟通。从干预的观点来看，一个沟通情境（communicative situation）可以被定义为：在一个情境中，至少有一个同伴尝试着去传达某种信息或者参与到其他的沟通行为中。这也就意味着，除了要有两个或两个以上个体的存在，必须还要有一种可能性，也就是可以通过物体、人物、事件、话题等建立联合注意或联合参与。连续进行的活动和遵循自然的情境必须通过明确地或含蓄地引导个体关注于环境的某些特定方面，以及确保个体能领会到环境中其他人的相关表达，来提供一些线索，让个体知道语言和替代性语言方式是如何被其他人使用的。这样可以提供给个体必要的知识，来建立一个具代表性的框架或计划，以能理解他人的表达方式。

和上述两个群体相比，表达性语言群体没有相同的语言教学的需要。对于有良好语言理解力的人们来说，主要的目标是对环境进行组织，以使环境能有利于沟通以及语言的自然获得与运用。事实上，这就意味着，要用尽可能大的在所有环境中都能接触到的词汇量来提供手势或沟通辅助，并且使沟通伙伴尽可能容易地去理解个体正在表达什么意思。表达性语言群体中的人在普通一天中会经历很多无法与其他人进行交流的情境。创建潜在沟通情境的目的就是要修正这种情况，以能够给个体更多的机会来参与到日常活动中去。直接教学的需求在表达性语言群体年纪最幼的儿童中是最大的，而年长一点的儿童在遇到较为复杂的沟通挑战的时候也需要得到一些符号的解释与帮助来发展策略（克拉克等，2001）。

联合注意

沟通本质上是引起注意。沟通行为的目的就是使其他人关注某些事情。这些事情可以是当前环境中的某些东西（如一个物体或者某个事件），可以是想让别人做某事的意愿（如拿东西或者走开），也可以是一个抽象的概念（如相对论）。为了引起他人的注意，注意力必须是可以以某种方式被分享的。两个或多个个体注视同样的东西是不够的。在联合注意（joint attention）里，沟通伙伴必须意识到他们是在分享这个焦点（托马塞洛，2003）。共同语境（shared context）可被定义为：意识到情境中某些相同的部分，并且在这种意识的获得和文化塑造中，联合注意活动是处于中心地位的。在典型的语言获得中，凝视和指示手势通常会发挥重要作用，它们是建立对物体或事件的注意力的一种手段，同样也在之后的象征性手势和词语或符号的组合中有重要意义。简单的联合注意和广泛的共同语境都要建立的问题也许是语言学习中的一个主要障碍。自闭症儿童在联合注意的建立和参与中存在困难，这些困难可能是干预中的焦点问题（冯·特茨纳，2010）。

对于获得文化知识来说（包括语言在内），和更有能力的沟通伙伴之间建立联合注意是一个必须具备的先决条件。在早期的语言获得中，不管是典型的还是非典型的，都是由成年伙伴来引起联合参与片段（joint involvement episodes），并且决定物体、人物、行为之间的关联（斯卡福，1989）。他们这样做，是通过（重复）解释儿童的自发表达，利用在即时情境中的线索和关于儿童的知识，也是通过使儿童参与到一些融入了口语和替代性沟通系统使用的社会活动中。成年人对那些在儿童的生活环境及一般文化环境中很有意义的人物、物体和行为进行明确的命名，使一些语言形式比其他语言形式更恰当，并且在谈话中融入非语言的特点，含蓄地把儿童的注意力引导到有关的情境方面。他们在这个框架下解释一个儿童的任何表达，所以它暗示学习语言形式的使用。当儿童掌握了一些成年人日常使用的涉及人物、物体或行为的词语和符号的时候，向语言的转变就发生了。精通语言的一个基本的条件，是儿童学习用近似于成年人的方式去解释这些词语和符号发生的情境，也就是说，儿童和成年人都注意情境中相同的方面。对联合注意的更为广义的理解包括了参与者的前后关系框架，这个框架反映出了他们的社会和文化知识。有严重语言和沟通障碍的儿童会产生联合参与片段假设，这些假设是基于与相同或相似人物、行为和物体在早期所发生的语言和非语言的经历。当他们获得更强的社交和语言能力，这些假设会在儿童互动中逐步发挥更重要的作用。

对语言获得过程的理解显示出：学习理解和使用口语化的词语和符号不仅仅是对新的或先前建立的概念绘制标记的过程，也是一个以有意义且连贯而合理的方式来进行的过程。某些"物体"或类别与诸如手势或图形符号之间的关联并不是语言的基础，而是关于这些关联的知识使得各种目的的沟通成为可能的事实。语言获得常被描述为是一个去语境化的过程，但是语言获得过程的最终目的并不是使儿童在脱离语境的情况下理解语言，而是使他们能够在不同的语境下理解和使用相同的词语或符号，这个过程更应被描述为复语境化的文化适应过程（古德温和杜兰蒂，1992）。语言干预的含义是，学习者必须要对一个词语或符号有充分的、各种各样的体验，以能够组织说明这个词语或符号是如何被使用的。

教学环境的设计

通常是由教师和专业人员来决定在学前班、学校或家庭中的哪些场所、物体和行为是与提高替代性沟通能力相关的。当他们选择干预场所的时候，专业人员首先会讨论它们在不同的语言操作条件下建立联合注意和创设沟通情境的潜在可能性。日常生活情境会有相当大的不同，并且当计划干预的时候，应当考虑关于情境的不同方面在语言学习中如何可以实现不同支持功能的知识。某些情境会为个体使用某些符号提供机会，并且使他们的沟通伙伴能以系统方式理解他们，同时，如果个体不能被大家所理解，可以帮助他们使用替代性沟通方式来修复这个沟通过程。选择情境是非常重要的，它可以帮助沟通伙伴引导个体注意相关的情境提示，并且沟通伙伴本身要有足够的提示能连续地解释个体的表达。这意味着情境如此清晰以致于不论个体给沟通情境带来什么东西，都能被沟通伙伴察觉到。

教学环境的设计通常需要区别一下特殊训练和在自然情境下的训练，后者也被称为环境教学（milieu teaching）。接受特殊训练的个体会脱离正常环境进行学习。教师已经制定了特别的教学程序和目标。每一件事情都是预先设计好了，包括沟通方式，需要练习的符号，训练的时间和地点，参加的人物以及所要使用的材料等。当教学发生在自然情境的时候，它发生在个体通常被找到的环境中，并且特殊符号的教学通常是在个体会使用这些符号的情境下进行的。

在特殊训练和自然情景下的训练之间并没有明显的分界线。当教学是发生在正常环境下，其组织的程度也会有相当大的差别。因此，在自然情境下应该区分计划教学和自发教学。在计划教学中需要提前决定特殊教学目标。除此之外还有要教的符号或符号结构，教学时间、地点，使用的材料，以及教学教师等都会不同，但是以上至少有一项是需要进行计划的。如果所有方面都计划好了，那么自然情境中的计划教学和特殊训练之间的唯一区别就在于前者发生的地点是日常会找到个体的环境。如果一个训练情境计划得如此之细，以致于它明显地改变了个体所熟识的环境，那么这个情境就很难再称之为"自然"情境。

自发教学是以低程度的组织为特征的。通常情况下要意识到个体特定符号的使用，以及为使用这些符号提供机会的可能性。在一些情况下，教学目标（如某个特定符号如何使用的教学）需要提前决定，但是训练也可以在不设定教学目标的情形下进行，只因为某一个机会自己会突然出现。以下面这些例子（图6-1）来说明不

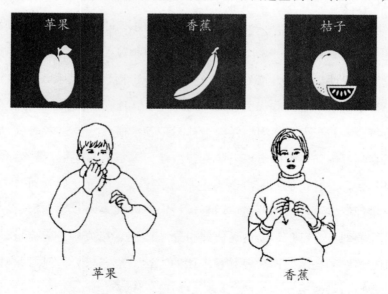

图6-1

同的计划程度。

在固定的时间，杰克会被带到托儿所的一个固定的用于个训的房间。在这里，他练习"苹果"、"香蕉"、"桔子"这几个词语。两个老师轮流来教他。这就是特殊教学。

每天杰克有三次机会在苹果和香蕉或者苹果和桔子之间作出选择。教学发生在托儿所的孩子们通常进餐的地方，时间将好在正餐前。杰克可以自己选择十小片水果，这也是为了使他在进餐前不会吃得太饱。这种教学就是在自然环境下高计划程度的教学。

每天下午两点，是孩子们在托儿所吃水果的时间。因为杰克正在学习苹果、香蕉、桔子这几个单词，他的老师必须确保在他的水果盘中只有两种水果，这两种是苹果、香蕉和桔子中的两种。这个训练计划程度较低，可以被认为有点类似自发教学。

每天下午，托儿所会在桌子上摆上有苹果、香蕉和桔子的水果盘。如果杰克为了得到水果而发出某个信号或者试图接近某人，教师会帮助他使用这些符号。这就是自发教学。

自然情景下的教学和特殊训练之间并不存在矛盾。是否选择在其他特别计划的找不到个体的情境下进行教学，这依赖于教学目标。这基于对个体兴趣、爱好、需要以及怎样才能最容易达到这个目标的评估。特殊训练和自然情景下的教学一般可以同时发生。

自然环境中的计划教学也应该和特殊训练一样进行较好的准备工作。这就意味着教师必须要有特定的教学目标，并且保证个体有足够的动机与注意力。同时，需要强调的是，因为教学是发生在正常环境中的，技能并不自动的是好的或者是有用的。练习的符号应该有其自身的功能，并且对环境中的个体或者重要的人有着明确的用途。

在正常环境中进行教学的一个很重要的理由在于，那些没有直接参与教学的专业人员会逐步适应个体是在沟通这样的事实。鲍克曼和米兰达（2005）以及其他人都关注障碍个体参与不同社会情境的途径和机会，以及环境中人们的态度是如何成为个体使用现有技能的障碍的。鉴别这些障碍是很重要的，因为这些障碍可能会降低个体生活质量的干预效果。然而，参与本身并非总能达到最优的学习效果或者更好的交流水平。教学情境必须能给予个体足够的信息并且能创造个体可以掌控的沟通需要。

计划推广

当个体需要在普通情境中表达自己的时候，他们在特殊情境下所学习到的那些可以使手势、图形或者可触式符号与口语化的词语、某个物体或事件相联系的能力可能价值有限。沟通能力的推广成为包括扩大性和替代性沟通在内的所有干预的一个重要目标。推广意味着个体能自发的使用符号来对新的物体和事件进行描述，包括在新的情境中，或者与新认识的人，使用新的词语或符号。自发使用意味着个体不需要任何辅助来使用符号。自发使用可能发生在教学情境和新的情境中。

区分推广和教学拓展应用是非常重要的。如果个体在一个特定情境中学习了使用符号之后，他又成功的经历了与新的物体、行为、组合、情境和人物相联系的符号训练，这就是拓展应用。拓展应用本身并不是推广的一种表达，但它在为之后的推广奠定基础的过程中具有指导意义。

传统上，对语言干预中的推广问题关注不多。强调的重点放在了学习形式本身，人们假定，一旦学习的符号加以实行，推广就会或多或少的接踵而至。然而，属于替代性语言或支持性语言群体的很多人都在从训练情景向其他情境的转变学习中存在困难，这被称为"推广问题"。例如，在特殊训练情境下学习使用符号的自闭症儿童很少能够在新的情境中以一致的形式来使用这个符号。另外，很多个体（尤其是在替代性语言群体中的个体）都需要很长的时间来学习。以上两种情况都需要将训练场所放在可以使个体使用学习过的技能的地方。

当语言指导正在特殊训练情境下进行的时候，有必要提前制定计划，以知道如何把新的技能转移到其他情境中。最常用的方法之一是使特殊训练情境更加类似于自然情景。为了有效做到这一点，很重要的一点是在开始之前就要对个体想要转移技能的环境有详细的了解。在特殊训练情境的计划过程中，常常变得清晰的是，没有预先的特殊训练就开始在自然环境中进行计划教学不过是权宜之计。因而，为向自然情境转移技能而做计划可以确保仅在使用特殊训练得到很大理由支持的时候才用它。

同样，由于从特殊训练情境到自然情境的转化过程中有很多的策略，也必须有一些策略可以使计划情境更加自然一些。在这些策略的计划过程中，也有一点变得更明显，即自然情境实现的组织程度可能会比最初所假设的要弱。

拓展应用的训练也被用作为促进推广的一种方式。一个限制不多的教学情境可以提高推广的水平。为了促进向新物体的推广，有人建议可以使用相同类别物体的若干不同的模型。这就意味着，当练习"杯子"这个符号时（图6-2），一个人可以使用有不同形状、大小和颜色的杯子。一个教师教的技能常常不能转用到其他人。如果若干人进行同样的教学，向新人群的推广就方便了。有时候两个人来进行训练就足够了，可以使个体理解学到的技能可以在很多不同的情境下来使用。例如，三位研究者（斯托克斯，贝尔和杰克逊，1974）训练了有学习障碍的儿童学习说"你好"，但是发现孩子们只会和训练他们的教师说"你好"。当两个教师开始轮流进行教学时，孩子们才开始学会和所有的20个教员说"你好"。

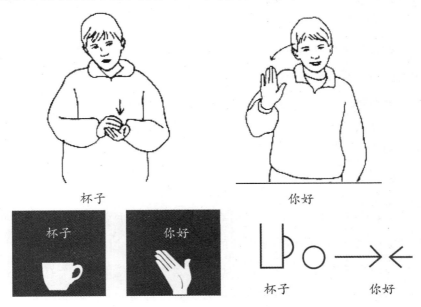

图6-2

教学阶段持续时间和地点

当语言和沟通教学开始融入并且成为普通活动的一个重要组成部分时，教学阶段的持续时间就有一定的要求了。在自然情景下的计划教学中，持续时间可能是各不相同的，但是教学阶段应该较短，大约5~10分钟为宜，并且每天需要重复很多次。更重要的是教学应该是功能性的，而非每天简单的多次重复。同样特殊教学阶段也应该贯穿于每天。使个体教学阶段长一些但是不要过长，这是有实际操作意义的，可以使个体不致于厌倦或者疲劳。逐渐地，教学次数也开始变化，可以侩个体不会对特别设计的次数计划表产生不必要的依赖性。

有时候专业人员的计划表会使情境过于计划性或组织性，这就需要慎重考虑了。

凯瑞是个患有自闭症的五岁女孩。她经常在自然情景下由一个特教来教她。然而，教学是依据特教的日程安排，在固定的时间进行的。为了减少这和依赖性，托儿所的教师和助教受到了如何实施短时间训练的指导。结果，凯瑞获得了更多的教学帮助，并且教学时间和教学的人也更加不同。相应地，这会促进她所学技能的推广。

灵活的教学策略尽可能地利用自然情境，对教学组织也提出一定的要求。当那些对干预负责的专业人员与个体的托儿所、学校或日托中心不直接联系的时候，他们将不得不更加间接地干预，方法是对个体所在日常环境中工作的人员进行指导和教学。

结构化

"结构"和"结构化"这两个术语有很多种用法，且没有被普遍接受的定义。它们通常被宽松地指为个体训练所设计的干预措施是经过计划的，以及至少在一定程度上，一天中要发生的活动和事件是经过计划的。结构化是一个有效的工具，可以获得一天的概况，可以以促进语言与沟通的使用与理解上的发展的方式来组织活动。为了能分析一个24小时周期的结构，区分结构化的不同的水平是必要的。接下来要区分框架结构（frame structure）、情境性结构（situational structure）和提示（cues）。

框架结构

框架结构是指将一天分成不同的情境，也就是说有惯例、事件、活动等。因而，不管一天是否经过计划，通常都会有一个框架结构。对学习者普通的一天的加以概括意味着要评估干预实施之前存在的框架结构。框架结构的评估提供一个基础，用来获得简单的概况：包括一天的活动是如何分配的，不同活动持续多久时间，以及个体醒着的一天有多少部分是计划了的。评估过程同样能提供一些信息，包括有多少不同的活动是每天在重复的，以及每天的日程是如何确定的。这些都是评估全面干预、计划语言与沟通教学的基本信息。

平日的情况差不多是相似的，并且框架结构也差不多是密集的。框架结构同样包括了全面干预。因此，总体生活状况以及教学与功能的需要应当掌控未来框架结构的计划中包括什么。一个普通的工作日应该包括以未来、社会互动、每日常规、娱乐活动和放松周期为导向的教学。从随意框架结构中区分出计划性的框架结构，一般是依赖于固定活动的数量，这些活动会在情境中以有规律的间隔重复进行。如果在空闲周期中加入新的活动，框架结构也会变得更加密集。

一个计划的、密集的框架结构会是语言和沟通教学的一个有用的工具。这个尤其可以应用于替代性语言群体。对于那些从一个密集型的框架结构中获益的人来说，教学在原则上应该组织成一个个15分钟的阶段，当然也会有许多情境会超出这个时间。这就意味着在每天里每个15分钟的周期中，专业人员要记录下将要发生的事情以及每一个活动的目标。事实上框架结构并不会经常完全的重复，因为要考虑未知的事件和家庭需要的变化，因此有一定的灵活性。

对于表达性语言群体来说，框架结构的评估与计划教学相比还有另外的功能。属于这个群体的人们的生活含有很多常规性的东西，缺少变化和灵活度。每天的常规活动，如早上的如厕和早饭，可能会花掉很长的时间，并且每天经常除了固定活动外很少有其他活动。个体仅仅能在有限的范围内决定将要发生的事情。很多有运动障碍的个体行动不便，并且会依赖于一些交通工具和辅助者来帮助他们行动。对学龄期儿童框架结构的评估通常显示，他们需要得到帮助，来进行娱乐时间的活动以及课外时间与同龄人之间的社会互动。人们对这一块帮助很少优先考虑，而导致的结果就是儿童闲暇时间大部分都是待在家里。这样会限制他们参与社会活动和发展自主性以及积极自尊心的机会。

在评估一个障碍儿童日常框架结构的时候，对居住在同样环境下同龄人的日常框架结构进行相似的评估，这会是很有用的。这样的比较不仅仅能显示出他们生活的差异，而且能为什么活动可以介绍给障碍儿童提供一些想法。

情境性结构

构成框架结构的不同的情境本身有其内部结构。这被称之为情境性结构。因为情境包含不同组织水平的内容，它可能会显示出不同水平的结构化。在结构化程度最低的情境中，这个人在哪，什么人参加，或者他会参加什么活动，这些都不事先确定。而在那些结构化程度最高的情境中，所有的事情都要事先决定，并且情境会有一个明确的教学目标。

高水平结构化能提供一个概览，使专业人员更加有条理地进行工作。结构化的目标是使专业人员更容易知道在不同情境下应该做什么；也就是，他们怎样反应能够让个体对接下来要发生什么产生预期，并且要组织沟通。结构化也是计划沟通和语言教学拓展的基础。

提　示

提示使人们能够理解另一个人正在沟通什么。原则上，可能的提示无限多，因为沟通过程可以以如此多的个别方式、在不同的情境中发生。在和不能讲话的人沟通过程中，帮助理解的提示可以是进行的活动、周围的物体、情境中发生的一些事情、文化规范、关于个体喜欢什么和通常做什么的知识，等等。

安吉拉是患有瑞特综合征的 12 岁女孩。当她听到隔壁房间外公的声音时，她会将视线转移到书上。这可以作为一个信号，即她希望她的外公可以为她读书（这是经常发生的事情）。在这个情境中，外公的声音和女孩开始看书这两个现象可以作为提示，使这样的解释可以合理化。

一般来说，提示可以描述为是人们对行为作出反应的趋向性，好像提示本身具有交流性。恰恰是沟通提示的出现使它像沟通一样使人们对一个特定的行为作出反应。通常情况下，与父母或其他重要人物之间的结构性访谈是调查个体和这些人共同使用的提示的最好方法。

当提示被事先做了描述或者计划，这些提示会形成情境性结构的一部分。一个情境中，为了能够理解而对提示进行的描述可以作为结构化的第三级水平。对那些在学习替代性沟通方式的个体进行沟通应用的评估，很大程度上是提示的评估。在计划语言和沟通的干预中，考虑如何通过向情境中构建提示而创造教学情境，这是很有用的。这就意味着，除了教给个体手势或者图表符号，还需要对情境进行安排，以使它能够包含那些使人与人之间的沟通合理化且易被理解的各种因素。

启动干预

对于所有有扩大替代沟通需要的儿童来说，干预的实施越早越好。一个最重要的观点在于语言认知有一个敏感期，也就是说学龄前儿童在学习语言上要比年长的孩子或成人更加容易。这同样可以用于替代性沟通。然而，对于那些有运动障碍的儿童来说，专业人员认为这些儿童有其他障碍会延误沟通辅助手段的引入，直到孩子显示出口语语言的理解能力才引入。沟通辅助适用于展现语言技能而非促进这些技能的发展。

有很多原因使得敏感期的存在成为可能。对年幼儿童的观察显示出他们可以很快的学习一门外语，且不带有口音，但是年长的儿童以及成年人却很难再去掉他们自己的口音。大脑损伤对儿童和成人的语言会有不同影响（泰勒和奥尔登，1997）。例如，在两个大脑相连的双胞胎病例中，左脑半球切除的新生儿能正常的学习说话。有严重听力损伤的儿童，越早使用听力辅助装置，那么他们在理解语言声音上与正常的语言之间偏差会越小（弗赖伊，1966）。

对于敏感期有两种主要的解释。第一种解释认为，学习语言的潜力是由成熟性因素决定的，不依赖于经验，因而像独立的时间装置一样发挥其功能（例如：伦尼伯格，1967；洛克，1993）。第二种解释认为，学习和经历决定大脑神经类型的发展，随着年龄的增长，已经建立的神经类型很难发生改变。如果在敏感期没有发展语言，那么学习起来会越来越难（埃尔曼等，1996）。

对语言发展较差的个体的调查显示，4～5岁是语言认知的一个重要的分界线。有学习障碍的儿童在这个年龄段之后学习说话时会很难得到提高。一般认为5岁之前没有开始学习说话的儿童，他们语言发展的机会是很小的（拉特，1985）。但是需要指出的是，有些人是在这个年龄段之后才开始学习说话的，而且有些人没有使用扩大沟通就发展了语言能力。同样也有一些没有语言能力的青少年和成年人，在学习了替代沟通系统之后开始说话。有研究（劳诺宁和格罗夫，2003）描述了一个唐氏综合征的患儿，他在儿童期使用手势语进行交流。这个孩子在12岁才开始说话，5年后说话成为他主要的沟通方式。

符号教学对言语获得的影响

手势、图形和可触式符号的教学通常会在很晚的时期才开始。这有很多原因，但是一个很重要的原因是害怕教给儿童替代性沟通系统之后可能会阻碍儿童口语的发展。直到传统的语言治疗被证明是无效的,人们才会转用扩大替代沟通干预(例如:卡尔,1988;韦尔斯,1981)。

关于符号和语言关系的讨论源于聋人的教育,这一历经数个世纪的讨论曾经有过激辩(莱恩,1984)。一个顽固的杜撰就是符号教学会阻碍语言的发展。但是,并没有研究显示符号语言的获得对于语言发展有消极影响(迪卡尔洛等,2001)。恰恰相反的是,有调查显示出手势符号对于语言有积极的作用。例如,父母是聋人而自身听力正常的儿童能同时发展符号语言和说话能力,因而完全可以称得上是双语(佩蒂特奥等,2001;普伦兹和普伦兹,1979,1981)。事实上,很多后来正常发展的儿童,他们的父母在他们开始说话之前会使用手势语,来促进认知和语言的发展(阿克雷多罗和古德温,2009;加西亚,1999)。

很多研究显示,对于有自闭症和学习障碍的个体来说,手势和图形符号干预与言语发展之间有着一种积极的联系(米勒,莱特和施洛瑟,2006;施洛瑟和文特,2008)。例如,在一项对唐氏综合征患儿进行的纵向研究中发现,那些在6个月到3年的总体干预过程中进行了手势语干预的唐氏综合征儿童与没有接受手势语干预的唐氏综合征儿童相比,会使用更多的口语化语言(劳诺宁,1996,2003)(表6-1)。卡蓬(2006)和他的同事发现一个7岁有自闭症的女孩在接受了同时进行的符号和言语干预后,比起之前仅仅接受言语的训练,她能使用更多的口语化词语,并且学习速度更快。

表中显示了年龄为12个月、18个月、24个月、30个月、36个月和48个月的唐氏综合征孩子在6个月到3年的时间里参与了手势语干预掌握的口语化语言和手势语的平均数量。干预组(IG)有29个孩子。研究组(RG)是干预组的一个分组,由12个孩子组成,控制组(CG)同样是12个接受同样的干预的孩子,但是在同样的年龄段没有接受手势语的干预。(劳诺宁,1996)

表6-1

年龄（月）	组	手势语		口语化语言	
		平均值	范围	平均值	范围
12	IG	0	0	0.2	0~2
	RG	0	0	0.2	0~2
18	IG	7	0~40	1.3	0~6

续表

年龄（月）	组	手势语		口语化语言	
		平均值	范围	平均值	范围
24	RG	5.3	0~30	1.1	0~4
	IG	31.4	3~110	5.7	0~32
30	RG	34.2	10~74	3.9	0~10
	IG	73.3	5~200	11.9	0~100
36	RG	74.2	15~150	7.6	0~20
	IG	101.7	10~300	17.3	1~100
48	RG	93.3	15~250	17.3	1~50
	CG	3.3	0~17	10.3	0~40
	IG	151.0	20~350	105.0	3~300
	RG	108.3	20~250	128.2	3~300
	CG	35.7	0~300	75.8	0~300

　　同样，也有研究证明了使用图形进行沟通也能够支持语言的发展。有研究者发现有学习障碍的儿童在接受了符号字（Lexigrams）及有数字化语言输出系统的沟通装置后，语言理解能力显著提高（罗姆斯基和塞弗西科，1996）。根据邦迪和弗罗斯特（1998）的一项研究，大多数 2~5 岁的儿童在学习了图片交换沟通系统之后可以获得口语能力，尽管这种方法对重度和深度学习障碍的儿童来说没有显现出有利的结果。在其他运用这种方法的研究中，有自闭症和学习障碍的年幼的儿童开始能说话或者提高了他们说话的能力（卡尔和费尔斯，2007；施瓦兹，葛芬可和鲍尔，1998）。

　　此外，很多有沟通障碍的人经历了很多年的言语治疗，但是没有取得明显的进步。他们中的一些人在第一次接受了手势或图形符号的训练后开始说话了（凯西，1978；罗姆斯基等，1988）。这就有力的支持了不同形式的沟通技能之间会互相影响与加强这一假定。

　　言语发展与替代性沟通形式之间可以相互支持，表明可以在孩子小的时候教给替代性沟通形式，并且不用担心消极的影响。这就意味着这些干预应该尽早开始实施，也就是在问题刚变明显时就要采取措施。对于那些已知的不能正常发展言语能力的高危儿童，在问题显现之前干预就应该开始了。这样做的目标是逐步促进言语和沟通的发展，同样也可以预防低水平表达方式对孩子的消极影响。8 岁患有唐氏综合征的儿童很早接受手势符号的干预，一般来说要比没有接受早期符号干预的孩子更加能融入社会并且有更好的社会技能，尽管个体在这个年龄上口语水平之间的差异并不是很显著（劳诺宁，2003）。以上事实很明显的显示出早期进行替代性沟通的功能。

尽管很多研究有积极的结果，仍然有很多儿童没有学习怎样说话，在没有运动障碍的儿童中也存在这种情况（例如：甘兹，辛普森和科宾·纽瑟姆，2008；施瓦兹，葛芬可和鲍尔，1998；冯·特茨纳等，2004）。对于这些儿童来说，早期以替代沟通方式进行的干预会减少消极经历的发生，并且确保沟通以最优的方式来发展。

第七章　教学策略

人们普遍认识到必须使干预方法适合每一个个体的需要。尽管如此，很多有不同类型障碍的儿童和成年人倾向于接受相同类型的干预。从我们的观点来看，不同障碍类型的个体之间的干预目标和方法缺少差异，这成为扩大替代沟通领域的一个主要问题。本书编写的目的不是提供现成的"食谱"，人们不能仅仅是照做就好了。我们希望能回顾一下替代沟通教学的原则和方法。一些原则和方法是基于理论，而还有一些是基于我们自己以及他人的经验。教学目的和教学方法的使用应该具有个体差异性，这些目的和方法的选择也应该基于实践的考虑。我们希望能使用各种不同的方法，这些方法受到原则和经验的支配，适应实践境况并且与总体干预相一致。

有很多教学方式可以教给学生使用手势、图形和可触式符号。大部分方法已经被人们所认可，并且在实践中应用了很长的时间。然而有时候这些被认可的干预措施也存在新的变化，会成为一种趋势并且引起观念上的争论。这一章节中，介绍了很多不同的方法，有一些方法是类似的，有一些方法是不同的。对策略进行分类的目的是为了呈现这样的一个事实，即不同的策略意味着改变学习者的计划、结构和知识水平。这些策略之间并不相互妨碍，经常可以并行使用。这些策略各自有其优点和不足，因而它们对具有某些能力和缺陷的个体更适合，而不大适合其他能力和缺陷的个体。这一章节中所提到的策略更适合于有认知损伤的个体。

结构化的重复解释和全面沟通

对于语言理解能力受限的个体来说，结构化的重复解释和结构化的全面沟通是两个基本的干预策略。重复解释作为一种干预策略，充分利用个体能够达到的能力，并基于他们现有的行为和信息。这个策略的目的是帮助那些有自闭症以及重度学习障碍的个体，通过其他重要人物对社交行为的系统解释获得对周围环境的控制能力，而这些行为可以显示出与兴趣、需要、爱好相关的意图。结构化的全面沟通是指使用各种广泛的途径，其形式可以包括特殊的或常规的手势、图形和可触式符号，目的是为个体表达他们的意图提供可能性。尽快从结构化的重复解释发展到结构化的全面沟通成为一个重要的教学目标。

如果缺乏沟通能力的个体有发展沟通技能的潜力，结构化重复解释可以帮助他们去学习表达他们自己。然而，对有些重度学习障碍的个体（如患有瑞特综合征的女孩和妇女）来说，不管是重复解释还是其他形式的干预，都不能教会她们自发的，自动的和独立的沟通。尽管这样，对于这些个体和他们的照顾者来说，系统的重复解释仍会是有价值的，它会成为个体建立生活方式的基础。结构化的重复解释作为一种生活形式会使个体更好的理解自然和社会环境，并且能更好的理解正在发生的事情。对于自然社会环境中的人们，会因此积累一定的知识，知道怎样能更好的理解个体，并知道在不同情境下如何对个体作出反应。因而结构化的重复解释对障碍个体的可控及可预测的环境会有贡献。同时，可以建立一系列的策略，这些策略能被个体环境中所有的重要人物所使用。

含蓄教学与明晰教学

在语言干预中区分含蓄教学和明晰教学是很基本的，并且直接关系到需要扩大替代沟通的人三个主要语言群体的划分。含蓄学习指的是"一个人通常并不想学但去学了一个相当复杂的刺激物环境的结构，以至学习到的知识很难表达出来"（贝里和迪恩斯，1993a，p2）。因此，含蓄学习并不追求让个体意识到教学本身的学习策略。在另一方面，明晰学习意味着个体能意识到并且能用语言表达出这些可以获得知识和技能的策略。明晰教学情景意味着采用一种元的观点。因此，在这两种学习方式下潜在的基础技能也是不同的。

含蓄教学和明晰教学条件之间的差别，与第一语言和第二语言学习中通常使用的策略的差异看起来很相似。第一语言的学习主要是含蓄的，而明晰教学策略更适合于第二语言学习。表达性群体的条件常常更类似于第二语言学习：干预关注的重点在于沟通伙伴和环境整体而言所使用的口语与个体的表达方式之间的联系。由于个体在理解和表达之间存在着一定的鸿沟，教师能够提供口语化的指导去解释怎样使用替代沟通方式。使用的策略主要应是明晰策略，尽管这些策略带来的结果可能是含蓄的语言知识，并且替代性沟通系统的应用本身也会建构一个含蓄学习情境。明晰策略充分利用存在于儿童和教师之间的、有关言语和替代沟通形式方面的知识的不对称性。在明晰学习中，形成假设的能力以及遵循一定策略解决沟通问题的能力可能是最重要的技能。

另一面是替代性语言群体。对这个群体进行干预的目的是发展第一语言，也就是母语。这就需要含蓄策略，也就是个体学习关注其他人的指导，并且自己来引导他人的注意力。在自闭症人群中，不能专注于他人以及注意方向上存在困难是他们的显著特征。形而上地说，含蓄语言教学可以被描述为是一种一个人不知到哪去的新领域的探索。含蓄教学暗示了促进可以提高功能价值的技能策略的运用，并且（对于有一定语言理解能力的儿童来说）使语言形式（包括言语和手势、实体或图形符号）和语言形式的用途之间的关系对他们显而易见。这意味着含蓄教学必须是功能性的。

教师会让表达性语言群体的儿童清楚地表达手势语符号或者指出和特定口语单词相匹配的图形符号，这就是第二语言教学的典型教学策略。但对于不能理解口语化指导的儿童来说，这项任务就没什么意义了。尽管这样，这种指导经常在不知别人说了什么的替代性群体的干预中被使用。遵从指导会需要一些个体没有的技能。然而，需要指出的是，个体在替代沟通系统的使用过程中可能会越来越熟练，这个系统可能会在明晰教学中被教师所使用。

对于支持性语言群体中的儿童来说，重点可能会在明晰或含蓄教学策略上，这些策略会依赖于儿童口语的理解能力以及儿童要学习的沟通技能。

符号的理解和使用

以下对个体教学情境中符号的使用和他们对符号的理解做了区别。在理解力训练中，是会话伙伴对学习者演说。这项干预的目的在于使个体学习去理解手势、实体或图形符号，并且能回答刚刚伙伴讲了什么，或者演示一个活动说明他们已经理解了。它是由会话伙伴来指图形或可触式符号，或者使用手势符号。

在学习的早期阶段，作为理解力训练的一部分，大部分所教的符号会是信号符号或者是命令符号（表7-1）。"信号符号"指出之后的活动或者事件，用于给学习者提供信息。信号符号可以由教师做演示，既可以是手把手教个体表达手势符号或者指向图形或可触式符号，又可以是教师本人使用手势符号或者指向图形或可触式符号。

表7-1　干预中三种不同符号的用途

信号符号

这些符号用来告知障碍个体之后的活动和事件是什么。教师指导个体用手来做出手势信号符号。如果可能的话，个体在帮助下指向一个图形。如果不可能，那么图形符号由教师来表示出来。可触式符号可能会展示给学习者。

命令符号

人们使用这些符号来控制障碍个体，使个体开始参与到一个活动中去或者停止某项活动。命令符号是由会话伙伴指向或者做出来。

表达性符号

当个体把他人作为达到特定目标、告知特定事件、评论某个活动的一种方式的时候，个体会使用这类符号。在教学过程中，教师会帮助个体做出手势符号或者指向图形或可触式符号，但是只有在需要的时候才会这样做。

父亲

图7-1

菲利普23岁，有重度学习障碍。他生活在一个社区里，他的父亲会在每周六来社区看他。在他父亲进到他的房间之前，一个工作人员会指导菲利普用手作出一个"父亲"的手势，并且同时说出单词"父亲"（图7-1）。

信号符号教学的目的是要能够通知个体，帮助他们在心里了解将要发生的事情。"结束"是一个很有用的符号，来说明一个活动或事情结束了。

命令符号是会话伙伴用来使学习者开始执行一项活动或者终止某项活动的符号。这些符号由会话伙伴指点或者演示。"等待"和"停止"是特别有用的命令符号（图7-2，图7-3）。

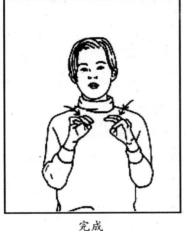
完成

等待

图7-2

大卫是一个有自闭症的七岁男孩。他会长久地开关电灯。他的教师使用"停止"这个符号，并同时强调说"停止"，来制止大卫去做相同的动作。

停止

图7-3

命令符号的教学目的是要规范个体的行为。个体学习使用命令符号并不是教命令符号的一个目的，但是这些符号对个体也有用。虽然不能表现性地去教信号符号和命令符号，但是个体自发地使用它们的情况并不少见。

表达性符号是指个体表示或使用的手势、图形或可触式符号，个体在和其他人讲话时以这些符号作为达到特定目标、告诉他人特定事件、评论某项活动等的一种手段。表达性符号的训练是教给学习者符号的功能用途，以及如何开始与那些潜在的会话伙伴进行沟通。会话伙伴必须能够理解这些符号，并且能对这些符号作出合适的回答和反应。在教学期间，会对个体提供一些帮助来使他们可以使用手势符号或指向图形或可触式符号，但是只有在需要的时候才会这样做。

玛丽是有重度学习障碍的 14 岁女孩。她喜欢听舞曲，正在一个特殊教学情境下学习符号"音乐"。有两个教师来教她。一个 CD 播放器放在她不能碰到的一个桌面上。当她试图去碰这个播放器的时候，一个教师会指导她用手作出手势符号"音乐"，另一个教师会把这个播放器递给她，允许她听一首舞曲（图 7 -4）。

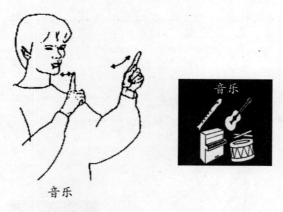

音乐

图 7 - 4

对理解能力的教学

理解能力的干预可能会发生在不同的情境，包括自然情境或特殊训练场景下。

自然情境

很多有重度语言和沟通障碍的个体不能理解活动和事件能为他们的一天生活带来什么。他们经常被动的从一个活动被带到另一个活动，而且教师没有以他们能理解的沟通方式告知他们将要发生的事情。他们很少能发起一个活动，而且不能表达是否喜欢那些为他们计划好的活动。对未知事情的不确定感会给他们很多人带来焦虑或者恐惧。他们开始变得被动、不够活跃，或者在别人要求他们参加一些新的活动时会表示出抗拒。

> 马丁是一个有自闭症的 3 岁男孩。每次在托儿所去别的房间进行别的活动的时候，他都会躺在地上，踢腿哭泣，使他安静下来需要很长的时间。他在托儿所的时间里会充斥着这样的问题（斯坦德尔，1990）。

对于那些不能为自己决定要做什么的个体来说，沟通干预的初级目标之一就是让他们最少可以弄清楚将要发生什么事情。要达到这个目标的一个方法就是设计一个紧凑的框架结构，在这个结构里，活动发生在相同的地点、相同的时间、以相同的顺序，并且包括在信号符号的帮助下沟通一些常规的活动。这种方法被称为信号控制框架结构化（signal – controlled frame structuring）。

信号控制框架结构化是理解力训练的一种方式。这种方式使用的目的是使个体可以学习到一些东西，如在特殊活动或事件发生之前的手势符号，也就是这些符号作为信号符号来发挥功能。需要对这些符号进行选择，以使它们可以更易于被学习者所认识，并且这些符号应该在活动开始之前就立刻提供。如果一个信号符号是用来表明活动将要结束的时间，它同样也是有用的。原则上，信号可以是任何的东西，包括个体所使用的常规手势符号，图形符号，活动中使用的物体等。使用手势或图形符号是最好的策略，因为这样可以同时获得对沟通系统的认识，但是在最初的时候，信号符号经常是一些象征不同活动的物体。这些符号可以使积极和消极的事件都更加显著。

> 约翰是一个有多重障碍的 10 岁男孩，他好像喜欢坐在轮椅里被带出去散步。在他出去散步之前，教师教他指向有"散步"的象形文字。

　　玛丽是一个有重度学习障碍的 17 岁女孩，她的牙齿很不好，经常会去看牙医。牙医就在隔壁，在她去看牙医之前，教师会教她做出"牙医"的手势符号（图 7 - 5）。

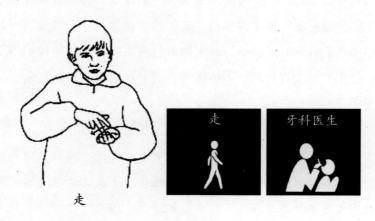

走

| 走 | 牙科医生 |

图 7 - 5

　　和很多人一样，玛丽很害怕去看牙医，有时会在去牙医诊室的时候表现出焦虑的情绪。因此，让她知道她什么时间会去看牙医，什么时间不会去，这是很重要的。这样可以减少她无缘故的担忧。由于每次去看牙医的时候都会告知她，所以在她不需要看牙医而走向牙医诊所方向的时候，就不会再表现出焦虑了。随着她逐步理解了符号信号的含义，她同样会在教员做出"牙医"的符号时表现出抗拒，但是尽管不情愿，还是会去看牙医。

　　符号开始具备了信号功能的最明确的迹象就是个体开始期待将要发生的事情。在那些有严重损伤的个体中，当符号出现的时候，个体会试图站立起来，变得更加兴奋，或者肌肉痉挛程度会增加。逐渐地，个体可能会开始将注意力朝这个方向转或者向符号表示的活动地点或相关东西保存的地点移动。这些反应不仅仅是可见的，如物体形式的符号被有意包括进来的时候，它们也显示了个体对日常生活中自然标志的理解能力。

　　在信号符号的教学中，有一点是很重要的，就是这些信号符号要先于信号活动或事件而即刻出现。如果在信号出现与活动发生之间拖延了太多的时间，一些干扰事件可能会出现，使个体在理解符号和符号表示的活动之间的关系上产生困难。

　　汉娜是一个有学习障碍的 7 岁女孩。教师教给她亲手去触摸感觉她的游泳衣，以此作为一个信号，也就是她要去游泳了。接下来她就会穿衣服，被带去公交站，等车 15 分钟，然后坐 20 分钟的公交车，下车后走 5 分钟到游泳馆，到更衣室更衣，穿上泳衣，最后去游泳。

在干预的早期阶段，以上文提到的方式使用符号还是不太合适的。对于有些个体来说，很难理解泳衣的出现是去泳池的一个信号，而不是从泳衣出现到到达泳池之间通常会出现的一种活动的信号。

在信号符号功能的教学中，同样很重要的一点是，这些符号不能在太晚的时候出现。例如，在个体已经坐在餐桌前要准备吃饭的时候，使用符号"食物"（图 7－6）来告诉他们将要吃饭，这样已经没有太多的信息价值了。这个时候，这个符号就是多余的，因而也就失去了意义，因为在这样的情境下它已经不能传达一种变化。他们要吃的东西已经通过很多的自然标志传达出来了：食物已经摆在桌上，人们能闻到食物的味道，人们正围着围裙等等。在他们进入到餐厅之间就应该出现相关的符号，或者最晚的情况下，在他们入座前就应该出现。

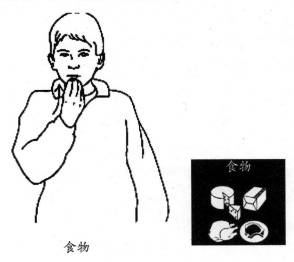

食物

图 7－6

一旦个体学习了信号符号，在符号出现与情境发生之间的间隔应逐渐地被拉长，从而使人们有时间去谈论不会马上发生的活动。这样就会为个体打下基础，既能去问一些暂时不可见的事情，又能表达参加在问话时还没有发生的活动的一种愿望。

如同在早期结构化的全面沟通中常见的那样，信号控制框架结构化是可以与一些带有照片或图形符号的活动时间表，或者是装有几排物体的"日子盒子"（day box）相结合的。然而，信号符号与不同活动的固定次序是干预活动的决定因素。在它们独立出现之前，必须能够理解它们在特定的情境背景下的意思。在个体能够明确说明这些符号传达的意思之前对日常活动中的符号进行回顾，可能会使个本更难去学习这些符号的信号功能。

结构化是学习沟通的一种方式，但是沟通和结构化不应被混淆。信号符号的使用是为了能使个体更好的理解他们周围的环境，并不依赖于框架结构化。手势、图形和可触式符号可以用于传达活动和事件，尽管这些事件并不是每天都会发生或者每次都发生在相同的时间。它们可以用于所有的经常一再重复的活动和事件，这样就可以很合理的去假设个体是可以学会理解符号的。在日常活动中，或者是在相同的活动或事件以相同次序发生的其他情境中，使用信号符号是尤其有用的，因为固定的次序与信号符号的使用有相互加强的作用。信号符号有利于个体对情境的理解，同样对情境的理解也有助于个体理解这些符号。

在使用和理解手势符号的教学环境中，人们在计划外的情境中使用这些信号符号也是很常见的。相比之下，图形和可触式符号的使用就不是很常见了。在这样的环境中，这些符号也是应该被人们所使用的，这样个体就有可能在非计划的经历中学习到一些经验。同样，当个体需要学习一个相当于特殊口语化词语的符号时，只要符合实际，环境中的人们就应在说话的同时使用图形符号。通过这样的方式，个体对符号和词语的理解力（也可能包括使用能力）就会与很多的情境相联系。对于那些口语理解能力有限的人们来说，言语和符号的自发使用也会使他们更容易理解正在谈到的词语的含义。

特殊训练

在特殊教学情境中理解能力的训练可以根据使用符号的人是教师还是个体来进行分类。在手势符号理解能力教学中，教师一般会展示一个图片或者指向某一物体，个体必须运用与这个图片或物体相一致的手势符号。在实体或图形符号理解能力的教学中，个体必须指向这个符号。这与命名是很相似的。然而，理解力训练的最常用方式是：教师使用一个手势符号或者指向一个实体或图形符号，学习者接下来必须指向相应的物体或图片，拿起这个物体或图片或者表演一个动作。老师指向或者做出这个符号，同时说出与之相一致的单词（注释）。在这种类型的理解力训练中，个体一般需要在若干物体和图片之间做出选择。图片或物体的位置会是不同的，这样个体就不会仅仅学会在某个特殊的位置拿起这个物体或指向这个图片了。

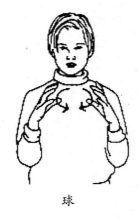

球

图 7 – 7

丹是一个有学习障碍的 15 岁男孩。在他面前的桌子上放有一个球和一把汤匙。教师在说出"球"这个词的同时做出"球"这个符号（图 7 – 7）。丹就会拿起球交给教师（布思，1978）。

教师使用符号、学生指向物体这样的理解力训练形式，在实体和图形符号的教学中较手势符号教学少见。这在一定程度上是因为每次在使用手势符号的时候都要做出来，而其他类型的符号一直都存在。教师开始适应了使用手势符号，而不指向实体和图形符号。然而，主要原因可能在于很多可触式符号是一些物体模型，而图形符号是一些风格绘画，教师通常会假定个体可以立即理解这些东西。

除信号符号以外好像没有惯例去教给学生对图形和可触式符号的理解能力。这可能与布利斯象形符号是第一个被采用的图形系统是相关的。很多第一次学习布利斯象形系统的个体对口语会有较好的理解能力，并且是属于表达性语言群体（麦克诺顿，2003；范德希顿等，1975）。他们需要学习一个特定的布利斯象形符号是与那个口语单词是一致的，也就是说，象形符号的意思是什么。对这样的群体进行符号理解能力的教学的最简单有效的方法是：教师说出与图形符号相一致的单词，而不去找那些可以用来提及或描述这个单词的物体或照片。在理解能力训练中，个体需要触摸或者以其他方式来标示物体或照片，这种方式最适合于那些属于替代性语言群体和支持性语言群体的个体。而对于那些属于表达性语言群体并且对口语有较好理解能力的个体来说，更加适合的一种方式是：首先用语言来解释要被学习的符号，接下来通过让个体将教师说的词语翻译成图形或手势符号，以此来检查这些符号被记住的情况。

符号使用的教学

在符号使用的训练中有很多的方法，这些方法需要以不同的方式进行分类。大部分方法可以在特殊训练和自然环境中同时使用。

观察、等待及反应

这项策略是结构化重复解释的一部分。它的目的是将个体产生的随意运动转变为符号，好像这些符号是有交流性的。教学可以发生在非结构化情境中，并不需要做什么特殊事情来鼓励特定的活动或行为。教师会观察个体行为，也就是教师会对个体做的事情保持一种敏锐观察力和敏感性。一旦个体表现出某个行为，而且在之后这个行为重复的时候能够被识别出来，那么教师就会对这个行为作出反应，好像个体是做出了一个特定的手势符号。这个方法最适合于那些很少能够自己发起活动的个体。

这个策略有很多积极作用。例如，语言和沟通能力较弱的儿童会表现出一定的被动性，他们与其他儿童相比，从其他人那里得到反应的水平也要低，我们有理由相信这两者是有关系的（瑞安，1977）。观察、等待和反应策略会增加个体做出某个活动后引起其他人的反应的机会，这样会刺激个体的活动水平和沟通的主动性。这个策略的另一目标是使教师对个体随意活动的反应有一个螺旋上升的作用，在教师的这些反应的作用下促进个体有一定的自主性去进行新的活动。对于有严重沟通能力损伤的个体来说，这就意味着更多的学习机会。接下来，新的活动会相应的被归为一个相似的符号功能。以这种方式，一个积极的螺旋式的发展就开始了。为了能够形成这种积极的局面，最好一开始这些能使教师做出反应的活动，是个体有注意力和有积极性的。这同样也能使个体更加关注于情境中正在发生的事情、自己的活动以及环境中人们的反应这三者之间的关系。

海若德是一个有学习障碍的 4 岁男孩。他比较被动，很少有自己发起的活动。他喜欢被人举起来一起玩。有时候他会拍打自己的胸部。这种现象被他的父母和托儿所的教员"解释"成"我想玩"。每次他开始拍打自己的胸部的时候，他就会被举起来一起玩。

观察、等待和反应策略有着明显的限制。执行干预的人会很难掌握一个被选择的随意活动什么时候会发生，并且在活动重复之前可能会等待很长的一段时间。个体必须要注意力集中，并且对个体活动的反应必须要设法引起个体的兴趣。教师要抓住这样的条件，选择发生相对频繁的活动并且要以学习者感兴趣的信息为基础。

对习惯行为的反应

这个策略是结构化综合沟通的一部分。这个策略更适合于那些具备有一定能力、可以自我发起活动的个体，但是不适用于那些非功能性活动的情境。例如，"对习惯行为的反应"这一策略对于某些成年人和儿童是有用的，这些成年人和儿童在独自待在房间的时候会漫无目的的徘徊、踢墙、踢家具、打击桌子或者从架子上拖下物体。这个策略需要教师了解个体对什么感兴趣、个体在特定的情境下会做什么。这个策略的目标是使一个无功能的活动变成社交型的活动并且能被社会所接纳。为了达到这个目标，教师必须创设一个干预情境，在这个情境中个体可以产生某些行为并且可以利用这些行为进行符号的学习。

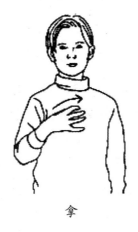
拿

图 7 - 8　买东西

安德鲁是一个有自闭症的8岁男孩，他有一种倾向，就是会拿出在手里的手袋里的所有东西。他被安置在一个房间里，在这个房间里有个人拿着一个手袋坐在一边，而且没有什么特殊的事情发生。当安德鲁在屋里徘徊的时候，教师一直跟着他。一旦他碰到了手袋，教师会指导他用那只碰到手袋的手作出手势符号"手袋"（图7-8）。之后，坐在那里的人就会把手袋教给安德鲁。

如果教师认为学习一些与他已经学会的手势符号相关的其他符号对安德鲁来说是更有用的，那么在相同或相似的情境可以教给安德鲁一般性符号，如"拿到"或"给"。

这个策略的目的是通过对那些好像是有交流性的行为进行的系统反应，来赋予那些起初无功能的习惯性行为一种符号功能。这个策略会形成一种假设，也就是学习者会将他们自己的活动与沟通同伴的反应相联系。为了使这个策略能够成功，很重要的一点是个体自身的行为与教师的反应都要设法吸引个体的注意力，以使个体去期待这个反应可以重复。

很多有自闭症和学习障碍的个体会有一些行为问题。这对于"对习惯行为的反应"这一策略来说是一个有利条件，因为它能够以这些行为为基础，尽管这些行为在一般环境中经常被人们视为是很大问题。由于这个行为可以被一个符号所代替并且能被给予一个积极功能，符号教学可以减少问题行为的发生。另一个有利条件是通过对行为发生的情境进行计划，教师能够决定教学的时间。这就可以使教师能够更好的掌控符号教学，确保充足数量的自发重复。

建立—打破链条

这个策略首先是构造一个能使个体有动机去参加的活动链条，接着阻止其中之一的活动，以使个体在没有帮助的情况下不可能完成这个链条。当个体表现出困惑或沮丧，教师会立即指导他做出一个手势符号或者指向一个实体或图形符号，这个符号可以引向已经被阻止了的活动，因此可以使活动链条得以延续。这个策略可以被具有不同活动水平的个体所使用，尤其适合于那些需要依据他们自己的主动性来决定学习内容的个体。

这个策略一般从建构一个行为链条开始，但是只要个体在情境中有足够的积极性，就可以不用教，和自然发生的链条一起使用。链条不必太长。

卡尔是一个有自闭症的 10 岁男孩。他已经学了去完成一个简单的拼板游戏，拼板片从左到右放置。卡尔学会了选择正确的拼板片。如果把这些板片放在他拿不到的地方，那么这个链条就被打破了，卡尔需要帮助来拿到这些板片。有两个教师参与这个教学。一个教师站在卡尔身后帮助他，另一个就站在他面前并朝向这些板片。一旦卡尔发现他缺少拼图中的一部分（最好不是第一个板片），他伸出手想拿到这些板片，但是拿不到，他就会看着坐在他面前的教师。身后的帮助者就会指导他用手做出符号"板片"（图 7-9），另一个教师就把他需要的板片交给他。

板片

图 7-9

在为了要进行符号教学而将链条打破之前，很重要的一点是个体要有足够的积极性来执行这个链条。这个任务并不总那么简单。确保个体积极性的一个方法是在链条的最后一个环节、在个体想要做的事情之前打破这个链条。那么个体会有动力来完成这个链条。例如，对于喜欢开车的人，可以打破开车之前的穿衣这一固定的环节。有时候打破链条时需要一点幽默和惊喜。

建立—打破链条策略暗示了教师要给学习者制造一些挫折。制造这种挫败感的目的是建立一种进行沟通的需要，并且使个体认识到使用符号对解决这个"问题"是很有用的。很重要的一点是，在学习者的眼中，他们所遭受的这种挫败感是情境事件本身带来的结果。它不能看上去是由会话伙伴所制造的，会话伙伴应该是一个帮助者。否则，个体可能会对伙伴的角色产生困惑，而且会认为这些挫折是无缘无故的戏弄或惩罚。

对符号—触发的预期行为作出反应

"对符号—触发的预期行为作出反应"这一策略假定教师已经建立了一个框架结构，在这个框架结构中熟悉的活动或事件以特定次序发生，并且这些活动或事件会有一个先兆信号。当个体开始表明他理解了将要发生什么事情，他的预期反应就会被用于新符号的教学中。如果预期反应适合新符号的教学，它就可以被解释成一个符号，或者在预期反应之后教师马上指导个体做出手势符号或者指向一个实体或图形符号。

这个策略的使用假定：一旦个体做出了反应，个体预期的活动或事件就会自然的出现。在实践中，这就意味着教师会在反应与活动之间设置一个符号来建立一个行为链条。链条以个体做出符号指示的活动为结束。

伊莱恩是一个有自闭症的 19 岁女孩，她喜欢编织篮子。这个活动是以"工作"这个符号为信号的。她熟悉这样的情境，因此当教师同时说出"工作"并做出手势符号"工作"时（图 7 - 10），她就会看向放置编制篮子材料的架子。伊莱恩一看向这个架子，教师就会指导她做出手势符号"材料"并且立刻取到她需要的材料。

工作

工作

图 7 - 10

这是框架结构化应用的一个例子，在这个例子中手势符号是用来传达一组活动。关于"工作"或者体育，可能会有很多不同的活动，这会适合于产生一种情境，在这个情境中个体可以在符号的帮助下逐步的学习在不同的活动中进行选择。

当个体表现出符号—触发预期行为时，很多对成功教学来说很重要的基本条件也已经出现了。个体有注意力，积极性和对情境所需有一定的理解。这就会使个体比较容易去学习理解和使用符号。另外，教师事先要对将要发生的事情有一定的控制能力，并且能够以结构化为工具来鼓励那些行为能力十分有限的个体参与到各种活动中去。

满足需要

这是最常用的策略。它可以在自然情境和特殊训练情境下使用，并且是对三个主要群体都有效的策略。对于支持性语言群体和替代性语言群体来说，它作为一种工具，可以教会个体使用语言来达到某种目的。对于表达性语言群体来说，这个策略也是有用的，可以使个体忘却学习无助感，并且向个体显示他们可以通过使用符号来达到一个特定的目标。因而相同的策略也会有不同的目标。

若个体参与某个特定活动是为了满足愿望，教师教相关的沟通技能的时候，他心里应该想着个体的喜好和兴趣，作为教学的切入点。教师应该创设一种情境，使个体想要开始参与到这个活动，帮他用手做出手势符号或者指向图形或可触式符号，并且接下来让个体进行他想要的活动。类似的，教师会使用他知道个体想要的一个物体来满足个体对于某个特定事情的需要。这可能是个体想要做某种事情的东西，想要玩的东西，吃的或者喝的东西等等。教师会等待个体用一种或另一种方式表明他想要的特定物体，然后指导他用手做出这个符号或者指向一个实体或图形符号，之后提供这个物体的实物。

汽车

图 7 – 11

亨利是一个有自闭症的 7 岁男孩，他喜欢上下转动玩具消防车上的梯子。教师和他一起走，确保他们会经过这个消防车。当亨利明确地看着这个消防车的时候，会停下来或者去触摸它，教师会指导他用手做出符号"车"（图 7 - 11），然后将这个车交给亨利。

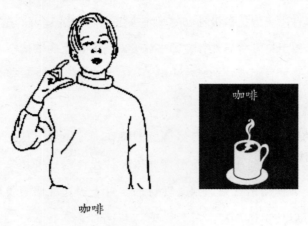

咖啡

图 7 - 12

伊莱恩是一个有多重障碍的 43 岁妇女，她的活动依赖于一个轮椅。她喜欢喝咖啡，并且喜欢拿吸管喝，但是她从来不会主动拿咖啡。她可以按在一个带有数码言语输出设备的沟通辅助工具上的键。教师在她的语言辅助器上录下单词"咖啡"，并且把文字"咖啡"放在她能按到的一个键上。教师带着两个杯子和一个咖啡壶坐在伊莱恩旁边。当伊莱恩看着教师时，教师会接近她并帮助她按下写有"咖啡"字样的键（图 7 - 12）。这个辅助器会同时说出"咖啡"这个词，教师会给她倒一杯咖啡。

在伊莱恩的这个例子中，干预的重点并不是数码言语辅助器上的单词，而是伊莱恩进行沟通的主动性。她可以按这个沟通辅助器上的键，但是并不是出于自己的主动性。教师会一直等，直到伊莱恩将视线转到他身上，之后才来指导伊莱恩使用这个语言设备。

很多学习手势、图形或可触式符号的个体口语理解能力受限，会很少进行活动，看起来对很少的事情感兴趣。然而，兴趣受限并不是导致相同事情和活动重复，常常超过很多年的唯一的原因。教学的计划者经常会缺乏想象力和创造性。毕竟会有很多的领域可以供选择，包括玩具、游戏、家具物品、食物、糖果、水果、衣服鞋子、CD 播放器、人、电视和录音机、体育活动、户外活动等等。一个工艺品制作阶段可能会包括"绘图""纸张""裁剪""粘贴"几个过程。一个体育活动可能会是"跳舞"。看"杂志"会是一件很享受的事情。在北部的国家，"驯鹿"会是一个有用的代表动物符号。个体的兴趣和爱好会随着他们年龄的增长以及接触新事物的增多而变化。这种发展变化意味着对新活动和新符号的需求。然而，教师和其他专业人员可能不能够充分的考虑到个体的发展，因此维持个体词汇量不变，从而妨碍他参与到新的活动中去（图 7－13）。

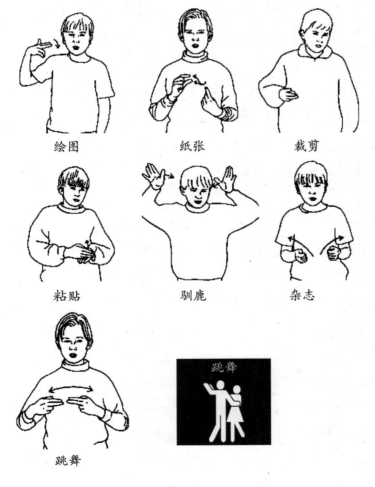

绘图　　　　　纸张　　　　　裁剪

粘贴　　　　　驯鹿　　　　　杂志

跳舞

图 7－13

有时候个体正在学习的那些通过符号标识出来的物体在环境中会很容易获得。

如果个体能自己拿到这个物体，他可能会较少的寻求他人的帮助，因此可能会不太注意到他正在学习的符号的用处。在墙上较高位置放置一个打开着的架子，这可能会是很有实际操作意义的。因为这个架子是敞开的，个体可以看到里面放置的所有物体，这样可以帮助个体记住它们，并且产生意愿来拿到这些物体。然而这个架子处的位置太高就相应制造了一些困难。个体不能够凭自己的能力拿到这个物体，自然会向别人寻求帮助。需要强调的是，这个策略的目的并不是为个体取得某物制造困难，而是帮助个体认识到，虽然这个物体自己拿不到，或者看不到，但是可以通过使用符号来得到。

> 玛丽是一个有自闭症和重度智力障碍的 6 岁女孩。她的沟通辅助是一个小型的玩具手提箱，里面放有 20 个条带，每个条带上有四张照片和相应的象形文字。在幼儿园的主活动室里，她和一个教师做各种各样的活动。她把符号"拼图"放在箱子盖上的"玛丽"旁边（玛丽自己的照片）。这些实物拼图放在另一个不同的房间里。玛丽和她的教师因此会将"玛丽拼图"转换成一个"记忆条带"，并且在去取拼图的时候也一起带着。

食物或饮料的符号经常被用来作为早期物体符号，因为父母和教师一般会知道个体喜欢吃什么喝什么。教一些适合于教学情境符号诸如"牛奶""饼干""汽水""香肠"会是比较容易的。然而，每次吃饭时间都以食物符号的教学开始，这也并不是一个明智之举。如果个体通过指向想要的物体就能使自己明白，这样可能会减弱他已拥有的沟通技能的功能性，并且同时破坏掉一个愉快的情境。相反，符号的教学可以发生在每天吃饭的地点，但需要在吃饭前的一段时间开始。一旦在这个情境中掌握了这个符号，它们在真实的进餐情境中可以被小心地引用。这样做的一个方法是：在自然情境下"忘记"在桌上放一些个体喜欢吃的东西，用这个策略来使用食物相关符号，同时说明可以使用符号来获得在直接情境中不存在的东西。这些符号就会成为一种工具，能以积极的方式改变情境。

符号教学经常与日常活动相联系。重要的一点是符号使用本身不能变成一种仪式，而是能真正为个体改善情境。尽管有关食物或饮料的符号经常会很适合于符号教学的第一阶段，但是这些符号在有些时候也是不太合适的，因为他们不能提高沟通功能。如果个体已经有一种表达方式可以清楚地向周围的人表达他想要什么，那么他对使用常规符号取得相同目的的意图可能就会不太明白了。例如，如果一个男孩通过拍嘴唇来明确地表达他想要喝橘汁，并且期望他在这样做的时候能拿到橘汁，那么"橘汁"这个符号对他来说可能不会有意义，或者他会给它创造一个新的意思出来。必须让他明白拍打自己的嘴唇并不意味着"橘汁"，接下来再教给他使用符号"橘汁"。在这样的情况下，最好是先教一些别的符号。

许多有运动障碍的个体会在咀嚼和吞咽上存在困难，因此吃东西成为了他们不情愿的一种活动。对于这些儿童来说，在不同类型的食物之间做选择就不会是一个合适的教学策略（图7-14）。而从另一方面来说，教给他们在不同类型间做选择可能会有利于提高儿童对吃饭的控制能力，包括什么时候再吃一口食物以及什么时候想喝饮料等（莫里斯，1981）。

图 7 - 14

选择沟通伙伴

选择沟通伙伴或者说是建立联合注意，是沟通的一个很重要的因素，因而也是沟通干预中一个主要的目标。为了能够成功进行沟通，人们必须能觉察到他人想要沟通的意愿。在这里描述这一策略的目的是支持个体在他需要替代沟通方式的时候有沟通的主动性。这就意味着个体在其想要什么东西或者有意愿去谈论什么事情的时候，要学会选择其他的人作为沟通伙伴，这在教学中是一个不可或缺的因素。使沟通变得主动并且能选择潜在的沟通伙伴也是一个基本的会话技能（见第十章）。

很多有语言障碍和学习障碍的儿童，即便是在理解口语语言时存在困难，他们也经常会有主动性来进行沟通。他们可以发出声音、做出手势或者牵起沟通伙伴的手。很多有行为损害的儿童不能够出声，并且在他们想要交流事情的时候很难吸引他人的注意力。有些人会使用一个声音发生器，例如一个铃铛或者一个小小的能说"你好"的言语发声设备。其他人仅会在他们想要选择的人对他们留心的时候才会主动进行交流。

很多自闭症儿童很少会尝试去选择他人。对于这一群体，在设计干预时应使他们明确地知道，他们若想进行沟通就需要吸引其他人的注意力。这表明沟通伙伴目光的注意会成为进行沟通行为的一个提示。对于那些使用手势符号的个体来说，训练的一个目的是确保他们在做手势之前得到别人的目光注意。对于使用图形沟通的人们，训练包括把象形文字或者图片沟通符号（PCS）递给沟通接受者。选择是图片交换沟通系统（Picture Exchange Communication System）的一个基本策略（邦迪和弗罗斯特，2002），但是主要应用于相当受限的训练阶段以及发展余地很有限的时候。对于在选择沟通伙伴和开始沟通上有问题的儿童和成年人来说，很重要的一点是选择沟通伙伴应该是功能性的并且是干预的一部分，在这样的干预中人们能解决有意义的沟通问题并且能达到多种多样的沟通目标。

表达和理解能力教学

替代性沟通的教学目标是为那些口语语言受限的个体提供一个更好的方式来表达自己并理解他人的沟通内容。在表达能力的训练中，教给个体把自己的想法表达给其他人。在理解力的训练中，教给个体理解其他人对自己表达的内容。

实际上，很多语言和沟通干预包括了理解能力教学和表达能力教学两个方面。然而，在干预早期究竟要优先进行哪种能力的训练，这存在着理论与实践上的争论。在其他方面上，理论上的争论起源于在人类的发展中对语言和认知之间关系的认识有着不同的观点。那些认为应优先进行理解能力训练的人，他们的观点所基于的理论是：儿童在学习单词或符号之前必须要先获得一些概念。依照这样的观点，自然是要先进行概念的训练，并且假定一旦儿童理解了概念，也就会使用符号了。一般人曾假定理解力总是在语言发展之先，但是现在越来越被人们所认同的是：表达能力和理解能力的发展是同步的，并且两者互为补充。有时候个体在符号或词语的使用上会早于对相同符号或词语的理解能力，但是也有时候理解能力是先获得的（贝茨等，1988；克拉克，1982）。概念和词语的发展次序可能会是不同的，并且儿童能够通过使用词语和符号来学习一些概念。

当需要给予其中一种教学方式优先权的时候，一般情况下强调表达能力的教学将会更加有益。在这方面有很多的理由。个体对他人使用某一符号的理解与个体开始以相同方式使用这个符号，这两者之间没有明确的关系，而符号使用的教学通常包含了理解某个符号被他人使用时是什么意思的训练。当其他人对个体使用这些符号做出反应时，这些反应将随着时间的推移使个体能够理解这些符号是如何被使用的。因此，表达能力教学提高理解能力的可能性要比理解能力教学提高表达能力的可能性更大。

在对发展性语言障碍儿童的传统干预中，理解能力训练并没有被更多的采用（伦纳德，1981）。接受了表达能力教学的自闭症儿童，比起那些接受了理解能力教学的自闭症儿童来说，其理解能力和使用手势符号的能力都要更好一些（沃特斯，惠尔和沃特斯，1981）。

在一项针对唐氏综合征儿童的研究中，罗姆斯基和鲁德（1984）发现同时进行手势符号和言语的教学，其结果并不比只教言语的教学要好。这个发现是很独特的，因为符号支持的言语干预已经普遍地给这个群体带来很好的结果（约翰逊，1987；科特金，辛普森和德桑托，1978；劳诺宁，1996，2003；普雷沃斯特，1983）。把这个研究与其他研究相区分的一点是，孩子们本身并不使用符号。是教师同时使用符号和言语，或者是只用言语。这项研究支持了一个假设，也就是行为表现在手势符号的习得中发挥了重要作用，并且强调了个体自己制造符号是何等的重要。

在干预中优先进行表达能力教学而非理解能力教学的另一个重要的原因是：表达能力训练教给个体直接来影响他们的周围环境。在理解力训练中，是由教师来开始某项活动，而个体只是回答问题或者执行命令。表达能力训练把开始活动的主动权转移给个体。对于广泛性语言障碍的个体来说，最重要的问题之一就是缺乏沟通的主动性。当干预关注于表达性应用时，更能够提高个体沟通的主动性。在表达性语言群体中辅助沟通者的普通教育里，大多数的时间是由教师占据主动权，因为辅助沟通进展一般比较缓慢。对表达性沟通的关注会给学生带来更多的可能性，使他们可以明确的叙述和表达自己学习到的东西，这些很有利于教学内容的记忆以及为时下关注的谈话奠定基础。最后，在发展心理学中强调学习者在获得知识中的主动性，也支持优先使用表达能力教学。

然而，优先考虑表达性教学并不意味着理解力教学在干预中没有地位。在个体已经学习了很多的符号之后，同时进行相同符号的表达能力和理解能力的教学，将是很有效的。同样，沟通伙伴和个体使用相同的沟通方式也是干预不可或缺的一部分。例如，对于有自闭症和学习障碍的儿童来说，"辅助语言刺激"会使他们受益匮浅（达达和阿兰特，2009；德尔格等，2006；哈里斯和赖克勒，2004）。也有一些人能从信号符号的理解力训练中获益最大。而对于那些自愿活动能力受限及表达方式受限的瑞特综合征女孩和妇女来说这也是适用的。

强调表达能力训练也并不意味着理解力训练在选择符号时是没有意义的。对于个体来说，当他学习与自己理解的口语词语相关的符号时，比起那些他不理解的口语词语相关的符号，要快得多（克拉克，雷明顿和莱特，1986）。对情境中有关方面的理解，对共享语境的理解，也会有利于符号的认知。另外，发展口语语言的儿童通常会在他所熟悉的情境中使用新的单词。例如，只有当布卢姆的女儿在从家里的窗户看到外面的汽车时，才使用"汽车"这个单词（布卢姆，1973）。同样，最好是从个体所熟悉的情境中开始进行符号教学，在这个情境中个体可以利用一些提示来了解一个符号可能会具有的功能。

偶然教学

"偶然教学"或称"环境教学"是用来描述一个教学情境并没有事先设计好，教师会利用个体在自然环境中或多或少"偶然"发生的潜在的沟通情境。这也并不意味着教学环境完全没有计划。教师会知道个体对某个特定的事情或活动是感兴趣的，为个体学习相关的符号做一些计划，但是并不会事先明确决定教学发生的具体时间与地点。有时候，在教师并不知道个体的兴趣点的时候也会发生偶然教学。教师会创设一种情境，在这种情境下，个体可能会想要一些东西，然后等待个体表达他的喜好。偶然教学与"观察、等待和反应策略"会有些相似，但一般更有计划性。

艾瑞克是一个有自闭症的 6 岁男孩。他站在一个橱柜前面，做出所有他知道的手势符号，其中有一些符号会重复地做。当教师打开橱柜，艾瑞克去拿橱柜里面的一个飞机模型。教师会立刻指导艾瑞克做出"飞机"的手势语，之后把飞机交给他。

克莱尔是一个有学习障碍的 12 岁女孩。她手里拿一本书，站着看着她的教师。教师用手指导她做出"阅读"的手势语，并把她抱在腿上读给她听。

贝蒂是一个有多重损伤的 8 岁女孩。在她的轮椅托盘上有一个小的象形文字词汇表。托儿所有一个大的日历，每天都有一个孩子可以从上面撕一张

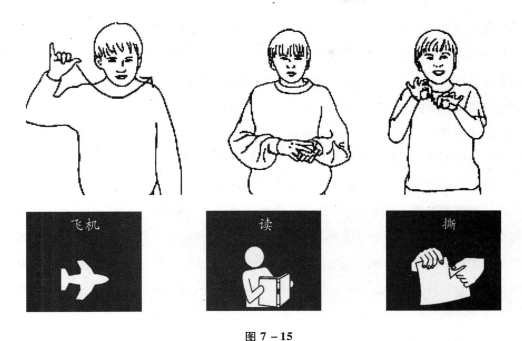

图 7－15

下来。有一天早上，在托儿所的集会中，她很专注的看着这个日历，助理拿来文字"撕掉"，和她轮椅托盘上的其他象形文字放在一起，并引导贝蒂指向这个文字。教师把日历拿给贝蒂，在助理的帮助下，贝蒂从日历上撕下了一张纸（图 7－15）。

偶然教学有很多的优势。它能提供更多的教学情境以及更大的情境多样性，并且教学发生在个体有动机做一些事情、可以使用符号的情境中。事实上，偶然教学试图来解决沟通问题，就像前面提到的三个例子。教师在准备偶然教学的时候，可以设置一些提示，这些提示或者是与个体能通过沟通获得的事物及活动有关的，或者是与个体想要交流的事件有关的，尤其是那些不寻常的或者打破陈规的一些事件。这就意味着这个策略可以用于处于替代语言认知不同阶段的儿童。它也可以依据具体情境，同时用于新的符号以及已经被练习过的符号。然而，一个前提是：在替代沟通形式中的符号是很容易获得的，也就是说，负责偶然教学的教师知道那些需要的手势符号，并且能很容易的找到那些需要的训练过或没训练过的实体或图形符号。

专业人员经常对不是计划大纲一部分的符号教学有所保留。他们担心情境会太复杂，使个体掌控不了，担心个体对情境产生困惑。教师本身有关沟通系统的知识是有限的，尽管这并不是问题的症结所在，但是对此也要有所认识。对于教师来说，学习一些新的手势符号或者设计一些实体或图形符号以使这些符号容易获得，并不需要太长时间。此外，在发现了个体的兴趣点之后，有一个很好的教学策略就是：教师可以带领个体一起把注意力转向手势符号词典或者和个体一起浏览象形文字图书馆，来寻找需要的符号。个体可能会觉得这种对词汇的联合寻找是很有趣的，并且在发现了正确的手势或图形符号的时候和教师分享喜悦。

也有这样的情况，学习完了新的符号之后，偶然教学就如同开启了符号教学的闸门。原因可能在于符号教学发生在一个过于受限的情境中，以致于个体并不能理解符号之间的差别。对于个体来说偶然教学的情境多样式是很必要的，可以帮助他们清楚的理解符号的用途。还有可能教学情境本身已经变得单调乏味、墨守陈规，因此不再对新符号的学习有所帮助。有事实支持了这样的解释：意外事件对儿童沟通的意愿有积极的促进作用（麦克伦尼，罗伯茨和莱顿，1992）。这就强调了需要区分常规中有一些变异的沟通与那些仅仅单调重复的沟通。

在某种程度上偶然教学的提供与其他专业文献中发现的描述有所不同（卡尔，1985；奥利弗和哈利，1982）。主要的不同在于：在现有的方法中，偶然教学的目的以及创设合适情境的原因在于个体应该解决有趣的沟通问题并体验沟通成就，而在很多文献中偶然教学被视为一个建立教学情境的机会。尽管教学起初是出于个体的沟通主动性，但是教学目标早就预定了，并且教师使用的是特殊训练中的典型方法，例如促进、模仿、重复等（沃伦和凯泽，1986）。这样可能会打断沟通的自然过程，从而使"自发的"会话转变为一种教学。这个方法主要基于行为分析假设，也就是说环境的功能是对儿童模仿和做出训练行为提供奖励和反馈，同时用来解释和建构儿童在口语语言中产生的无声表达方式（哈里斯和赖克勒，2004）。为重度学习障碍和自闭症人群设计干预计划时，尽管一些基础的学习机制，如经典条件反射和操作性条件反射可能是干预设计的很重要的部分，但是将干预仅仅限制于这个方法可能会妨碍专业人员对语言学习情境其他方面的利用。对于那些认知和语言损伤较少的个体来说，条件反射在干预中并不是一个主要的因素。

结构化等待

为了让有障碍个体的生活能够更加容易，很多家庭成员和专业人员会预测一下他们的需要和愿望，障碍个体并不需要直接表达出他们想要的东西，家庭成员和专业人员就会满足他们。然而，这样做的话可能会使他们失去情境中有利于沟通的部分。结果可能就会使个体没有机会在本来自然的情境中发挥自主性。这样会产生一种学习被动性。为了能够增加个体自发进行沟通的概率，教师应该在自然教学情境以及个体会使用已知符号的偶然教学中引入结构化等待。这就意味着教师或者其他沟通伙伴在接掌情境之前要先等待一会儿，支持或帮助个体演示或指向某个符号。一般会从短暂的间歇开始，逐步增加到大约十秒钟。也有可能会等待更长的时间，但是对于没有运动障碍的个体来说等待时间过长很难引起个体自发性的产生（福克斯等，1988；奥利弗和哈利，1982）。对于那些有运动障碍、很难指向或者做出手势符号的个体来说，可能等待的时间要合理地延长（莱特，1985）。

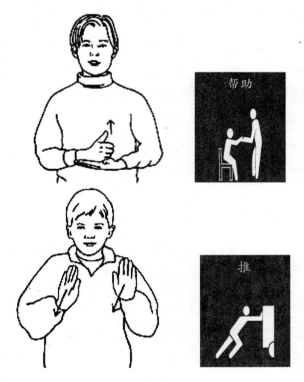

图 7 - 16

杰伊是一个有学习障碍的 7 岁男孩。在运动之前他被带到更衣室更衣。在系裤子上的扣子的时候，他需要别人的帮助。教师把她的手放在扣子上，但在杰伊（在他需要的时候）得到帮助做出手势符号"帮助"之前等待了 10 秒钟。

杰伊常常和他的理疗医师一起推一个滑板车，用来训练他胳膊的肌肉力量。

理疗医师在帮助杰伊做出"推"的手势符号之前会停下来等 10 秒钟，等待杰伊做出这个符号（图 7-16）。

在教师等待的时候，会增加个体自发沟通的机会。这会使他更加的主动，从而减少学习被动性。同样有研究显示，如果把结构化等待纳入到教学策略的一部分，那么学习新符号的时间就会缩短（本尼特等，1986）。

对于表达性语言群体中有运动障碍的个体来说，结构化等待是也很重要，但原因有所不同。运动障碍意味着个体会花很长时间来应答以及表现主动性。为了让他们的沟通能够不仅仅是应答性的，而且是有自主性的，沟通伙伴必须要给予他们充足的时间。属于其他两个主要群体之一的学习障碍个体同样会反应很慢（比如由于大脑反应迟钝），因此需要充分的时间来应答并表现主动性。因此，结构化等待有双重功能。它一方面会产生沟通的需要，另一方面又对沟通伙伴提出限制，以使沟通伙伴能够意识到他们应该在绝对需要的情况下才给予个体帮助。帮助的有意推迟甚至可以应用于年幼的儿童（莱特，1985）。

命 名

命名包括理解与应用两方面的因素。对物体和事件进行命名是一个很普遍的语言活动，对于那些处于语言获得早期的儿童来说也是如此。典型的早期命名的情境发生在儿童和父母一起看书或者玩玩具的时候，一起给事物和人物起名字，并且要求互相进行命名。在包含替代沟通系统的干预中，命名一般用于教给个体物体或者照片的名字。教学通常会发生在特殊教学情境中，在这里个体会学习指向图形符号或者运用手势符号，这些符号是与特定的人物、物体和活动相关的，而并不包含这些符号的其他用处。当教师让学生展示一个物体、物体照片、一个事件或者是说一个词语时，个体是通过用手势或图标符号给出名字来进行回答（见：费希尔，1994）。

皮特今年 4 岁，他有严重的运动障碍，使用布利斯象形符号，并且有较好的语言理解能力。在托儿所中他和老师一起坐。在教师身边放着不同的物体，教师在说出这些物体名字的时候同时指向物体或者物体的照片。在教师说这个词语的时候皮特同时指向他的展板上的相应的布利斯象形符号。

　　凯特是一个有自闭症的14岁女孩。她可以使用很多手势符号和一些口语单词。她坐在教师旁边，教师指向不同的物体，在说出"这是什么"的同时做出"什么"的符号。凯特接着就做出合适的手势符号，并且在必要的时候得到帮助（图7－17）。

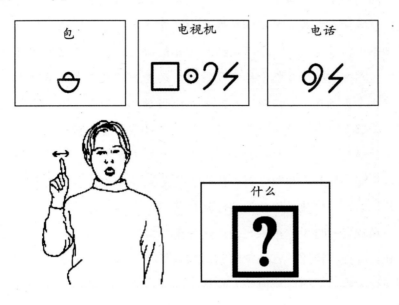

图 7 – 17

　　在其他一些干预情境中命名也是很有用的，比如个体和他的教师一起探索一个环境的时候，如在公园或林中散步，坐车旅行，做一些园艺工作或者采花等。

　　通常情况下，命名要求个体已经发展了一些能力，也就是说，个体可以通过成功的使用符号得到想要的物体或者参与到活动中去。对于个体回答问题来说，命名也是很有用的，但是这并不是最初干预的主要目标。对于有较好语言能力的儿童和成年人来说，命名是获得新符号的一个很好的方法，教师相信他们可以在其他情境或者为了其他的目的，使用他们在特殊教学情境下学习到的符号来进行命名。

　　在替代沟通的干预中，命名经常用来把口语单词和符号联系起来，因此它主要用于那些有一定的口语理解能力的儿童（斯蒂芬森，2009a）。然而，在正常发展的儿童中，对某事的命名并不是基于对其他语言形式的了解，而是基于对某事的共同注意上。成年人或儿童会命名他们想要的事物，或者是说出这个名字来引起其他人对这个事物的关注。手势和图形符号可以在不涉及口语单词的情况下，以相似的方式来使用，对环境中突出和有趣的部分进行命名。

结构化与非结构化情境

在语言和沟通干预中教学情境的结构化是最好的工具之一。精心的结构化对于那些在语言获得中存在很大困难的个体来说，尤其是一个很适合的工具。个体自我发起的活动越少，他越需要一个严格的结构化的教学。严格的结构化可以称得上是最好的方式，用来支持低功能个体自我发起活动能力的发展，并减少他们生活中的被动性。另一个目标在于有广泛障碍的个体应当对他们身上发生的事情获得最大可能的控制，能够在日常生活中有主动性，并且选择他们想要做的事情。帮助他们达到上述目标的最简单的方式是创设一个结构化的教学情境。

有人认为将环境结构化与培养个体自主性是互相矛盾的，但是在我们看来这并不矛盾。相反的，结构化的策略性和计划性使用可以增加个体活动性水平，为个体提供更多的做选择的自由。很多在表达性教学中发展起来的策略利用结构化来培养沟通能力和自主性。建立—打破策略利用情境性结构来创造沟通的需要。对符号—触发的预期行为作出反应以相似的方式使用框架结构。框架结构化同样可以提供个体在不同活动之间作出选择的可能性。

尽管结构化是提高个体情境化理解能力和沟通能力最有用的工具之一，对于专业人员来说，认识到结构化本身是一个帮助条件而不是一个目标，也是很重要的。大部分人都有一个相对结构化的生活方式。他们早上起床，吃早饭，去上学或者去上班，吃晚饭，看电视，等等。然而，这个结构是很灵活的，吃饭时间可以推迟，看电视也可以被看电影、玩牌、与朋友社交等活动来取代。一个相应的灵活的结构化是个体接受结构化干预的理想的目标。因而，结构化的目的是为发展灵活的行为方式和做决定的能力奠定基础。这意味着结构化也应该随基础变化而变化。

一旦一个成功的框架结构化建立起来，也就是个体好像可以理解日常活动并且可以足够好的参与这些活动，那么，取消结构化的时机也到了。在很多情况下，一天中的所有情境都被结构化了。他们被完全的建立起来了，发生起来没有任何的复杂性，并且在很长的一段时期内维持不变，以至于环境中的个体在日常生活中没有了自然的沟通需求。信号符号开始变成一种仪式，也不再对环境新的理解上有所帮助。个体也可能会对框架结构和信号符号有所厌倦，它们会阻碍新技能的发展。这个可以被称为习得性依赖。

然而，结构化能够满足很多不同的功能。在专业人员取消了一个过于墨守陈规的结构化之后，个体仍需要一个时间辅助。这样的一个辅助可以是一个日历，帮助个体理解为什么每天是不一样的，比方说普通日和公共假日，假期和工作日。

爱德华是一个有自闭症的 18 岁男孩，他可以理解一点语言。他喜欢去学校，当他的日常生活被假期打乱的时候，他通常会出现暴力性的突然发怒。让他安静下来是很难的一件事情，而且必须要牢牢地抓住他才能防止他自伤或伤人。爱德华的母亲于是绘制了一个日程给他，在这个日程上包括了她知道儿子喜欢的事情。因为爱德华经常很期待坐公交去上学，因此母亲画了一辆公交车来代表去上学的日子。在不去上学的日子里，他可以开叔叔的拖拉机。在周六他们经常会清洗地板。在周日早餐会吃鸡蛋。圣诞节购物、圣诞节和新年夜都可以用他容易理解的绘画来代替。这个日程挂在厨房中指定的地方。每天早晨，爱德华会看这个日程，来弄清楚这一天会发生什么。每天晚上，在睡觉之前他会将过去的这一天在日程表上划掉。自从爱德华有了这个日程表，他的假期生活变得和谐很多。这看来就像知道他会回到学校中去，日程表对爱德华是很重要的，他生活中这一部分即便在很长的假期后也没有结束（斯坦德尔，1990）。

另外还有的个案记录显示，一旦个体开始对当前时间框架之外的事件有所预期的时候，日历也就变成了替代沟通方式不可或缺的一部分（例如：莫莱和冯·特茨纳，1996）。

很多有学习障碍和自闭症或者理解能力受限的个体，当他们常规的活动被遗忘或者被改变的时候，就会出现一些消极的反应。在这种状况下可能会出现一些行为问题，如果常规活动被替代并且以个体可以理解的方式告知他们活动的改变，那么这些行为问题是可以预防的或者能在很大程度上减少的。可以采用的一种方法是在一天的计划表上，或者在含有每天或每周活动的日程表上把要发生的改变标记出来。两种活动都要在日程表上体现出来。停止了的活动的图形符号可以标记为"不"，采用的方式可以是在一个透明红色卡片上打黑"X"，而用一个带绿箭头的卡片指向取代它的新的活动（霍克斯，1998）。

准备训练

语言和沟通教学经常是以技能、知识或活动的教学开始的，这些常被教师视为语言获得的先决条件。一个经常规定的要求就是，这些条件在语言教学开始之前就必须存在。例子之一是要求儿童在学习词语之前就要"占有"那些与词语相关的概念。这是以"概念必须先于语言存在，而词语和符号是已习得概念的标志"为理论基础。其他的先决条件的例子有：儿童要具有物体恒常不变的概念，并且已经达到了皮亚杰感觉运动第五或第六阶段（查普曼和米勒，1980；沙恩和巴希尔，1981）。模仿的能力同样被视作是语言认知的一个必要前提（皮亚杰和殷海德，1969；斯金纳，1957）。然而，为了儿童获得语言这样基本的前提条件必须存在的假定却缺乏实验基础，经常会导致低效的教学并且阻碍低功能个体沟通技能的获得。有很多个案，个体不能够做到皮亚杰感觉运动第五、第六阶段的任务，但是能够使用语言（赖克勒和卡兰，1985；罗兰和斯韦格特，2003）。匹配也被视作图形沟通学习的一个重要技能，但与其说它是必须的，不如说它是有用的（富兰克林，米伦达和菲利普斯，1996；斯蒂芬森和林富特，1996）。

另一类提倡的先决条件是与语言干预的实际执行有关的。如果语言教学要有效果的话，有些技能或活动会被视作是必要的，或者说是极其有利的条件。技能的一个例子是，可以在一段特定的时间内安静地坐在桌子前的椅子上。另外的一些能力包括要注意力集中并且能看着教师。沟通的动机也被强调当作语言干预的一个实际前提条件（布赖恩和乔伊斯，1985；范德希顿等，1975）。

教授个体技能和活动能力，用来支持语言的发展，并对以后阶段的语言教学发挥更有效的作用，这有积极的作用，符合不同干预措施被当作彼此关联的一般方法，也在逐步形成能力的视角之内。但是这些技能的教学不能以沟通干预为代价。它们可以是总体干预的一部分，但不必是替代沟通干预开始的必要条件。如果需要这些技能的教学，应该是与语言干预同时进行，并且不会引起个体获取沟通技能的不必要的延迟。

有很多已经受到特别关注的理论上和实践上合理的条件。它们包括目光接触、注视方向、注意、静坐、行为链、模仿和运动技能。

目光接触

在对包括自闭症的人群进行干预的过程中，社会互动中目光接触的建立通常会被看作有着重要的作用，并且把增加个体的目光接触作为语言干预实施之前的一个初级目标。这是因为事实上缺乏目光接触已经被看作是自闭症或其他交流障碍的一个征兆。然而，并没有理论来支持目光接触的建立是语言认知的一个必要的先决条件。此外，对目光接触强调太多可能会造成语言干预的困难，因为，看其他人眼睛的同时很难同时兼顾看自己或他人的手势符号，或同时注意沟通辅助上的图形符号。

注视方向和注意

注视方向指个体在看什么方向。尤其是那些替代性和支持性语言群体中的自闭症和学习障碍的个体，他们会接受"注视方向和注意"这方面的训练，但是在表达性语言群体中的个体有时候会在被教使用图形系统之前教他们去关注他们想要的物体。

有两种不同类型的理由可以用来证明注视方向训练的必要。第一个理由是沟通意愿在语言学习中很重要，因为它们在正常发展中会先于词语的发展。当儿童开始能够显示出目光的转移，也就是可以交替注视物体和成人的时候，可以认为这是儿童有沟通意愿的一个迹象（贝茨，1979）。注视方向的训练因而可以看作是表达沟通意愿的训练。第二个理由更实际些。注视方向被看作是注意的一种表达，并且训练儿童把视线转向环境中重要的部分（一个人或者一个物体）是注意力训练的一种方式。

能够建立并参与到共同注意中是语言教学成功的一个基本前提，并且选择吸引他人注意力是手势、实体或图形符号作为沟通方式来使用的一个前提。自闭症儿童经常指一个方向看另一个方向，因此他们的指向就是没有有沟通意义的（萨莉亚，格梅兹和塔默里斯特，1996）。很多有广泛行为损伤的个体不被认为是有沟通能力的，因为潜在的沟通伙伴不能注意到他们对某事是留心的。他们缺少行为能力来抬起头，改变视线方向等。然而，这些技能提前进行的"枯燥"训练可能尤其没有成效。对于如何引起交流并得到其他人的注意可能仅仅期待其在一个有功能的语境中发展。同样，如果个体不清楚把视线转向另外一个人是有目的性的，那么对个体进行这样的教学也会是无效的。"强化"这样的行为，例如在个体看向正确方向时给他一小块巧克力，可能仅会引起更多的困惑。比起特殊训练情境，注意力和沟通自主性都是在自然情境下更容易产生。另外，在典型的语言发展中，谈论儿童己经关注的事物，比起成人最初尝试引导儿童在对事物进行命名之前关注于这个事物，好像能更好地促进词语的学习（马舒尔，1997）。有理由相信，追随儿童注意力的原则对早期替代沟通系统的认知同样也是有效的。

注视沟通中涉及的物体是干预的一部分。教师可以用个体的目光作为他的选择或注意力的第一显示器，并且可以作为帮助个体表达特定意思的基础，比如使用手势表达。在图形符号干预中，教师会先指向物体，来引导个体将视线转向这个物体，接着会引导个体将视线移向图形符号（贝尔格，1998）。如果个体正在学习如何用目光表达意愿，那么目光方向就是真正的沟通性表达，并且注视使用的教学应该发生在一个功能性的沟通情境中。

静　坐

在替代性沟通的教学中，要求个体在桌前静坐一段时间是很普通的事情。一般情况下，自闭症和学习障碍的个体需要学习静坐，但是同样也有一些障碍并不严重的、属于支持性语言群体的儿童也需要学习静坐，因为他们很不安静。

教个体在桌前静坐是一个很有用的教学策略，因为这样有利于很多发生在桌前

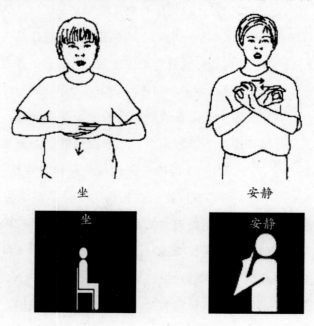

坐　　　　　　　　　　安静

图 7 - 18

的活动的进行，例如绘画、堆积木、做拼图游戏等。对于儿童来说这些活动有自身的价值，同样可以使用在沟通干预中。因此静坐的训练理论基础不是沟通干预，而是个体应当参加到桌旁演示的活动中去的目的。在沟通干预中静坐经常不现实。教师会教学生静坐，并且让学生听从命令符号"坐"和"安静"。（图7－18）然而，之后教师为了让个体进行一项情境中的活动，指向或演示一个符号，可能要不得不破坏掉个体已经学习到东西。教个体学习静坐会是一条耗费很多额外工作和时间的、蜿蜒而曲折的路。

在沟通干预的开始，个体可能会很焦虑，并且由于不适应新环境而感觉很痛苦。个体不知道将要发生什么事情，可以期望发生什么以及环境对他会有什么样的要求。当他逐渐的开始适应环境的时候，他开始会对环境有一些期待，并且能理解环境对他的期待。接下来，他的痛苦感觉就会消失（谢弗，拉斐尔和科林纳斯，1994）。

特蕾西是一个有自闭症的6岁女孩。她主要的兴趣就是在学校的走廊里跑步。因而她学的第一个手势符号就是"跑步"。当特蕾西开始想要跑出房门跑向走廊的时候，她就会被制止，在她被允许离开教室之前指导她做出符号"跑步"。教师有很多的机会来重复这样的教学，特蕾西从第一天起就开始自发地使用"跑步"这个符号了。同样的教学用在了在体育馆里教"跳"和"爬"之类的符号（斯坦德尔，1990）。（图7－19）

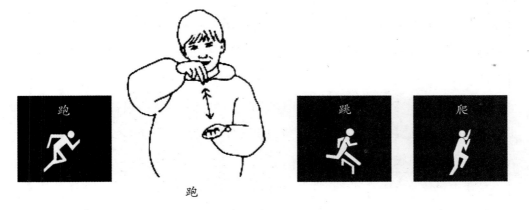

跑

图7－19

这个例子表明个体的不安静也可以是兴趣的一种表达，可以在干预中积极地加以利用。

行为链条

给个体沟通技能和活动能力是所有语言教学的基础。当开始对自闭症和学习障碍个体进行语言干预时，教师经常会发现他们拥有很少这样的技能和活动能力。这就意味着个体需要学习行为链条，也就是说，若干活动必须连续地进行。一个简单的行为链条可能会包括拿积木，搭小塔。学习骑自行车包括一系列更加高级的行为技能。

行为链条的教学经常与语言干预同时发生，并常常使用信号符号。建立行为链条的最初目的是提高个体的自主独立性，并且能较好的理解他们周围的环境，但是行为链条同样也可以在语言干预中使用。在有重度学习障碍的个体中，并不是所有的行为链条可以用手势、图形或可触式符号识别出来，并且那些不依赖于符号建立起来的行为链条也可以随着符号的教学和使用扩大而实际运用。

模　仿

模仿的训练是作为其他学习的一个先决条件还是本身的一个功能性的技能，这也被争论过。模仿是学习的一个必要条件这一假设强调了模仿的训练是一个"元技能"，也就是说，它需要个体具备一个普遍的能力，可以遵从指令："照我的样子做。"这种元技能类型通常会在发展的后期才能出现，而儿童模仿的第一套动作是那些他们已经掌握的动作。一岁大的儿童可以模仿别人拿梳子梳头发，但是他们会拒绝拿一个玩具车来给自己梳头发。当某人把她的手放在她自己头上，去要求儿童做相同的事情，即便是那些大很多的儿童也会显得相当沮丧（吉拉姆，1971）。这就意味着在早期发展中，模仿并不是一个教新技能的合适的策略。

有时候模仿训练比它看上去更具有功能性。在模仿训练的预备阶段，教师会帮助儿童进行他们将要模仿的动作。当他们之后能够模仿这个动作的时候，这会被作为他们曾经被教过模仿的一个显示器。然而，可能是儿童已经学会了使用这个动作，而不是作为一般能力的模仿。因此，尽管模仿训练看起来是成功的，在某种意义上个体模仿了特定的动作或声音，但并不意味着他们能够将这个技能一般化，也不意味着他们开始去模仿别人正在使用的这些符号或词语。

模仿并不是语言获得的一个先决条件，这一事实已经充分地被有重度运动障碍的儿童和成年人证明了。很多几乎不能够模仿任何动作的个体能够发展模仿的能力，来解决问题，获得好的口语语言理解能力并且能通过写作或图形符号来使用语言。同样，有重度学习障碍的个体，不能够学习模仿能力，但是可以学习使用图形和手势符号。

一些研究显示，与其他语言训练中的策略相比，模仿的效果是很有限的（吉本和格仑德厄尔，1990；纳尔逊等，1996）。很少有研究来比较手势符号教学中的模仿和手把手指导。艾柯诺和帕森斯（1986）进行了一项研究，对 3 个 11 到 15 岁的有重度学习障碍的儿童使用这两个策略进行干预。其中两个儿童不进行手势符号的教学。第三个青少年在很多年前开始就学习使用符号"喝水"，但是不能够自发的使用这个符号。在他们的模仿能力的评估中，其中一个青少年（F. L.）可以模仿 10 个姿势中的 6 个，另外两个不能够模仿任何一个姿势。

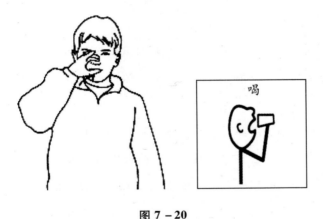

图 7 - 20

有一项设计好的研究：首先，在模仿的辅助下进行手势符号"喝水"（图 7 - 20）和"饼干"（图 7 - 21）或者"饼干"和"棒棒糖"的教学。接下来，一个符号继续进行模仿训练，而另一个符号是通过手把手指导来进行教学。最后，这两个符号都通过手把手指导来进行训练。结果清楚的显示出，模仿对于这些个体来说并不是一个好的干预策略，即便是 F. L. 可以模仿 10 个姿势中的 6 个，他也没能在模仿训练中获益。

这些结果在一项研究中得到了支持。这项研究是针对 7 个学前儿童，教给他们模仿说话和手势符号，并且在沟通训练中手把手指导给出图形符号。20 个教学阶段

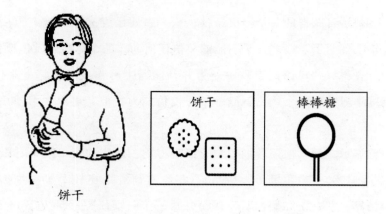

饼干

饼干　　　棒棒糖

图 7 - 21　饼　干

过后，其中的 6 个儿童不能够模仿说话或者手势符号，但是很快的学会了移交图形符号。此外，在说话和手势模仿的训练过程中，儿童显示出了频繁的问题行为，而在手把手指导的图形符号教学中，这些问题行为很少出现。第 7 个儿童学会了口语和手势符号的模仿以及给出图形符号，学习进度差不多（邦迪和弗罗斯特，1998）。

　　传统语言训练中，模仿声音是一个重要的组成部分，因而从实践的角度而言提出的可以进行模仿的假设，很大程度上是从传统语言训练中遗留下来的。不进行声音的模仿就很难进行语言的训练，因为为了使个体能读出特定的单词，而去训练个体的嘴唇、舌头和其他发声器官是一件很不容易的事情。替代性沟通系统的很大一个优势就是，模仿并不是必要的，因为对个体指向实体或图形符号或者做出手势符号的指导和帮助是可以以其他方式进行的。模仿"能够"是一个有效的策略，假使个体意识到模仿是什么，也就是说获得模仿能力这种元技能。一些有自闭症和学习障碍的儿童和成年人可以自发的进行模仿。利用他们的这些技能是很重要的，但是重要的一点是：通过模仿而获得的技能要能自发使用并且不依赖于沟通伙伴的自主性。

运动技能

　　在对运动障碍儿童进行的干预中，很强调预备行为训练。一定的运动技能对于独立操作沟通辅助器是很必要的，尽管很多的电子辅助器能够通过目光凝视或者小的运动来操作（见第三章）。然而，专业人员可能会要求个体在被提供一个沟通辅助之前就能掌握一种操作这个辅助器的特定方法。尽管一般而言有运动障碍的个体对头部的运动控制非常好，但是通常是先教给他们用手来触动开关。然而，当个体需要很多的注意力和其他的认知资源来对操作活动进行控制的时候，就很少进行语言的学习了。

为了促进运动障碍儿童和成年人建立语言能力，有必要区分运动技能和语言。当认知负担需要保持在较低水平的时候，即便不在同样的活动中，操作沟通辅助器所需运动技能的训练也应该与这些辅助器的沟通性使用教学同时进行。相关技能的训练可以通过个体玩游戏、进行环境控制或者进行其他能利用同样动作的活动来实现。同时，个体可以以独立的方式使用图形系统，以使他能够在不过分关注于行为表现的情况下逐步熟悉图形系统的功能。例如，如果给个体一个可以利用自动扫描装置的沟通辅助器，他首先可以用它来进行独立扫描，在沟通伙伴指向的地方，个体指出他什么时候正在指向正确的一栏和图形符号或单词。类似的，在其他的情境中，教给个体操作自动扫描装置。有些个体（但不是全部）可以学习掌握独立扫描并且整合运动技能和沟通知识。对于其他人，依赖性的扫描可能是使用辅助沟通的最好的方式。

结构化会话

在本章节关注的策略主要在语言理解能力和个体成效上。大多数策略关注于低功能个体以及沟通和语言发展的初始阶段，目的是支持个体手势、图形或可触式符号及基础沟通功能的认知。

然而，沟通就本质来说是互惠的，并且沟通和语言技能在社会性的交流中可以得到最好的获得，在这些交流中，个体和沟通伙伴对会话都有贡献。会话是与活动相关的，例如在活动中较长的、有关喜好和选择的轮流交流，包括教师自己做出的选择等。例如，与个体食物喜好有关的积极协商的会谈可以偶然出现在一个正常吃饭的时间（冯·特茨纳等，2004）。会话也可以围绕玩具和其他游戏工具建构，在这种场合下，建议和意见会整合到游戏中去。对于有自闭症和学习障碍的青少年和成年人，会谈可以围绕他们喜欢探索的材料或者人物建构。例如，一个17岁自闭症男孩能够持续很长时间地谈论他的特殊爱好：船和飞机。会话也可以发生在户外活动中，如坐公交车旅行，或者去购物中心，或去博物馆参观。在对结构化会谈进行准备时，教师应该确定这个活动所涉及的材料或者主题适合于个体的词汇量，并且准备一些新的词汇以备必要时使用。

结构化会谈可以支持语言发展的不同领域：词汇、句子结构、实用功能等。与这些不同领域相关的策略会在下一章节中介绍。当个体发展了更大的能力，那么越来越多的干预阶段会采取结构化会谈的形式。

促进技术

促进技术的使用是很有争议的。它们实际上并不属于扩大替代沟通的教材，但是由于他们得到了相当多的关注，因此要弄清楚它们与一般的、无争议的扩大替代沟通干预形式有何不同。

促进技术最早应用于丹麦，用来说明"隐藏的技能"，在 20 世纪 60 年代末到 70 年代初，它在一定程度上也在美国得到应用，但是直到 90 年代由于在澳大利亚的盛行才获得了更广泛的流行。这些技术主要用于某人在身体上辅助那些有沟通损伤的个体，帮助他们指向带有字母、照片或图形符号的沟通板，或者帮助他们在一个沟通辅助器或电脑上来写作。然而，与传统的手把手指导相反的是，帮助者并不会在信息的解释上起作用。促进者（即帮助者）会提供手把手的辅助，拿起个体的手，典型的是分出食指用来指符号。这种帮助也可以给予那些看上去有机械运动技能（这种技能对独立指示很必要）的个体，还可以给予在其他场合也有这类技能的个体。帮助者也可能会拿起个体的胳膊或者袖子，或者把手放在肩膀、腿或残疾人身体其他部位上。帮助者可以放缓个体的运动，使个体从辅助板上收回自己的手，避免犯一些明显的错误。另外，帮助者也可以提供口头的帮助和鼓励（克罗斯利，1994）。

促进技术受到争议的原因在于：很多研究显示出言语的出现是源于促进者的帮助，而非源于个体本人。那么最重要的问题就在于这些言辞是怎样产生的。我们可以对促进的、错误的、自发的沟通进行区分。在促进沟通中，信息出自沟通损伤个体的内心。只有在个体被促进者给予敏感的手的指导的时候，信息可不可以表明（个体）对沟通和语言的理解才是明显的。在自发沟通中，信息是在帮助者并没有意识到的时候产生的。在错误沟通中，信息是由促进者有意识地、为了达到他们自己的目的而产生的（冯·特茨纳，1996a）

有沟通损伤的个体在促进技术的帮助下可以表达自己的想法，这一事实并没有争议。然而，即便真实，如果个体也可以通过其他方式或更好方式进行沟通，人们对促进沟通也是没什么兴趣的。真正的问题在于：当个体使用促进技术时，是否要好于他独立沟通的时候？如果是，那么信息是否来源于个体本身？促进技术的拥护者宣称，他们已经揭示了一些没受指导或受很少指导的个体中尚未被发现的沟通和拼写技能（例如：比克伦，1990；克罗斯利和雷明顿·格尼，1992；约翰逊，1989；塞林，1992）。正是这个论断才是核心问题，并且是实验研究所关注的。

有些研究被设计用来"证明"促进技术的使用，也就是说，调查产生的信息（这些信息反映沟通障碍个体非预期的语言能力）是否是真正的被促进的沟通。验证研究的目的使基本研究设计相当简单，人们认为需要一些真正的沟通性情境，这里的情境指的是个体为沟通伙伴提供的信息是帮助者不知道或猜不到的。然而，对于可以被使用的情境类型以及应当如何对促进技术的结果进行评估还有很多不同的意见。大多数促进技术的拥护者，也就是那些宣称非预期的技能已经被揭示出来的人们，好像更喜欢"定性的证据"。而其他人坚持需要一些严格控制条件的研究，也就是类似于实验室或田园试验的研究设计，或者是一些由书面的对话组成的研究，在这些对话里沟通伙伴的言论不能被帮助者看到。使用的方法基本上是类似的，但是在提供的控制条件上有一些差别。有些研究中会使用耳机来进行听觉的筛选，以使只有个体能听到口语问题或者指令。在其他研究中采用了视觉的筛选，把带有单词或句子、照片或物体的卡片藏起来，为了不让帮助者看到，或者只是简单的让帮助者把视线移开。在有些研究中，在帮助者不在场的时候让个体做一些事情、告知他们一些事情或者向他们展示一个物体或录像，接下来在促进技术的帮助下来转述这些信息。

实验性方法是基于一种需要，也就是要确保帮助者不知道或者不能猜出促进技术提供的信息，因而他们不会是信息的来源。现有证据明确的证明了促进技术经常会导致不加思索的写作、显露出帮助者的一些观点和态度。限制条件的研究显示，帮助者倾向于将他不具有的技能归因于个体。对于有沟通障碍的人，促进技术倾向于指导性的而非支持性的，并且促进技术看起来更容易证明那些来自于帮助者的"非预期"的影响。（来自不同视角的综述，见：比克伦，1993；克罗斯利和雷明顿·格尼，1992；格林，1994；哈斯丘和唐纳伦，1992；科卢伊 等，1994；冯·特茨纳，1996a）。

双语环境

很多需要扩大替代沟通的个体来自于一个双语或者多语言的背景，而这一群体的教育需要并没有得到充分的关注。传统上，专业人员不会认为在替代沟通干预中语言背景是重要的。例如，罗姆斯基和塞弗西科（1996）提到了他们研究中的一个来自汉语家庭的孩子，但是研究者认为这个背景对研究没有任何意义，因为家庭成员在与孩子交流时是用英语。一些个案研究同样描述了在和来自于小语种背景的儿童交流时，专业人员是如何漠视儿童使用自己家乡语言的这种需求的（伦德和莱特，2007；麦科德和索托，2004）。与双语环境中功能较好的策略相关的知识是很欠缺的，并且为这个群体制定干预计划可能会需要一些改革与创新。

双语背景下儿童的主要干预目标在于，使替代沟通方式具有成为儿童成长环境中口语语言之间一个桥梁的功能。如果儿童对于口语语言有一定的理解能力，干预应该尝试着使儿童明白手势或图形符号是怎样和每种口语语言中的单词或短语相符合的。如果儿童正在使用图形进行沟通，专业人员可以通过在诸如照片、绘画、象形文字和其他图形材料的顶部用一种语言做注释，而在底部用另一种语言作注释，以使环境中的人们意识到这一点。手势或图形符号会帮助儿童认识到不同语言中有相同意义的单词之间的相似性。应该有这样的一本词典，可以包括所有相关的语言形式，比如如果儿童来自于一个汉英双语的家庭，那么这本词典里应有汉语、英语和汉语手势符号等。

家庭成员是否应该说一种或两种语言的问题经常会在有关双语的讨论中提出来。有时候专业人员会建议父母对儿童只说一种语言，并且父母可以选择和儿童使用最主要的那种语言。但是，一般情况下这是不必要的，除非父母确实想在家庭情境中有目的地改变家庭成员常用的语言。并没有证据显示，障碍儿童或自闭症儿童在学习两种口语语言上比其他儿童更加困难。如果儿童一直被排斥在家庭的沟通之外，这将是很不幸的，就像罗姆斯基和舍夫契克（1996）中的例子一样。

干预的一个目标是：在家庭环境中儿童可以有机会使用他自己的沟通方式，并且家庭成员应该尽快认识到替代沟通的有效性。这意味着要为家庭成员和其他重要的人提供一些他们需要的、可以和儿童进行沟通的能力，尤其是和家庭的口语语言相关的一些能力。一旦替代沟通适应了儿童的能力和他的双语环境，那么家庭中的活动和沟通类型也应该被考虑进来。在来自于中国其他地区，或者来自于外国的家庭中，其环境与专业人员所熟知的情况是很不同的。选择属于这个家庭，但是这些选择也会转而影响家庭中词汇和常规活动的选择，目的为了促进家庭中儿童替代沟通能力和语言能力的发展和应用。

第八章　选择最初符号

　　符号的选择和建立一套旨在促进个人沟通能力的符号体系，是应用扩大替代沟通系统的基本任务。因为在正常环境中一般不大采用替代沟通方式，词汇要由成人有意识地进行选择。这与用常规的方式发展口语的儿童不同。儿童可以听到很多谈及自己和他人的词汇，而他们学习哪些词以及按什么顺序进行学习是由多种因素决定的。对采用替代沟通形式发展语言的儿童，是由专家，一定程度上是由父母，来决定干预中优先教给孩子哪些词汇，使他们去接触这些词汇。

　　个体学习的最初符号是很特殊的，因为它们是理解符号如何使用的基础，也是最难教和学习最耗时的符号。不过在这之后，再学新的符号花的时间就会比较少。因而最初符号的选择特别重要。一个正确的选择会有利于符号的获得过程。本章包括 10～20 个最初符号。这里不是提供一个符号的清单，而是讨论选择符号时应该遵循的一些原则。

　　符号的选择主要以它们的一般用途为基础。要考虑的最重要的标准是用者的需要、兴趣和愿望。因此，好的原则是，确保最初符号是教师知道或者教师有充分理由相信是个体想要使用的。它能保证个体的动机和注意力，使一个人更容易理解符号的用途。但也不能夸大这些优点的意义。动机、注意力和对沟通有用性的理解，通常是教育有广泛性语言和沟通障碍个体所缺乏的因素。

　　符号的选择应以实用性为基础，这已经成为一种共识，但是关于如何界定实用性尚未达成一致。人们往往先考虑符号对群体的实用性，然后才考虑个体。在发展的早期，实用性意味着个体能够理解通过使用符号可以参与活动并能获得他想要的物品。选择的活动类型和物体种类取决于个体的年龄、认知、语言和社交技能。对替代性语言群体，符号的实用性尤为重要。不过这也是为其他两个群体（表达性和支持性语言群体）选择最初符号的依据。

对支持性语言群体，有些特殊的物体或活动是他们难以启口的，有些情况他们发现自己很难理解。如果经常争玩具（这在年幼的儿童中很正常），"你的"、"我的"、"他的"和"她的"（图8-1）这些词会很有用。"首先"这个词可以作为"我先拥有它"来用。对有情绪问题的孩子，学习一些有关情绪的符号，比如"生气的"、"哭泣的"和"悲伤的"（图8-1）已被证明是有用的。但是表达情绪的单词很难教，如果选择这些词作为最初符号，那么所教授的群体应该是那些有很好口语理解能力的孩子。

图 8-1

表达性语言群体中的大部分孩子都有很好的口语理解能力。因此，最初符号的用意并不是教给他们如何使用这些符号，而是让他们知道这些符号对扩大他们的沟通很有帮助。父母和教师经常讲在自然的沟通中不用沟通板（格伦宁和凯尔克莱特，1985；萨拉斯托，2001）。写在沟通板上的词汇也许达不到鼓励孩子使用的效果。最初符号的意义在于帮助个体参与他们喜欢的活动，获得他们想要的物品，并能将沟通同伴的注意力引向他们感兴趣的事情，促成谈话的开始。

而且，自然环境中的人们会强烈地希望个体能学习一个或更多的具体符号。家庭和对孩子有重要影响的其他人需要去理解，也需要被理解，词汇的实用性应该体现孩子的需要。为培养孩子，家长和重要他人应该告诉孩子哪些是能做的，哪些是危险的以及怎样遵守规矩。他们也应该与孩子沟通，告诉孩子接下来将要发生的事情，因为语言障碍的个体产生的行为问题和焦虑心理，与他们通常不理解别人想要他们做什么有关（弗里思，1989；舒尔茨和汉达姆·艾伦，1995）。这意味着对替代性沟通群体，应该教他们学会理解一些图象符号和指令性的符号，从而使日常生活变得简单些，并减少误解和抵触。

现存的沟通

沟通干预开始前只有很少的个体是完全丧失沟通能力的，因此选择符号时应考虑个体现有的沟通技能。这种沟通技能一般通过个体与家庭的互动逐渐形成，家庭和重要他人所能理解的声音、手势以及面部表情的意义要花了很多年的时间才能建立。还有重要的一点：这种"私密的"沟通不能用来尝试使个体以新的方式表达他已经能够沟通的东西。比如，如果一个男孩咂嘴表示他喜欢吃葡萄干，那么"葡萄干"不应该作为教给他的最初符号。如果教师教男孩学习"葡萄干"的手势或者图形符号（图8-2），意味着男孩必须忘记他已经知道的"葡萄干"的知识，也就剥夺了一些他已经获得的沟通技能。初次干预的目标是培养更多的沟通技能，而不仅是改变那些他已经获得技能的沟通方式。因此，初次干预的一项重要工作是专家知道并能理解个体已经具备的沟通表达技能。只有到了干预后期，个体已经习得了一个会话形式的词汇，其他的更多的常用手势、图形或触摸式符号才能够取代原来的沟通形式。此外，没必要总是改变那些特殊的沟通表达方式，有时候选择一种不同寻常的表达是因为其他人能理解个体是如何产生这种表达的。应用沟通辅助的人通常会连续使用注视、手势、身体活动和发音作为沟通的一部分（科林斯和马尔科娃，1999；海姆和贝克·米尔斯，1996）。

笼统的及特定的符号

对于替代性语言群体和支持性语言群体中的孩子，最初表达的符号应该是特殊的，就是说与物体和活动狭义的或基础的范畴有关的。替代方式是教表示物体、活动和事件更笼统，更广泛范畴的符号。"咖啡"、"果汁"、"编织"和"缝补"这些词被认为是特定的符号，而"喝"和"工作"是笼统的符号。比如，"工作"可能会被用来表示缝补、编织和割草等意义（图8-3）。

在实际可行的时候选择特定的而不是笼统的符号是为了避免个体学习新符号时

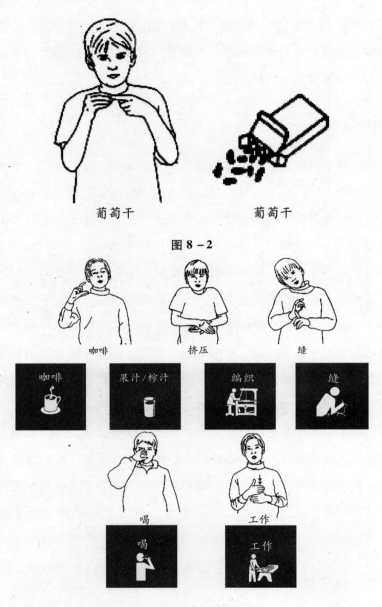

葡萄干　　　　　　葡萄干

图 8 - 2

咖啡　　　　挤压　　　　缝

咖啡　　果汁/榨汁　　编织　　缝

喝　　　　工作

喝　　　　工作

图 8 - 3

产生问题。比如，如果个体学会了"喝"的手势，每当他演示这个手势时就给他一杯果汁，以后就很难再教他区分表示"汽水"、"水"和"咖啡"的符号了。为了教会"果汁"这个单词，教师可以把"喝"和"果汁"放在一起造句，也可以在个体开始使用"喝"的符号时向他介绍一种沟通规则，问"什么？"（图 8 - 4），让个体回答"果汁"。这种教学的过程非常辛苦，也会产生很多误解。学习特定的符号可能会导致忘记笼统的符号。如果个体把笼统的符号都理解成特定的符号，超出了教师的预想，也就是说以部分或全部使用特定符号来反应笼统符号，忘记笼统符号的情况就会出现。比如，有人可能把喝（drink）当成果汁（squash）的意思，或者把在外面（out）当成荡秋千（swing）的意思。产生这种误解的可能性是很大的，比如自闭症的孩子会使用其他的沟通线索而不采用教师提供的。一个人可能倾向于在他感兴趣的事上把笼统的符号理解成特定的符号，因此他会特别注意符号使用的情境。

图 8－4

指示性的符号可以既是特定的，也是笼统的。但相对表达性的符号，最初指示性符号多指一般的环境。比如先有"食物"，才有"吃饭"，先有"运动"，才有"体育活动"，先有"音乐"才有"音乐治疗"和其他音乐活动。（图 8－5）

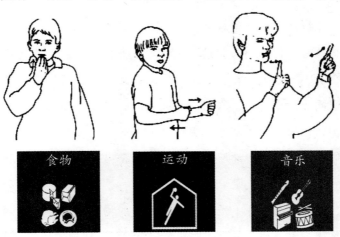

图 8－5

使用触摸式、图形和手势符号进行表达能力的教学，目的是个体能向他人表达自己的愿望和想法，并能以一种社会化的可接受的方式影响他们所处的环境。也就是说他们必须了解使用符号所产生的沟通效果。沟通同伴能理解一个特定的沟通目的时，这种沟通行为就是成功的。教学过程中每个符号本身具有不同的沟通效果，因此所有的符号不会都被解释成一个笼统符号的变化形式。一个人因为能在给他提供相应物品时使用"球"、"船"和"剪刀"的符号而得到一块巧克力作为奖励，他有可能学不会这些不同符号的含义。反而，当桌子上有个"球"时，把"球"当成"巧克力"；当桌子上有个"船"时，把"船"也当成"巧克力"；当桌子上有把"剪刀"时，把"剪刀"也当成"巧克力"（图8－6）。

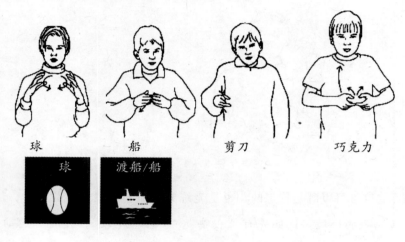

球　　　　　　　船　　　　　　剪刀　　　　　巧克力

图 8－6

因此，同样笼统的奖励，很难使学生理解事物间的具体联系，像"球"和球类或者滚球与扔球这些动作之间的关系，"船"和船类或者在澡盆里玩纸船之间的关系，"剪刀"和剪刀类或者剪纸之间的关系，或其他与这些物体相关联的动作。当因为得到了沟通同伴的理解一个沟通行为成功时，就不需要给予基于行为本身毫无意义或者没有沟通效果假设基础上的奖励。为了教给个体手势或图形符号的含义或沟通运用，人们因此应该说明沟通的结果与每个符号的特有用法是相关的，而不是使用很多不同的符号就会有奖励。

严格说来，沟通的结果并不是个体期望获得的物品或想要表现的行为，而是沟通同伴理解的事物。干预初期，个体通常会获得符号指代的物品或行为。当符号的使用变得更加频繁时，包括教学环境之外使用，一个人不可能总是，也不期待他总是得到符号所指代的物品。但沟通的结果是相同的，因为个体能得到沟通同伴的理解。

沟通成功（被理解）比工具性的沟通（个体获得想要的东西）更重要。因此，重要的是，当答案是一个人不能得到他想要的物品时，沟通同伴明确地告诉他，她也能理解符号的意思。对自闭症和重度学习障碍的孩子，相比接受口头的"不"来说，接受旦有准备的"不"的图形符号毫无意义。可能是因为声音表达的情绪比图形的意义更强烈，重复多次以后说"不"这个词可能更加情绪化。继而个体会变得情绪激动或焦虑不安，以至会产生是否遵守指示的问题，或改为采用其他方式控制局面的问题。

干预表达性语言群体的一个主要目的是使他们能发起谈话或其他形式的互动。此外，他们学习的符号应该能用在各种情境中以及就不同的主题进行的讨论中。对这一群体的孩子而言，早期学习的符号也许是笼统的。最初使用的笼统符号可能包括"来"、"看"、"玩"、"说话"等等（图8-7）。但运用这些笼统的表达也存在一定的风险，儿童处于被动状态，他们参与的活动主要是由其他人决定的。他们独立和自主的发展一定程度上取决于他们决定活动的主动性。当然有些特定的符号，比如"书"、"电脑"、"玩偶"和"卡车"等（图8-7），也可以作为表达性语言群体中儿童早期学习的手势或图形符号，但重要的是这些符号不仅是个体用来获得物品的，也是用来谈论符号所指代的人物、事件和行为的。

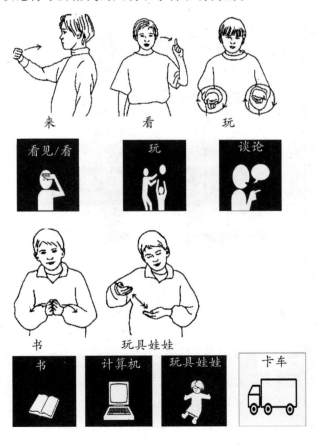

图8-7

重复性

　　干预所有三种群体（替代性语言群体、支持性语言群体和表达性语言群体）时，应尽可能频繁地使用所选择的符号。对替代性语言群体和支持性语言群体而言，重要的是选择的潜在沟通情境能够经常发生，并保证符号的重复出现足以让个体最终学会。比如，尽管可以把"游泳"和"骑"看作指示性的符号（图8-8），但它们不是非常适用于表达能力教学的早期阶段，因为这些活动一周只发生一次，甚至更少。当这种教学发生在个体的自然环境中时，最佳的策略是使用能在日常生活中和其他频繁重复性活动中出现的符号。很多专家以儿童和成人不常谈论的食物、其他物体以及行为活动作为教学的开端。在特训和计划性的教学环境中，教师对符号使用的频率可以更多地控制：设置一个情境，为个体提供集中的或大量的学习这种符号的机会是有益的，前提是这种练习不会使个体感到厌烦。个体喜欢的通常活动和物品，一般容易在自然环境中重复出现。

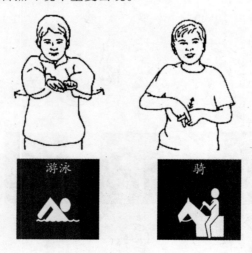

图 8 - 8

运动技能

　　初学者必须学会使用符号，以便沟通同伴进行识别，或理解初学者在指哪个符号。手势对运动技能要求最高，对那些缺乏必要运动技能的孩子，教师不应尝试教他们手势。个体不应该在学习手势上有太大的困难，免得他们把注意力都集中在手势的演示上，而忽视了手势的功能。

　　姗姗学步的小孩的口语也很难理解，他们的手势会表现得很孩子气。许多需要借助替代性沟通系统的人们表现笨拙，人们可能很难去识别他们的手势。当以孩子气或笨拙方式表现一个手势时，手势表现形式的差异就会趋于消失。比如，会话同伴可能会混淆个体表达的食物和饮料的符号。个体可能在演示两个符号时都把手放在嘴上，没有表现出每个手势要求的不同手形。用"渴"代替"喝"的符号可能更实用，因为"渴"的发音部位不同。这样，就不用过多地强调食物和饮料两个符号的发音。因此教学的目的并不是强调符号的发音，尤其是在教授最初符号时。"汽车"和"牛奶"是另外两个经常使用的手势，但是两者很难区分。为了突出手势表现的差异，牛奶的手势要求两手靠得很近，而"汽车"的手势要求两手的距离变得远一些。另外一种可能的方法是，用"驾驶"的手势代替"汽车"的手势，因为这两个手势对个体和环境中的人们来说比"汽车"和"牛奶"的手势更容易区分（图8-9）。

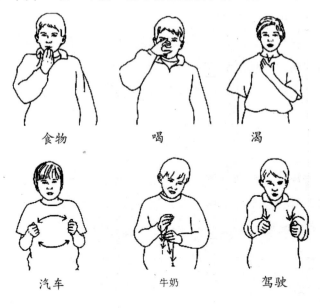

食物　　　　　喝　　　　　渴

汽车　　　　　牛奶　　　　　驾驶

图8-9

　　找到一些容易表达的手势并不容易。另一个策略是简化手势，但也要意识到简化手势的表达方式并不能总让手势变得容易学习。很多重度沟通障碍的个体发现学习手势比图形符号更容易，即使图形符号的构造相对更简单。似乎手势产生的实际动作是区别两个不同符号的辅助手段，因为每个符号的手势动作是不同的。这也需

173

要按照动作的表现形式划分符号。手势的简化，重要的是保留它的基本要素以帮助个体区别不同手势的差异。

关于如何区分手势的难易程度，还没有固定的准则，但也有研究提供了简化手势类型的线索。手形应该简化，并且手指不需要放在不一般的位置。两手演示的手势比用一个手要容易。对称的手势（两手演示的动作相同）比不对称的手势（两手演示的不相同）学起来更容易。有研究发现触摸是学习表达手势的辅助手段，即与身体有接触的手势比没有身体接触的更容易学习。正如所预期的，复杂的手势比只有一个动作的手势更难学（丹尼斯等，1982；格罗夫，1990）。专家在最佳简化手势之前，需要更多地了解学习障碍和轻度运动障碍的个体是如何学习和演示手势的，不过人们应该同时考虑这里提到的选择和简化两种因素。

使用图形符号时的主要动作要求是，让沟通同伴清楚在指哪个符号。表达可以通过手、眼、脚的动作完成。指示的动作应尽可能简单，以便个体从开始就能获得积极的经验。环境中的人们不习惯与使用图形符号的人进行交流。当辅助沟通者能相对快速地指出图形符号时，这会帮助沟通同伴突破他们早期的沟通模式，即完全由沟通伙伴创制的沟通情境。如果有些孩子能把图形符号递给沟通同伴，那么沟通的效果会变得更加明显，但这对运动技能的要求比用手指点更高。

感知

个体的感官理解能力对符号系统和个体符号的选择至关重要。一个视觉障碍的人可能很难区分和识别他人的手势，除非沟通同伴用聋—盲人的方式，手把手地教他们打手势。视觉也是学习表达性符号的一个辅助通道。个体能看见的手势比看不见的学习起来更容易（卢弗特格，1984）。视觉的灵敏度决定了图形符号的大小和对他们的选择。视觉灵敏度的降低可能会使个体很难区分相似的图形符号。

不仅视觉障碍通常会对视觉的理解力产生很大的影响，而且脑功能的障碍也会使视觉的加工和解释更困难，甚至很难识别常见的物体（汉弗莱斯和里多克，1987；萨克斯，1987）。对选择的刺激会使图形符号的区分变得很困难。对选择的刺激是指个体仅仅使用一个或很少的可用线索识别物体（洛瓦斯，凯格尔和施赖布曼，1979；塞尔纳和卡林，2001）。如果有人改变了个体识别特定物体时使用线索这种表达方式，个体就不能认出这个物体。对选择的刺激通常用于重度学习障碍的个体。

如果有疑义，人们应当选择不包含很多特征的图形符号，这样个体就不太可能混淆这些符号。

个体看不出不同象形文字或图形符号系统的区别，很有必要简化或者改变符号的形式。符号的简化可以用黑色的毡尖笔来完成。

不论个体对口语有多少理解，尽可能使用口语较为重要。比如，发展性言语障碍的个体很难区分相似发音的单词（同音异义词），因而应当注意不要选择那些与发音相似的单词相对应的手势或图形。

形象性

普遍假设形象性能促进手势和图形符号的获得。

形象性是指一个符号的表达或表现形式与这个符号所指物体或行为的明显特点之间的相似性。

形象性是根据清晰度和半清晰度来衡量的。

清晰度表明不熟悉符号的人也能容易猜出符号的意义。清晰度有时也称为一种"猜测能力"，一般与形象性有关。

半清晰度表明提供符号的注释时，人能理解符号的意义和其表现形式之间的关系。

不清晰是指符号的意义和它的外在特征或表现形式之间没有关系，即便提供了符号注释。

尽管认知的关系不是符号的意义和它的表现形式之间的真正联系，这种符号仍可以说是半清晰的。比如，"女孩"在美国的手势语中是高度半清晰的，因为许多人都知道手势的表现形式（拇指轻抚脸颊）和女孩有温柔的脸颊这一事实之间的关系。这个手势实际上源于美国上世纪的女孩带着一种下巴下面系有丝带的帽子。轻抚脸颊的动作就是指系丝带（克利马和贝吕吉，1979）。

手势

形象性与手势获得之间的关系取决于正被研究的诊断群体，还取决于是否把清晰度和半清晰度作为衡量形象性的指标（多伯提，1985）。

让成人猜出手势意义的难易程度与学习手势的难易程度之间没有明显的关联。

由成人根据注释猜出手势的程度来衡量手势的清晰度，并不总比习得手势容易。以人们预期的在美国符号语言基础上发现的形象性手势份额为基数，聋童在其早期发展阶段，学习的形象性手势并不多（邦维利安等，1981）。布朗（1977）发现孩子学习清晰的手势比不清晰的要快，而其他人在寻找清晰度与识别手势（米勒，1987）之间，或与学习障碍个体的手势的产生（Trasher 和 布雷，1984）之间的联系方面不那么成功。但古森斯（1983）发现如果学习障碍的个体也习惯了建立符号的清晰度，手势的清晰度与识别之间就有一定的关联。

清晰度在识别已学又忘的手势方面发挥作用的事实并不令人惊讶，因为猜出手势含义的能力（并不认识它们）是从清晰度的定义得出的。一个人可以猜出他已经忘记的手势，被忘记的清晰手势总比不清晰的手势（它们的注释不那么好猜）产生的识别度更高。但是，对有些人（比如大学生）清晰的手势不一定对另外一些人（比如语言障碍的幼儿）也清晰。上世纪"牛奶"可能算是相当清晰的符号，因为很多孩子看到过奶牛挤奶的样子。现在，如果不告诉孩子这个手势动作的来源，孩子很少能将"牛奶"和挤奶关联起来。

有一项关于学习障碍孩子教学的 100 个常用美国物体表达手语的研究，对半清晰度理解存在的差异在该研究中得到了明显证实。一组发育正常的六岁儿童只把一个符号（电话）划为高半清晰度的。有听觉障碍和耳聋的学生把 26 个手势划为高半清晰度的。正常儿童把 55 个手势，有听觉障碍的学生把 48 个手势划归低半清晰度的，而耳聋生只把 16 个手势划低半清晰度的（格里菲思和罗宾逊，1981）。看来比起很少或没有手势经验的孩子和成人，有更多手势经验的使用者与手势有更多的关联。

有关手势识别的研究表明高半清晰度的手势比低的好记（格里菲思和罗宾逊，1980）。这也和人们预期相符，因为高半清晰度的手势相对半清晰度的手势也是相当清晰的，因而更容易猜测。至于手势的使用，研究尚未发现半清晰度对使重度学习障碍个体学习符号变得多么容易。（科尔，1981；特雷舍和布雷，1984）。

大学生记忆手势时能从半清晰度中获益，这并不奇怪。理解一种关系使他们更容易回想起一个特定的手势，而且这种关系的建立是一种常用的记忆技术（见：克利马和贝吕吉，1979；卢里亚，1969）。但对正常发展的三岁孩子，好像形象性对他们识别手势没有帮助（米勒，1987）。对学习障碍的人，当学习半清晰的手势一点也不比学习非半清晰的手势快的时候，可能是因为他们缺乏利用这种相似性的能力，也就是说，他们看不出手势的表现形式和手势所代表的某一物体或行为的特定方面之间的关系。

因而这就不能支持形象性能促进学习障碍的幼儿和成人最初手势的习得这一理论。但形象性能促进沟通同伴手势的识别和产生。选择形象性的手势能帮助沟通同伴记起手势应该表达什么，由此通过增加个体识别手势的机会，能产生更多回应性的语言交流环境。为此，在选择对一个人其他功能都差不多并且容易学习的手势时，应当选择形象性的手势。

图形符号

评估图形系统的形象性时，图画的相似性表现的更为明显。大部分图形系统都或多或少的由固定风格的图画构成，甚至这些图画并不是图形符号系统形象性的一部分（赫尔伯特等，1982），这种类型的符号被称为象形文字。有一些图形符号不是严格意义上的象形文字，而是描述一个物体或行为所用的符号通常代表什么。这些用换喻策略（一个词或词组被另一个与之有紧密联系的词或词组替换的修辞手法）建构的符号，通常被称为表意的。很多表意符号的产生源于这样一个自然结果，即不是所有的词汇都容易用图表加以说明。也有一些很少有或没有形象性的图形系统，比如"符号字"（罗姆斯基和塞弗西科，1996），但是他们并不常用。

图 8－10

大致来讲，象形文字的符号是清晰的，而表意文字的符号是半清晰的。布里斯符号中的房子、树、男性和鸟被当成象形文字，正如画谜中的鸟、哭泣和球。布里斯符号中的感觉、保护和反义词是表意文字，正如画谜中的在什么上、大的和小的

（图8－10）。帮助在"图片沟通符号"中是典型的表意词。大部分"象形表意沟通"和"图片沟通符号"都是象形文字的，但有些象形文字是表意的，比如帮助、家和朋友，正如图片沟通符号中的"帮助"、"少的"和"希望"等。尽管上述说法还未得到研究证实，但我们也有理由相信形象性的图形符号所对应的宾语是清晰的，而其对应的动词和其他类型的词是半清晰的。宾语里相对比其他词类有更多的形象性符号（图8－11）。

图8－11

在单一的系统中很少有对图形符号的比较。采用单一的交往方式，富勒（1997）发现，半清晰度的布里斯符号的解释比更少半清晰度的更容易记忆。为了确认形象性的重要意义，已有的研究集中于比较不同的符号系统。研究表明，大部分含有形象性符号的系统比起没有形象性符号的系统更容易学习。布里斯符号通常比普雷马克的词语积木（视觉的形式）容易学习，画谜又比布里斯符号容易学习（参见：斯蒂芬森，2009b）。产生的差异自有关符号的联想式记忆学习和识别的研究，研究表明个体必须记住对应特定单词的是哪个符号。但是赫尔布特（1982）和他的同事研究发现，相比布里斯符号，学习障碍的人会更自发的使用图画。

很多沟通辅助中，通常会用一个图形符号代表一个完整的句子。猜测句子的注释比猜测一个单词的注释更难，即便在限制选择的时候。一项对口语发展正常的在校儿童的研究中，用一个图片沟通符号搭配36个句子，发现他们的答案只有很少一部分是正确的。孩子的答案各种各样，说明他们把符号各个不同方面的特征作为猜出符号意义的线索（豪普特，2001）。

根据不同符号系统的比较，发现应该在干预的初期选择那些形象性的图形符号。但是，这一结论的依据还不确定。重度学习障碍的个体并不能总是理解图片本身代表的含义。这可以说明形象的差异对大多数人是凸显的，因为它们可以传达图形表达的意思，而对那些不能理解图片内容的个体而言，它们表达的意义并不清晰。比如，某些个体如果不知道餐叉和牙刷的功能（图8－12），并且没有注意到餐叉上的尖齿、也不知道牙刷上有毛，那么他们就看不出图片沟通系统中餐叉和牙刷的区别。有理由相信重度学习障碍的很多个体很难理解这种差异，这也许是因为刺激物的不当选择或者是贫乏的视觉扫描（莱昂和罗斯，1984；塞尔纳和卡林，2001）。

图 8－12

识别图片中的物体只是发展图片理解能力的一小步，对图片中活动的理解比对物体的感知来的晚（见：莱昂和罗斯，1984；塞尔纳和卡林，2001）。很多学习障碍的个体很难识别图片上的物体（迪克森，1981），人们尤其要谨慎地对待需要确认的对其他图片内容的理解。绘画般地明明白白地表达活动、介词并不那么容易。如果人们不能理解一个符号代表了动作或应当标志一个动作，他们也许会以为这个符号在描绘一个物体。象形文字的跑、跳和站立可以跟常用词"男人"或"人类"一样容易理解（图 8－12）。图片的相似性只会使符号显得更雷同，从而使学习的人更容易产生混淆而不是对他们有所帮助（奥克斯利和冯·特茨纳，1999）。

上述所言并不是旨在讨论早期教学中形象性图形符号的使用，而是为了表明图片识别是一项复杂的技能，并不能想当然的认为它很简单。多种因素影响描绘图形为符号使用。有理由相信形象性的符号能促进具备图片理解能力的个体的学习，但是语言理解在学习使用图片符号时也发挥着重要的作用（斯蒂芬森，2009b）。不过对学习障碍的个体而言并不是这样。如果个体不能理解形象性图片的内容，虽然这些图片已经在选择的符号中有所强调，但这些符号对他来说也是不形象的，而且形象性的图片不会使他的学习过程变得更容易。如果教师选择的符号是容易区分的，并能确保个体学会区分，那么个体学习使用图形符号进行沟通仍然是可能的，比如，可以借助传统的差异教学。如果个体能区分形象性的图形符号，对使用这些符号也是有益的，因为这能促使环境中的其他人对理解符号和个体展示的表达性使用做出适当的反应。

想要说明和解释符号的意义，有时可能会产生不好的结果。比如，"是"和"不"通常会用一个微笑的表情和一个悲伤的表情来表示。但这一表达方式与两个词的用法是不完全相对应的。当回答如下问题时，脸部的情绪性表达会产生明显的误导，比如你悲伤吗？你生气了吗？他走了吗？在下雨吗？或它坏了吗？回答这些问题的结果可能使个体通常认为不代表消极，是代表积极。还有理由相信：沟通同伴会注意到（其至包括使用镜子）面部表情的情感内容，以此作为了解个体是高兴还是悲伤的线索，而且只会问那些含有高兴和积极愿望的"是"的问题。同样，象形文字的"是"和"不"（图 8 - 13）也通常与那些积极或消极的事物有关。

图 8 - 13

可触式符号

目前还没有关于可触式符号的清晰度和半清晰度的作用的研究。在关于形象性的文献中，普雷马克词语积木被当作视觉形式的符号。能看见的个体，或者曾经有能力看见的个体，他们从而有能力基于视觉特征形成心理形象，清晰度和半清晰度某种程度上类似于图形符号。但对必须依赖触觉识别符号的盲人，特征是做识别用的，而且，特征会使有些可触式符号清晰或半清晰，这与那些使用在视觉识别中的符号特征不同（冯·特茨纳和马丁森，1980；沃伦，1994）。通常实物模型用做触摸式符号。但对这样的模型，也许有视力障碍的人不一定能很快辨别出来。盲人也许依赖学习模型用来指代什么，模型因此是半清晰的而非清晰的。

姗姗学步的小孩很难理解物体可以代表其他不同的含义。这表明在选择指示性符号或表达性符号时，一个人应该选择那些与活动本身密切相关的象征性物体。对重度学习障碍的成人而言，有时使用普雷马克的词语积木或其他非形象性的符号比较好。

简单及复杂概念

当教师开始给广泛性沟通障碍的个体教授语言时，考虑初学者对符号的理解能力很有必要。但哪些概念是复杂的？哪些是简单的？并不总是清楚的。比如，"妈妈"和"爸爸"几乎不可能被认为是复杂的概念，但对那些口语理解有限的个体而言，还是很难教他们理解和表达"妈妈"和"爸爸"的符号（图 8 - 14），因为很难创造出一个使这些符号产生明显沟通效果的情境。

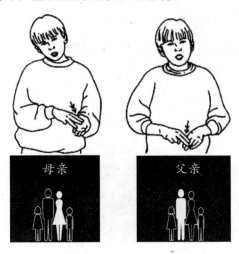

图 8－14

　　与其解释概念的复杂和简单，不如寻找识别造成这些概念难教或容易教的情境。雷赫和布鲁姆（雷赫和布鲁姆1977）特别强调选择最初词汇时要"容易表现"。比如，他们以很难表达内心世界为由来论证为语言障碍的孩子选择最初词汇时要排除表达情感的词汇。

　　当雷赫和布鲁姆（雷赫和布鲁姆）提出准则时，他们大概关注的是语言发展迟缓和伴有较少广泛性障碍的孩子。他们假设沟通障碍的孩子可以通过观察他人进行学习，因而容易表达可以解释得相当本意。这适用于表达性语言群体的教学，而对广泛性语言障碍的群体，最初符号的"容易表达"存在设计一种含蓄教学情境的问题，这种情境使符号和情境变化间的关系变得尽可能的明确。在教指示性符号时，这意味着该情境下所教的符号必须是清楚的和确定的。在教表达性符号时，物体和活动在功能或设计上应当时不时相似，以便个体每次使用它们时都能识别。

　　最初符号代表的内容不能过于相似，免得产生混淆。但按照内容决定哪些符号是相似的并不是容易的事情。"相似性"是指两个符号属于同一种类别，或一个符号是另一个符号的子类别。比如，"牛奶"和"果汁"同属于"饮料"，"苹果"和"香蕉"都是"水果"，而"土豆"和"香肠"都属于"正餐"，所有这些都是"食物"（图8－15）。在干预早期，教师通常会在特定的情境下使用同一类别中的两个或三个符号，但是他应该避免使用作为另一符号组成部分的符号。当练习其他代表食物的单词时"食物"和"饮料"通常用作指示性符号，但这两个符号使用时没把其他代表食物的符号作为它们的子类别使用。"食物"的意思正好也可以指"吃"或者"你现在可以吃点东西"。同样，"饮料"可以指"你现在可以想喝点东西"。这两个符号以此表示活动或表示使用不同符号所属的领域。

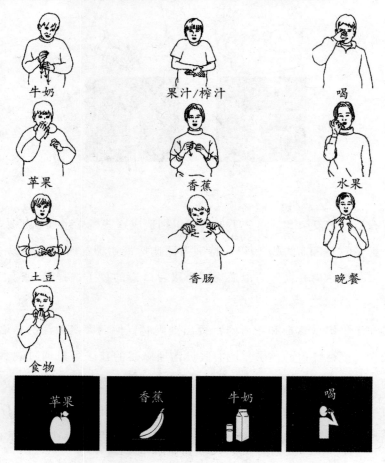

图 8－15

当开始最初符号教学时，个体就不再学习一个符号的常规用法了，常规用法中的该符号与有语言能力的使用者中使用的相应解释是类似的。有语言能力的使用者会将香肠这样的单词应用在各种组合词中：熏制的香肠、香肠卷、肝肠等等。有沟通障碍的个体先学符号的有限用途。比如教香肠的例子，它的意思最好能被解释为"我想要一个热狗"。用"香肠"造句"有一根香肠"或用"香肠"和"红色"两个符号造句"我想要一根红色的香肠"，可以很晚再学，或连学都不用学。这种逐渐学习的过程取决于"香肠"的符号是否被用在了表示不同功能的情境中。如果个体在单一的情境中经练习符号后仍混淆了"裤子"和"衬衫"（Doherty，1985）（图8－15），有理由相信他认为这两个符号差不多。他还不能将每个符号的含义与日常穿"裤子"或"衬衫"的行为联系起来，而是将两个符号都理解成了日常的穿"衣服"。穿衣服这个动作发生的情境可能没有充分的线索帮助个体区别这两个符号。当过了一段时间这个人仍混淆两个符号时，教师要尝试改变教学情境，使个体能意识到利用相关线索区分符号，或者停止训练其中一个符号，再介绍一个新的符号，使这个人容易把它与另一符号区别。如果一个符号被忘记了，剩下的那个符号（至少在一开始）包含对两个符号来说是共性的东西。这个符号仍起作用。

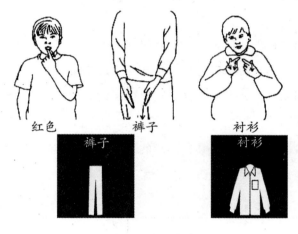

红色　　　裤子　　　衬衫

图 8－16

找到学习障碍和自闭症个体容易学习的概念性单词的另一个方法，是记录孩子学习说话时使用的单词。一个假定是，这些单词与沟通技能贫乏的个体已有的或正在学习的概念相一致时，最适合作为最初词汇来教，这对发展早期的学步幼童和较晚获得语言的广泛性沟通障碍的个体都适用。需要强调的是选择与年龄接近的符号和单词很重要，为有学习障碍的年长儿童和成人选择的词汇应该和正常发展的儿童通常学习的词汇有所不同。但是，概念的复杂性仍然很相似。

在他们对儿童早期常用语言的假设基础上，雷赫和布鲁姆（雷赫和布鲁姆，1977）列出了选择最初词汇的六项原则。

基于个体参与的情境，宾语（物、人、地点）的选择相对自由。

应该选择关系词（动词、形容词、介词等），它们可以同所有的或大多数宾语一起使用。

避免选择表示内心状态（包括情绪）的词汇，因为这些单词很难去表示，也很难教。

避免使用"是"和"不"作为肯定和否定的表达。"不"还可以用来表达其他一些重要的情况。

避免选择代词，因为代词学得通常比较晚，应用"妈妈"和"爸爸"以及姓名来代替。

避免使用表示颜色的词和反义词（大—小）。只选择一对反义词中的一个，因为反义词的学得比较晚，可能会使孩子产生混淆。最好用"不"代替，比如用"不大"代替"小"。

多数这些建议都很在理。但一个人不能将宾语和关系词之间的差异与词的级别联系起来。一个词的级别只能基于它本身在句子中的功能来界定。只要个体不能组合单词进行造句，那么关于一个符号属于一个特定词类的说法就没什么意义（另见第十章）。因此，不能认为"跳"和"走路"与"冰激凌"和"葡萄"属于不同的词类，除非它们在多种符号表达中具有不同的作用。"冰激凌"既可以解释为名词，也可以说成是动词，如"吃冰激凌"。"一跳"既可以用作名词，也可以表示一种"跳"的动作（图8-17）。

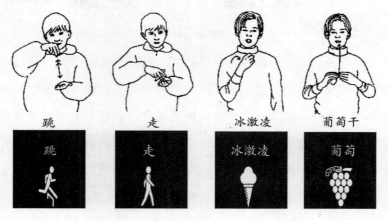

跳　　　　走　　　　冰激凌　　　　葡萄干

图 8-17

布鲁姆和雷赫建议使用"不"表达一种拒绝，或不存在，或一个行为的停止和一项特定活动的禁止，这似乎是一种学术取向的观点。开始教"不"这个符号时，应该避免使用"不存在"这种表达，因为成人应该能够使用"不"这个词，从而去否定个体的一项活动或事情而不至于被误解。比如，如果个体使用了"巧克力"的符号，教师说不，那么他可能将其理解为没有巧克力。如果桌子上同时放着一整块巧克力，或者个体看到老师把巧克力放进了储藏柜里，使得个体会认为他没有被老师理解，就会继续演示"巧克力"的手势。因为他已习惯于被误解，这在他那是一种合理的假设（图8－18）。

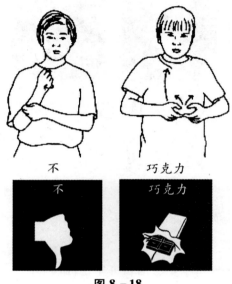

不　　　　巧克力

图 8－18

能表达出一个物体的不存在状态很有用，尤其是个体发现一个东西丢了。但是，"没了"（GONE）这个符号可能比"不"更合适。不过有疑问的是，是否"没了"（GONE）这个词要和"得到"、"给予"或"帮助"这些词用得不一样（图8－19）。这些符号在特定情境中也可以用来获得不存在的某种东西。问题的关键在于找出最容易教的那个符号，"没了"（GONE）已被很好的证明是最合适的符号。

期待什么

符号教学初期的期待是不同的，这取决于个体属于三个群体中的哪个和教学的目标。在教学初期，表达性语言群体中的很多个体有很好的口语理解能力，因此人们期望他们学得快一些。但在个体自发的使用符号（这也是持续教学的目标）之前，仍然需要花一段时间进行学习。对支持性语言群体，也期望能取得快速的进步，

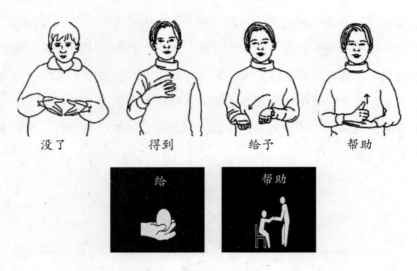

没了　　　　　得到　　　　　给予　　　　　帮助

给　　　　帮助

图 8－19

因为很多孩子会口语，并对口语有一定的理解能力。教学难度最大的是替代性语言群体，有人发现这些个体的教学进展情况是最不能确定的。即便看上去很多个体使用图形或手势符号时习得了一些沟通技能，但仍然有很大的变化。威尔斯（1981）总结了关于 118 人使用手势的七项研究，发现只有 9 个人什么符号也没学会，而学习最快的个体在每个月的教学中能学到 24 个新符号。每个月平均教 3 个新符号。在一项对不同诊断的 31 个 3～6 岁孩子的研究中，他们都学会了使用一些图片沟通符号和画图获取东西（施瓦兹等，1998）。

即使教学是有效的，并且发生在个体的自然成长环境中，也需要几个月的时间个体才能自发的使用符号。尤其年长些的有沟通障碍的人，在能够自发使用符号前，先要克服很长一段时间的学习依赖期，还有无助感和被动性。对重度障碍的个体，重要的是不能给予过高的期待，而且要给他们足够的训练时间去学习。还有当干预进行顺利，并且个体开始说话时，符号教学是不能停止的。有很多例子表明，手势和图形符号能帮助自闭症和学习障碍的孩子找到他们想要说的单词。比如，伯尼和佛罗斯特（2002）描述了一个学龄前男孩图形沟通和口语能力发展的情况。经过图片沟通系统的干预，六个月时这个男孩第一次发音，再过六个月他能说出第一个单词。经过 16 个月的干预，男孩开始很少使用图形沟通了。又过了两个月，他学会了相等数量的图形符号和口语单词，在使用图形沟通的 24 个月以后，他能使用 200 个单词而不需要使用符号。这说明从第一次说话到图形沟通的停止使用需要一个短暂的时期。但他习得的图形符号数量仍增加了 50% 直至掌握说话。在一项关于唐氏综合征的研究中，劳诺宁（2003）发现家长和专家一旦发现孩子在大约 3 岁时能说出第一个单词，就会停止符号的使用，但两年以后，很多孩子已经 5 岁了，他们在词汇缺乏的时候还是会继续使用手势进行言语的表达。如果教师过早地停止符号教学，可能会减少沟通，增加行为问题的风险，并阻碍孩子持续性的进步。

第九章　深层次词汇发展

  建构功能性词汇是用替代性沟通系统进行干预的基础。一旦个体在自然情境和教学情境中都能持续使用 10～20 个符号，干预的特征就会产生变化。对于很多属于替代性语言群体的个体，起始教学起试验的作用，因为用任何程度的确定性来预测个体发展的进程都是不可能的。一旦个体学会了最初符号，教学就会变得更加灵活。数量增加的沟通方式给教师在选择多样化教学方式和沟通情境时提供更大的自由度。这也给那些仍然将词汇选择作为主要任务的教师提出了新的要求。词汇量的扩大通常同时意味着早期干预策略的保留和破除。词汇的变化随着个体的年龄、社会的和认知的功能以及个体使用沟通形式的独立性的变化而变化。因此，教师制订长期目标和干预策略对于保持今后语言技能的获得尤为重要。

  词汇增长的目的对三个群体而言是一样的：教授新的符号和策略，为组合符号进行造句打基础，并促进会话的参与（见第十和十一章）。但这三个目标在三个群体中具有不同的侧重点。主要的差别存在于表达性语言群体和其他两个群体中。

替代支持性语言群体

  扩大词汇量有多种方法。主要的目的应该是使个体在尽可能多的情境下学会沟通。教师应该将符号融入到新的情境中，以便个体整天都能使用这些符号。这种方法被称为表面导向（强调知识面）。另一种方法是在个体正在使用符号的情境中教授新的符号，以便个体能从相同的话题或领域中学习使用不只一个符号。这种方法可能被称为领域导向（强调知识点）。采用领域导向策略扩充词汇量，比起表面导向策略，能提供更深层次的知识。领域导向策略可以提升个体的会话技能，因为它能为个体提供一个说出更多关于相同物体看法的机会。

杰克，男，36岁，学习障碍。他对小鸟很感兴趣，尤其是公园里的鸟，他还学会了"鸟"的手势。当描述"鸟类"的词汇时还可以联想到"鸭子"、"翅膀"、"鸟嘴"和"飞翔"等（图9-1）。

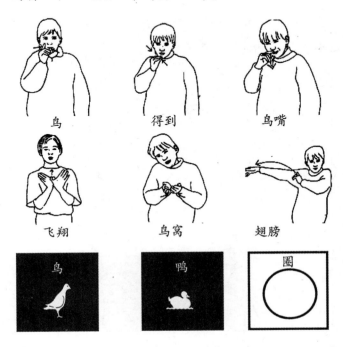

图 9 - 1

增加词汇量一个最佳的方法是把新的符号和新的技能与活动结合起来教授。当教师在新的活动中介绍一些新符号，或者使用新的符号表示新的活动时，也教了个体对符号的理解。

保罗是一个五岁男孩，有发展性语言障碍。他喜欢扔球，喜欢玩落托数卡牌（一种对号码的牌戏），并能参与其他的游戏。他特别喜欢玩带有变化的掷铁环的游戏，但他打扰其他孩子玩，方法是当轮到其他孩子时他把着铁环不放。当轮到他掷铁环时，教师先引导他演示铁环的手势，再把铁环给他，这也能帮助他控制自己的行为。

理解基础上的符号是指示性符号和指导的自然融合。有些指导虽是指令性的符号，但这一指令变得逐渐凸显，因为给予指导的主要目标不再是控制个体的问题行为。并且，对个体、物品、活动以及事件的命名和评论逐渐变得更为频繁。

教授与日常生活有关的符号不仅有利于这些常规的介绍，而且能使个体更容易理解符号的意义，因为个体知道将要进行的是哪一项活动。

　　卡罗尔，女，20岁，学习障碍。她经常帮忙摆桌子，而且她会用"摆桌子"的手势来表示这项活动。桌子上放有盘子、玻璃杯和刀叉。卡罗尔一次只摆一件，而且每次都按照同样的顺序进行：盘子、玻璃杯、叉子、刀，然后是汤匙。在递给她每样餐具时，教师会手把手的教她演示与餐具相对应的符号（图9-2）。

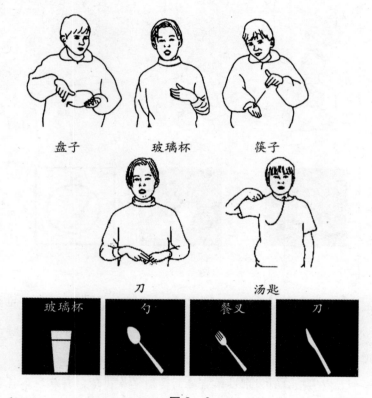

盘子　　　　玻璃杯　　　　筷子

刀　　　　汤匙

| 玻璃杯 | 勺 | 餐叉 | 刀 |

图9-2

　　在开展一项活动的同时教师也可以使用指示性的符号。如果活动是个体熟悉并频繁重复的，它们能够同时提供教授指示性符号的最佳情境，为后期的脚本和叙述奠定基础。

　　对由符号导出的预期行为的反应采用的策略，对教授个体使用更多的表达性符号同样有用。教师可以使用一个指示性的符号代表一个领域性的符号，当个体表达指示性的符号时，教师可以让个体选择两项或更多的活动。个体的选择是表达性训练的一种形式。领域导向策略采用的这种形式可用在个体想要某物或者希望做某事的情境中，但也可以用在命名的情境中。

　　艾琳是一个有自闭症的 15 岁女孩，她很喜欢手工艺，还学会了刺绣和编织。她的手工课用"工作"这个符号来表示。当她的老师取出一篮原料时，她可以在"缝纫"和"编织"中做出选择（图 9 - 3）。

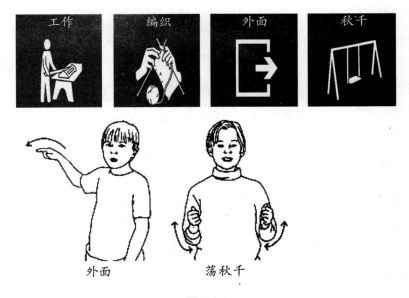

图 9 - 3

　　领域导向策略的一个重要优点是帮助个体描述符号的用法，因为几个不同的符号可以涉及同一个总的情境。因此有必要缩小每个符号的用法，就会增加个体在熟悉的活动中参与较长时间社交的可能性。

　　不论在表达能力的训练中，还是在理解能力的训练中，都可以用来表示具有一个或多个共同特征的若干活动的符号是扩大个体符号词汇量的一个好的起点。比如，"户外"（OUT）这个单词可能用来指代各种不同的户外活动，但这个符号不能妨碍个体学习自己喜欢的户外活动的具体符号。比如"荡秋千"和"滑行"是两种具体的户外活动（图 9 - 3）。因此，在没有使用其他具体符号的情境下，应该首先学习"户外"这个单词。这样做的最佳方式是创造一个情境，这一情境中"户外"的意思是要求个体在两种活动中做出选择，以免"户外"这个单词与表示不同具体活动的符号产生混淆。这意味着教师应该首先教个体在两种户外活动中做出选择，然后使用"户外"作为领域性的符号。一旦个体学会"户外"的符号，就可以扩展到更多的活动中。需要说明的是这种方法与基于符号引导期待行为的扩展方式的顺序是相反的，这也是效果好的符号教学灵活多样的一个例子。

使用表面导向和领域导向两种策略扩大词汇量并不矛盾。通常这两种策略的结合会使效果最佳。如果教师仅依赖表面策略，可能会为个体提供很大的活动词汇量，但也存在一种风险，即个体只会在活动开始前而不是在活动过程中进行沟通。另一方面，如果教师仅依赖领域策略，教学集中于很少的话题，比如，"身体结构"或"神话故事"，可能会教给个体学会表达这些话题的词汇，但不会拓展到其他方面。环境中的人可能刚开始时饱有热情，但大概不久就会对谈论同一件事情感到厌烦。因此，不论是情境中的个体还是群体，他们都不想一直谈论选择性的话题，但个体已习得的符号会使他很难谈论其他的事物。

符号对比

正常发育的孩子学习说话时，他们自然而然的假定不同的单词有不同的用法（克拉克，1992）。但研究者不能直接推断出重度沟通障碍的个体同样可以自然假定他们学习的符号有不同的用法。虽然如此，这一假设已经引发了一种排除策略作为在教授重度学习障碍的人学习理解时介绍新符号的方法。教学可以是：在给个体一个手势的同时给他一个特定的食物。当手势出现时，如果个体学会了自己去拿食物，教师就可以介绍一种新的食物，把它和个体在得到第一个符号后取得的那个食物放在一起。然后再呈现新食物的符号，让个体拿新的食物。个体之所以会拿新的食物，

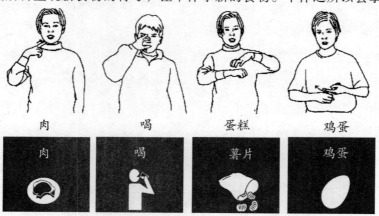

图 9-4

是因为他知道在拿到那个食物之前肯定会呈现另一个符号。例如，肉这个单词可能跟饮料这个单词放在一起学习（个体熟悉饮料这个单词），薯片和蛋糕放在一起，吐司和鸡蛋放在一起（马克尔温，1984）（图9-4）。这种方法看起来是理解能力训练的最佳方式，但做一些改变后，它也可以用于表达能力的训练。排除法还可以用在教"求助"和"什么"的时候，方法是用新的有吸引力的物品与个体已经熟悉的物体一起呈现（为了使个体更容易理解他能使用符号来获得物品）。

如果理解符号对比的趋势成了健全的现象，那么它有着很重要的理论和实践意义。例如，它意味着，当个体看上去不能区分两个符号的用法时，不是由于他把两个符号理解成了"同义词"，即它们具有相同的意思，而是因为他不能从词源上区分两个符号，或者因为符号所属类别的差异不够明显。同样可信的是，先前的教学用不同符号使用的奖赏和其他形式的奖励已经导致了一个不学习不一样地理解和使用符号的"自然"趋势，因为这些符号都满足于同一种沟通结果。

适当的姓名符号

一种环境不可能仅由物体、活动和事件等元素构成，还包括人物。家庭成员、同龄人，教师还有其他人在个体生活的所有方面都起重要影响，并且，自闭症和重度学习障碍的个体也都表现出个人偏好。在个体谈别人和不是他自己做的事情时，姓名符号的使用是必要的。在环境中的人们通常只讲他自己在做什么，有些干预项目也主要集中于此（如邦迪和弗罗斯特，2002）。姓名符号对于打破这种教师造成的局限，拓展谈话的主题很重要。有学习障碍和自闭症的人通常对谁在场，他们环境中的人正在做什么很感兴趣。而且，当给他们一个合适的词汇和机会去使用替代性的沟通形式时，有些个体会花大量的时间跟其他人交流。他们可能掌握了大量关于姓名的词汇，包括家庭成员、同龄人、教师和他们熟悉的人（莫莱和冯·特茨纳，1996）。另外，姓名符号会典型地表达句子中的语义角色"代理人"，因此它对促进符号句子的建构很重要（见第十章）。

通常很难找到直接教人名的好方法，因为姓名符号的实际使用很少会产生立即的沟通效果。对有重度学习障碍和自闭症的人而言，也很难理解这些符号是什么意思和如何去用。最简单的也是最佳的方式，大概是在一些尽可能相关的情境中使用姓名符号。一种可能性是使用适当的姓名作为指示性的符号。在幼儿园、学校、机构和庇护所，员工的变化通常是重要事件。一般情况下，个体都有自己喜欢的对象，他们是个体特别依赖的人。由于这类机构中，员工流动是很自然的现象，所以很难对员工的变动做一个整体的评价，而且对个体而言，想要知道哪些工作人员会出现，通常是一个难题。员工的变动通常会发生在个体对他们还不了解的情况下，使个体很难对情境有一个整体的把握，这会增加他们不确定、迷惑的感觉。例如，个体期待出现的那位员工一旦离开，如果他把员工的离开归因为自己之前做过的某件事情，那么他就会将这种情况理解为对自己的一种惩罚。对很多自闭症的个体而言，没有能力预测事件和要发生什么事情，会使他们产生恐慌。对重度学习障碍的个体而言，也很难弄清到场的工作人员是谁，很难理解为什么有人不在。姓名符号的积极使用能确保沟通障碍的个体一直都知道哪些工作人员在场。当个体知道在场的人是谁时，也会增加主动沟通的可能性。

实际操作中，每位工作人员要让每个个体知道他们已经到了，并同时使用姓名符号和活动符号，告诉个体应该做什么和他应该跟谁共同做这项活动。对使用手势的个体而言，工作人员应手把手教个体表达她自己的姓名。每位员工和情境中的其他成员都必须有自己的符号。员工使用手字母时，姓名的符号应该是员工姓名的第一个字母，因为在向使用手语的聋人介绍自己时通常使用这种方法，但是最好建构一种手势符号，因为很多成员的首字母都是相同的。在图形沟通中，姓名符号通常是一幅画，或者是一个人的照片，教师会教给个体去指认。不过，触摸式符号是一种不同的形式，比如用木头作的或用与这个人相关的物品模型作的。对那些具有一定语言技能的个体而言，给他们呈现图片或者演示手势已经足够了。在干预的后期再用姓名符号来谈论工作人员和其他人。

> 保迪尔，43岁，女，重度学习障碍。她的图片词汇的三分之一是由照片形式的50个人名构成的。在干预期间，从她的沟通表现中发现，她感兴趣的主要对象是人，并且她真诚地需要与他人分享体验，用词汇表达她的想法，并把握在与人相遇时自己积极的和消极的情绪（莫莱和冯·特茨纳，1996）。

不考虑个体一般沟通中用的符号类型，在职业场合，在墙板上写出哪些人在，哪些人不在会有用。

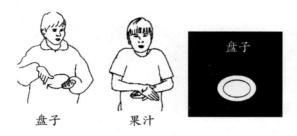

扩展用法

扩展符号的用法在很多方面同扩展符号词汇量同样重要。扩展用法指的是在若干不同情境和与多种其他符号的关联中，采用一个特定的符号表达一个物体的几种不同的特例，或表达同一活动的几种表现形式。教授扩展用法时，所教物体或活动的变化是系统的。例如，"碟子"可以指大的和小的碟子，也包括各种不同颜色的碟子。练习"果汁"的符号时，情境的变化可按照玻璃杯和茶杯的不同而变化（图9－5）。

盘子　　　　果汁

图 9－5

扩展用法也指换新的方式使用有些符号。当个体知道怎样使用一个特定的符号获得什么东西时，同样的符号还可以用来命名和评论。请注意并不是说所有的符号都必须先用来获得什么。练习命名通常与对"什么"这个符号的回答有关，意思是"那是什么？"一个人可能很难理解为什么他要回答这个问题，但是这一活动在儿童和成人的早期互动中较为常见，目的在于通过命名达到社交的效果。评论不想要的东西对一些有自闭症的人来说是相当高级的沟通技能，但个体和与他们有联系的人可能喜欢坐在一起给物品、活动和图片命名。设计一种参与论的情境会很难，但设计不寻常和有趣的情境常常很适合。

　　比尔是一位三岁的重度残疾的男孩。曾试着教他给球命名，但他对此没有任何兴趣。一天，一位助手悄悄的站在教师的后面，坐在与比尔相反的方向，手里拿着一个很大的球，举过教师的头顶，假装想把这个球扔出去。当比尔看到这个场景时，他兴奋地指着教师，并说出了听起来像球的发音（哈利，阿尔珀特和 Anderson，1984）。

教授命名的一个主要目的是在一个人按新符号提示获取什么东西的场合。在不做特殊训练的情况下，个体用来获得物品的符号的数量将会增加。所以命名教学是教授新符号的一种更加经济实惠的方式。命名和用命名对事件做评论的愿望都意味着命名不应当仅仅被教来用做回答"什么"。这些符号对回答问题和其他不同情境下的沟通都是有用的。例如个体也可以使用"什么"这个符号把沟通同伴的注意力吸引到他想知道名字的物品或活动上或评论正在发生的事情。在这种教学情境下，教师和个体应该轮流的进行命名和提问的练习。此外，"什么"在自然情境中突然发生有趣的事情时也很有用。

安德鲁正和他的老师在外面散步，这时一架直升机飞过头顶，安德鲁指着直升机，并使用"什么"的符号，教师就教给他如何表达"直升机"的符号。

以个体使用"什么"符号开始的情境通常能为教学产生良好的条件。情境是个体自己基于他们想要获得信息的愿望主动发起的，信息包括一个人、一个物品、一件事或一项活动。个体和他们的同伴将注意力都集中于同一个物体或事件上，个体有兴趣，有动力学习新符号。通过使用"什么"这个符号，个体还能获得有关"新"兴趣的信息。因此，"什么"符号的使用会逐渐导致由使用者更多掌控的符号词汇量的增长。在个体偶尔问起新的物体或活动名称的时候，在可能的时候为他们准备一本综合的可用手势词典，是个不错的想法。同样，只要有现实的可能性，个体应当一直尝试掌握尽可能多的已有的图形或触摸式符号。

个人符号词典

符号干预一开始就应建立个人符号词典。在个人符号词典中，每个符号的翻译或注释应按照字母的顺序进行标记，包括哪些符号是教授的，哪些是使用的，哪些是理解的，或者既需要理解又要使用的符号。词典还应该包括手势通常如何演示还有个体怎样演示它们的描述或图画。每个符号的录像刻盘资料也很有用。

至于图形符号，除了符号以外，词典里还应该包括个体如何做手势的描述，还有，他是否使用固定的组合符号表达出沟通板上没有的词汇意义。触摸式符号的词典应该包括符号的图画和如何选择这些符号的描述。

个人符号词典应伴随在个体所有的日常环境中。在符号词典的帮助下，任何一个接触个体的人都能很快的了解个体所使用和理解的符号。如果符号词汇和组合符号的数量增加了，符号词典也能协助人们将个体已经习得的词汇记录下来。

符号词典也代表一种获得扩展个人符号用法新途径的方式。例如，教师看到一些行为符号，就试着找一些能与行为符号一起用的表达物体的符号。反之，如果教师看到一些物体符号，就找一些行为符号（或其他符号），为了在表达这些物体时能一同使用。这两种方法都是领域导向型策略的例子。词典还可以帮助教师更容易的确定是否个体需要用符号来表示一些元素，比如行为、物体、属性、人、地点和想法等。

符号词典不仅对个体环境中的其他人很有帮助。个体自己从中也受益，并且如果可能的话应该与个体一起制作这个词典。可以将词典按领域进行划分，或者用其他方法划分以方便那些不识字的人能找到特定符号。符号词典将会成为一种读者类型，个体可以为之骄傲。因为书面的注释同符号列在一起，对会使用手势和不懂手势的人之间的交流而言很实用。

表达性语言群体

表达性语言群体的异质性很强。有些人是学习障碍者，即便他们的主要问题是缺乏表达工具，采用一些前文讨论过的教学方法是有用的。其他属于这个群体的个体有知识技能，或有轻度的或中度的学习障碍。但对表达性语言群体而言，学习障碍并不是他们需要借助表达工具的原因：他们的特点是理解能力和表达能力之间有巨大的差距。局限在于个体口语的缺乏（对大部分人而言，并不是所有人），个体要有采用沟通辅助手段的运动技能。

本节集中讨论具有良好口语理解能力和基本词汇量的个体。很难精确的界定哪些是"基本的"词汇，但数量大约在 1 000 个符号或更多算是一个合理的估计。不过，很难在没有学过写作的使用沟通辅助的个体中找到这么大数量的表达性词汇。在一项具有良好口语理解能力，使用沟通辅助的 5～10 岁孩子的研究中，平均图形词汇量大约是 300 个符号（冯·特茨纳，1997a）。对比发现，300 个词汇量同样是能正常说话的两岁孩子的平均表达性词汇量。六岁的孩子平均能产生 14 000 个词汇。

表达性群体中的有些个体使用手势作为主要的沟通形式。他们在获得新符号上，不会与使用图形沟通的个体产生同样的问题。但他们在学习手势时，也可以从这里提到的策略中些许获益。

使用者的参与

学会使用图形符号表达自己的个体，即便有良好的口语理解能力，他们掌握的词汇量也是有限的，因而一种符号的选择也许会以牺牲另外一种符号为代价。它代表了更广泛社交参与的一个很大的障碍。沟通辅助中的词汇决定了讨论的主题和可能的会话。现有的文献研究反复强调，沟通板上符号的选择应该以使用者所处的特定环境为基础。但是，大部分研究都过于强调有关照顾或护理等等的符号，尽管个体本人事实上很少谈论照顾或护理或类似情况的话题。个体需要能运用于各种各样情境的符号，并且这些符号能反应个体的兴趣，使他们能用来谈论更多的话题。

通常由专家来决定哪些图形符号应该呈现在个体的沟通板上。为了确保符号的实用性，很有必要让使用者尽可能多的参与到符号的选择中。符号的使用者参与符号选择过程对年长的孩子、青少年和成人尤为重要，但也应当试着让年幼的沟通辅助者也参与进来。实施参与计划，要审视儿童通常参与的情境和喜欢参与的情境，还包括广播电视节目，儿童正在使用的图形符号词典，其他符号表，常用词典以及最近给孩子阅读过的书籍。进而，孩子和提供帮助的成人一起讨论词汇和与其对应的图形符号，还包括使用这些图形符号的时间和方法。这样的讨论能帮助教师了解孩子的口语理解能力和生活状况，也能作为帮助孩子改善环境的线索。只要有可能，就应该让孩子自己选择符号。如果在成人看来有些图形符号对孩子很重要，那么可以在另一合适的场合告诉孩子，比如写一个短句：我为你找到了一个有用的符号。

扩大符号的使用环境

许多表达性语言群体中的个体有严重运动障碍。他们缺乏运动能力，可能比同龄人经验范围更狭窄。为了扩展符号的用法，他们必须有机会参与到各种情境中。幼儿园和小学是儿童所有环境的重要组成部分，但对运动障碍的儿童和青少年而言更重要，因为他们除了校园环境以外，很少参与休闲活动和户外活动。沟通教学通常是在学校开展的，按照幼儿园和学校内在的要求安排计划。甚至儿童的词汇学习主要以每天的教学安排为基础。专业人员应当从"学校思维"中跳出来，寻找扩展情境的各种项目。这并不总是一项简单的工作，对教育者的创造力和想象力充满挑战。年轻的帮助者（兄弟、姐妹和同伴）能在扩大不同情境的参与范围上发挥重要的作用，但他们也需要一些帮助和指导，需要知道如何使环境适合他们有障碍的同伴。

为了使一个扩大化的环境能促成符号的扩大理解和使用，个体在需要过沟通工具的任何时候都能有途径得到它们。对获得沟通工具的任何限制都意味着沟通的减少。但在校外和特殊的教学情境中，获得沟通辅助的途径通常很贫乏。很多坐在轮椅上的儿童和青少年的沟通板放在他们身后，当他们想说话的时候必须找人要沟通板。但对有些儿童，请求帮助可能是很难的事情。这也意味着正是成人控制着谈话可能发生的时机。他们可能会在自己想交流和他们认为儿童或青少年想交流的时候才拿出沟通板。

使用沟通板有一个难题，就是在人们有很多交流的情境里不那么容易指出那些图形符号。这些情境如，洗漱、吃饭、森林郊游、车里或者睡觉前（家长通常认为这些情境是沟通的好机会）（冯·特茨纳，1996b）。眼神注视可能是替代性的沟通方式，但每个图形符号之间必须有足够的空间，并要放置适当，使人们能跟上个体目光注视的方向而不致误解。在有些情境中，沟通同伴可以穿上一件贴有图形符号的马甲，以便个体目光注视，或者通过依赖性扫视的方式选择符号（即沟通伙伴指符号，当他指向正确符号时由个体来确认）。但沟通板应当由辅助沟通者拿着，而不是由沟通同伴动来动去。

吃饭时间和护理

尽管在洗澡、上厕所、吃饭（除了食物种类的选择）、睡觉等时间通常人们不能使用情境化的沟通板沟通，重要的是个体能在这些情境中沟通，因为运动障碍的个体通常在吃饭和护理上花费很长的时间。不过如果仅仅谈论食物，就是说只谈个体想吃什么或者喝什么，吃饭期间的会话会很快变得索然无味。没什么人提到这一点因为正常吃饭的时候没什么机会需要选择。与其他人的谈话进行对比很重要。其他儿童和成人大多谈论他们已经做的事情或者想做的事情，还有很多其他话题。他们会花很少的时间去谈论他们吃的食物（Balandi 和 Iacono，1998）。为了促进吃饭时的谈话，应该在儿童通常坐下，被安置的位子放一套有用的符号，以免它们被压在碗碟下面或由于其他原因被遮挡了。另一不错想法是使一些带有领域性符号的沟通板随时待用，当有更特定的话题产生时就能用。

把沟通板带到浴室不容易，但可以把象形文字、布里斯符号或书面的词汇贴在墙上。这应该包括那些在特殊情境中重要的符号。对年幼的儿童而言，这可以是他们喜欢的一张洗浴玩具的图片，对年长的儿童和成人而言，诸如"热"、"冷"、"停止"、"更多"和"淋浴"这些符号很重要，以便他们说出这一情境中的体验以及决定是否应该改变情境条件（图9-6）。不过这一情境中也可以谈论一些其他的话题，尤其在个体喜欢洗澡并常洗的情况下。护理是很耗费时间的，如果个体有机会进行交流，它就是有益的，即便这意味着护理的时间会更长。

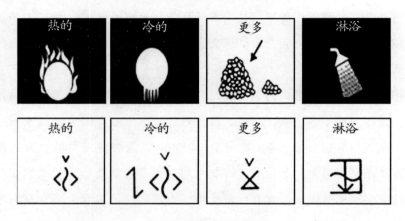

图9-6

广泛性运动障碍的个体一般需要一些可以用来表示给帮忙的人个体如何体会他们的操作的符号。这样的符号还能使个体指导那些对他们不太了解的人。当运动障碍个体有符号使其他人易于调整适应他们时，这种调整会变得更加自然，因为帮助者会变得更敏感并期待得到指导。这对情境的整体改善也有帮助（达尔霍夫，1986；哈根，波尔特和柏林克，1973）。同样在牙科诊室中设置一块领域沟通板很重要，以便更好地掌控儿童和成人，使他们有可能表达痛苦和不舒服，以及从病人的角度看牙医的治疗是对的（西伊，穆尔和特萨姆苏伊斯，1993）。

在车里

车里的沟通很难进行，因为司机必须注意路况，还因为摇晃和转弯都会使手势变得不精确。同时有很多要看的事物，有很多情境本身也要观察，车号牌、鲁莽的司机和路上的家伙通常是儿童注意的对象。这种情境中很难让个体接触大量词汇，但如果有几个的图形符号存在，如果个体具备一些运动技能，再加手势符号，可以使情境变得相当积极和有趣。沟通辅助的工具可以是一个导航器，如果车途遵循熟悉路线的话它能在十字路口说出"右拐"、"左拐"和"直行"。"右拐"、"左拐"

和"直行"可以用来指明兴趣点所在（图9-7）。一个带有合成的或数字语言的装置能减轻沟通的障碍，因为沟通同伴不用互相对视。（这种技术装置能连接到车内的打火插座上。）如果车里坐着几个人，可以利用依赖性扫视，如果座位的安排使个体很难看到沟通板，可以大声读（听觉浏览）。如果有一个特殊的目的地，或者途经一些特别有趣的地方，这可以提供一个介绍新的图形符号的好机会，成人可以用来支持他们自己的评论。一个人也可以时不时在需要观看或讨论的地方停一下车。如果一起旅行的几个儿童都在使用沟通辅助，成人可以转达他们间的谈话。

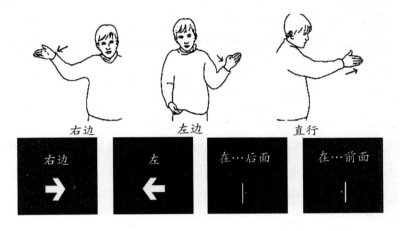

图 9 - 7

床上和夜间

许多运动障碍的人上床和下床需要帮助。有些人还会频繁的生病，需要长期卧床，所以他们在卧室里的沟通机会很重要。家长时常坐在孩子的床边，做小的谈话，给孩子大声读童话故事，并跟孩子谈论发生在他们身上的事情。这种和其他类型的谈话帮助能为残障儿童提供一种由许多儿童活动建立的相同文化基础。

有时孩子能在夜间沟通也很重要。孩子哭泣或焦躁不安的原因可能是他口渴，如果孩子能说出自己的需求，家长给他喝点水，这样每个人都能安然入睡。但是孩子哭泣也可能是因为做了噩梦或者患有疾病。

凯瑞，9岁女孩，患有脑瘫，她正在使用布里斯符号。一天晚上她从床上摔了下来，被睡梦惊醒，开始哭泣。妈妈过来安慰但不管用。在手电筒灯光中（为了不打搅凯瑞熟睡的姐姐），凯瑞解释说她梦见自己能走路了，就想试着下床，结果跌倒在地。重要的是凯瑞与他人分享她做梦的内容，使她母亲知道她想法和感受，以便就此跟她沟通，针对她的悲痛原因抚慰她（麦克诺顿，2003）。

有时要花父母很长一段时间找到问题的症结，结果导致他们睡眠不足，第二天早晨脾气也不好。在墙上贴几个图形符号或者在孩子床边小站片刻可以帮助减少失眠，也能使孩子感到更安全。

增加符号获得的途径

沟通板的实际设计和图形符号的数量取决于个体的运动技能和指点或浏览符号的方式。如果他采用直接选择的方式，那么符号不能太小，否则沟通同伴会时常误解个体所指的符号。因为沟通板上能呈现的符号数量有限，所以选择的词汇必须一直最好地适应使用者的运动和语言能力。这也意味着教师或监护人有必要变换符号而不是仅仅增添新的符号，并且有必要准备不止一个沟通板或好几页的沟通本。使用电子辅助，几乎不会限制符号的数量，但个体要花很长时间去找要用的符号，而且有太多不实用的符号。

事实上目前还没有就不同词汇具有的沟通效果进行研究。卡尔森（1981）提到一个没有使用过沟通板的儿童在词汇变化的时候开始使用它了。有时提供给孩子的词汇不够他们表达自己感兴趣的事物。例如，告诉妈妈，老师的口袋里有一个长颈鹿的玩具，这可能是一件几乎不能完成的沟通任务，即便对于具有良好口语理解能力的儿童而言也是如此。因为，沟通辅助中没有可用的词汇，如果事先不知道，也很难猜测孩子想要表达什么。

除了词汇应当是"有用的"这一事实，关于如何以最佳的方式建构词汇以支持沟通技巧和能力的发展尚未得知。不过，有完全充分的理由相信，仅仅强调一个总的词汇量（即一个表面导向词汇量的扩大），会增加沟通主动性的缺失以及受到限制的谈话，因为它们是在谈话中用来介绍话题的，而不是阐述话题。如果仅采用领域导向策略，话题的数量会变小，沟通同伴也会产生厌烦。在发展词汇时将表面导向策略和领域导向策略结合起来，个体可能更容易表达出一些新的东西，也能进一步深入话题，因而能帮助个体完成自己对谈话的贡献，将这种方式持续下去，沟通同伴就不会失去兴趣。

　　在关于沟通板的讨论中，通常强调由少量的词汇（核心词汇）构成交谈的主要内容。这种观点认为用核心词汇有效地沟通是可能的，如果对话涉及的是表面化的内容，那么这一观点在某种程度上是正确的。与此同时也有特别调教给个体一些常用词汇的，以使他们有机会用来表达日常的基本需求。如果个体有机会谈论任何事情而不是仅仅停留在表面，能表达任何事情而且超出基本需求，他们接触的词汇在实际的沟通情境中和对谈论的话题而言一定是有用的。由对应频繁使用的一般词汇主要符号构成的沟通辅助不会对谈话技能的发展做贡献，因为使用者会依赖沟通同伴提问题和做评论。可能的结果是基于是/否问题和答案的一种谈话（见第 12 章）。

　　一个儿童词汇发展性重组要求变换图形符号，这有多个理由。如果不断地加入新符号，词汇量会变得太大，即便有些符号会转移到其他的沟通板。因此有必要优先给一部分词汇。再者，沟通同伴所看到的词汇对个体是被如何评价的很重要，这个词也决定着同伴将讨论哪个题目以及怎样开始会话。沟通同伴倾向于认为沟通辅助者比他们的实际年龄小（沙恩和科恩，1981）。如果沟通板上的符号是孩子气的，这种倾向就会加强。由于这个原因，有必要在孩子长大些以后从沟通板上移除玩具熊的符号，即便正常发展的青少年和成年人也会谈论玩具熊。

　　甚至当使用者有好几个沟通板的时候，也应有词汇量能增大到多少的明确限制。一个主要的沟通板和它的子沟通板，还有其他更小的沟通板，可以组成一个树状的结构。使用好几个沟通板就很难给词汇贴标签，因而就会不切实际。不过基于计算机技术采用动态屏幕的沟通辅助，可以解决这个问题，因为沟通板不占多少物理空间。如果个体能在三个不同层次的四个图形符号中进行选择，那么他能获得 64 个符号的词汇量（4×4×4）（图 9－8）。每页安排三种层次的符号，每种含有 16 个符号，这样个体就能获得 4 096 个符号（16×16×16）。如果个体的双手有一定的活动能力，就能很快地够到每个符号，如果个体有严重的运动障碍就会花相当长的时间。不过一个主要问题在于要对符号进行编排，以便个体在任何时间都能记住符号位置，而不需要任何其他形式的视觉支持，仅需要看屏幕上显示的沟通板。要有总共 256 个（16×16）不同的屏幕，带有每层次含 16 个符号，一共三种层次的搜索结构。

　　怎样对沟通板上的词汇进行构建，以便能与孩子的认知和语言能力的发展同步进行，仍然是一个尚未研发的领域。词汇表应该允许儿童保留他自己形成的符号使用策略，也要在他的使用策略上进行构建词汇。树状结构不是唯一一种可信的搜索

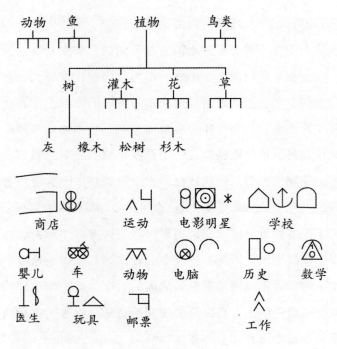

图 9－8

词汇结构，个体同样还可以使用一些科学技术，比如最小化语言。当对个体每天参与的情境做描述时，教师应试图找出能促进更深入会话的核心"领域"。对年幼儿童，诸如停止，婴儿，骑车，医生和玩具等核心领域符号可以同角色扮演、游戏和其他的活动结合起来使用。对年长的孩子和青少年而言，需要提供一些与他们的兴趣相关的词汇，比如运动、流行音乐、电影明星、动物、计算机、邮票和书籍等，或者与学校相关（如校史、数学、地理等等）或与工作相关。他们也可以有为特殊的沟通环境设计的比较小的沟通板。在家里、学校、儿童俱乐部、街上遇见同伴等，都会有特定的词汇。

制作领域导向型和情境依赖型的沟通板时，老师可以把个体知道和不知道的符号都包括进来。沟通板上不仅要反映出一个孩子或青少年已经习得的符号，还要为他们提供独立探讨新符号使用的可能性，方式与会说话的儿童尝试解读他们近期听过但以前没学过的词汇意思一样。这样，沟通辅助就能支持个体的表达性（也许是易于接受的）词汇。除了增加一些儿童需要的新符号，沟通板也需要进行系统的更新和定期的修改。比如，一年四次，以便个体的发展不受现存词汇的限制。同时，保留辅助工具的整体结构非常重要，并且每个符号都必须有相对固定的位置，以便个体不必发展新的搜索策略或者在找自己熟悉的符号上浪费时间。

领域沟通板的引入对不得不去设计适应个体获得符号的沟通情境的沟通同伴和专家都有积极影响。这样，就会大大增加个体参与多种类型语言活动的可能性。看到新沟通板的成人、其他儿童和青少年在跟沟通辅助帮助者说话时，就会谈论新的话题。含有有趣词汇的沟通板可能会使更多的人愿意开始跟使用者进行会话。

使用组合符号扩展词汇量

当辅助沟通者不会写字时，又没有可以用来表达的图形符号，他就要通过另外一种方式说话。最常见的方式是将两个或三个符号组合起来表达一个通常口语单词就能表达的意思。（手势词汇量有限的人也可以使用这一策略）。比如说到象棋，个体可以用"游戏"和"正方形"表示。但这种组合也能解释为"扑克游戏"、"骰子游戏"或"跳棋"，如果这些符号都没有表现在沟通板上的话，个体可能有义务在沟通同伴理解使用者想要说什么之前给出几个更多的线索，比如表示"大人物"在游戏里指的是国王。这种组合方法叫做类比法。五岁的耶厚纳森（Yehonathan）把布里斯符号的汽车、一起和男士三个单词组合在一起表达"出租车"的意思（索托和 Seligman－Wine，2003）。凯丽用想和睡觉表示"做梦"的意思，用想和困难表示"问题"的意思（麦克诺顿，2003）。采用类比法，很难估计使用布里斯符号和其他系统的个体掌握的表达性词汇的真实数量，布里斯符号和其他系统的使用会有可能通过组合符号产生的新意思。

布里斯符号的用法是基于类比法之上的。原则上，使用者应该从基本的布里斯符号中建构出任何等同的口语词汇。因此在扩大替代沟通中，类比法主要与布里斯符号联系。不过类比法在画谜中也很常见（图 9－9），基本上任何图形系统中的符号进行组合都会产生新的含义。如果没有其他的符号表达这些概念的话，象形文字中的房子＋信件可以指"邮局"，房子＋体育可以指"健身房"，而画谜中的人＋照明可以指"电工"。七岁的森德用"教堂"和"书"两个单词表示"圣经"的意思（布雷克和冯·特茨纳，2003）。不过类比法也可以是真的隐喻，比如孩子用腿＋床＋房间三个词来表达他的腿在"睡觉"。

类比法对孩子和沟通同伴都提出了很多要求，他们要有基本的认知能力，使用沟通辅助的人必须知道沟通同伴能理解的事物（Vance 和韦尔斯，1994）。沟通同伴必须知道沟通辅助的内容，还要有很好的想象力和移情的能力，这样才能理解孩子

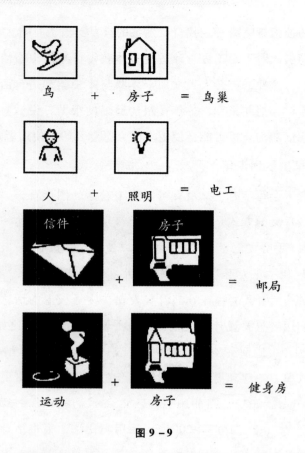

鸟 + 房子 = 鸟巢

人 + 照明 = 电工

信件 + 房子 = 邮局

运动 + 房子 = 健身房

图 9 – 9

想要说的话。不过，即使不那么复杂的表述有时候也很难进行沟通（见第二章）。因此类比法的使用假定那些要用图形系统的人被教会了如何用组合建构新的意思。关于现成的符号组合和使用布里斯语法进行的符号组合已经强调的太多了，比如反义词，复数和动词。通常的沟通同伴也应该得到充分的教育（见第十二章）。但是儿童应当学习使用这个系统，采用方法应当是，他们能够与沟通同伴进行交流而无须事先就懂沟通系统。这样做的一种方式是采用有相当多现成组合的电子沟通辅助工具，其中相应的口语词汇或者表现在屏幕上或者用人工语音清楚地表达出来。不过，一个积极的辅助沟通者要经常地参与到谈话中去，去表达他没有的符号，也没有现成组合但想说的意思。另外，他需要有办法用普通沟通板上的组合表述新内容，因为电子辅助不可能在所有的情景中都适用，而且偶尔坏了还需要修理。

自我创造策略

不同于口语发展正常的孩子，培训对使用辅助沟通的儿童作用很重要。但辅助沟通者不仅会使用他们已经学习的策略，还能发明他们自己的策略。有时，他们用符号表达的意思与符号的书面解释有很大的出入。森德采用隐喻的方法理解象形文字手枪的含义是个很好的例子。

> 森德，六岁，重度运动障碍。他有很好的口语理解能力，也会用象形文字做表达性沟通。有一天他和同学一起乘船游玩，回来以后，老师跟他谈起这次游玩的经历，并分享他们的愉快时光。森德反对老师说这些，他却说"手枪害怕晕船"。因为他们在敞舱的船上，森德坐在轮椅上，轮椅被绑在甲板上。行驶中的船遇到了风浪，有点波动，森德很害怕，觉得不舒服。这种情境下的手枪被用来表达"危险"的意思（布雷克和冯·特茨纳，2003）。
>
> 这是森德要求将手枪这个单词放在他的沟通板上的。老师本以为手枪表示印第安人和牛仔，或者警察抓强盗游戏的，但在很多情境下，森德显然把它当成了"危险的"意思，他没有相应的符号表示这个意思。

另一种策略是使用部分象形文字。森德指着象形文字医院上的十字架说"红十字"（布雷克和冯·特茨纳，2003）。

有些策略是儿童在使用象形文字过程中自发创造的，它们也同样包含在布里斯策略里，但这些策略在孩子学会布里斯符号之前就采用了。这说明语言的运用具有创造性，儿童会用他们已经获得的技能和方法，去解决沟通带来的挑战。有时这种创造也会给沟通带来很大障碍，就像森德把象形文字"脚趾"讲成他爸爸的背部有问题。当他爸爸的背犯病的时候，他就躺在沙发上，伸着腿。于是"脚趾"便是这一情境中最突出的元素。另一个例子是森德将夹克、帽子、书架和衣橱这些词放在一起表示"看望外祖父"。这一语境中，森德用夹克指代"来访者"，帽子指代经常带着帽子的"外祖父"，衣橱和书架是指外祖父家门廊里的家具。森德把"外祖父"的符号放在沟通板上，但在挪威，对爸爸一方父母的称呼和妈妈一方父母的称呼通常是有区别的，所以对森德而言，外祖父和爸爸的爸爸指的不是同一个人（布雷克和冯·特茨纳，2003）。这些例子表明，老师不能仅仅根据他给儿童的训练看孩子的沟通是否正确。当孩子在以一种看似错误或不寻常的方式使用符号时，老师和参与沟通的人很重要任务是尝试找出孩子如此进行符号表达背后的意图。儿童使用的图形符号很少是随机选择的，但反映出一个事实，儿童能自己创造语言。

现有词汇量

语言干预的一个主要问题是为特点殊异的儿童提供同样干预的倾向。这在为需要替代沟通系统的人选择词汇时表现得尤为明显。很多专家倾向于认为可以为不同的人选择同样的符号，不用充分考虑他们的年龄、兴趣和基本情况的差异。这部分地与词汇选择耗费时间有关。尽管看上去对这个问题有了相当的意识，但很少有专家愿意坐下来，同儿童的父母、兄弟姐妹和其他对儿童有重要影响的人，一起花时间讨论应该选择哪些符号。

很大的努力用到了为个体的使用构建一个现成的词汇表上，这些个体接受替代沟通系统教学或接受其他形式的语言训练（例如，Fried–Oken 和 More，1992；福瑞斯特和劳埃德 1980；沃克，1976）。此类研究的目的在于找到一个大多数人都需要并且如果提供适当都能得到的有限词汇量。这种方法基于的理念似乎是，儿童学习的词汇大致相同，学习的顺序大致相似。

现成词汇中的这些词汇是变化的。有的词汇跟特定的符号系统一起使用，而有的则按照一般原则使用，与干预是否涉及到讲话、脚本，或者手势、图形和触摸式符号没有关联。表9–1中提供了两个适用于儿童的词汇表，它们在专家文献里占有核心的位置。每个词汇表里大概有80个单词，其中32个单词是两个词汇表里共有的。他们被打算用来组成个体的最初词汇（第一个词汇表）。马卡顿沟通方式由9个阶段构成，只有前两个阶段包括在这里了，因为这两个阶段的词汇量与福瑞斯特和劳埃德（1980）建议的一样。马卡顿沟通方式是为有沟通障碍的儿童和成人，以及他们的老师和监护人的使用计划制定的。第二个词汇表主要针对学龄儿童。福瑞斯特和劳埃德（1980）在有些例子中，这两个词汇表也被有良好口语理解能力的儿童和成年人使用。在符号词汇表里，对词汇的使用是为了进行理解能力训练还是表达能力训练，是指示性的符号还是表达性的符号都不加区别。

表 9 – 1　福瑞斯特 – 劳埃德词汇（1980）（F&L）和

马卡顿两阶段（沃克和埃克兰德）（W&E）

实词	W&E	F&L	关系词	W&E	F&L
苹果		×	和	×	
婴儿		×	坏的	×	×
浴室		×	洗澡	×	
床	×		大的		×
鸟	×	×	损坏的		×
书	×	×	干净的	×	
男孩	×		冷	×	
面包	×		来	×	
砖块	×		脏的	×	×
兄弟	×		下		×
黄油			喝	×	×
蛋糕	×	×	吃	×	×
糖果		×	降落		×
轿车	×	×	得到		×
录音机	×	×	给	×	×
猫	×	×	不见的		×
椅子	×	×	早上好	×	
奶酪	×		好	×	×
外套		×	再见	×	
咖啡	×		高兴的		×
梳子		×	重的		×
饼干	×		帮助		×
杯子	×	×	这里	×	
爸爸	×		热的		×
狗	×	×	亲吻		×

续表

实词	W&E	F&L	关系词	W&E	F&L
玩具	×		离开	×	×
门	×	×	躺下		×
喝		×	看/注视	×	×
鸡蛋	×		制造		×
父亲		×	更多		×
火（加热）	×		不	×	
花	×		不	×	×
食物	×	×	打开		×
餐叉	×		玩耍		×
女孩	×	×	跑		×
帽子		×	淋浴	×	
家	×		坐		×
房子	×	×	睡觉	×	
我	×		站		×
冰激凌	×		站起来	×	
果酱	×		停止		×
小刀	×		谢谢	×	
女士	×		那里	×	
灯	×		这个/那个/那些		×
光	×		扔		×
男人	×		向上		×
牛奶	×	×	走		×
妈妈	×	×	洗	×	×
（名字符号）		×	什么	×	
盘子	×		哪里	×	

续表

实词	W&E	F&L	关系词	W&E	F&L
便壶		×	是的	×	
学校		×			
衬衫		×			
鞋		×			
妹妹	×				
匙	×	×			
职员	×				
糖	×				
桌子	×	×			
玩具熊	×				
电视	×	×			
那里	×				
厕所	×	×			
树	×				
裤子		×			
水		×			
窗户	×	×			
你	×	×			

　　因为这些词汇表是笼统的，它不可能兼顾到每个儿童的特点。福瑞斯特和劳埃德小心翼翼地说这个词汇并不一定适用于每个人，但许多个体会发现它有用。沃克（沃克，1976）认为每个儿童都应该学习马卡顿词汇，尽管其他符号也可以包括。值得注意的是马卡顿词汇表对词汇的选择、阶段划分和教学程序已经受到了严厉批评（Byler，1985；基尔南等，1982），但后来马卡顿词汇也做了修改，变得更加灵活了（格罗夫和沃克，1990）。

　　对上述两个词汇表的评论，说明想要设计出对大多数儿童都受益的最初词汇有多难，同时也表明选择的过程缺乏一个明确的标准。很多被遗漏的词汇也许正是儿童真正需要的。另一方面，这两个词汇表中许多的词汇都是与清洁和自助相关的，而儿童对使用这些词并不感兴趣。年长的儿童、青少年和成人也不那么频繁地使用这些符号，很可能因为日常照料和洗漱通常发生在固定的时间，个体不会对这个环境产生任何特别的影响。

根据拉赫和布鲁姆（1977）的建议，词汇被分为实词和关系词两种。实词包括表示人物、地点或物体的词汇。关系词用来表示物体之间的关系，包括词的类型如动词、形容词和介词。

尽管设计这些词汇时脑子里想到儿童了，但有关玩具的词汇并不多。动物的符号对许多儿童都很有用，儿童通常对动物特别感兴趣，家里也许养有宠物。"马"可以用来表示骑马的符号，这个符号既可用作治疗，又可用作许多残疾人喜欢的活动。

衣物的符号在构建的穿衣情境中可以用作指示性的符号。沃克和埃克兰德的词汇表里没有衣服的符号，但出于某种原因他们符号的设计应该直接指向衣服和身体部位而不是使用符号。福瑞斯特和劳埃德的词汇表里包括最常见的衣服，但没有尿布，"衣服"只是衣服。有关食物的符号中，插入果和糖果的词汇属于最先教的符号，因为家长和老师通常知道哪些是一个孩子喜欢吃的。沃克和埃克兰德的词汇表里没有水果的单词，但有些奇怪的是，他们的词汇里有"黄油"这个词。福瑞斯特和劳埃德的词汇表里包括"苹果"，但是没有其他水果或食品类型的符号。两人都包括了"牛奶"。还包括了"水"。但都没有"果汁"这个普遍使用的单词，而且也没有"巧克力"。

餐具和家庭用品的名字非常多。餐具的名称很有用。沃克和埃克兰德包括了"刀"、"叉"和"匙"；福瑞斯特和劳埃德包括了汤匙，但没有茶杯，也没有玻璃杯。有些家庭日用品的符号可以用来命名，但很难想象一个人能在语言获得的初期就会积极地使用它们。"电视机"是很好的表达性符号。"床"和"厕所"最适合做指示性的符号。

名称符号（人名）做指示性符号很有用，可以增进句子的使用。主"我"、宾"我"和"你"通常表达是含蓄的，但对教个体把不同的行为与沟通同伴联系起来很有用。"我"和"你"的手势通常比较容易学习，因为它们直接指向代表的那个人（一个人自己或沟通同伴）。图形沟通（包括言语）中的你和我更难去演示，因为符号所指的含义取决于使用它的那个人。所以在使用图形系统进行干预的初期，最好使用人名代替代词。

选择关系词是为了与许多不同物体一起使用，而且不像其他词那样视个体的兴趣和环境而定。"得到"、"看见"、"玩耍"和"帮助"这些词可能同很多物体和活动结合起来使用，而且使用它们可以促进新符号的获得。但是，有关特殊活动的符号在两个词汇表里都没有找到。很多符号可能在自助技能训练时有实际的用处，因此也适合作为指示性的符号使用。但是，也有些符号不太适合作为初期功能性的词汇，比如，"干净"、"脏"、"在这里"、"热的"、"冷的"、"邪恶"、"重的"、"向上"、"向下"、"和"以及"在哪里"。

沃克和埃克兰德的词汇表里包括"是"和"否"这两个单词。只有个体能理解"是""否"问题时，教授有关问题的"是"和"否"的回答才是有意义的。但许多正在接受替代沟通系统训练的个体都未实现这一条件。"是"和"否"的使用取决于他人发话的主动性（有人必须提问题）。福瑞斯特和劳埃德（认为不能用"不"来回答问题。他们同意拉赫和布鲁姆（雷赫和布鲁姆）的观点，认为"不"可以用来表达"拒绝"、"不存在"、"活动的终止"和对另一个人行为的否定等意思。从替代沟通开始学习的个体已经学会了表达拒绝的方式，所以在他们发展的初期没有必要再介绍新的符号表达。用"没了"表达"不存在"比较合适，因为"不"通常被用来表示对个体行为的拒绝。"停止"比"不"表达一项行为的终止更合适。此外，很难想出一个老师应该如何设计"拒绝"和"不存在"的良好教学情境。一般而言，"是"和"否"不适用于对口语理解能力有限的个体干预的初期阶段（另见第八章和第十章）。

要知道在现成词汇表里找到合适的符号（而不以个体自身的情况作为出发点）有多难，以下的例子可以为证（克斯顿，Honsinger，Dowden 和 Mariner 1989）。

格特，36岁，女，脑瘫，无法读写。最近给了她一个包含24个布里斯符号的沟通板。沟通板的使用对她学习最初的表达性词汇很有效，但她的理解能力表明她还需要更大量的表达性词汇。教师为她提供了一个带有合成语言的沟通辅助工具，让她在一个专家小组的帮助下自己进行词汇的选择。一旦她开始使用一些词汇，专家就会对她的环境进行描述，并生成一个沟通日记。在专家小组的帮助下，格特也复习了四种标准的词汇。

格特沟通板上的词汇总数是 240 个。大部分是一般性质的，以它们假定的使用频率为基础加以选择。不常用的单词免除了。因此词汇的选择要达到一个标准或核心词汇所要求的条件。经与 11 种标准词汇做比较，没有一个标准词能包含格特沟通板上的所有 240 个词汇，尽管有些词汇运用很广泛。大部分只涵盖了低于格等词汇的 50%。即便是所有的词汇（2 327 个单词）也不能被认为会完全涵盖格特沟核心词汇的需要。

人们已经做了大量的工作去寻找普遍适合替代沟通干预的词汇。虽说有些单词无疑会表现在大部分个体使用的词汇中，但寻找这些词汇来似乎是不可能完成的任务。不过，这样的词汇表与其他词汇表一起可以构成某种概念基础，当可能的时候，专家和其他重要的人以及个体自己一道选择手势、图形和触摸式符号。

从象形文字符号到汉字

很多个体会用汉字进行沟通。当个体达到一定能力时，常用汉字阅读和写作的教学也应该成为干预的一部分。很多运动障碍的个体在表达性群体中，已经从布里斯符号中习得了大量的表达性词汇，如果将其转化为汉字也会变得很容易。不过，获取这些词汇也会很慢，因为需要花大量的时间将基本内容结合到词汇的特点中去，即便使用带有预测功能的计算机输入系统。当使用"拼音"方法时，辅助沟道者也会遇到与用字母表写字系统的社会里儿童同样的问题。因为这是语音系统基本原理产生问题，基于字符笔划的"五笔"也许是用电脑和电子沟通辅助写作的不错的选择。

但是，在替代性语言群体的儿童中，基本没人能取得这种阅读和写作技能，在支持性语言群体中的某些个体有很大困难取得这些技能。他们会继续依赖象形文字系统。

不管是学还是不学汉字的人，重要的是他们得到图形符号去尽可能多地表达他们想要表达的意思。尽管替代沟通的使用者可能会采用特殊的沟通策略，词汇量的扩大应尽可能像正常语言发展一样。学习阅读速度慢的儿童需要通过阅读以外的方式获取知识，以免妨碍他们有良好基础那方面能力的发挥。很多文字活动（甚至电子邮件），也可以用象形文字符号来表示（德塞里奇，1997）。

发音存在的问题与阅读和写作方面的障碍有着密切的关系。口、咽和喉部瘫痪的人通常会有阅读和写作的困难。要注意重要的一点，虽然构音障碍和阅读与写作障碍之间有着密切的关系，但这并不意味着这种障碍总是因口语的缺失而产生，只有缺乏构音能力才会使个体容易产生这种障碍。如何区别阅读能力的高低尚未得知，但有理由相信个体的差异与用来教阅读技能的方法都很重要（麦克诺顿和林德塞，1995；莫利，1972；桑德伯格，1996；史密斯等，1989）。

很少有或没有口语的儿童需要得到帮助发展对语音系统和图形的意识（柏利斯卡，1994；冯·特茨纳等，1997）。图形沟通系统的使用虽能促进印刷字体所传达意思的理解，但构建它们的基本原理需要单独去教。还应当注意的是，仅仅在象形文字符号的上方或者下方出现书面文字，对个体学习阅读是不够的（柏利斯卡和麦克但以理，1995）。因此，从象形文字符号到汉字脚本不是自动就能转化过来的，还需要精细教学的促进。

为了通过声音游戏促进语音系统的意识，不能说话但可以使用标准键盘或改造过的键盘的儿童应当在早期有机会接触"人造"语言，从而有机会在传统的阅读教学开始之前就学"说话"。他们可以使用机器去"胡言乱语"，去发现单词。机器要总在身边，以方便儿童能像正常孩子学说话差不多地去使用词汇，去叙述（见：纳尔逊，1989；Weir，1966）。

有一种类似的方法也许是不错的传统阅读教学替代方式，即不让儿童学习阅读，而是学习写作。在人工语言的帮助下，计算机可以说出孩子写下的话。有阅读和写作障碍的儿童也不会总在识别口语单词时有很大的问题。这样，由电脑来做口语障碍个体觉得最难的事情（清楚表达包含语音系统基本原理的书面文字）。电脑语言输出的反馈由此支持儿童阅读能力的获得。

目前对人工语言在阅读教学中的使用，还没有系统的研究。但已有研究表明这种方法能对儿童学习字母写作产生积极的效果（厄尔布洛等，1996；科科和 内尔森，1987；施洛瑟等，1998）。它实际上也许是预防阅读障碍的最有效的方法。杰穆奎斯和山伯格（耶尔姆奎斯特和桑德伯格，1994）的研究发现，读写都好的大部分重度运动障碍的瑞典儿童，在学习阅读时都有很好的机会接触带有人工语言的电脑。对阅读障碍的儿童，可预见的系统单独使用或与人工语言结合使用，也都是一个很有用的工具（纽厄尔等，1991；冯·特茨纳等，1997）。目前，还很缺乏关于中国使用辅助沟通工具者当中人工语言的效果研究以及阅读和写作能力获得的预测研究。

最后，阅读和写作教学通常开始得太晚，而且进步很慢。很多儿童由于运动障碍不能独自看书和杂志。尽管存在教育方面的一些问题，但是运动障碍的儿童在课堂里按实际的阅读要求比起他们的同伴在阅读学习上会花很少的时间。他们得到更少的识字体验，比如别人给他们念，与父母一起讨论课文，在这种教学情境中他们很少被给予积极的角色。缺乏口语的儿童中还没有发现区别他们阅读能力好坏的同样差异。然而，专家仍建议，提高写作和阅读体验的数量和质量有益于儿童识字能力的发展（Koppenhaver 科彭哈弗和约德，1993；莱特等，1994；麦克诺顿，1998；桑德伯格，1996）。

第十章　多符号表达

本章将讨论如何促进一种语言结构的发展和对两种或更多手势的、图表的或可触摸符号的使用的各种策略。在语言的掌握过程中，一个非常重要的转折点就是从单个词或单符号表达到包含两种及以上的单词或符号表达的过渡。这样的表达方式让儿童能转述更复杂的意义从而提供他们语义和务实等多方面表现的可能性。他们可以表达更多样的内容和采用更多样的方式来应用语言。尤其是语言结构可以方便除了实物和个体本身做出的行动之外的词语或其他类型符号的获得。此外，词形变化的使用也有助于掌握更精确的和复杂的表达。

在正常的发展过程中，个体通常需要好几个月的时间才能获得最初的 10 ~ 50 个词（贝茨等，1988；哈里斯，1992）。同样的，从单个词到两个词的表达的过渡也是逐渐发生的。个体必须要有一个足够的词汇、足够好的认知、对计划的控制力并且能够清楚表达在同一话语中的两个单位（皮特斯，1986）。从单个词到两个词的表达的过渡具有非常大的个体差异性。有些儿童在 15 个月的时候就能使用句法结构，而在一些发展正常的两岁儿童中可能完全缺乏使用句子的能力。拉默（1976）发现，从掌握最早的双音节音直到 20% 的言论中都包含有两个或更多的词的时间是在 1 月到 9 个月不等。使用手语的听障儿童开始使用句子的时间和说话正常儿童的时间是一样的（梅尔，1991）。

许多使用替代性语言系统的自闭症个体和学习障碍个体无法顺利过渡到多符号表达，可能存在一些原因导致他们主要使用单一符号表达。

神经损伤可能在一定程度上阻碍了相关的认知和语言技能的获得，但可以注意到，即使重度和极重度的认知障碍个体也能使用口语句子（罗森伯格和阿贝杜托，1993）。一些学习障碍的儿童能使用多符号表达，然而这类儿童和不能使用多符号表达的儿童的区别还不清楚（格罗夫和多克瑞尔，2000；劳诺宁和格罗夫，2003）。此外，具有良好口语理解力的表达性语言群体中的儿童也倾向于创造短的图式句子，主要是单符号表达（布雷克和冯·特茨纳，2003；莱特，1985；尤德温和尤尔，1990；冯·特茨纳和马丁森，1996）。一个典型的例子是一个 6 岁的女孩和她的父母之间的沟通。在这个女孩的 114 个由图片沟通系统（PCS）组成的句子中，只有 14 句包含两种或三种符号，1 个句子有四种符号（史密斯，2003）。

对于这个群体中的儿童来说，不单单是言语障碍阻碍了多符号表达。如果他们不曾受过运动神经损害，他们可能会产生口语句子。对于那些使用替代性沟通系统的大多数学习障碍儿童、自闭症儿童和语言障碍儿童来说，情况也是如此。因此，可能存在其他原因导致他们主要使用单符号表达。替代性语言自身和在自然说话个体与沟通辅助工具使用者之间的对话模式，可能会在一定程度上决定了沟通辅助工具使用者所创造的表达结构。

一个非常重要的影响因素可能是：很多使用替代性语言形式的儿童没有足够的机会去学习用句子来表达自己的想法。多符号表达的教学和使用所受到的关注还是很有限的，因此缺乏考虑到儿童发展的可能性和限制性的、专门针对儿童句法发展的干预策略。

图形沟通的语言结构被认为主要与具有良好口语理解能力的运动障碍儿童的表达性语言有关，通常也被认为与普通书面语言的语法有关。事实上，只有少数的研究报告了自闭症或学习障碍个体能够产生图形的或手势的多符号表达（比如说，邦维利安和布莱克本，1991；富尔怀勒和福茨，1976；格罗夫 和多克罗尔，2000；格罗夫，多克罗尔和沃尔，1996；劳诺宁和格罗夫，2003；威尔金森，罗姆斯基和塞弗西科，1994）。但是，这些研究表明，在这些儿童的表达性语言中发现的语义关系能够与那些在正常发展的年幼儿童的口语中使用的语义关系相媲美。

在专业文献中缺乏合适的策略的一个后果就是，干预者在一个儿童成功地掌握最初的手势的和/或图形的符号后就不知道该如何进行下一步了，因此干预者通常就会继续使用在教授单个符号时所用的干预策略。即使这些策略有助于促进儿童成功地获得最初的手势和图形的符号，但对教授更复杂的表达来说，它们却未必是最佳的策略。此外，有证据表明，尽管无口语的儿童可能具有良好的口头语言理解能力，但图形表达却不是简单的从"内部言语"中重新编码来的（史密斯，1996；萨顿和莫福德，1998）。儿童在发展一种表达性的语言结构时，只能从成人的语言模式中得到极少的支持。环境中正常说话的个体，当他们同时使用手势符号和口语的时候，很少产生两个（或更多）语法连接标志（格罗夫等，1996）。图形符号很少与沟通伙伴的口语同时使用，它主要是在教学环节中发生的（布鲁诺和布赖恩，1986；罗姆斯基和塞弗西科，1996；尤德温和尤尔，1991）。

符号和句子

符号的选择与促进多种符号表达是紧密相关的。一个足够的和合适的词汇量是造句的先决条件。在正常的发展过程中，当个体开始造句的时候一般已经学会15～50个词，在同样的发展阶段，也该鼓励使用非口语的儿童去使用句子。许多学习障碍儿童在单词句阶段停留的时间比正常发展儿童的要长很多，而且，当他们开始造句的时候，他们通常已经获得了一个更大的口语词汇量。然而，这种发展可能不直接适用于沟通辅助工具的使用者们，因为他们的表达性词汇量相对来说往往比较小。

有些符号比其他的符号更适合于形成多符号表达，这些符号既可以帮助个体获得新的符号，又可以帮助个体使用这些符号造句。那些可以与一种以上活动或实物符号相对应的符号，非常适用于扩大个体的符号词汇。比如说："完成"和"球"这两个词可以非常容易地与活动符号对应起来，例如："完成工作"、"完成跳跃动作"、"踢球"、"扔球"。"搬运"和"坐"这两个词可以和很多实物符号结合起来，例如："搬运牛奶"、"搬运袋子"、"坐在椅子上"和"坐在地板上"。指令（或命令符号）也可以在句子中使用，比如说"去取CD"、"去取水"。在结合了一定想象力并对个体的兴趣和喜好进行考虑后，这种方法可用于表达训练。老师和学生可以轮流发出指令，因此有时候老师也得去取水或CD。这种表达也可以作为谈论某些事件的手段，并经常会和某位工作人员或其他人的名字结合起来；如"彼得拿火车轨道"、"玛丽喝完了矿泉水"（图10-1）。

核心词

在一般语言发展的早期阶段，有些词比其他词更经常被用到，而且它们经常与其他词相联系。这类词就被称为"核心词"（布雷恩，1963）。除此之外儿童词汇量中的其他词，也是占大多数的词则是属于开放类型的词。

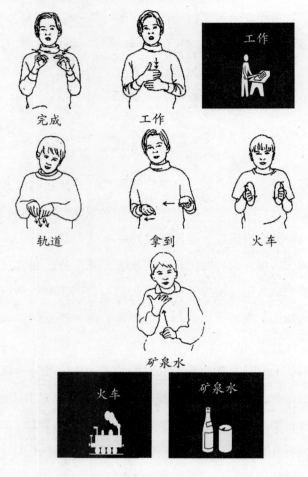

图 10 - 1

在"牛奶不见了"、"狗不见了"和"蛋糕不见了"中，"不见了"是核心词。

在"我坐下"、"玩具坐下"和"鞋子坐下"中，"坐下"是核心词。

核心词没有一个大概的固定位置，但是儿童通常总是把核心词用在同样的位置。有一些核心词总是出现在个别儿童表达的最前面，其他的则是出现在最后面。有些儿童可能总是在开头用一个词作为核心词，其他儿童可能会在句子的最后用同样的一个词作为核心词。当然，这不是说在所有的早期双音节词中都有一个核心词。很多表达都是由开放类型的词汇构成的。但是，在儿童语言研究中，由于核心词被视为是句子结构或语法的开始，因此它们一开始就会受到特别的关注。

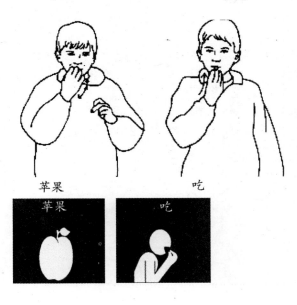

图 10 – 2

核心词的选择可以被当作是一种策略来使用。这种策略主要是通过使用手势和图形符号来促进儿童、青少年和成人的表达性语言结构的发展。比如，核心词可能会作为与几种实物相联系的活动符号出现，例如，"吃苹果"（图 10 – 2）、"吃香蕉"、"吃面包"（图 10 – 3）；或者是作为可以与很多活动符号一起使用的实物符号出现，例如，"接球"、"扔球"、"滚球"和"踢球"。此外，像"完成"、"拿到"、"不见了（消失）"、"有"和"给"这些符号同样适合于当作核心词。威尔金森和阿索西阿特（1994）把"想要"、"请"、"更多"、"经过"、"帮助"、"是的"和"不是"确认为是核心词，但每个孩子都没有把这些词用在一个固定的位置上，因此无法给核心词的句法质量进行一个固定的分配。

核心词导向的干预主要包括两个方面。第一，它意味着对能够很好地联系儿童表达性词汇表中其他符号的那些符号具有优先选择权。第二，要为开放类的词汇表选择新词时，对那些能够和儿童的核心词联系起来的符号应该给予优先考虑。但是应当指出的是，核心词导向的词汇选择策略只是意味着对关键功能的重视指导着符号的选择，因此那些具有核心词功能的符号都可以被教给儿童。而一个特定的符号

221

能否起着核心词的功能则主要取决于儿童在实际使用它们时的情况。要把开放类型的符号联系起来也是有可能的，但是，由于核心词具有句法质量并经常使用在不同符号的联系上，同时它们可以组成典型的语言结构，因此它们可以承担新符号的学习。

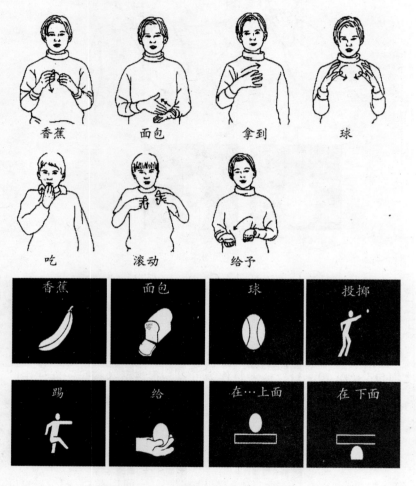

图 10-3

动词

动词在儿童的语法建构中起着一个核心的作用。托马塞洛（1992，2003）认为动词是表达意图的组织要素。因为它们代表了早期的句子结构的概念框架，同时暗示了动作的执行者和接收者。让隐蔽的要素变成清晰的就可以保证含有其他要素的动词的扩展和句子的建构。举例说，"踢"这个动词意味着有人正在做踢这个动作，或是有东西正在被踢，比如说"一个男孩在踢球"。当句子变长时，更多隐蔽的要素将变得清晰起来，如"这个男孩用球把窗户踢穿了"。

托马塞洛提出的在语言发展早期阶段的"动词岛建构"不能反映对动词的一个大体理解。它们只是在某个具体的活动中的孤立的动作词汇基础上进行的概念建构。这些动词是包含有意图的行动的"动词岛"，而且儿童已经学会把这些行动和具体的人物、地点和实物联系起来。因此，"用铅笔画画"不是语言文字类的"动词"，而是对"要用什么来画画"的行动或者意图的一种表达。儿童的实际建构依赖于动词和他们想要表达的意思。随着儿童获得越来越多的动词岛结构，这些结构就会被重组为抽象的句子结构。这样，动词岛结构就为将来的句子结构提供了经验基础和模型。

通过这种方式，托马塞洛就把语言学习与行为和活动的表现（或是想象中的表现）联系起来了。这个理论带来的一个非常重要的启示就是：为了提高几种符号的建构，干预应该尝试让儿童在情境中多使用动词，在这些情境中，通过把这些动词在上下文中有关联的符号结合起来就可以了解它们所要表达的意图。这也意味着教师应该少教给学生单个的实物符号，而应该多教给学生那些在一个活动中互相有关联的行动、人物、地点和物体的符号。

新符号类型

随着个体发展出一个更大的符号词汇量，他就有可能使用更长的符号表达。虽然早期的词汇往往包括个体自己所表现的对象和行动，但现在他需要的是与他自身没有关联的对象和行动的符号。他可能对表明空间关系的符号（如"在外面"、"在里面"、"在上面"和"下面"（图 10 - 3）等）和形容特征的符号（如"大"、"小"、"红色"等（图 10 - 4））有着不断增长的需要。一个人所处的社会环境的核心通常就是人，因此，人名就可能会成为个体词汇的一个重要组成部分。教师选择属于不同类型的符号在一定程度上是基于个体应该学习的语言结构。然而，即使在个体已达到一个相对较好的语言能力时，新符号的选择也应该在"哪些符号能够更好地提高他们的沟通机会、社交功能和整体能力"这种假设的基础上进行。

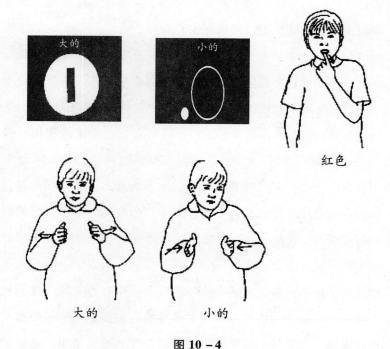

图 10 – 4

句子结构

句子的功能是表达在一个特定的语言情境中两个或以上元素之间的关系。"爸爸的车"与"爸爸"和"汽车"这两个字单独表达的意思有着质的区别。在后一种情况中，"爸爸"和"汽车"可能会也可能不会以某种方式相关。而"爸爸的汽车"则表示"爸爸"和"汽车"之间有着明确的关系，尽管这种关系的性质可能会随着语言情境的不同而不同。它可能意味着爸爸拥有一辆汽车、站在一辆汽车旁边、将要坐汽车去或来、坐在一辆汽车里等等。因此句子通常比单一的词或符号包含了更多精确的描述，正是因为如此，也才能反映沟通伙伴间所共同关注的更多元素。

符号顺序

词序是许多语言在表明一个句子中不同词语之间关系时的一种普遍方式。"约翰把钥匙递给玛丽"和"玛丽把钥匙递给约翰"所描述的是不同的事件。有研究表明，那些发展了替代性沟通手段的学习障碍个体会产生一些与常人不同的符号顺序。格罗夫和多克罗尔（2000）发现，那些使用两种或以上符号表达的学习障碍儿童一般都会把主语放在动词的前面，但对宾语和动词的顺序就不大一致了。在他们的一些句子中；动词放在宾语的前面，但在另外一些句子中，却把宾语放在动词的前面。当进行图形教学时，教师会倾向于把执行动作者的符号放在最前面，把动作的接收者的符号放在最后，例如"约翰把苹果递给玛丽"。然而，图形系统使用者在实际使用时的符号顺序却都是不一致的。

有些个体在掌握一个固定的词序上存在困难，但是仍然能够使用两种或多种符号表达。尽管一个固定的结构可能是很实用的、同时有助于加深对沟通伙伴的理解，但缺乏句子结构的个体仍然应被鼓励使用多符号表达。当个体无法明白为什么一种词序就是比其他的词序好的时候，人们就不应该总是在尝试纠正他们的词序。个体能把各种符号组合起来比他们能在一个固定的词序中使用符号更加重要。很多不同的因素可能会决定使用者在一个真实的沟通情境中使用手势符号或指出图形符号的顺序。另外，具有良好口语理解能力的表达性群体中的儿童可能会在符号顺序上表现出比较大的差异。因为对于这个群体中的儿童来说，符号和词汇的顺序的意义将会是他们学校教育中非常明确的一部分。

横向及纵向结构

当儿童真正开始使用双词表达之前，他们先得学会把与同一事件有联系的单个词表达衔接起来，就正如布卢姆（1973）举的这样一个例子，一岁半的阿里森递给爸爸一个桃子和汤匙：

"爸爸"

"桃子"

"切"

连续的单个词表达和"真正的"多词表达是不同的，因为它们不能在同一个句子轮廓中得到表达。斯科隆（1976）描述了作为"垂直结构"的这些话语之间的关系。当列出下面的话语时，一岁七个月大的布兰达递了一只鞋给斯科隆：

Mama

Mama

Ma

D

De

Xi?

Xie

　　布伦达的垂直结构可能会把这些话语解释为："这是妈妈的鞋。"多次的重复可能反映了布兰达付出了很大努力来表达这个意思。一个类似的"横向结构"的话语可能是"妈妈鞋"。垂直结构中的每个要素每次都是分别单独出现的,有时候也以来自谈话伙伴的、在意义上没有任何相关的话语形式出现。

　　带有停顿的词的关联使用,即垂直结构中连续句子的关联使用,表明了在单个词表达和双词表达之间存在着一个过渡阶段。垂直结构的表达是一个非常重要的发展,因为它揭示了儿童可以把词语的意思和其他词语联系起来,而且这种情况发生在儿童学会在一个相同的句子语调中表达这些词语之前。这样的表达在儿童两岁的头半年的发声中经常可以发现。当儿童还小的时候,成人常在儿童的单个词表达之间补充一些话。斯科隆表明,不论成人是否会补充一些话,一个儿童的表达可以是紧扣主题的。

　　垂直结构的描述与沟通辅助工具之间具有特别的关系。儿童使用沟通辅助工具所形成的表达经常会有一个垂直结构,而这种垂直结构在很长一段时间内是处在图形符号之间的表达。他们的话语通常会穿插着合作伙伴的解释,正如在以下这个例子中所体现的一样,8 岁的亨利正在与他的爸爸沟通(冯·特茨纳和马丁森 1996, p. 78)。

　　爸爸:"关于这一页,你还有什么想说的?"

　　亨利:球。

　　爸爸:"是的,是的,有球。亨利,你想用球做什么呢?让我们来看看可不可以在这里找到我们可以用它来做什么(翻页)。我们在这里用球做什么了?我们可以用球来干什么呢?"

　　亨利:脚。

"脚"和"球"是相关的，而且亨利表述中的"球"可以被理解为"足球"（亨利最大的兴趣之一）和"踢球"。

从一个干预的角度来看，垂直结构的概念是很重要的。很多儿童不会使用多于一个符号的表达，或是开始使用多符号表达的时间很晚。垂直结构体现了儿童在早期多符号表达时的合作构建的天性，也体现了家长和其他成人如何才能够有效地帮助儿童形成这些表达的关系结构。同时，它们暗示了一种可能性：那就是两种及以上的符号之间是互相关联的，即使它们不是作为一个连贯的表达产生的。这可能适用于使用手势和图形符号的儿童，然而，对于使用沟通辅助工具的儿童来说，要产生连贯的表达是困难的。另外，使用沟通辅助工具的儿童的单符号表达的顺序往往有一个与时间有关的叙事结构，而不是一个关系表达结构。在下一章所要讨论的很多对话中，这点是非常明显的。提高关系表达结构的一个重要方法就是给予儿童足够的时间并鼓励他们对自己提出的话题进行说明。

话题—说明

"话题—说明"经常被认为是一种基本的句子结构，其中的话题就是主题，就是一个人想要沟通交流的内容，而其中的说明就是一个人对这个话题所想要说的东西。例如，在"球不见了"中，"球"就是话题而"不见了"就是说明。一个类似的区别是在"给定的"和"新的"之间。"给定的"是主题，意思是共享的或是大家知道的。"新的"是说明，就是大家所知的应该集中注意力关注的特殊方面。在接下来的这个例子中，儿童重复话题"看"（试图把妈妈的注意力引到一个他想让其注意的事件上）直到他妈妈认识到这个共同的注意焦点，儿童才接着发表自己的说明"哦耶"（马丁森和冯·特茨纳，1989，p. 62）。

> 儿童："看！"
>
> "看！"
>
> 妈妈："好的，看那边。"
>
> 儿童："哦耶"（一种兴奋的表达）

正在发展辅助沟通的儿童经常创造话题并等待沟通伙伴来提供一个说明。因此，使用"话题—说明"可能是一种在垂直或水平结构中创造单个符号以上表达的有用策略。这也意味着首先要引导沟通伙伴注意话题或谈话的主体部分，然后对其进行说明。一个儿童可能会指出"球"来让成人注意它，接着说"踢球"来让父母也踢球。与先指出"踢球"相比，先说"球"可以提高成人接下来踢球的可能性，即使"踢球"是一个比较口语化的句子。当一个图表符号需要花费儿童很长的时间来指出时，这种话题化的形式可以组成一个比口语表达结构更有效的语言结构策略，因为它有助于联合沟通伙伴共同关注于一些相关的线索，那就是——儿童能够从中发现一些与他们想要沟通的内容相关的东西（冯·特茨纳，1985）。

分析与关联和注意有关的谈话或教学情境的一个方法就是尝试确定沟通情境的"关键方面"。布耶尔康（1975）通过以下方式界定"关键的"：即"在一个给定的话题情境中，'关键的'词就是在对这个话题进行沟通时所必须用到的词"。因此，信息的"关键词/方面"的观点可能有助于突出强调在一个复杂的消息被理解的过程中，什么是必须被感知和理解的，以及在一个表达中应该包括哪些要素才能被别人理解。要想围绕一个话题达成一致的意见，可能就会涉及到对信息中什么是关键信息的"谈判"或澄清。因此，学习语言就是学习了解其他人所认为重要的东西，并转述自己的观点。

基于关键词或关键信息的干预策略可以帮助父母和专家选择那些能够最大程度地被儿童理解的符号。通过让儿童清楚的明白关键的信息是什么这种方式，可能也有助于儿童的环境适应。

针对使用替代性沟通人群的干预通常具有以下特征：规范性的态度和对表达有一个"正确的"口语语言结构的需求。一个基于"话题—说明"结构的表达结构，可能与人们所认为的儿童环境中的好的语言是非常不同的。为了保证使用替代性沟通系统的个体有一个有效的沟通途径，可能就需要干预者有意识地去打破那些关于儿童环境中'好的'语言的假设。

语义学角色

口语发展正常儿童的早期表达通常包括无词形变化的词，就如"玩具坐"，"坐椅子"，"那儿泰迪熊"，"泰迪熊不见了"和"猫耳朵"。它们包括一小部分的语义关系、典型的行动和代理人，反映了场景和事件的不同方面及儿童对所处环境中的关注点与解释。表10-1列出了幼儿语言中典型的语义关系。表10-2给出了在早期的 2 ~ 3 字表达中语义学角色的例子。

表 10 – 1　早期的单个词和双词表达中的典型关系（基于布鲁姆和雷赫，1978）

1. 存在：指儿童的表达与情境中的一个事物相关，而且儿童能够看着/指出/触摸这个事物并把它捡起来，例如：球、这儿、那儿、那儿、球、那个那儿或其他类似的。

2. 不存在：在情境中并不存在的事物，或者儿童无法看见但却希望它能够在那里或想去寻找它。儿童可能说"不"或"没有了"或用一种不断升高的语调来说这个事物的名称。

3. 重现：一个事物（或者一个相似的东西），它已经消失了但又出现了，或者一个相似的实物被认为与第一个事物是有联系的。儿童可能会说：更多、再一次或再一个。

4. 消失：一些事物在情境中曾经存在但后来却消失了。它可能突然从人的视线中被隐藏了，就消失不见了。儿童可能会说："都不见了，离开了或再见。"

5. 行动：指儿童的表达与一个行动有关，这个行动的目的是不改变事物或人的位置，马蒂看着三明治："尝一下！吃！"

6. 占有：指一个人和一个东西之间的占有关系。约翰拿着球："这是我的！"

7. 属性：指一个事物的一种品质或特征。马蒂指着果酱："草莓。红色。"

8. 否定：儿童否认在另一个人语句中或者是自己在先前的语句中所表达的身份、状况和事件。妈妈拿了一玻璃杯牛奶，问安德鲁："要牛奶吗？"安德鲁摇摇头并说："不要。"

9. 拒绝：表达儿童拒绝一个行动或一个事物。妈妈说："你不想要牛奶吗？"安德鲁把玻璃杯推开，说："不要。"

10. 位置移动：指一个以改变人物或事物的位置为目标的行动。安德鲁把一个布娃娃放在一个椅子上："坐！"

表 10 – 2　早期双词表达中典型的语义学角色

施事者/代理人	执行行动的个体
行动	行动本身
受事者	行动的承受者
场所	行动发生的地方，或是东西从哪个地方来的 \ 移往哪个地方

施事者/代理人	执行行动的个体
持有者	拥有东西的人
所有物	被人拥有的东西
实体	可以单独存在的实物或人
属性	实体的特征
证明者	一些东西的指示
施事者 + 行动	小孩哭
行动 + 受事者	推小推车
施事者 + 受事者	婴儿食物
行动 + 场所	坐椅子
实体 + 场所	椅子的底层
持有者 + 所有物	妈妈的眼镜
实体 + 属性	大树
证明者 + 实体	那些苹果
施事者 + 场所 + 时间	我学校今天
施事者 + 行动 + 受事者	小狗吃食物
施事者 + 行动 + 场所	人坐小汽车
行动 + 属性 + 实体	切大朵花
证明者 + 所有物 + 持有者	那个剪刀妈妈

表10-3显示了一些由自闭症儿童和学习障碍儿童所造出的例句。最早的语言学角色往往是代理人和行动。但是，当人们在环境中去理解使用沟通辅助工具的年幼儿童的表达时，他们常常会想当然地认为儿童就是代理人。人们很少谈论其他人的行动。当其中的代理人不明显的时候，很难使儿童知道该如何改变它，使他人成为代理人。许多有语言障碍的儿童在习得一个固定的符号顺序上存在困难。对语言障碍儿童来说，一个合理的基于语义学角色的句子结构可能是更为容易的，因为这种语义学结构是不依赖单词顺序的。在一个多符号表达中，每个手势的和图表符号的语义学角色主要基于它们在沟通情境中所包含的意义。

表10-3　据报告的手势和图片符号句子在自闭症儿童和智力残疾儿童中的佀用

皮特，20岁（理解能力得分年龄2岁7个月）

儿童　吃　餐叉（普雷马克词语积木）

查理，10岁（理解能力得分年龄3岁7个月）

老师　糖果　放进　盒子　里（普雷马克词语积木）

续表

自闭症男孩

没有　母亲　小汽车　玩　学校

自闭症男孩（在 9 个月内只有双词语句）

纸张，头（要求玩躲猫猫）

患有自闭症的特德，6 岁半

爸爸　吃

去　学校

妈妈　小汽车

爸爸　理发

吃　蛋糕

更多　蛋糕

不　食物

不　去

　　在沟通辅助工具使用者的早期干预中，通常会使用儿童自己的照片，这使得儿童难以区分代理人与行动、地点或其他一些照片中可能想传递的语义学信息。为了避免这个问题，并使儿童知道在他们的表达中的代理人角色，人们应同时介绍给儿童他们自己单独的照片和一张或更多的来自一个图表系统的、能够说明其他语义学角色的照片和符号。这是基于语义学角色策略的一部分，在这些策略中，会给儿童提供能够提高不同语义学角色功能的词汇项目。

　　有一个语义学策略已经在教授两个学龄前自闭症儿童图形符号（照片和象形表意沟通）中得以应用（冯·特茨纳等，1998）。其中有一个叫"罗伯特"的男孩，有一本约含 100 幅照片和象形图的沟通本和一个折叠式的"会话"页，他和他的谈话伙伴可以把他们挑选的图形符号放在"会话"页中（图 10 – 5）。另外一个名叫玛丽的女孩，在一个洋娃娃行李箱里装有 80 幅照片和象形图的纸板，其中每个纸板有四个项目。行李箱盖可以作为"谈话地点"来使用，她和她的谈话伙伴会把选出来的图形符号放在这里。这两个孩子的图形符号的背面都有魔术贴。

　　在干预开始的时候，总会在图形表达前放一张他们自己的照片，以暗示他们自

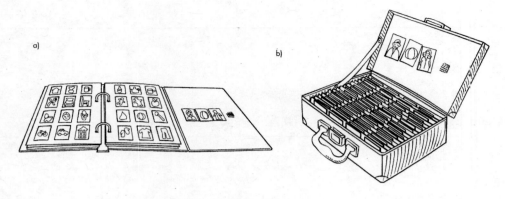

图 10 - 5

己就是代理人。不过，只有当基于词汇表和沟通情境的不同而有了不同代理人时，这张照片可能才真正具有语义学意义上的代理人功能。在这个过程中，要时不时地将儿童的照片换成另一个人的照片，为的是表明代理人已经发生变化，并使儿童认识到他们的照片所想要传递的信息。在儿童还没掌握之前，会给儿童呈现他们感兴趣的玩具。罗伯特很快就懂得了照片改变所代表的相关意义，并有效地将其付诸实践。在下面的例子中，教师（卡丽）就利用了罗伯特喜欢玩触发器这个事实，就是用一个管把乒乓球吹到空中，但他自己不能把球吹到空中。这个活动就为教师提供了一个机会介绍卡丽（教师的照片）来替代罗伯特作为代理人。

罗伯特把"触发器"放在"罗伯特"之后，通常来说，在对话页中"罗伯特"一般是放在最前面的。教师把乒乓球放在管子上并把管子放到罗伯特的嘴里。他尝试用力吹，但不是很成功，就把管子还给老师。老师就用"卡丽"这张符号替换掉"罗伯特"，说："卡丽将要吹了。"并开始往管子里吹，让乒乓球在管子上的空气中跳动。然后她再次改变名字并把管子递给罗伯特。

罗伯特最初能够清晰明白那些在对话页中的表达的语义学上的代理人是在以下的情况下得以体现。

通过一段时间的轮流吹管子和在对话页中改变名字，罗伯特把"触发器"这个照片放回到沟通本里面，并从中拿出"活动板"，并把它放在"卡丽"这个符号的右边，这是在玩管子快要结束时发生在沟通页上的。卡丽老师开始玩"活动板"，罗伯特在一边看了一会儿，虽然有点迷惑但仍保持微笑。接着他拿走"卡丽"这个符号，然后在沟通页放上"罗伯特"，但卡丽老师以放一张"不"的符号（一个带有黑色叉叉的红色卡片）在"罗伯特"的前面作为回应。接着，他再次把"罗伯特"放到沟通本中并把"卡丽"放回到谈话页中，并继续玩一会活动板。这时，罗伯特就把"活动板"拿走，换成"桶"（一个他非常喜欢的玩具）。卡丽老师表示了很大的热情，发出很多声音，并打开和关上桶。罗伯特则边看边笑。

使用人物照片来事先暗示代理人，这可以作为干预开始的一个部分，同样也应该用在个体还没有很好地明白它们的功能的时候。在以上的例子中，把沟通本介绍给罗伯特时，他还不能造句。干预的目标就是要促进个体表达性多符号表达的使用。它是某种形式上的"通过说话学习"，是典型的语言获得的必不可少的部分。儿童开始使用他们听到的新词，并根据他们从沟通伙伴所得到的回应，调整自己所赋予这些新词的意义。玛丽在学龄前就已经会使用很多照片和象形图，并把它们放在行李箱的盖子上，但是她在这个年龄时却不能通过换掉她自己的照片来说明另外一个代理人已经取代了她自己作为代理人。她在老师换掉她的照片后也没有显示出理解其中含义的反应。然而，她确实掌握了那些能够引导她接近多符号表达的沟通挑战。在下面描述的情形中，她在老师的帮助下能够使用垂直结构的双符号表达。

在吃中午饭的时候，玛丽选择了照片"奶酪"。老师用刀切了一片奶酪并把它递给了玛丽但不给她任何面包，同时说："玛丽想要奶酪"。玛丽困惑地盯着奶酪看了一会儿，然后就在她的照片里浏览并拿出了"面包"这张照片，因此就把两个相关的事物联系起来了，想表达"（我想要）带有奶酪的面包"的意思。

玛丽需要老师的帮忙和耐心才能明白其中的全部意义。

在罗伯特的表达中，他自己或其他人的照片通常被放在沟通板的最前面位置以起到语义学代理人的作用，而其他照片和象形图的顺序则是变化的、不固定的。有时候罗伯特仅仅只是按照他在浏览沟通本时看见它们的顺序来排列。例如：罗伯特有时会从沟通本的同一页上选出两个人物的照片，并把它们互相放在一起，再在沟通本中寻找有关活动的符号并把它放在人物照片的旁边。

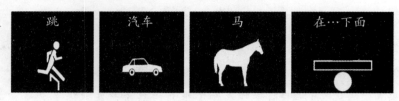

图 10 - 6

另外还有很多策略可以用于帮助儿童形成含有各种不同的复杂的语义学角色的手势和图形符号表达。同时和几个人互动也可能是在自然情境中教授代理人的一种方法。这样就使得对活动的沟通变得必要，这个活动可能是由几个人和几个实物以若干种方式进行的，例如："每个人跳"、"老师跳"、"每个人滑行"、"奥拉滑行"、"推车"和"推马"（图 10 - 6）。"捉迷藏"可能也是一个非常有趣的活动，即一个成人或儿童互相寻找对方。这样的活动也可以为位置和空间关系的训练提供可能性，正如"约翰在桌子底下"和"约翰在衣柜里面"。这些手势和图形符号既可用于一个活动进行的过程中，又可用于在活动前进行沟通和事后进行说明的时候（见第十一章）。

否定

儿童早期的表达往往是通过否定来进行修改的（布卢姆，1998 年）。在干预中引进那些不反映孩子们想要的否定是最实际的做法，因为他们通常用一些非语言的方法来表达"不想"。这种否定形式往往也很难教，因为它意味着至少在一段时间内，人们将经常被提供他们不喜欢的东西，为的就是让他学会拒绝。当否定的使用不仅仅与个人的行动相关时，它会使多个不同活动代理人的使用变得更易推行。可教的否定例如"不在这"和"不"。

在前面罗伯特的例子中，卡丽已经引进了"不"（一个带有黑色叉叉的红色卡片），大概是"不"或"不是"的意思。比起使用口头语言"不"，罗伯特看起来更能理解和接受"不"这张卡片的意思，而且他很快就能自己使用这张卡片了。这将导致三个项目的句子的使用，就像在"卡丽不吃晚饭"中，"不"被放在了"晚饭"的前面。在罗伯特使用"不"的方式中，"不"经常有着改变的特性，因为他把"不"放在其他图形符号的前面来改变它们的意思，但他也会单独使用"不"。

对"不"的反应不是罗伯特所独有的。我们的一般经验是：重度学习障碍儿童接受一个图形的"不"似乎比接受口语的"不"更容易。

填空

在基于语义学角色的干预中，使用填空槽的符号结构是一个比较常见的策略。它通常被用于教授特定的词语顺序，同时填空策略也可以使图形符号的语义学角色变得更清晰。罗伯特和玛丽把折叠页与行李箱盖用作"会话位置"，在其中放上各个句子的要素。这可能是在计划好的或是无计划的自然情境中应用填空策略的先决条件，这种自然情境中的沟通，是在儿童的视线之内但无法触及的地方呈现一个流行的玩具或儿童喜欢的食物。儿童应该和教师一起（或者只是看着教师）把不完整的句子放在"谈话页"或盖子上，然后再鼓励儿童提供其他的信息，例如：

奥拉吃？

？吃胡萝卜

？吃巧克力

奥拉 疑惑？

玩具？红的

？帽子

如果此人没有回应或看起来困惑了，沟通伙伴可以帮忙提供两个或三个图形符号让他从中进行选择。如果此人没有完成这个句子，他可以选择一个图形符号来说明该插入词的功能，越清晰越好。对于这种策略的使用，此人必须已经具备相关的技能和在一个结构化的情境中进行类似建构的能力。同样重要的是要让此人在表达中意识到"缺失的"符号是作为一个源于他自己的兴趣和需要的沟通行为，而不是作为一些他为取悦教师而表演的游戏。填空任务也可用于反向理解中，就是把新符号和他已经知道的符号放在一起。

连词成句

行为、行动和事件以及代表它们的符号可能会在连词成句的过程中互相发生联系。连词成句可以同时以叙事导向（时间的）和关系导向（认知的）为基础。叙事导向的连词成句通常包含互相紧跟着的活动,例如:"阅读"和"出去",或者"吃"和"散步"。在学习障碍儿童的句子中,这种类型的约占30%~40%(格罗夫和多克罗尔,2000)。关系导向的连词成句通常包括有关行动、事情、属性和地点的句子,例如"买"和"苹果",或者"散步"和"森林"。

通过把特定的表达性符号与更一般的符号连接起来也可以产生句子。例如:"出去"可以作为一个指示符号来教授(以表示将要发生的一个活动),接下来"荡秋千"和"散步"作为一个表达性符号。以一种方式将这些结合起来,包括了解个体他是出去散步还是荡秋千,然后此人再说明"出去散步"或"出去荡秋千"哪个才是他想做的。接着,"出去"可以用来构成"出去购物","出去访问"和其他组合。由于一般的符号通常会在特定的符号之前就产生了,因此,这样的连词成句可以帮助个体发展一种含有主题和评论的句子结构,并不断接近于句子的核心结构。通过增加更多的连接,连词成句也可以扩大到两个符号以上,例如:"开车出去购物"和"出去拜访奶奶"(图10-7)。

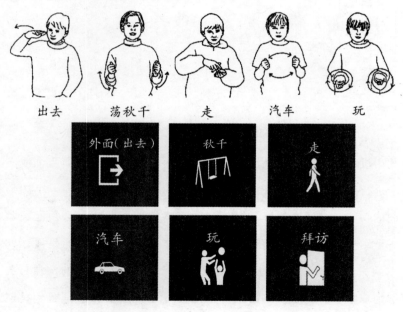

图 10-7

教个体学会使用句子的目标之一是希望他能够就一系列的活动进行沟通,就是那些不是在会话时发生的、或是那些含有不可见的事物的活动。这使他能够主动询问在情境中没有出现的对象,然后参考目前没有发生的活动,从而在很大程度上明确他想要的东西，并使他能更好地把握将会发生的事情。对于学习障碍个体和自闭症个体来说，明白将要发生的事情的顺序可能是很困难的，或者说他们可能没有耐心去等待。在这种情况下，教师可以在基于连词成句的框架下教给学生像"首先是X，然后是T"这样的句子结构。例如个体可以被告知："首先整理，然后散步"或"首先音乐，然后运动"（图 10-8）。甚至连重度语言与认知障碍的个体都可以迅速地理解这个结构，而且当他们知道该如何表达后，就变会得更愿意等待或先做其他事情。

句子系统

目前已经有几个教授学习障碍和自闭症人群词序和句子结构的成熟系统。其中有不少都涉及到了填空策略。

"普雷马克系统"主要针对教授单一的符号，尽管把它们串起来组成句子也是可能的。遵循普雷马克系统，卡里尔发展了一个教授句子的教育系统（卡里尔，1974；卡里尔和皮克，1975）。用彩色胶带来标记单词块以表明它们各自的属性。冠词被做上了红色标记，动词是蓝色，名词是橘色等等。除了学习如何使用单词块，使用者也可以在由不同颜色系列组成的不同句子类型中学习到一个简单的句法。卡里尔所报告的结果是非常好的，而其他使用这个系统的人得出的研究结果则是比较多样的（霍奇斯和施韦瑟姆，1984）。

"视觉控制沟通"使用带有颜色代码的象形图和照片卡片。例如：人物和动物卡片用红色而对象则用白色。把卡片放到一个塑料框中，在其中有几个被标记成相同颜色的插槽。教个体造句为的是使他所选的每张卡片的颜色和它所处插槽的颜色是一样的。在教学的早期阶段，教师把大多数卡片都放好了，学生只需要填上一到两张卡片就可以完成句子了。然后，学生必须使用带有不同颜色代码的卡片来造出完整的句子。在这个教学中一个非常重要的策略就是，在句子中教师只改变一张图片来说明句子意思是如何发生改变的（沃格兰，1995）。

"图片兑换沟通系统（PCS）"也包含一些建构句子的策略。在这个系统中，进行两种类型句子的教学，就是"我想要 x"或"我看见 x"，而且学生要从教师所选定的一小部分内容中建构句子，而教师选定的这些内容通常包含 3~7 张图片（邦迪和弗罗斯特，2002；布雷迪，2000）。这些句子总是以"我想要……"和"我看见……"开头，并且可以进行扩充以便让学生表达他想要或看

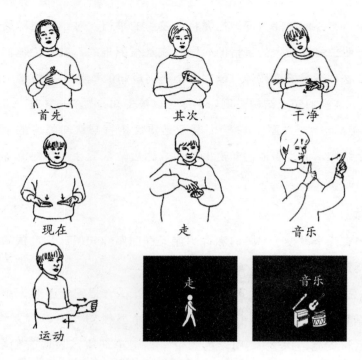

图 10 - 8

见的具有不同属性的对象，例如"我想要红色的苹果"、"我看见黄色的小汽车"。在这个系统中，仅仅包括学生本人作为代理人的事实，不必要地限制了句子的内容。自闭症学生可能在理解他人行动背后的动机及他们是如何感受和思考上存在困难。但是，他们仍然可以描述他人在做什么，对于他们学会就他人的动机和思想进行沟通来说，这种描述可能是非常重要的基础。自闭症学生同样对沟通他们认识的人正在做什么感兴趣，并对讲述什么时候某人在做什么有趣的、令人兴奋的或奇怪的事情感兴趣。

在进行手势的和图形句子的教学时，颜色编码是对词语分类和语义学角色进行标注的最常见的方式。但是，没有证据表明颜色编码对使用者有益处。沟通辅助工具的一个主要问题就是，对于使用者来说实际有用的符号的数量太有限了。如果所有的图形符号被分配到一个句法类别里，那么这将会限制对如何使用它们的了解。在进行符号句子教学时，最好不要用符号代码，而要在句子和情境中解释各个符号的意思。"布里斯符号系统"能够用特殊的标识把一个名词变成动词，就像把"歌曲"变成"唱歌"。带有布里斯符号的沟通板通常带有表明词语类别的颜色标记，

238

但年龄大的和能力较强的使用者有时会要求拿走符号标记，因为他们经历过编码限制他们沟通的情况。

布里斯符号系统的使用人群主要是表达性语言群体的个体。最初的系统包括句子建构的规则（布利斯，1965），但它们并没有得到广泛使用。大多数教师试图推动发展与环境中的口语句子类似的句子，但在建构图形句子时，口语句子的词序并非总是最好的。

在带有沟通辅助工具的干预中，总有一个目标就是要让使用者在任何时候都尽可能多地、有效地使用他掌握的所有表达性词汇，而且在他沟通的时候应该从单个词汇中进行选择，就像罗伯特和玛丽在前面的例子中所做的一样。在图形兑换沟通系统（PCS）和其他教学项目中，儿童只能从教师认为的合适的有限背景中选择词汇来完成任务。但是，当儿童不需要去学习如何从他的总词汇库中选择自己想要说的词汇，而只需要从老师所决定的一个有限的背景中进行选择的时候，他可能就会变得更加具有依赖性和更少的沟通自主性。这样在实际的应用中，对儿童们来说选择词汇可能变得容易了，因为老师已将可选的范围缩小的，但儿童却不能学会积极地使用在非教育和非计划情境中他也许需要的图形符号。

预备句子

有时候，一个图形符号的注解就可以成为一个完整的句子。基于电脑技术的现代沟通辅助工具能够使其运用者选择一个或一些图形符号来作为人造语言中的预备句子。这看起来是实际的，因为这种沟通将与普通的沟通具有更近的相似性，而且似乎克服了由缺乏句子所造成的一些问题。然而，只要一个儿童正处在语言发展的早期阶段，预备句子的使用实际上可能会使沟通变得更加刻板，这是由于所说的句子都是被选择出来的而非建构出来的。

在一个沟通辅助工具中的项目数量通常是有限的，而单个符号由于可以比句子有更多的解释方式，因此也具有更大的灵活性。例如："书本"可能意味着"给我一本书"、"那里有一本书"或"把这本书拿走"。而"给我一本书"这个句子则只有一个意思（图10-9）。把符号连接起来形成句子的教学策略也是基于单个符号的，预备句子的使用可能会使儿童发展起阻碍他们句子习得的策略。尽管让儿童掌握一些预备句子是很实际的，但太多这样的句子可能会阻碍儿童的语言创造力和生产力。在适应情境所要表达的意思方面，句子总会有同样的功能和可能的局限性。如果儿童没有可供建构句子的个别符号的话，那么他们还没有真正学会独立造句。

图 10－9

认知方面的努力

有几个因素已经被提出可能会导致具有良好口语理解能力（即属于表达性群体）的儿童在所造句子中使用高比例的单符号表达，同样的，语言理解能力有限制（即属于支持性语言群体和替代性语言群体）的儿童也是如此。这些可能的影响因素包括沟通伙伴所用的策略、对话结构和干预策略。得到辅助的沟通者的表达中有许多短句的一个重要原因就是沟通辅助工具的操作需要很多认知资源。人们通常认为口语发展正常的儿童对语义—句法关系的认识比他们在句子中实际表现出来的应该更加全面，因为表达的生产就是儿童认知资源的一个相当大的部分。当儿童聚焦于表达句子过程的时候，他们将给予内容更少的认知资源。同理，当内容很复杂时，给予句子表达过程的资源就更少。通常来说，儿童往往使用熟悉的词汇所造的句子会比用刚掌握的词汇所造的句子更长。

因此，一般来说，在发展过程中句子产生的各个不同方面之间存在一些权衡。有意识地在脑海中保持一个信息并把它建构成一个较长的句子可能占用了很大一部分的认知资源，同时，记住一个问题或沟通伙伴所提出的评论可能也要占用资源。与说话正常的个体相比，使用图形符号的个体的句子产生过程似乎需要更多的认知资源。因为选择一个图形符号比发出相应的单词的音需要更长的时间。当个体已经指出一个图形符号，并接着寻找下一个符号时，他必须同时把它放在工作记忆中。

这种寻找并不会像语言那样自动地发生，它需要占用更大的认知资源。除了复述策略在幼儿身上发展不好的事实外（古滕塔格，奥恩斯坦和西门子，1987），以上这种寻找可能也会阻碍复述（一种常见的策略，如：当记住一个电话号码时，从查询它到将其输入到电话中）。由于需要成人跟上儿童的活动，因此需要儿童和他的谈话伙伴加倍关注这个问题。

由于存在这些困难，因此，在保持一个句子要素的可能性的同时要建构句子的其他部分而非简单地指出它们的顺序，这是提高句子的使用的一个重要策略。"谈话地点"中的临时安置可以作为"复述的缓冲"。谈话地点也可以代表一个有利于新图形符号的理解的语言"框架"。尽管我们无法知道在一种更传统的指导方式下罗伯特可以有什么样的成就，但他对语言的使用已经超越了同类儿童对语言的使用情况，也超越了他自己的行为中所表现出的他对口语句法的理解。此外，他对谈话页上的各种图形符号所存在的结构变化的积极应用，表明这能够帮助他在思索应对挑战方法时同时保持了信息的结构。传统的指导似乎不大可能使他获得同样的进步（冯·特茨纳等，1998）。

理　解

这三个主要群体中的儿童对口语的理解能力是不同的。一些儿童对口语有一个良好的理解能力，其他的只有在替代性沟通系统的辅助下才能理解口语。有些儿童能自己理解图形符号，而另一些儿童则只能在口语的辅助下才能理解替代性沟通形式。

对于能够理解一些口语的儿童来说，一个非常重要的问题就是，他们的语义和实用内容的范围在多大程度上与图形符号和相应的词汇相符，这通常会被写在图形的下方作为解释。专业人士和个体其他沟通伙伴的基本假设近乎是一致的。但是，这个假设自相矛盾的一个事实在于能说口语的儿童比使用替代性沟通形式的儿童具有大得多的表达性词汇。这意味着使用手势和图形符号的儿童必须自己去领会理解，而且需要从自身的（具有其可能性和局限性的）表达性语言系统中形成手势和符号的句法模式。如果没有这样的句法模式，结果将是儿童只能创造他们自己的结构，或者干脆根本不发展。因此，对于沟通伙伴来说，非常重要的是：不仅要尽早通过单独的关键词来增强儿童的口语，还要学会至少应用两种与组成口语句子的手势或图形符号相关的句法。沟通伙伴应该用"以符号句子支持口语句子"代替"以符号支持口语"。一个好的策略就是要分析在口语句子中包含了哪些语义学的元素，并在支持性手势和图形句子中尽可能地包括这些元素的大部分。其中，最重要的语义学角色是代理人、活动、对象和位置。

除了起到一个榜样的作用之外，成人还应该扩大儿童的表达。扩展是"儿童导向语言"的一个重要特征，在传统的言语治疗中它也是在主动性和语言创造基础上提高儿童对句子的理解和使用的一个常见手段（纳尔逊，1996；斯诺和弗格森，1977）。但是，由于辅助工具的词汇量通常是非常有限的，因此，非常重要的是，成人要通过让儿童自己创造全部或至少大部分的扩展以达到扩展儿童表达的目的。

儿童："球"。

成人："扔球，我把球扔给你。"

区分有关儿童正在沟通什么和他们表达的扩展之间的口头解释是非常重要的。儿童经常不能进行解释，这也是成人必须表达清楚的原因。在上面的例子中，成人通过说"把球扔给你"将儿童所说的"球"扩展成"扔球"（图10-10）。这以一种回应的形式承认了儿童的要求，从而避免不必要的和无用的重复。以一种与扩展口语句子并行的方式扩展符号表达也有优势，它能使沟通伙伴认识到儿童必须表达不同的语义元素时所存在的和缺乏的可能性。例如，教师可能会发现他忘了为儿童提供表达位置和空间关系所需要用到的词汇项目，如"花园"、"大街"、"在……后面"和"在……前面"等。

以句子为框架来理解

当说话正常的儿童在句子中听到一个新词时，他们会使用自己对句子结构的知识和句子中的熟悉词来猜测这个新词是属于什么类型的词。例如，假如建构的句子中其他词都不是动词，那么这个新词就很可能是一个动词。这意味着整个句子实际上为理解新词提供了一个"句法框架"。句子所描述的相关情境也为儿童解释这个新词的可能含义提供了线索。儿童将知道熟悉的词语可能代表的语义学角色，并把他对新词的解释基于以下隐形的假设：即新词所代表的语言学角色肯定不是句子中其他词所能代表的。通过这种方式，这种情况就构成了在句子中理解新词的一个

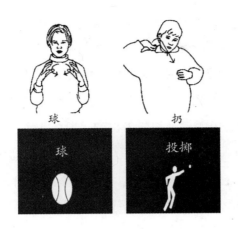

图 10－10

"语义框架"。同样的，句子中的句法、语义和熟悉词都为儿童理解新符号和整个句子提供了线索。这种类型的策略被认为在正常发展的和非典型发展的儿童中都是很重要的（摩根和德穆思，1996；奈格尔斯，福勒和赫尔姆，1991）。如果儿童仅仅使用单符号表达，那么，他们不但失去了表达更复杂和更具体意义的机会，而且还失去了获得新词的一个重要工具。

在语言干预中，基于句法和语义框架观点的策略主要被用于提高个体对新符号的理解，具体做法是把新符号放在一个含有熟悉符号的句子中。例如，当一个男孩已经知道"男孩"、"球"和"老师"时，教师可以通过让儿童在"男孩把球递给老师"和"男孩把球踢给老师"中作出选择来教他认识"递给"和"踢"这两个词。这个策略的基础是有关"关键信息"的知识和有关教师已经对"学生在理解一个新词的正确含义时需要什么"进行分析的假设。教师需要知道儿童是否对其他词有足够了解，以及对于儿童来说这个情景是否足够熟悉，或者说，儿童是否同时需要情境的线索和熟悉词才能正确理解新符号和整个句子的含义。

这里所描述的策略与填空策略是类似的，但填空策略的目标是要教会个体"产生"句子，而这个策略的目标是要通过在一个熟悉的框架中放上新符号来教会个体"理解"。它们是相辅相成的策略，二者都尝试运用和提高个体对表达中符号之间关系的理解。

视　角

沟通本质上是对他人注意的引导，两人所共同关注的焦点从某种程度上意味着一个共享的视角。如果一个儿童的视角和他的沟通伙伴的视角不一样，那么他可能会误解并把信息解释得很不一样。因此，支持单词和符号理解的一个策略就是为所表达的话语规定一个明确的特殊视角或上下文情境。例如：让一个 3～4 岁大的语言发展正常的儿童演示"一只猫正被一只鸭子咬"时，他们通常会让猫咬鸭子。这件事是儿童依据他们有关猫和鸭子的知识做出的，因此儿童也会在解释这个句子的时候把它看作是主动句而非被动句。如果成人在呈现这个被动句之前就通过说"坏鸭子"来预备儿童的视角，那么，当被要求表演这个句子时，儿童就会让鸭子咬猫（麦惠尼，1982）。给出视角可能在一定程度上与话题化类似。二者都所代表的策略都是一样的，即为了便于正确理解，要有引导沟通伙伴的视角或上下文情境。

对口语的理解

对于在口语理解方面有或大或小限制的人来说，替代性沟通干预的一个固定目标就是一定要有助于推动这种理解的发展。有证据表明符号语言的表达性使用可以先于并促进对口语语法的理解。在 6 岁的时候，罗伯特就使用图形符号，即使当时在接受"雷内尔语言发育量表"测验时，他看起来并不了解口语句子（冯·特茨纳等，1998）。这种发展是与整体沟通的假设是一致的，这种假设认为所有的有声的和无声的语言形式都将会互相支持，而且致力于支持表达性图形语言结构发展的干预可以增强对口语的理解。

词形变化

词形变化的功能是修改单词和句子的内容，并明确句子中单词之间的关系，例如谁在执行行动和谁是行动的接收者。词形变化是符号语言的一个组成部分，经常是以一个符号"模拟修改"的形式出现。这意味着符号的发音被改变是为了明确行动的一个特殊特征或与符号相关的对象，例如需要明确它是"一辆小车"还是"一辆大车"（图 10－11）。

词形变化很少被报道用在使用手势符号的学习障碍和语言障碍个体身上，而且词形变化好像也不是这个人群的符号教学的一部分。但是，尽管缺乏正式的教学和符号语言模型，调查表明，有些学习障碍儿童会类似地修改他们的手势符号以表达更精确的意义。例如：表演跑的快来说明"跑得快"，并且用夸张的动作说明"很大的苹果"（格罗夫和 Dockrell，2000；劳诺宁和格罗夫，2003）。为了使一个符号的

小车

大车

图 10 – 11

修改能被看着是一个词形变化，它必须要被应用到几种不同的符号中。也有很多模拟修改的例子不能算是词形变化，因为它们没有被系统的使用。这种修改的一个例子就是：以（"带有帽檐的帽子"）这种方式清晰地表达"帽子"有一个很大的帽檐这样一个显而易见的事实。

图形符号的类似词形变化可能未必可行。但是，对象的大小可能会以一种类似的方式发生动态的变化（图 10 – 12）。对于口语理解有限制的学习障碍儿童来说，以这种方式表达的属性可能比图形符号（如"小"和"大"）更易学习和使用。

图 10 – 12

在布里斯符号系统中，有几个语法的布里斯符号起着词形变化的功能。除此之外，还有"过去时"、"将来时"和"复数"。也有一些布里斯符号被用来规定词语的类别。例如，增加"骑"到"骑车"使得宾语"自行车"变成了动词"骑自行车"。这样的语法标记不是图形文字和图形兑换沟通系统（PCS）的一部分，但个体可以以类似的方式使用这些系统。

例如：桑德用图形文字"已经"表示"过去时"（布雷克和冯·特茨纳，2003）。还有一些例子，即儿童以一种词形变化的方式使用"不"时，是把"不"这张卡片放在一张图形文字或照片的上方说"不是"。

变　化

　　这里提出的想法代表了干预策略发展的一个步骤，这种干预策略为的是促进替代性语言沟通系统的语言结构的发展。这样的策略在专业文献中受到的关注还很少。为了在使用手势和图形符号的儿童和成人中进一步推进通用的和灵活的语言使用，并防止单调和乏味的表达，即那种让个体仅在一些有数量限制的情境中围绕很少数量的主题进行交流，这就需要更进一步的合作和创新。这也意味着不仅是替代性沟通的使用者，沟通伙伴也需要改变他们的句子，因为语言结构的获得取决于分布，就是许多不同的符号会以不同的方式和各种意图被使用。语义分析可能是分析人的沟通的一个有用的工具，它把符号用作代理人、活动、对象和其他语义学角色。单调的语言情境可能会减少表达的语义范围和变化，而更多的沟通经历可以促进语言结构的新方面的获得。例如，如果一个个体总是在说明他希望的对象和活动或者参与到无功能的命名中，他的动机就可能会变低。在干预措施的评估和评价中，应该总是注意调查在不同的情境中个体表达的功能是怎样的，例如，他们是否总是提出主题，而他们的沟通伙伴是否也是围绕这个主题展开的，或者说个体的沟通是否尽可能是多样化的。

　　对于属于表达性群体的对口语具有充分理解能力的儿童来说，在进行语言结构的教学时，教师可以使用直接的策略。事实上，许多孩子说他们想要这种方式的教学。对于这个群体中的儿童，造句的教学可能可以在普通教室或在个别训练教室进行，但是由于所有的语言应用都离不开具体的情境，因此不论是否有一个教育的框架，至关重要的是，至少有相当一部分的教学应该发生在非教育性环境中的。

第十一章　谈话技巧

属于替代性、支持性和表达性语言人群的儿童和成人的共同特点是缺乏谈话技巧。但是，从语言理解力，社交技巧和兴趣的角度来看，这些人群之间的差异是如此之大，以至于用于促进谈话技巧的目标和方法也具有很大的差异。虽然存在这些差异，但是，谈话技巧上的改善，可以促进独立性和归属感与平等的增加。大多数使用替代性沟通方式的个体，不论是为了完成日常的工作，还是在休闲时间，都需要依赖他人。

谈话是一种交换信息和观点的方式，同时可以影响他人以及被他人影响。促进个体的谈话技巧，将使得他们在弄清自己的愿望和观点，影响及理解他人，表达兴趣以及在做出他们自己的决定时变得更加容易。

在儿童的语言发展过程中，与成年人的谈话就相当于在学习语言、概念以及文化的价值。这类谈话，使得成人有机会来对儿童所说和所做的事情发表意见，告诉他们对象和活动的名称，以及这些事情的特殊用途，并且向儿童解释什么是他们可以做的，什么是不可以做的。对于儿童来说，与成人的谈话，是他们文化适应进程的一个重要部分。那些具有广泛的语言和沟通障碍的儿童，以及那些由于运动障碍而在自我表达方面存在困难的儿童，错失了很多这类自然学习的机会。因此，干预的中心目标是要使用替代性沟通形式，来补偿那些由于残疾而导致的学习机会的缺失。

缺乏谈话技巧同样会对那些使用替代性沟通系统的儿童与成人带来负面影响，他们在与他人沟通时，将获益更少。表达性语言群体中的个体在试图表达自己所想说的事情时所遇到的问题，是他们每日挫败感的来源。谈话变得刻板而无聊。对于在支持性语言群体中的许多个体来说，不被理解的经历将会导致害羞和尴尬。对于所有使用替代性沟通模式的这三个群体的个体来说，谈话技巧上的改善，将会使他们与他人产生更多且更丰富的互动。

替代性语言群体

传统上说，当对具有语言障碍和口语理解力有限的个体进行语言教学时，谈话技巧常常被忽视。替代性沟通干预的主要目标是，教会个体将单一符号作为他们获取事物信息及相关活动的手段。然而，对于这个群体中的一些个体来说，与习得这类语言的形式相比，沟通可能是更基本的问题。实际上，现有的干预方案到底能在多大程度上使个体进行对话，这在很大程度上还是未知的。为了提高谈话技巧，新的策略和目标似乎是十分必要的。

基本的谈话技巧是由以下几方面构成的：开始并维持一段谈话，轮流发言，改变话题，考虑不同的谈话伙伴，以及补救由于误解或其他原因所造成的任何的谈话中断。对于那些属于替代性语言群体的人，如大部分患有自闭症的个体以及许多学习障碍的个体来说，这些技巧是很难习得的。

能否维持一段较长谈话的进行，通常被证明是一个主要问题。下面列举了一个典型的例子，在这个案例中，如果个体 I 先说话，一段对话就只包括两句，而如果是谈话同伴 C 先说，则对话就有可能是三句（图 11 - 1）。

图 11 - 1

I："咖啡"。

C：{你 咖啡 你可以喝一杯咖啡}

C：｛什么 你想做什么？｝

I："出去散步"。

C：｛夹克 穿上你的夹克｝

除非对话是在严格的结构化或仪式化的情况下，否则没有一种更简单的回答能够打破这种模式。然而，在寻找有趣或有意思的话题的时候，它却可能非常有用。对于那些属于替代性沟通群体的儿童和成人来说，良好的沟通情景，可能包括谈论他们与谈话伙伴所共同拥有的经验或与正常朋友交往时的经验。使用在熟悉情境下所拍摄的相册和图片，通常也是开始一段较长谈话的好方法。但是，区分谈话中有关话题的图片和有关个人表达（他的话）的图片是非常重要的。人们应当使用手势或图形符号来就图片进行沟通。谈话一定不能变成"个体指着图片，而只有沟通伙伴用口语的形式发表评论"这样一种情况。

正如人们所预期的，在谈话技巧与其他语言技能之间存在着一些联系。然而，在教师试图进行较长对话之前，对于一个人到底要掌握多少符号或口语单词，并没有固定的规定。寻找一个合适的主题是更重要的问题。正常发展的儿童在语言发展的早期阶段所掌握的词汇量是非常有限的，但他们仍然能参加与父母或其他成人的简单对话。对于患有自闭症的个体，以及那些只掌握40~80个符号却几乎不能自然应用的患有严重学习障碍的个体来说，对话的训练已获得成功（萨默等，1988）。谈话也是增加一个人使用已学过的符号的一种方法。

常规和计划

对替代性语言群体中的个体所进行的符号干预就是通过结构化和常规来教给他们将会发生什么。结构可以帮助个体了解正在发生的事，方便他们理解和使用他们将要学习的符号，并且可以建立期望，进而形成沟通的基础。"计划"则包含了对事件的特定过程的说明。在一个具有严格结构化的沟通情境中，这种描述将成为反映常规和一般文化知识的一种计划。

儿童所参与的第一次谈话，通常是在成人通过提示和哄劝儿童回答来组织和设计谈话的情况下发生的。成人可以将孩子的话"连接"起来，并形成一个有意义的实体。

成人："昨天你去……"

儿童："……"

成人："你去了祖……家。"

儿童："祖母家。"

成人："并且你是坐……去的。"

儿童："火车。"

成人："你和……一起去的？"

儿童："妈妈。"

成人："还有……"

儿童："爸爸。"

成人："并且我们一起在祖母家吃的饭，你吃的是……"

儿童："匹萨和可乐还有薯片和蛋糕。"

早期的对话通常关注儿童和成人正在做或已经做完的事，但也有关于对象和它们的属性的事情。它们可能是关于成人正在煮的食物、儿童和成人正在玩的玩具、一次拜访、儿童在幼儿园的情况等。许多对话会经常出现，这样，儿童就可以慢慢学会根据不同的提示词来说相应的话。一些谈话会在日常生活中重复出现。随着时间的推移，儿童的回答会变得更加自主，并且越来越少地依赖成人的帮助和连接。（潘和斯诺，1999）。

应当尝试与那些使用替代性沟通系统的个体建立类似的谈话。在开始的时候，谈话伙伴控制谈话的过程，给予个体鼓励并帮助他回答。个体需要的帮助将逐渐减少，但属于替代性语言群体的一些个体可能终身需要鼓励和特殊的帮助。对于这些个体来说，最大的收获就是了解谈话伙伴的角色，同时，父母和其他重要的人可以逐渐将新的元素加入到谈话之中，这些新的元素可能会引起新的学习。

萨默，惠特曼和基奥（1988），描述了一个基于计划的教学示例。他们向六个患有自闭症和学习障碍的青少年教授了一段关于铁环游戏的谈话，这是他们经常玩的一个游戏。他们的年龄在8~25岁之间，并且几乎不能讲话。他们的手势符号词汇从40~80个不等，但他们几乎无法自发的使用这些符号。在干预中使用到的符号有七个："你"、"我"、"想要"、"玩"、"扔"、"再一次"、"是的"（图 11 - 2）。
这段对话本身就构成了一个计划。

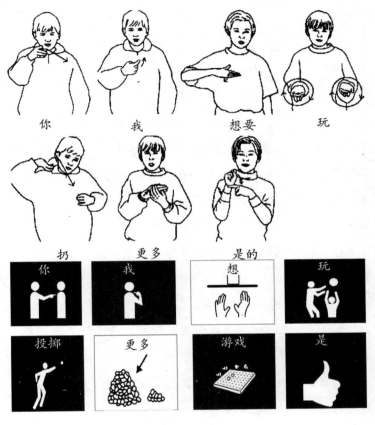

图 11 - 2

P1：你 想要 玩

P2：我 想要 玩

P1：扔

P2：（扔）

P2：你 扔

P1：（扔）

P1：你 扔

P2：（扔）

P2：你 扔

P1：（扔）

P2：再玩一次

P1：是的

    首先，对话可以由老师和任何一个青少年发起。然后，老师帮助青少年两人一组来一起表演对话。如果其中的一个参与者停下来，他们将得到一个告诉他们应当如何说的提示。两个青少年学习表演整段的对话，同时，剩下的四个人则只学习表演其中的一部分。整个铁环游戏的对话是基于个体进行沟通时的一般情境，而且，符号语句在其中起着一种功能性的角色。在训练阶段结束之后，这些青少年在玩铁环游戏的时候也继续使用了一些符号。

    在这项研究中有两个青少年很好地掌握了对话技巧，他们以前曾参与过一项以类似方式进行的研究，在其中，他们不得不学习表演一段关于橘子汁和饼干的对话。他们学会了和老师而不是与另一个人一起使用许多符号句子。在那项研究当中，他们使用了 15 个符号以及三种不同的计划，由此可见，这对于他们来说实在是太复杂了（基奥等，1987）。与此同时，可以想象，这两位青少年之所以能在第二次的研究中取得好成绩，主要归功于他们之前曾有过的计划谈话的经历。学习是积累的过程，在看到干预的真正效果之前，有时可能会需要一些时间。这强调了不仅要看短期收益，而且要重视长期计划的需要。

    这两项研究都使用了一个计划，那就是事先写好一段对话，但目的却是要让计划中的对话逐渐变得更加灵活和具有普遍性，以适应其他情境。然而，在自闭症和学习障碍人群中使用的发展谈话技巧的对话计划，也可以用在许多日常的情境中。在由萨默和他的同事（1988）所进行的研究中，只有部分谈话得到了广泛的应用。需要特别注意的是，"你 扔"的评论被省略掉了，这可能是因为这句话是多余的，因为下一个玩家将之前的玩家刚刚完成了扔的动作这个事实作为替换的信号。所有的玩家都渴望去扔，并且会密切关注他们轮到自己的回合。也许，将"扔完了"引入谈话中会更好。老师将参加者扔到钩子上的铁圈数写下来可能也会是一个不错的激励方法。在这个例子中，"写"和"完成"（图 11-3）可以在比赛的适当阶段中引入。

    针对具有学习障碍个体的沟通干预，通常是过于集中在与学校和工作相关的活

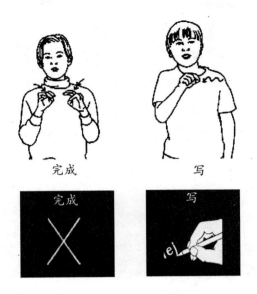

完成   写

图 11 - 3

动上。计划对于提升在更多情境中的谈话技巧会很有用。赫勒和她的同事（1996）在一个为三个有学习障碍、听力损失以及非严重性运动障碍的个体所设计的庇护性工厂中，使用了一种类似计划的方法，用来提升个体关于其他事物的社交和沟通能力，而非工作任务。他们掌握了将近 200 个手势符号，但这些符号在他们与同事的沟通中却不会去使用。因此，研究者为他们提供了带有图片沟通系统（PCS）和画有手势符号的两块沟通板：一个带有工作任务项目，而另一个则带有非任务词汇如"你怎么样"，"好的"，"累"，"购物"，"足球"和"电视"。干预的目标包括教会这三个人如何打招呼、当给他们一个东西时该如何回答、如何转换话题以及如何结束一段谈话。在经过一段时期的特殊训练之后，这三个人能够在别人的帮助下，在庇护工厂中与他们的同事使用新的谈话技巧。结果是除了工作任务之外，他们能够沟通更多其他的事情，并能更好地参与到工作中。作为研究的后续工作，研究者还教会了他们的同事们如何理解并使用相关的手势符号。因此，这种干预同时为这三个人以及他们周围环境中的人带来了能力上的改变。

结构化的谈话

对于替代性语言群体中的儿童和成人来说，围绕一个话题的结构化谈话也是一个有用的策略。因为人的理解能力是有限的，那么让谈话伙伴也使用替代性沟通形式是非常有必要的。现有的少量研究中关于对该群体的谈话技巧进行直接训练的效果有着不同的结论。但我们却有很好的理由去尝试，与那些已经掌握了许多符号的人进行结构化的谈话。那些有严重学习障碍个体的沟通，也不应当仅仅作为表达需求和对他们的环境进行控制的一种手段，他们也该有使用替代性沟通来进行其他形式交谈的机会。对于有些人，这可能行不通，但也只有在尝试过之后才会知道结果。尤其重要的是，要了解这一群体的一般情绪和关系，并且考虑到他们可能有的就这类事情进行沟通的需要。

支持性语言群体

在对那些属于支持性语言群体的个体的干预中，谈话技巧一直没有得到主要关注，即使人们期望这些人也能够参与到谈话中来。这一章主要关注语言支持人群的发展性亚群，这个人群也面临普通儿童在儿童期所面临的同样问题。第一次交谈经常是一段令人沮丧的经历。这尤其适用于那些具有发展性语言障碍的儿童，以及其他具有大量发音问题、以至于很难让听众理解他们想说什么的人。谈话会倾向于中断。不论儿童能够理解与否，他们常常会对所有问题形成一种策略，那就是都回答"是"。

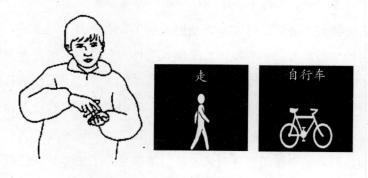

图 11－4

即使是对于父母或是其他重要的成人来说，儿童的讲话也有可能是难以理解的，因此他们会依靠情境中的提示来理解儿童到底试着要说些什么。在没有这些提示的时候，成人的理解力就会受到限制。例如，父母们叙述当他们带着孩子开车出去的时候，理解孩子就变得尤其困难（斯凯奥伯格，1984）。成人在试图理解儿童的时候遇到的这类问题，常常会导致他们与儿童一样对问题回答"是"或"不是"，以期望他们所做出的答案碰巧是正确的一个。有时他们的回答，只是一个含糊的

"嗯"。这些都不是鼓励继续交谈的回答方式，当儿童知道接收到的是错误的或是无意义的回答时，经常会放弃沟通。而当成人没有理解儿童在说什么的时候，会努力维持谈话的进行，特别是通过向儿童提问，或是通过他们自己来决定事件的进展，从而控制谈话。这样就能通过给儿童的沟通能力施加压力，从而使他们能够做到父母自己想做的事。如果成人总是在做决定，那么儿童可能就会觉得花在他们身上的时间是没有意义的。

干预的宗旨是使得儿童能够更容易地参与到谈话中来，并让他们能够体会到其他人是理解他们的。图形和手势符号的使用，有助于谈话伙伴的理解，从而使得谈话不至于很容易就停下来，而且沟通伙伴不会从他们试图去理解儿童的意思方面转移于。这就可能为儿童提供更多间接学习的机会，并使他们从和成人的互动当中获得更大的益处。

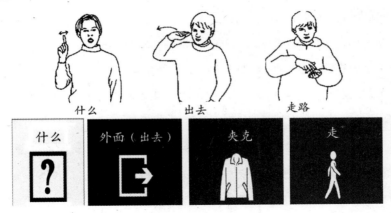

图 11 - 5

这种干预与为替代性语言人群所提供的干预相比，并没有什么不同，尽管表达性语言群体也能用到这些策略。应当强调在自然情境下，以一种具有明确定义的主题的结构性谈话的形式进行对话。这类对话应当通过建立一个话题作为开始，例如可以说"让我们聊聊你的自行车"（图11-4）或者说："我们聊聊明天去散步的事情'（图11-5）。为了确保话题已经被理解，且儿童是在用心留意的，老师应当确保他们明确对话的话题。例如，如果儿童拿出符号"自行车"或"散步"，那么这就说明儿童已经很清楚了。为了使成人更容易理解，简单事件的序列可能会是有用的。这意味着，老师要创造一个"新的"容易掌握和理解的情境，在这个情境中儿童能够在谈话中发挥独立的作用，这就是说，他们可以传递一些老师或其他沟通伙伴所不知道的，但可以理解的事。

除了使用手势和图形符号，以及建立一个谈话的话题之外，可以通过设计情境来改善那些具有构音障碍的儿童对语言的理解能力，在此类设计中，成人提供许多情境提示以激发儿童的兴趣，并使其愿意就此进行沟通。这类情境可能会以一些简单的方式来安排；例如，一个儿童和一个成人，日复一日地一起玩着同样的玩具，但玩的内容却会不同。在儿童在玩玩具时，要鼓励成人对儿童的行为进行评论，同时让儿童说出他正在玩的内容。在这类情境中，儿童可能会更多的体验到他自己所说的得到了他人的理解，而不是得到重复乏味的回应，而且成人也渐渐能更多地了解儿童是如何说话以及清楚地表达特殊的声音。谈话可能主要会围绕图片和玩具展开，但必须使儿童能够提出谈话伙伴所不知道的信息。这对儿童了解何时是成功以及何时是失败是非常有必要的。

沟通伙伴在谈话中改变角色是非常重要的。老师不应该总是在提问题，而儿童也不应该总是在回答问题。儿童也应该可以询问信息，寻求鼓励活动等等。但研究表明，儿童很少这么做（莱特，1985；彭宁顿和麦康纳基，1999，2001；冯·特茨纳和马丁森，1996）。因为谈话都有一个趋于中断的倾向，特别是对于儿童来说，几乎没有总是围绕一个话题持续一段谈话的经验。对于正常发展的儿童来说，也是如此，尽管他们的程度会轻一些。（纳尔逊和格伦德厄尔，1979；施莱和斯诺，1992）。因此，干预的一个重要的目标就是要帮助儿童维持一个话题，并在谈话中继续下去。角色扮演可能会是很有用且很有意思的，但如果成人在每次表演时所做出的说明都雷同，那么扮演也可能会变得很刻板，且流于形式。通过角色转换，成人的衔接（在开始维持谈话进行时很重要性）可以逐渐减短。这样，更大部分的沟通责任可能会以一种积极的方式转移到儿童的身上。

由于在支持性语言群体中的儿童很难被理解，因此，他们周围的人们常常以为他们没有什么特别重要的东西想说。同样的情况也会在表达性群体的成人中发生（达尔霍夫，1986）。因此，干预的一个目标，就是要在儿童的环境中向人们证明：他们能够参与到谈话当中，而且，当谈话的形式与内容适合他们自身时，他们也是有话可说的。儿童的符号和他们的能力对于语句的产生来说，都是重要的。当环境中的人们知道儿童有话要说时，将会通过社交而形成一个更自然的语言学习形式。

对于发展的群体来说，随着时间的推移这类学习可能会被形式化的教育所替代。

对于那些属于支持性语言群体的儿童（例如患有唐氏综合征的儿童）来说，建立享有平等的沟通主动权的谈话中所存在的问题，与他们需要更长时间来对沟通伙伴在做什么、以及在其他情况下会发生什么作出回应的这个事实有关。对于沟通伙伴来说，用足够长的时间来等待个体的回应，是一件很困难的事。最佳的补救措施就是鼓励谈话伙伴比平时等待得长一些，并且让他们通过个人经验相信这种等待不是徒劳的。为了确保这种经验是积极的，等待可以在创设情境时发生，在创设情境时儿童很有可能掌握沟通的主动权。当儿童变得更善于说话时，保持对替代性沟通的主动权仍然是非常重要的。儿童的说话可能在很长时间内很难被理解，特别是对于那些不是很了解他的成人或儿童来说。

对于那些属于支持性语言群体的情境性亚群体的儿童来说，说话难以被理解这个问题在青少年阶段或成人后会继续存在。他们会经历到他们的沟通伙伴假装他们理解自己，并对自己所说的话做出很模糊或不正确的回答。为了延长谈话的时间，他们可以通过用手势或图形符号、或手写的字符来补充他们的说话，以使同伴更加容易理解自己。对于这一群体中的儿童和成人来说，能够对情境进行评估、并懂得他们需要如何做才能被理解，这是非常重要的。结构化的谈话对于了解辅助手段在谈话中的作用是非常重要的。老师不知道儿童要说什么，有时甚至不知道是关于什么话题的，所以非常重要的一点是儿童要同时具有理解和不被理解的经验。将不熟悉的人带入这类情境中可能也会非常有用。另外一个重要的措施，就是告诉与这个个体经常沟通的伙伴有关这个个体的谈话策略，以及确保他有足够的反馈，并且该沟通伙伴要就他所说的内容与他协商，直到他明白。当此个体与不熟悉的、或是偶然遇到的谈话伙伴进行沟通时，此个体应当尝试将他希望传递的信息以能够最大程度上被理解的方式来带领这段谈话。这就要求他要有相关的必要经验和对这类情境的把握能力。

表达性语言群体

属于表达性语言群体的儿童和成人常常患有严重的运动障碍，并且需要使用沟通辅助工具来进行沟通。然而，在该群体中，有很多人经常使用手势符号，例如，患有唐氏综合征的人说话通常难以被理解。也有患有自闭症的儿童，他们在理解力和口语的使用之间存在很大的差距，有些使用手势符号的儿童，他们则在整体上缺乏语言组织能力。然而，本章重点在于辅助沟通工具的使用者，因为他们构成了表达性语言群体的大多数。

有许多不同的原因将导致儿童和成人在有意义的谈话中出现问题。运动障碍是一个重要的原因，它会使得沟通变得非常缓慢。人们所使用的辅助工具的种类和内容，可能也会对谈话的进程有着重要的意义。帮助者的回答可能会直接针对个体的问题，而非允许他们自己寻求答案。因此，沟通伙伴常常会使得谈话变得更加困难且几乎没有意义。他们假装理解那些他们本不理解的话，而且当他们对辅助沟通工具的使用者说话的时候，有提高声音的倾向（科林斯，1996；克拉特，1985；沙恩和科恩，1981）。类似的策略可以在人们与使用不同母语的外国人沟通时找到（弗格森和德博斯，1977）。

然而，贫乏的谈话技巧也是干预不充分以及个体在与他人沟通时所遭遇不幸经历的结果。众多问题中必须克服的最重要问题是个体沟通主动性的缺乏和他们被动的沟通方式、缓慢的沟通以及不充分的沟通策略。事实上，这些问题是交织在一起的。一个好的解决方案要求这样的一个规则：个体和沟通伙伴都要学着以新的方式做事，当选择辅助工具时，需要有足够的思考，同时设计的情境应当符合实际，以使辅助工具可以被有效地运用到尽可能多的情况当中。

对于那些具有很好的口语理解力的表达性语言群体的成员来说，谈话技巧的发展是干预最重要的目标。给辅助工具的使用者带来限制的，通常不是由于他们缺乏语言才能，而是由于缺少机会来使用他们所了解的东西。从传统意义上来说，他们不需要语言干预，反而需要在辅助工具的使用上给予技术和功能上的指导（克拉克等，2001）。他们并不需要传统的语言干预，这可能是由于他们的被动性和依赖性造成的。他们的沟通经历，也可能会在他们被动的沟通方式的发展中起到了重要的作用。许多专家低估了学习良好的策略在发起并维持谈话中的重要性。他们通常认为，一旦一个儿童能够掌握符号系统和辅助工具后，他就能对沟通辅助工具进行功能性和多样性的使用（巴兹尔，1992；哈里斯，1982；萨拉斯托，2001）。对谈话策略的强调，可能会增强沟通伙伴对这类问题的意识，从而防止学习的依赖性与被动性。

对于那些属于表达性群体的个体来说，拥有对口语的正常或近乎正常的理解力以及参与到复杂谈话中是不必要的。对他们而言，尤其重要的是正常的感受与这些感受之间的关系，以及他们对沟通的需要。这在莫莱和冯·特茨纳的例子（1996）中得到了说明。

> 博迪尔是一位 43 岁的女性。她有严重的学习障碍，无法说话，并且在过去一年当中，已经习得了 150 个图片和象形图的图形词汇。她主要的兴趣就是人和包含 50 个以图片的形式出现的人名的沟通辅助工具。她与老师的谈话，表明了她想与别人分享她的经历的真实需要，还有将她自己与他人的积极的和消极的情感遭遇以单词的形式（在她的例子中，是图形符号）表达出来的需要，也就是"展现"自己的需要。

根据语言评估，博迪尔的理解力是有限的，并与她的学习障碍相一致。然而，在她的理解力和表达之间仍然存在着很大的差距，因此她就属于表达性语言群体。此外，语言是她最佳的能力。她在一年的图形沟通干预课程上显示出了意想不到的洞察力和用图形符号表达信息的能力，这些都表明了沟通干预对患有学习障碍成人的重要性，要在一个谈话框架内发生像她这样的情况，这在某种程度上来说是可能的。这一章中许多的例子都涉及对具有语言理解力的个体所起到的一个普通作用的策略，但大多数的策略都可以应用于具有不同程度学习障碍的个体的干预中。

属于表达性语言群体的人们通常是具有运动障碍并在许多普通活动的完成上存在困难的。他们大多能很好地操控语言，并且他们可能会使用语言来代替任何一般的独立动作，例如指点，展示以及操作某个事物。对于这个群体中的儿童来说，语言（独立形式的）将变成进行游戏的主要工具，而且谈话也将决定游戏的结构。因此，谈话技巧的发展对于这类人群参与到许多大大小小的社会环境中的可能性起着至关重要的作用。

促进谈话

促进更好的谈话技巧的干预策略可以分为环境策略、同伴策略以及谈话策略。环境策略和同伴策略，旨在改变环境，以增加个体在普通谈话中的参与，同时让谈话伙伴可以适应个体的替代性语言形式。谈话策略的目的则在于帮助个体使得他的沟道变得更加有效。

环境策略

许多具有运动障碍的个体，对于语言技巧的掌握会比运动技巧更好。实际上，他们可以通过使用语言来指导他人为他们完成自己不能完成的动作，以补偿他们在运动技巧上的缺陷。因此，他们应当比其他人付出更多的时间在沟通上。然而，事实上，他们却几乎不参加到这类沟通性的情境当中来。他们的谈话常常是与专业的帮助者一起进行的，并且他们的许多沟通都发生在日常的情况当中。这一方面是因为干预所强调的是要在常规的情况下进行沟通，另一方面则是因为运动障碍的个体花费在日常活动上的时间本来就要比其他人更长。但具有说话障碍的儿童的家长更愿意选择在这类情境中进行沟通，这是因为在这些环境当中，他们能最好地理解他们的孩子（卡尔普，1982）。

在日常活动中建立沟通是一个了很好的早期策略，但这也是一个导致大多数儿童的沟通"产生于此便停滞"的策略。过分关注常规情况会阻碍儿童参与到新的环境当中。一个充分利用环境的方法，就是找到可以使对话产生并形成部分活动的新情况。这就对沟通伙伴提出了新的要求。如有需要，这样的环境可以更加透明，以使一般的谈话伙伴也可以参与到其中，从而使他们在沟通的过程中体验到成功。这样做的目的是使这个人和他的沟通伙伴共同体验到沟通的成功。与此同时，重要的是所设置的情境不要对沟通辅助工具使用者的要求太少。例如，残障儿童的父母通过自己对孩子的了解来猜测他们想要什么。儿童只参与到少量活动当中，而他们的父母对于大多数这些情况都很熟悉。因此，父母很容易就猜到孩子们的愿望。他们体验了成功，但谈话可能会变得重复而单调。然而，在所要创设的谈话情境中，并非所有的事情都是可以被预测的。沟通伙伴有必要知道个体正在沟通什么，因此他有沟通的责任。缺乏沟通责任以及真正的沟通是谈话技巧发展的共同障碍（见布雷克和冯·特茨纳，2003；格伦宁和凯尔克莱特，1985；冯·特茨纳和马丁森，1996）。

在家庭和幼儿园或学校之间，使用一本信息手册是一个实际有效的做法。一本信息手册在很多情况下都是非常有用，而且经常被那些属于支持性或替代性语言群体中的个体使用。它能确保实用性的信息在家庭和学校之间能够进行系统的传播。但是，这也会剥夺个体的沟通责任感，例如，因为他们无法从家庭或学校当中选择他们想要表达的内容，通常只有书中提到的话题才会被沟通伙伴所谈论。这些人所问的许多问题都不是真实的，因为沟通伙伴知道或可以很好的猜到答案会是什么。这样个体就很难告诉他们的伙伴两人之间的沟通是否良好。沟通的挫折可能会导致积极的学习从而增强个体的语言习得能力，因为它可以使个体知道什么是错的，以及他们可以应用什么样的策略来使他们的沟通更加成功。

一些属于替代性语言群体的个体，可能无法使他们获得对沟通具有更多责任感的能力。对于这类人群，信息手册会成为支持他们参与沟通的工具，但也正是这个人群当中的许多人，当给予他们更大的沟通责任感时，会显示出对谈话技巧的积极的发展。在表达性群体中，儿童也是慢慢学会的。对口语具有良好理解力的青少年和成人应当能够控制有关他们自身的信息的传递。

有关常规和信息手册的讨论表明，专家们在使环境能够适应那些使用替代性沟通系统的人们的能力和限制性时，持有发展的观点是非常重要的。干预措施很少能够使用一辈子的。在早期发展阶段非常有用的策略可能变得不再有用，事实上，它有时反而会起到束缚的作用。当环境与个体谈话技巧的发展相适应时，这一点尤其明显。

不同沟通情境在数目上增长，意味着为那些使用替代性手段作为沟通方式的个体提供了一个敞开的社会。沟通不应当仅仅发生在家中、幼儿园、学校、工作单位、以及其他熟悉的场景，它也应发生在与那些不认识的人之间、在街道上，咖啡馆中、商店、开会的地方、电影院等等。然而，不能仅仅是把个体放到新的环境中。因为他们经常会为暴露在那些不习惯使用替代性沟通的潜在沟通伙伴的环境中而感到恐惧，并且可能会对新环境表现出恐惧和排斥。因此，从一开始就让个体对整个情境有个很好的了解是非常必要的，同时应告诉他们将会发生什么，以使他们感到更加安全。角色扮演可能是为新情境做准备和获取信心的一种方式。

贝基是一个患有脑瘫的9岁女孩。她可以讲一些话，但却很难被理解。她使用一本带有200个画谜符号的沟通手册。这本书包含不同领域（艺术、快餐、汇编等）的微型沟通谈话板。她经常和她的父母去"汉堡王"，但却从未自己在那里点过餐。首先，她会和老师谈论关于在"汉堡王"中所发生的事。你必须等待有人来为你服务，直接点你要吃的，并先付钱。然后，贝基和她的老师为"汉堡王"制作了一个主题谈话板。在课堂上，她的同学们制作了一个"汉堡王"的模型，并且由一个男孩儿来扮演服务生。当"服务生"问询她想要什么的时候，贝基用她书中"汉堡王"页上面的条目来回答他。她不断练习告诉服务生他是否已经能正确理解她的意思。当贝基和她的那个扮演服务生的朋友一起去"汉堡王"时，她毫无困难地得到了她想要的汉堡（米尔斯和希金斯，1984）。

马丁是一个患有脑瘫的 12 岁男孩儿。他有几本带有有限词汇量的沟通本，并且也能使用将他所写的打印在薄纸条上的电子设备。然而，书写的过程却是极其缓慢的。马丁喜欢阅读但从来没有去过图书馆。首先，他和他的老师讨论图书馆是什么样子的，并且他们讨论了借书的过程。他练习书写一些他将在图书馆中用到的句子，例如，"哪里有关于狮子的书？"以及"我可以借多少本？"。然后班上的一个朋友来扮演图书管理员。他来提问，马丁来回答。第二天他们去了图书馆，在那里，马丁很容易就适应了新的环境：他询问了他想要的书，并顺利地借走了它们（希金斯和米尔斯，1986）。

参与到真实的情境可以给人带来他们在所居住的社会中的真正知识，并且这也是他们文化适应的一个重要部分。角色扮演不应当代替真实的情境；它只是精确地假设了以许多沟通辅助工具使用者的经历为特征的情境。角色扮演的目的仅仅是为了使个体能够更容易地参与到真实情境中。对于老师和学习者来说，这一点从一开始的时候就应该明确，而且应当在角色扮演的同时就计划真正的参与。

一般来说，沟通辅助工具使用者在谈话中参与的要比其他人少。对于儿童和青少年来说，他们绝大多数的谈话都是与成人进行的。那些说话正常的青少年会花很多时间与同龄人在一起，并且谈话会围绕自己喜欢的活动展开（冯·特茨纳，2001）。因此，增加与同伴的互动与沟通常常是一个重要的目的。儿童与成人互动的情境和儿童与其同伴互动的情境是不同的。与成人相比，那些使用沟通辅助工具的儿童和青少年与他们的同龄人似乎也有很多不同和多样的谈话（布雷克和冯·特茨纳，2003；萨顿，1982）。与同龄人的谈话也为个体提供了一个接触到青年文化的机会。专家们应当努力创造这类活动，以使沟通辅助工具使用者可以在没有成人的情况下实现互动，例如角色扮演和游戏。如果成人需要成为那些使用沟通辅助工具的儿童之间的传递者，他们所起的作用，就应该仅仅是口译员，而不是试图去影响他们所传递的信息，这一点是至关重要的。

　　一个男孩和一个女孩，他们都使用沟通辅助工具和一些手势符号，他们和老师坐在一起，老师在他们中间充当传递者。女孩将她希望参加自己生日聚会的小朋友的名单列出来，但却没有提到那个男孩，而这个男孩则表明他也非常想参加。老师就传递了这一请求。女孩表示"不"而老师没有进行干涉，直接向男孩传递了这一信息，也就是说，没有试图去改变她的回答（索罗，巴兹尔和冯·特茨纳，1992）。

即使会引起冲突和争论，成人也应当抑制住不必要的干涉。与其他人一样，沟通辅助工具的使用者，也应当经历过这类情况，并学会如何去处理它们。这一点，在下面的对话中得到了说明。

　　丽芙是一个患有脑瘫的 3 岁女孩。她不能说话，并且使用一个带有图标和图片的沟通辅助工具。她正在吃午饭。

　　丽芙："吃完了。"（当给她食物，水果或饮料时，她将头转向一边）（盘子里剩下半个猕猴桃，丽芙向它伸过手去）
　　老师：（以为丽芙想要猕猴桃，就给她削皮，用刀切成小块送到丽芙面前）
　　丽芙："我不想要。"（转过头）
　　老师："你说你想要（水果）。"
　　丽芙："水果'你'"。（看着汤杰，其他的小朋友之一）
　　汤杰："不，我不喜欢猕猴桃。"
　　丽芙："水果'你'。"（看着汤杰）
　　汤杰："我不想要猕猴桃。"
　　丽芙：（看上去开始有些沮丧）
　　汤杰："问问艾琳是否想要。"
　　丽芙："水果'你'？"（看着艾琳）

艾琳："是的，多谢。"

丽芙：（得到放松，并把猕猴桃分享给其他小朋友）

在这个过程中，老师并没有加以干涉，而且孩子们也解决了他们之间的冲突。老师的克制，给了丽芙一个机会来使她了解对于这类情境的可能的解决方案，并从同龄人那里学着应该如何去做。

儿童需要有相关的经验来使用语言，并解决一些带有消极情绪内容的情形，包括涉及同龄人的情形（德纳姆，1986；艾森伯格，费比斯和洛塞亚，1997；萨尔尼，1997）。许多患有学习障碍及其他障碍的儿童，在潜在的消极和具有挑战性的情况中被保护了起来（冯·特茨纳，2003，2004）。然而，成人们保护儿童让其不遇到这类经历，实际上会使他们错过了情感、社交沟通和文化学习的重要机会。这样做的结果可能会使情感的自我调整能力变得更差。此外，允许经历消极的和具有挑战性的经验，可能意味着在更多有趣的事件中实现更大的社会参与。

关于那些使用替代性沟通工具的青少年，校友或同龄人有责任帮助他们，并且在闲暇时间的活动中鼓励他们参与进来。这些活动应当是年轻人当中受欢迎的活动，而且应当尽可能鼓励个体以尽可能平等的方式来参与其中，尽管事实上他们有运动障碍。去电影院，体育赛事，家庭作业，去咖啡馆，听录音以及徘徊在街角就是这类活动的典型例子。布雷克和冯·特茨纳（2003）描述了一个"秘密"班级俱乐部，在其中，对于班上其他的儿童来说，与使用布利斯符号的男孩的互动是非常有趣且令人兴奋的。

电子沟通

更多的沟通并不意味着所有的沟通都"必须"是面对面的。对于那些患有运动障碍而行动困难的人来说，电子沟通是实现更大社会参与的一个重要方式。谈话可以直接通过电话或电脑的书写或综合性表达输出设备进行。使用布里斯符号和其他图形符号同时进行电子沟通谈话和电子邮件，也是可能的（甘德尔和萨顿，1998；麦金农等，1995；冯·特茨纳，1991）。

"互联网"也以聊天和电子聊天室的形式为"谈话"提供了机会。一台与互联网连接的电脑可以用来与世界任何地方的人进行沟通；他们或在隔壁，或在另一个大陆。一个类似的系统也可以通过电子邮件和列表服务器创建起来。发到列表服务器的信件会被转发到列表上的每一位那里。那些参与到会议当中的人，并不经常在同一时间出现，但由于新的评论会在原有的基础上建立起来，这些沟通便类似于群体交谈。参与者可以看到其他人所写的评论，并在适当的时候写下他们的评论。对于那些使用沟通辅助工具的个体来说，电子聊天室的优点是他们不需要迅速沟通。只要参与者们能够使用手写符号或相同的图形系统，那他们就可以根据他们自己的速度写下他们想要说的内容，并且不需要依赖任何人来为他们翻译（卡伦等，1995）。在互联网上建立电子聊天室只是时间问题，因为使用图形系统的人将会在网络上"定居"下来。这意味着专家们可以通过沟通辅助工具，来进行更全球化的沟通。

同伴策略

除了自身的角色之外，同伴在与沟通辅助工具使用者的谈话中，必须经常积极表述他们想要表达的东西。解释和翻译元素，正如它们通过沟通辅助方式所显示的那样，将这些元素组装在一起，并在某种程度上可以猜测个体在个体完成造句的过程之前所想要说的内容。因此，对于谈话伙伴来说，不论是他为自己说话的时候，还是接收来自个体的信息的时候，都应该积极的参与到其中。谈话伙伴的策略及能力会很不同，因此他们可能会增进或妨碍个体沟通的成功。由于谈话伙伴拥有双重角色，因此对于沟通辅助工具使用者来说，对家庭成员，同龄人以及其他普通谈话伙伴的训练，便成为为其提供更好的发展谈话技巧机会的一项重要的干预措施。

在沟通辅助工具使用者与说话正常的个体之间的典型对话当中，通常是由说话正常的一方首先开始改变话题并控制谈话。它以一种被描述为"简单化策略"的方式得以实现。谈话伙伴限制了谈话的主题以及辅助工具使用者可能要说的话。这也许会使个体更容易地参与到交谈当中，但也会使他想要引入新的内容时变得困难。在许多情况下，谈话伙伴因为自己作为一个"帮助者"的角色似乎诱使了他低估了辅助工具使用者的能力。这在那些没有意识到自己特殊角色的谈话伙伴当中是非常典型的，你可能会观察到，他们在用高人一等的口气与沟通辅助工具使用者谈话，而且并不考虑哪些才是个体真正能了解并明白的（布劳，1983；科林斯和马克瓦，1999；斯威戴尔，1989）。

沟通辅助工具使用者对谈话的贡献主要倾向于给出答复，谈话伙伴通过提问方式限制了沟通辅助工具使用者可能的答案数量。尽管谈话常常会进行很长的时间，但沟通辅助工具使用者的贡献却是有限的。发起并选择谈话的主题的都是谈话伙伴。莱特（1985）发现，3～6岁布里斯符号的使用者的母亲在与孩子的谈话中掌握了85%的谈话主动权。对2～10岁使用沟通辅助工具的儿童和他们的母亲的交流进行的观察表明，母亲的话中65%具有主动性，而儿童的仅占8%。而且这一现象不会随着儿童年龄的增长有太大的改变。萨顿（1982）发现，说话自然的个体在每次谈话中，掌握了84%的主动权，而年龄在10～27岁之间的布里斯符号使用者在每次的谈话中，只占有16%的沟通主动权。

沟通伙伴的敏感性的重要性在下面布罗肯伯格和萨顿（2003）所举的例子中得到了强调。卡伦一年级了，她所在的那个班级正在烘焙曲奇。她走近她的语言治疗师，并用手势符号开始谈话。

卡伦："饼干。"

治疗师："你今天做的？"

卡伦："妈妈。"

治疗师："你要把你的给妈妈？"

卡伦："不。"（摇头）

治疗师："你要拿去给妈妈看？"

卡伦："家。"

治疗师："你要把饼干带回家？"

卡伦："我。"

治疗师："你和妈妈在家做的饼干？"

卡伦："是的。"（点头并微笑）

治疗师："你什么时候做的？这周末？"

卡伦："是的。"（点头）

治疗师："你是不是总在周末做啊？"

卡伦："是。"（点头）

语言治疗师知道卡伦以前经常在家里烘烤，但即便不知，她也能通过一些敏感的询问得到正确的答案。过了一会，卡伦来到老师旁边，再一次发起了关于曲奇的谈话。

> 卡伦："饼干。"
>
> 老师："不，你现在不能吃饼干。我们下午要装饰它。"
>
> 卡伦："妈妈。"
>
> 治疗师："妈妈将在 3 点钟到。"
>
> 治疗师：（告诉她的言语治疗师）"她总是要找妈妈。"

在这个例子中，老师似乎以为卡伦想要沟通她想要吃的东西。这也许是事实，但她却不试图找出卡伦到底想说什么。使用替代性沟通的自闭症和学习障碍的个体，他们既不自己叙述又不被他人鼓励进行叙述的情况还是很常见的。在这种情况下，他们不可能学会采取主动的叙事方式来讲述关于他们自己和他人的故事。

是时候该说些什么了

与沟通辅助工具使用者的沟通，总会比两个说话自然的人的沟通花费更长的时间。如果谈话包括若干个角色的交替转换，同时包含信息和观点的交换，那么将要花费的时间更是会增加。如果沟通辅助工具使用者想要说一些超出日常惯例或交谈话题之外的内容，他们可能需要更长的时间来表达自己。而所用的时间过长可能会使他们很难清楚表达最重要内容。结果可能就是沟通辅助工具没有派上用场（萨敏能，2001）。

时间的使用问题也是沟通伙伴通常使用不对称谈话结构和策略的一个主要原因。许多谈话伙伴发现等待是一件很困难的事情。例如，使用布里斯符号的 3~6 个月大儿童的母亲，在他们将话语权交给他们的孩子 1~2 秒之后，就又开使说话了。停顿超过一秒钟之后，有 92.5% 的母亲会开始讲话。因此，那些需要更长时间来使用布里斯符号的儿童，只能回答是—否的问题（参见后面的例子），因为他们可以通过很快的发声、点头或摇头来回答这类问题。给予儿童充分的时间是非常重要的，这也是被事实所证明的：那些沟通最多的孩子，他们的母亲等候的时间也是最长的，在她说话之前有时要等上足足 47 秒。在一段 20 分钟的谈话过程中，儿童在沟通优先权中所占的平均数字是 11，前面说的这个儿童则可以达到 45。在另一项研究中，两个 9 岁和 12 岁的儿童，在教给他们的谈话伙伴结构性的等待之后，他们的谈话自主权得到增长（格伦宁和凯尔克莱特，1985）。

为了给沟通辅助工具使用者提供更好的控制谈话的机会，并在更加平等的基础上对谈话做出贡献，首先也是最重要的就是应该给予他们足够的时间来表达他们想要说的内容。这意味着谈话伙伴必须克制自己不要催促谈话的进行。他们必须在开始打断或猜测个体正在说的内容、或是抢夺沟通主动权之前，等待足够长的时间，从而使谈话或话题的转换成为一个连续的过程。

猜　测

由于口语和符号之间并非是完全一一对应的，因此沟通伙伴在某种程度上必须经常猜测个体想要说什么，并帮他清楚地表达出来。为了加速谈话的进程，可能经常发生的事情就是：谈话伙伴会在所有符号还没摆好或指出之前就去猜测整个句子的意思。当使用沟通辅助工具和图形符号的儿童所做的表达大多数是单符号表达的时候，其中一部分是因为儿童表达的一大部分都是回答问题，但更重要的原因是谈话伙伴常常会在儿童发出第一个符号之后便开始猜测。这样猜测可能会是加速谈话的一个很好的策略，但结果可能会使个体无法充分表达他们自己的意思。一般来说，对符号和句子的翻译都是从一次一个元素开始的，这意味着沟通伙伴可能必须记住一些已经产生的图形符号。这一过程是非常困难的，尤其是如果需要一个谈话伙伴不得不花时间去想出一个符号类比时。在出现错误之前，表述不需要特别长。如果一个谈话伙伴猜错了，结果将会可能使对话变得更长（科林斯，1996，p. 95）。

费伊不能说话，并且使用一个带有200个布里斯符号的沟通板。她在和她的一位照顾者康拉德沟通。

费伊：{爸爸。"嗯嗯"}

康拉德："想要告诉你的爸爸。"

费伊：{节日。}

康拉德：（看着费伊，然后低头看沟通板）

费伊：（继续指）{节日。"嗯嗯嗯"}

康拉德："哦，你要说……"（低头看着沟通板）

费伊：（摇头并发音）

康拉德："和你的爸爸过节。"

费伊：（向前倾斜到沟通板前）

康拉德："好的。"（向回倾斜了一点，并说了一些听不见的东西）

费伊：{喜欢。}

康拉德："你喜欢。"

费伊：{爸爸，"嗯嗯"}

康拉德："你的爸爸。"

费伊：（移动手指到另一个布里斯符号）

康拉德："去过节。"

费伊：{ "是的。"（抬头看着康拉德，点头）"嗯"}

康拉德："好的。"

康拉德：（坐回来）"你希望它发生。"

费伊："嗯。""是的"（点头）

在这个例子当中康拉德试着猜测很多的内容。当费伊指着"父亲"的时候，康拉德没有仅仅是接受布里斯符号并等待下一个问题，而是还试图去猜测费伊想说的全部内容，假想费伊是主语而他的父亲是宾语。当这种理解被费伊（隐含的通过继续指向"节日"并拒绝为康拉德的猜测提供确认）拒绝时，康拉德提出了第二种猜测，又一次试图将费伊正在试图表达的所有内容都涵盖进去。这一次康拉德理解了费伊，她是想要通过说一些她希望在下个节日做的事情来继续先前的谈话。事实上，费伊想要谈论一些新的东西，她希望他的父亲能和她一起去过节。这表明谈话伙伴必须要有耐心，并留意确认他们的猜测是否正确。这类确认，是认真对待个体的沟通的一部分（冯·特茨纳和詹森，1999）。它是谈话伙伴策略一个必要的部分，为的是确保在谈话中不要出现不必要的误解。

这个讨论并不是要对猜测能否作为一种策略进行争论。许多沟通辅助工具使用者更愿意他们的谈话伙伴在他们完成明确的表述之前，猜测他们正想说的内容。对于谈话伙伴来说，在这个体的表述完全形成之前猜测着个体想要说什么，可以是一个很好的策略，而且如果这个人对辅助工具使用者很熟悉的话，这样做可能会更加有效。当这个人使用图形符号的时候，这种猜测是很自然的，因为谈话伙伴经常用口语将辅助工具产生的表达翻译出来。然而，即使进行猜测常常是正确的，但是对其进行证实仍是必要的。个体能够掌握其他策略也是十分重要的，这样可以使个体对谈话伙伴不至于变得过分依赖。当谈话伙伴不去猜测或猜不到的时候，他们也必须学会表达自己的意思。

"是—否"问题

在沟通辅助使用者和自然说话的个体之间的谈话中，辅助工具使用者通常扮演了一个回应的角色，即回答来自谈话伙伴的问题和要求。在一项由萨顿（1982）所完成的研究当中，问问题占据了使用沟通辅助儿童表达内容的 2%，却占据了他们的谈话伙伴表述内容的 34%。在一项对成人沟通辅助工具使用者的研究中，韦克斯勒、布劳、莱斯利和多尔（1983）发现，使用辅助沟通工具的表达者提出了 8 个要求和问题以及 163 个回答，然而他们的谈话伙伴却有 295 个问题和难题以及 8 个回答。原因之一可能是因为许多说话正常的谈话同伴发现：由他们问问题而不是让使用沟通辅助的个体使用图形系统时，谈话会变得更加正常。

在说话自然的个体与沟通辅助工具使用者的谈话之中，有很大一部分都是由"是—否"问题构成的。萨顿（1982）发现，在 10～27 岁的布里斯符号使用者的口语表达中，有 16% 都是"是—否"问题。在另一项研究当中，沟通辅助工具使用者的表达中有 40% 是对"是—否"问题的回答（布劳，1982）。除此之外，很大一部分沟通伙伴之间共享的问题，也都是一些他们已经知道答案的内容（莱特，1985；冯·特茨纳和马丁森，1996）。这类问题在成人与年幼儿童的谈话中非常普遍，在学校的师生之间的互动中也是如此，但在成人与年长的儿童之间，却是另外一种情况。沟通辅助工具使用者常常能意识到这一点，谈话对于他们来说，除了与交谈同伴在一起之外并没有什么意义。

此外，在个体有机会回答一个问题之前，可能会有更多的问题被接着提出来。在下面的例子中，老师通过提出一个问题发起谈话，这对于一个谈话来说，本可以是好的起点，但他却在开始之前就毁掉了与学生谈话的可能性（哈里斯，1982）。

师："你昨晚都做了什么？"

生：（开始在沟通板上组织答案）

师："你回家了？"

师："你去电影院了？"

师："你去看电视了？"

师："你去看迪士尼了？"

师："你哥哥来了吗？"

"是—否"问题的大量使用对儿童的沟通来说是特别有害的，因为它妨害了用于回答复杂问题的新的表达词汇及策略的习得过程。为了增加个体对谈话的贡献，谈话伙伴应当尽可能少地使用"是—否"问题，除非有必要弄清他到底是什么意思，例如因为他在表达他想说内容的时，没有他所需要的符号。问题应当尽可能是开放性的，问题的起始词可以是"什么"，"谁"，"哪里"，这些都可以比"是"和"不是"更能引起其他的回答，但总体的目标是要减少问题的数量。促进句子使用的策略也能增加沟通辅助工具使用者对谈话的贡献。

伙伴风格

许多儿童和成人很少自发地使用沟通辅助工具。为了使他们能够更经常地使用这些工具，专业人员和家长应经常鼓励他们在设法通过其他方式让人们理解自己的情境下使用这些工具（哈里斯，1982）。

教师："你想要什么？"

学生：（指着球）

师："不，用你的板告诉我"

生：（再一次用手指着球）

师："你要如何用你的板告诉我呢？"

生：（低头在盘子里找）

功能性干预不包括教给个体一种新的方式来表达那些他们已经能够有效进行沟通的内容。其目的是让他们学会在那些他们不能够完全掌握或感到不确定的情境下进行沟通。当使用辅助沟通并不能很好地起到作用时，应该秉持着用了总比没用好的信念来促使个体使用辅助沟通，因为这时候他们是有目的的指着图形符号，而不是漫无目的的随便指着一个物体。在上面的例子中，学生知道图形符号"球"，但在这种情况下，更快的回答方式仍然是通过用手指。"更正"经常会被看作是不必要的困扰。这种情况可能会产生消极的经历，从而使得个体变得不是那么主动的去沟通。

有时候，沟通伙伴起着一个具有指导性作用的角色，而且或多或少会告诉沟通辅助工具使用者该说什么，就像在下面这个例子中所描述的一样（史密斯，2003）。

伊冯娜是一个 6 岁的孩子。她使用一个含有 250 个图片沟通系统（PCS）的沟通板。伊冯娜和研究者在妈妈不在房间的时候已经读了一个关于要去睡觉的故事，然后，伊冯娜被要求把这个故事讲给她的妈妈听。

伊冯娜："床。"

研究者："床，好的，是要上床睡觉对吧？"

妈妈："你怎么说'去睡觉'呢？'去'这个单词在哪里？'去'这个单词在哪里？'去'这个单词在哪里？你能帮我找到'去'这个单词吗？好，来吧伊冯娜，帮我找出'去'这个单词。伊冯娜，只用一个手指。现在，'去'这个单词在哪里？'去'这个单词在哪里？"

伊冯娜："去。"

妈妈："谢谢"。

在上面的会话中，妈妈试图使她的女儿能够明确地指出"去"这个单词，即使妈妈早已明白她女儿的意思，这也是整个对话的重点。她甚至感谢她女儿的合作以及指出"正确"的符号。这种教学导向风格在下面的例子中也是非常明显的。

伊冯娜和研究者已经玩了一会儿能喷水的船，然后，伊冯娜应该告诉她妈妈这个活动。

妈妈："这是一个'女孩'吗？"

伊冯娜："是的。"（点头）

妈："还是一个'妇女'呢?"

伊："是的。"（点头）

妈："哪一个呢? 是女孩还是妇女? 用你的手指给我看。"

伊："女孩。"

妈："这是一个女孩吗?"

伊：（笑着看着妈妈）"是的。"（点头，大笑）

妈："是的。她做什么了呢?"

伊：（看向图表的右边）

妈："嗯。好的。先是动词。"（指向图表的绿色部分）

伊：（看向图表的左边）"全没了。"

妈："全没了。这是错的，你的东西都没了，所以在这里的某个地方。"

伊："打开。"

妈："好的，你打开它?"

伊："放进去。"

妈："好的，放进去。你把什么放进去呢? 对不起，你拿错了，这是'打开'，我想这是你要的'打开'。但是，你想要放进去什么呢?"

伊："湿的"。

妈："湿的? 你的板刚好是湿的。但你想放进去什么呢?"

伊：（把两边都拿出来，发出声音）

妈："在你的板上有水。你的水的图片在哪里? 用你的手指/不懂吗/。水的图片在哪里?"

伊："ABC。"

妈："这个吗? ABC? 这不是水的图片。水的图片在哪里呢? 你现在应该知道啊。你肯定知道你的水的图片的。"

伊："水。"

妈："是的，这就是水。你把水放到哪里? 水在哪里? 水在哪里呢? 它在上面? 还是在下面呢?"

伊："船。"

妈："不好意思，稍等一下。你又忘了你的介词了，我告诉你，你恐怕必须得使用它们哦。"

　　伊："在上面。"

　　妈："现在，请看你的书。"

　　这个谈话的目的是要观察伊冯娜会怎样告诉她的妈妈她刚才所玩的东西。但是这个谈话最后变成了一节课，在这节课中，妈妈试图让伊冯娜使用一个句子结构。她似乎没有太关注内容。她告诉伊冯娜要使用动词和介词，并明确单词的顺序。这位妈妈甚至声称伊冯娜用错了符号，即使她自己并不知道伊冯娜在说什么。当她已经明白伊冯娜想说的话后她再一次要求伊冯娜指出一个具体的符号。这两个例子都给人这样一个印象：沟通的形式比内容更重要。

　　爸爸则有一个不同的风格，他和伊冯娜的谈话通常与妈妈和伊冯娜的谈话很不一样。在以下这个例子中，伊冯娜在爸爸不在房间里的时候已经自己看过一段录像了。

　　爸爸："这儿有一些东西。"

　　伊冯娜："我。"

　　爸："你。"

　　伊："嗯。"

　　爸："啊？"

　　伊：（看图表，用手指）

　　爸："这个？"

　　伊："不是。"（摇头）

　　爸："哪一个？"

　　伊："去。"

　　爸："你去？"

　　伊："不是。"（摇头）

　　爸："什么，它在哪？在这下面？这个吗？你说话？"

　　伊："不是（摇头）。看。"

爸："看?"

伊："是的。"（点头）

爸："你看。不要撕裂。"

伊："我。"

爸："你看你自己?"

伊："是的。"（点头）

爸："你在找我吗?"

伊："录像。"

爸："录像?"

伊："是的。"（点头）

爸："是它吗?"

伊："是的。"（点头）

爸："什么?"

伊：（指着一个摄像机）

爸："你看录像了? 看你自己的录像?"

伊："是的。"（点头）

伊冯娜和她的爸爸一起合作把她的意思表达出来。爸爸确定了每个 PCS 图片的选择并对伊冯娜每次指出的符号进行了一个初步的解释。但领导整个建构过程的还是伊冯娜。

这些例子说明了沟通伙伴的互动风格对于沟通辅助工具使用者会说什么有着非常重要的作用。对于伊冯娜来说，与同妈妈的沟通相比，爸爸的风格似乎能给她更多的机会和更大的贡献。父母双方都希望她能够在沟通中获得成功，但爸爸的风格可能对她的语言发展有着更积极的影响。当教学不是直接有关儿童的表达时，很多教师也应该采用一种比较少的"教学导向"风格。

由于沟通合作伙伴在和使用替代性沟通系统的个体进行沟通时，所采用的策略是相当的不同，因此，训练关键人物使之成为好的沟通伙伴是非常重要的。但是，帮助替代性沟通系统使用者认识到他们的沟通伙伴的能力和所使用的策略也是非常有用的，例如，在儿童和成人之间，他们如何能将这些差异考虑进去从而使自己与他们的互动变得尽可能成功（布泽里克和伦格，1995）。

在为使用替代性沟通的学习障碍儿童开设的学校和大小机构中，儿童几乎都是与工作人员沟通的——当他们也没有运动障碍时，因为这种障碍可能会阻碍他们与替代性沟通使用者之间的沟通（费尔斯等，1998；马克瓦等，1992）。这个结果是在一组使用手势和图形符号沟通并具有一些口语理解能力的青少年身上得出的。当成人离开房间时，他们就无法继续一个简单的游戏。再过一会，他们中的一人就会出去叫成人回去帮助他们继续玩这个游戏（塔瓦雷斯和佩绍图，2003）。当工作人员成为仅有的沟通合作伙伴时，所有的社会互动和沟通将受到工作人员的行动和态度的限制。语言（任何形式的）在个体的友谊关系中所起的作用微乎其微。因此，谈话训练应该致力于提高个体的技能，使个体能够能好地与他人沟通。

谈话策略

基本的谈话技巧包括开始、维持和结束谈话的能力，具体包括轮流，协商意义、转换话题和修复由于误解或其他原因引起的中断。这一部分的重点是沟通辅助工具和图形沟通，但大多数这些主题也被应用于手势符号的谈话中。

谈话的开始和结束

为了开始一段谈话，个体必须有能够引起谈话伙伴注意力的各种方法。如果他们可以发声，用舌头制造一些声音、说一些话，或者用一个带有声音输出设备的沟通辅助工具，这就通常不是一个主要的问题了。但是，对于依赖建立视觉接触的个体来说，要吸引一个潜在的沟通伙伴的注意力就相当困难。在沟通中当他们采取最初的举措时，他们的尝试往往会被人忽视。为了获得成功，潜在的沟通伙伴必须寻找正确的方向。当个体从沟通伙伴那里得到一些回应的时候，情况就会变得很不一样。提出问题的这个人通常会是回答这个问题的人。

研究已表明，使用布里斯符号系统的学前儿童的母亲可能会在大多数时候主动发起沟通。一个九岁的使用布里斯符号系统的女孩在与她的老师和同伴进行沟通时，并没有表现出多少主动发起和自发（自愿）轮流（史密斯，1991）。主动发起也可能被忽视了。凯尔克莱特和多拉格罕（1982）发现在课堂上，由具有运动障碍儿童发起的沟通中有 20 ~ 40% 没有得到回应。其中的一个原因是，很多具有广泛运动障碍的个体制造了无意义的声音或动作，导致了他们周围的人对此变得习惯和无视。很多能够发声的个体却在自我表达的重要时候存在困难，因为不断增加的情绪兴奋反而可能会导致其活动能力的减弱。他们将需要一段时间的声音设备来吸引沟通伙伴的注意力。一个蜂鸣器或钟可能是比较实用的，但一个能够说"你好"或者类似话语的小玩具那会更好。声音应该是令人愉快的，这点非常重要，只有这样，才不会在个体变得坚持并一遍又一遍地重复引人注目的声音时惹怒环境中的人们。对于使用带有声音输出设备的沟通辅助工具的人们来说，现成的开放短语可以使他们更加容易地开始一段谈话，例如："你好，我想和你说话。"碰触也可以是吸引别人注意力的重要方式，但对于不认识个体的人们来说，这可能会被认为是威胁（约德和克拉特，1983）。

对于沟通辅助工具使用者来说，总是应用同样的主题作为发起话题的一种手段是非常常见的（沙恩，利普苏尔兹和沙恩，1982）。这将会导致乏味的谈话，而且沟通伙伴可能会觉得无聊。当出现这种情况时，教会个体使用不同的主题来发起谈话是非常重要的。

谈话在很大程度上是由沟通伙伴主导的，因此，他通常也将决定谈话什么时候结束。这可能会比个体所希望的早或迟。让个体从情境中退出或以一种他们希望的方式停下来总是不容易的。因此，给他们一些结束谈话的策略是非常必要的，例如使用"结束对话"或其他类似的短语。如果他们还有更多想说的，他们也必须学会去表达这种需要，例如通过使用"再说更多"或"没结束"来表达（图11-6）。很多沟通辅助工具使用者将在他们的沟通板里面寻找代表这些功能的符号，如果没有，为他们提供这些必要的符号也是容易的。但是，这些使用者好像也没有太多关于如何结束谈话的经验，因此，也必须教会他们如何使用符号结束谈话。

轮　流

为了维持谈话，个体必须学会在谈话中进行轮流。沟通辅助工具使用者经常会在谈话中失去轮到他们的那回合，因为他们需要太长的时间开始谈话以至于沟通伙伴等不了这么长的时间。在莱特（1985）的研究中，妈妈们几乎用上了所有的她们自己那回合的机会，而儿童只能使用他们自身回合机会的一半。在一个谈话中，应该有一个强制的轮流，那就是沟通伙伴提示谈话另一方说一些东西，例如回答一个

结束　谈话

说　更多　不

图 11－6

问题。在莱特的研究中，儿童使用的最常见的强制轮流方式就是提问，但沟通辅助工具使用者甚至不能完全利用上这些强制的轮流机会（凯尔克莱特和拉科，1983；彭宁顿和麦康纳基，1999）。改变这种状态的一个方法就是帮助使用沟通辅助工具的个体认识并利用常会在谈话中出现的提问的机会，另一方面也应告知他们的沟通伙伴在个体继续谈话之前稍微多等一会儿。

　　沟通辅助工具使用者无法进入谈话的部分原因是谈话的轮流是以他们所不熟悉的非口语符号方式进行的。常见的符号是语调和面部表情。在图形符号的沟道中却没有语调，而且运动障碍个体的面部表情可能也会被沟通伙伴误解。例如，如果个体无法把头抬起来，这可能就会被看作是一个缺乏兴趣的表现，而谈话也将会被结束（莫里斯，1981；约德和克拉特，1983）。

图 11－7

　　此外，还有一个不平衡的地方就是每个沟通伙伴分别说了多少。说话正常的沟通伙伴可能会有一个较长的回合，而沟通辅助工具的使用者通常在每个轮到他们的回合中只能表达一个较短的信息（莱特，1985；冯·特茨纳和马丁森，1996）。结果就是很多表达性语言群体的儿童在日常的、普通的谈话中会经历困难。进行谈话，并在沟通伙伴说话、讲有趣的故事和笑话的时候进行一些小点评，这对一个依赖沟通板和辅助工具的个体来说是最困难的一些事情（沃勒和奥玛拉，2003；约德和克拉特，1983）。个体是否能够在每天同样的情境中获得更多的表达机会，这既取决于要给他们充足的时间，同时也取决于他们的沟通伙伴要很小心翼翼地不在谈话中说太多的内容。

话题说明

提高对话水平的一个方式就是个体和他们的谈话伙伴在谈话中一起学习采用一个话题说明的结构。这意味着，个体和他的谈话伙伴首先一起决定谈话的主题，之后在表达或谈话中所说的就是对话题进行说明或对话题的具体化的形式。这种结构让沟通伙伴能够更容易理解个体想要沟通的东西并减少产生误解的可能性。当花费时间来构建一个像"圣诞节"这样的句子时，第一个符号"圣诞节"能让沟通伙伴知道个体将要说一些有关圣诞节的东西。因此，接下来的符号"书"将引导沟通伙伴知道个体已经得到一本关于圣诞节的新书。一个话题说明策略也能提高解释和猜想变得正确的可能性（图 11 – 7）。

话题说明结构在人们的非母语语言应用中也是非常典型的，这些人他们有与别人完全不同的母语，因此，在和他人沟通的时候往往会存在困难。当他们彼此经常沟通时，他们可能就会发展起一种共同的语言。这种语言，通常用于交易，被称为"混杂"语言（罗曼，1988）。由于话题说明结构被用于当个体在沟通中遇到困难的情境中，因此，我们有理由相信这个策略同样适用于使用替代性沟通系统的个体。它同时表示了发起一段谈话或介绍一个新主题和获得一个对谈话内容的控制的方式。同时，它是一个经济的策略，有可能使用较少的词语，这使得它对沟通缓慢者来说同样是有用的（沃尔和巴尼特，1998）。

对使用沟通辅助工具的个体进行的教学经常以一个要求对语言使用的"正确性"的规范性态度为特征。使用话题说明的句子和谈话建构将与有关语言本应该怎样的普遍观念很不一样。为了使用一个图形符号或书写文字的话题说明结构，自觉地打破基于口语文化的有关"正确"语言的规范性概念是非常必要的。此外，为了最大程度确保沟通辅助工具使用者的沟通的有效性，非常必要的是要让他们在尽可能多的情境和背景下进行沟通。在与不熟悉沟通辅助工具的个体进行谈话时，沟通辅助工具的使用者仍然需要适应口语。在这种情况下，通常会通过使用一个更加详细或"正确"的语言来实现。

中断和补救

误解或是理解不充分在谈话中是很常见的。在谈话过程中，要求重复或要求说话者澄清他想表达的意思的尝试，都是在告诉说话者他所说的东西在某种程度上是不够清楚的。在语言获得的过程中，重要的是要让儿童获得有关他们是否已经被理解的反馈（冯克，1990）。这种反馈经常以对谈话内容的讨论的形式出现。

有很大一部分由使用辅助沟通工具产生的表达被误解并导致了沟通的中断（科林斯，1996；耶尔姆奎斯特和桑德伯格，1996；克拉特，1985）。这些中断通常是由于患有运动障碍的沟通辅助工具使用者需要花费一个很长的时间来表达自己，因此，他们的沟通伙伴常常会失去对谈话的注意力进而无法跟上他们所沟通的内容。部分使用者不精确和错误的指认也可能会导致误解。为了确保这些中断不会导致整个谈话的打断，让个体掌握一些策略是非常重要的，他们可以用这些策略来说明一个误解已经发生了并知道如何去补救它。沟通中断的发生也可能是由于个体试图用自己所知的有限的符号和词汇来表达自己，从而遇到了问题。

妈妈　　　　　　假日　　　　书本

图 11 - 8

一个 12 岁的患有脑性麻痹的女孩即将回家度假，她用布里斯符号系统造出了"妈妈假期书本"这句话（图 11 - 8）。她拒绝离开学校，并不断地重复这三个布里斯符号。一个小时以后，她的老师发现这个女孩想带着她的'成绩单"回家，此前，老师曾为她大声地朗读成绩单中的内容，在其中说到她已经取得了很大的进步。

具有有限的表达自我方式的人们常常会不管已经发生的一个误解，因为他们不知道如何补救或改正这个错误，或者因为他们需要太长的时间去改正它（约德和克拉特，1983）。此外，正常发展的幼儿拥有很少的补救策略，这在年幼的辅助工具使用者身上也是同样明显的（莱特，1985）。在上面的例子中，是这个女孩的坚持不懈最后让她能够带着她的"成绩单"回家。但是，她不能用另一种方式表达她想要说的，她好像还没有接受到充分的关于在没被理解的时候应该如何澄清自己意思的教学。

非常重要的是，要教会使用替代性沟通的儿童确定误解并使用补救策略，以及教他们该如何使谈话伙伴知道他们已经曲解或误解了双方所沟通的内容。最常见的修正误解的策略是儿童再指一次图形符号或者文字。如果沟通伙伴是不专心的，或是没有看到沟通工具使用者所指的符号或文字，这将是一个非常好的策略。另一种策略是儿童再表达一遍自己所要表达的东西。当沟通辅助工具使用者在使用图形符号时，为了使沟通伙伴明白自己想要沟通的内容就必须再表达一遍，这是非常重要的。重复可能会被解释为是一个刻板的表达，而谈话伙伴可能无法确定误解的地方。因此，误解或错误应该体现在沟通板上，用来指出谈话伙伴先前所说的解释或看法是不正确的。对于使用带有声音输出设备的沟通辅助工具使用者来说，像"那不是我真正想表达的意思"这样的一个句子可能是有用的（图 11 - 9）。个体应该学会先使用这个符号，然后再重复符号或单词、或试图澄清或复述他们想要沟通的内容。

"错的"

图 11 - 9

沟通辅助工具使用者的表达并不是沟通中断发生的唯一原因。然而，理解和使用问题澄清的能力似乎很迟才发展起来，这表明它是一个高级的语言技巧。五岁之前，正常发展的儿童对他们的谈话伙伴所表达的疑惑或惊讶的表达不是非常关注，这表明他还没有理解沟通伙伴所表达的内容。儿童常常无法表明自己无法理解（加维，1977；劳埃德，卡玛伊尔妮和厄科拉尼，1995）。只要他们能理解，就应该教给沟通辅助工具使用者如何表达他们自己的不确定性或可能的误解，以及他们在澄清问题时应该使用哪些图形符号，例如，"你在说什么"和"你指的是什么意思"（图 11 - 10）。来自沟通辅助工具使用者的这些问题澄清也可以使他们的沟通伙伴明白他们对口语的理解。而沟通同伴所提供的澄清反过来又会提高沟通辅助工具使用者澄清问题策略的发展。

最后，区分更正和澄清的请求是非常重要的。在图形沟通中，会说话的伙伴通

图 11-10

常会解释并阐明对方的表达，而儿童可能就会认为这种构想或解释是正确的。但是，相当常见的是，人们应要求使用沟通辅助工具的儿童重复一个图形表达，即使当沟通伙伴已经能非常好的理解他的意思了。一个重复的要求通常意味着存在错误，当儿童被再次提问时，他们通常会改变他们的答案，因而在表达中做出不合适的或不需要的改变。另外，如果儿童把经历的改正看作是对他们尝试沟通的拒绝的话，这可能会对他们的语言发展有一个消极的影响。另一方面，关于对话真实意思的探讨，却似乎没有给儿童被拒绝的感觉，反而能以一种积极的方式影响他们的语言发展（巴恩斯等，1983）。

叙事

叙事相当于"历史"，是对过去事件的说明，它包括一系列的个人经历。叙事也代表了一种思维方式和为事件的排序方式，并构成儿童语言发展和了解这个世界的基础（纳尔逊，2007；马丁森和马尔，2007）。能够讲述一个连续的故事是一个高级的语言技能，而早期的叙事是由儿童和成人一起建构的。成人为儿童提供了一些学习自我和他人的重要机会，这方面的知识对儿童能够从阅读故事、漫画和书籍中获益也是很重要的。

年龄大一点的儿童的叙事通常包含句子，但在语言发展的早期阶段，它们可能包括单个词的表达，而且仅能按事情的时间顺序进行说明。这种单符号表达在具有良好口语表达能力的儿童的叙事中同样是非常典型的，他们在一个较早的年龄阶段就能使用沟通辅助工具，就像在以下这个来自冯·特茨纳和马丁森（1996）的例子中所显示的一样。

伊娃，5岁4个月，使用的是直接选择和一个带有285张象形表意沟通图形符号和图片的沟通本。她和她的妈妈正在沟通对一个阿姨的拜访。

妈妈："我们什么时候去卡丽阿姨家？你带了什么去呢？"

伊娃："自行车。"

妈妈："当我们去卡丽阿姨家的时候你带上了你的自行车。"

伊娃："自行车。（去）骑自行车。"（举起胳膊又放下，这是一个表示"去骑自行车"的家庭手势）

妈妈："是的，你在那骑自行车了。"

妈妈："嗯？"

伊娃："沙盒。"

妈妈："你也在沙盒里面吗？"

伊娃："是的。"（点头）

妈妈："嗯。"

伊娃："秋千。"

妈妈："接下来你荡秋千了？"

伊娃："是的。"（点头）

妈妈："嗯。"

伊娃："之字形路。"

妈妈："那还有之字形路。当我们拜访卡丽阿姨的时候伊娃是在一个操场上。"

图 11—11

在这段对话中，妈妈借着"你带了什么？"这个要求鼓励伊娃说明"自行车"。但是之后，伊娃却控制了整段对话，引导妈妈去创造一个含有"自行车"、"沙盒"、

"秋千"和"之字形路"的一个叙事（图 11 – 11）。伊娃提到了一些她和妈妈事先就知道的事情，而整个对话就变成了关于她在那次对阿姨的特定访问中所做的事情的一个复述。妈妈回应了伊娃的单符号表达，但没有叫她作出说明或扩大它们，而只是守住自己的角色。伊娃没有自己尝试作出一个说明，除了"（去）骑自行车"这个可能是对"自行车"的一个简单说明，因为她确实有去操作，去骑自行车了。

这段对话结构在年幼的沟通辅助工具使用者和正常说话的成人之间的交往中是非常典型的。儿童使用一些图形符号来让一个成人伙伴讲一个故事。他们的图形符号可以解释成这样："告诉我与下面主题有关的一些东西吧"。这种在对话中对符号进行的特别的务实使用也许可以当作"指令"，因为符号是被用来把谈话伙伴的注意力引导到一个话题上，而辅助工具使用者则想让沟通伙伴以他们自身的名义说明这个话题。这是一个有用的技能，但不能真正提高谈话沟通的持续。

能够把多个活动的叙事连接起来是一项非常重要的技能，对于使用手势和图形沟通的个体以及那些属于替代性语言群体的个体来说，都需要提高这项技能。由教师创设的不寻常的和有趣的情境可以激起自闭症个体和其他重度障碍个体沟通的积极性。不按照通常的习惯问"你昨天吃了什么?"，而是让个体就"一个正站在她的头上"或"正在用一个叉子喝汤"或"从一个空盘中盛汤"的人进行沟通，这可能会更加有趣。叙事可以是一个自由或合作的框架，在其中，个体通过填补老师所提出的表达中缺失的部分来提供信息。对于替代性语言群体中的个体来说，它可能也是描述照片中简单事件的一个好策略。玛丽——一个 16 岁的无口语理解能力的自闭症女孩，可以使用一张她自己的照片或象形图来叙事"玛丽女巫"，与此同时和老师一起看着另一张照片，就是她在万圣节戴上巫女帽的照片。她喜欢打扮并沟通在照片中她和其他人所穿的衣服。

因此，叙事并不总是需要关系表达，但仍然为促进垂直和水平结构的句子的发展提供了机会，因为叙事结构把各种不同的语义学元素都联系起来了。为了促进这方面的发展，成人应该以这样一种方式叙事各种事件，即包括人员、行动、对象、属性和地点都需要被提及。在下面的例子中，6 岁的伊冯娜正在给他的爸爸讲一个关于女巫的故事（史密斯，2003）。

　　　　爸爸："这个女巫在做什么?"

伊冯娜："放。"

爸爸："放？好的，放什么呢？"

伊冯娜："猫。"

爸爸："猫？女巫把猫放到哪了？"

伊冯娜："外面"（指着花园）。

爸爸：（翻开图表）"女巫把猫放到哪里了呢？"

伊冯娜："外面。"

爸爸："把猫放到外面？"

伊冯娜："是的。"（点头并微笑）

    伊冯娜和她的爸爸在她的意义建构中必须一起合作。在上面的例子中要注意一点，就是伊冯娜通过直接用手指着花园说"外面"代替在它的沟通板中指出"外面"这个符号。她的爸爸可能没有注意到这一点，但他可能也会选择忽略非辅助工具的沟通，为的是要促进伊冯娜最大程度地使用沟通板，并把它作为一个明确的干预策略，即使可能在他们每天的沟通中他经常会接受伊冯娜用各种不同形式进行的沟通。

    随着时间的推移，年幼的会说话的孩子们会变得越来越少依赖于沟通伙伴，而且逐渐在谈话中扮演一个更加平等的角色。然而，年龄较大的使用沟通辅助工具的儿童表现出来的模式基本上和伊冯娜与她爸爸之间的沟通模式差不多。在下面的例子中，爱丽丝知道 12 岁的凯莉刚刚从法国度假回来。

爱丽丝："你好凯莉，最近怎么样啊？"

凯莉：（微笑）

爱丽丝："我听说你离开了？"

凯莉："是的。"（点头）

爱丽丝："你去了哪里？"

凯莉："法国。"

爱丽丝："你怎么去那的啊？"

凯莉："坐飞机。"

　　这个对话一直以这样相同的方式继续着，而且凯莉并没有想要控制有关她自己去法国旅行故事的叙事。尽管事实上她对口语有很好的理解能力并且掌握了很多数量的布里斯符号，但她仍然需要依赖沟通伙伴提出正确的问题。因此，沟通辅助工具使用者的叙事与口语发展正常的儿童的发展是不一样的。然而，下面的例子表明，当给予使用替代性沟通的儿童一些可能性——即从沟通伙伴身上获得一些支持，他们就可以讲述一个他们的沟通伙伴之前所不知道的一个很长的故事。在下面的例子中，教师细腻的解释和创造性极大地促进了桑德的叙事的成功。桑德快要 6 岁了，并且使用一个带有 120 个象形图的沟通板（布雷克和冯·特茨纳，2003）。

　　　　桑德："拿出沟通板"（用声音的获得他人注意）。

　　　　老师：（拿出沟通板）

　　　　桑："说话。"

　　　　师："你想要说什么呢？"

　　　　桑："单元。"

　　　　师："你想说发生在这个单元中的事情吗？"

　　　　桑："是的。"（动了嘴唇）。

　　　　师："告诉我。"

　　　　桑：（落托数卡牌游戏。——一种对号码的牌戏）

　　　　师："你玩落托数卡牌游戏吗？"

　　　　桑："是的。"（动了嘴唇）

　　　　师："你和谁一起玩呢？"

　　　　桑："厨房。"

　　　　师："你是在厨房玩的吗？"

　　　　桑："不是。"（动了嘴唇）

　　　　师："你能指出名字吗？"

　　　　桑：（直接指出了几个名字）

　　　　师："在你的沟通板上有名字吗？"

　　　　桑："没有。"（动了嘴唇）

师："你能看到和你一起玩的人吗？"

桑："在厨房里的人。"（看着厨房的门）

师："你和在厨房工作的玛丽一起玩吗？"

桑："是的。"（动了嘴唇，并微笑）

教师开始的时候误认为"厨房"是表明桑德玩游戏的地方。当她问"你和谁一起玩？"，而桑德回答"厨房"的时候，她认识到这不是一个话题的转换，而是一个能够帮她确定和桑德一起玩的人的特征。类似的解决沟通问题的创造性方案在沟通辅助工具使用者中是非常普遍的。

脚 本

人们对不同类型的情况会有一般的期望，例如：什么事情可能会发生，谁将会在那等等。这样的描述被称为"脚本"（斯康克和艾贝尔森，1977）。叙事常常侧重于特定的事件和情节，而"脚本"侧重于寻常的事件。在以下的例子中，一个一年级学生在讲他在学校的一天。

"我签完到。我就做书写练习。如果我有时间，我再做我的艺术项目。接着，是我们的数学课时间。之后，我们有一个吃点心时间。然后，如果是星期五我们会围成一圈。吃完点心后听听故事，再做一会儿迷你体操。去上厕所，吃午餐，然后有一点点玩的时间。然接着，我们上罗恩的科学课或者午睡。"（菲富斯，1984）

脚本代表着基本的文化知识——有关物理和社会环境、常规和普通事件的知识。老师可能会帮助儿童组织脚本来提高其讲故事的能力。图 11 – 12 显示了一个由桑德制作的"上午脚本"，他是一个患有严重运动障碍的 11 岁小孩，并且使用带有 300 个布里斯符号的沟通板。脚本中包含了桑德每天的常规生活，包括他起床、洗脸、穿衣服。他认为说明他早上起床后没有刷牙是十分重要的，因为他经常会在吃完早饭后才刷牙。他描述着简单和熟悉的常规生活，但是他的脚本中仍然包含着一些他不经常谈论到的信息（布雷克和冯·特茨纳，2003）。

桑德走进一个普通的教室，那些说话正常的儿童也在用书面文字和图画来做上

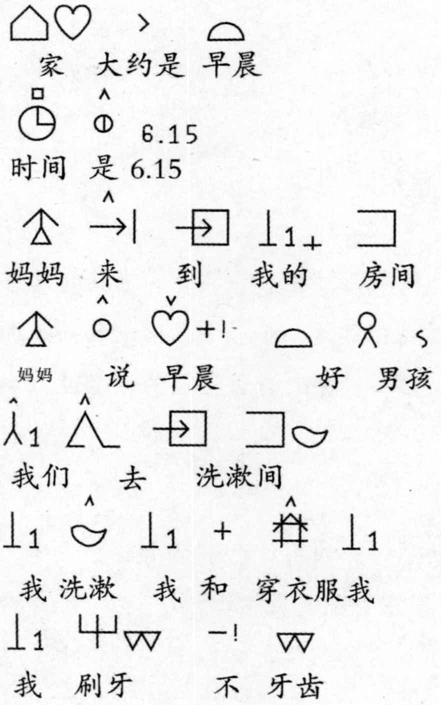

△♡   ⌒
家   大约是 早晨

⏱   Φ   6.15
时间 是 6.15

⛰   →| ⊢→ ⊥₁₊ ⊐
妈妈 来   到   我的   房间

⛰   ○   ♡₊!   ⌒   人 ﹀
妈妈 说 早晨   好   男孩

人₁ ⛰   ⊢→   ⊐⌣
我们   去   洗漱间

⊥₁⌣ ⊥₁ + ⊕ ⊥₁
我 洗漱 我 和 穿衣服我

⊥₁ Ⴁ   ▽   —! ▽
我 刷牙   不 牙齿

图 11－12

午脚本。很明显，在这些儿童所做的上午脚本中存在相当大的差异。脚本除了能教儿童如何记录一般的事件外，它还能为老师给学生讲述有关一般的文化习俗创造机会，而这些习俗都是孩子们很少接触到的。她还利用孩子们的脚本的不同来说明为什么历史一般来说会有所不同。

　　脚本是关于一般的事件是什么样的，而叙事则是关于特定的或真或假的事件。当讲到叙事技巧时，老师一般会从一个普遍的事件、常规着手，然后和这个孩子探讨如何用不同的方式改变事件。由于儿童是从一个脚本开始学习的，所以没有必要为了把一个故事讲明白而提供所有的细节，老师和孩子可以选择他们想要的关注点。对于那些需要花很长时间来组织他们想要说的内容的患有运动障碍的儿童而言，这是一个特别好的方法。从一个众所周知的脚本开始讲起，然后可以突出强调他们自认为重要的细节。

　　图 11－13 显示了一个有关看牙医经历的叙事，它是基于一个看牙医的脚本的。当老师和桑德一起解读这个故事时，很明显的，桑德自认为他的表现差强人意，因为他不想张大嘴巴。原因在于牙医没有告诉桑德他准备要做什么。现在桑德很担心

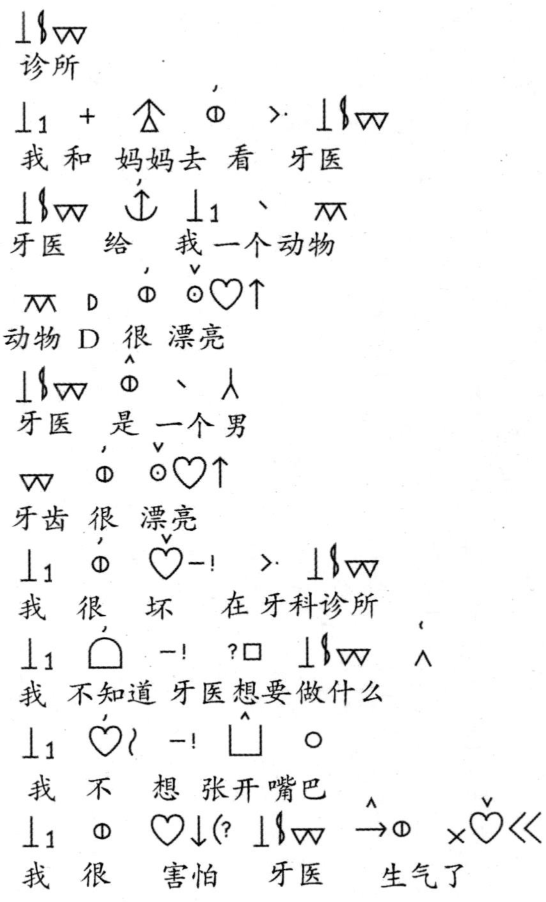

⌐↓▽
诊所

⌐₁ + ⌂ ⌀ > ⌐↓▽
我 和 妈妈去 看 牙医

⌐↓▽ ⚓ ⌐₁ 、 ⋀⋀
牙医 给 我一个动物

⋀⋀ D ⌀ ○♡↑
动物 D 很 漂亮

⌐↓▽ ⌀ 、 人
牙医 是 一个男

▽ ⌀ ○♡↑
牙齿 很 漂亮

⌐₁ ⌀ ♡-! > ⌐↓▽
我 很 坏 在牙科诊所

⌐₁ ⌒ -! ?� ⌐↓▽ ⋀
我 不知道 牙医想要做什么

⌐₁ ♡⟨ -! ⌒ ○
我 不 想 张开嘴巴

⌐₁ ⌀ ♡↓⟨? ⌐↓▽ →⌀ ×♡⟨⟨
我 很 害怕 牙医 生气了

图 11 - 13

牙医可能会生气，那样的话，他就会太担心了以致于即使他想张大嘴巴也办不到了。

这两个例子表明了有关常规和普通事件的知识是如何应用于沟通干预中来创造有关特定事件的脚本和叙事。然而，脚本的建构过程也让班上的老师及其他儿童更加清楚桑德的生活情况，包括他的生活情况与班上其他同学的生活情况有哪些相同和不同的地方。他们建立了一个更广泛的"共享环境"，这是在桑德了解班上正常同学的生活方式，以及他们对桑德的了解的基础上建立起来的。这样，彼此的生活经验都变得更加丰富精彩了。

学习障碍

对于患有自闭症和学习障碍的儿童而言，讲故事的能力也是非常重要的。在他们的故事中经常会涉及到他们最近亲身经历的或听说的事。在以下这个例子中，阿莎给她的老师讲到早上她是如何为她的弟弟（也患有学习障碍）做好上学的准备。阿莎今年 14 岁，能掌握一些对话并能使用超过 200 个手势符号（格罗夫和塔克，2003）。

> 莎：｛帮助 帮助｝。
>
> 师："你要帮助谁？"
>
> 莎："弟弟。"｛食指指着衣服｝｛起床 起｝
> 　　　｛起床 帮助｝｛弟弟 弟弟｝｛起床 帮助｝"是的。"
>
> 师："我们 ｛结束 结束｝｛游泳 游泳｝ 的话题了吗？你想 ｛谈谈 谈谈｝ 其他的事吗？你想谈谈其他的事吗？"
>
> 莎：｛床 床｝｛起床｝"哎"（她的身子往下一沉）"弟弟"｛睡觉 睡觉｝
>
> 师："是的，你的弟弟 ｛睡觉 睡觉｝ 是很 ｛睡觉 疲劳｝｛床 疲劳｝ 不是吗？"
>
> 莎：｛睡觉 睡觉｝"起床弟弟。"
>
> 莎："是的 是的""学校。"｛起床 起｝（指着衣服）
>
> 师："他还在床上然后你必须叫他 ｛起来 起来｝ 去 ｛学校 学校｝ 然后帮他穿衣服，是吗？"

这段对话解释了阿莎如何使用手势符号来支持她的对话。她和这位老师一直在谈论游泳，而且当阿莎说到"弟弟"时，老师问到她们是否结束"游泳"这个话题。阿莎患有严重的学习障碍，但在老师给予一些支持的情况下，她能够告诉老师一些老师所想不到或不知道的事情。

对患有自闭症和严重学习障碍个体进行沟通教学的策略，传统上比较关注在一个结构化的框架和他们的常规知识中所进行的活动选择。脚本可能会被视为是对儿童早期的常规记忆的延续。其目的主要着眼于在脚本知识的基础上，进一步发展有关谈话和叙事的知识，包括关于寻常和不寻常事件的知识。为了避免将叙事的事件仅仅联系到叙事者自身，在有些叙事的事件中加入其他的代理人而不仅仅是叙事者自身就变得很有必要。对患有自闭症的儿童而言，他们讲故事的能力很差，而脚本和结构化的框架可以帮助他们讲述发生在他们身上或者其他人身上的事情。

患有严重学习障碍个体的叙事不仅仅与他们的生活环境和个人经验有关。幻想和冒险故事是人际交往和文化的核心。不论是像《三只小猪》这样简单的故事，还是经典的作品如《奥德赛》、《小矮人》和《格列佛游记》，都可以加以改编以适用于这些人群并在沟通干预中使用（格罗夫，1998；帕克，2000）。

第十二章　语言环境

　　相对于在自然情境中所需的时间，正在学习替代沟通系统的个体通常在教学环境所需的时间较少。倘若要问教学有何目的？其目的必定是帮助个体能够在日常生活环境中使用和提高沟通技能。但对替代语言模式的共识是认为它较少运用于学前班、学校和其他教育机构。由于沟通同伴对替代沟通系统缺乏了解、对沟通策略不敏感从而导致真正的沟通机会很少（默菲等，1996）。结果便是许多正在发展替代沟通能力的人成为了沟通能力低下的人，他们往往被当作没有沟通能力的人或没什么可以沟通的人。

　　通常而言，在具体情境中人们并不充分了解沟通方法，不充分了解提高人们替代沟通能力的方式。尤其是当这些个体具有较好的口语理解能力时（例如唐氏综合征者通常使用手势），其沟通同伴并未认识到学习其语言形式的必要性。最终形成了单向沟通路径，即从讲话的沟通同伴至具有沟通障碍的个体之间的单向沟通。沟通同伴所缺乏的能力阻碍了其他方向的沟通途径。显然，在教室里教师对回答是一否问题的学生流露出满意的神情。在教育环境下的这种态度经常（但并非总是）会对家庭环境中的态度产生重要的影响。

　　为了改变语言环境，应该支持个体语言能力的发展，支持其自主能力的发展，在具体沟通环境中的人们须有机会学习替代沟通系统，须有机会与正在发展替代沟通能力的个体沟通，须有机会发现其潜能。通过对个体的家庭成员、朋友和专业工作者系统的训练指导能很好的创造这些机会。因为获得替代性语言模型的过程是缓慢而艰苦的，所以应以长远的视角来看待对其家庭成员、朋友和专业工作者的培训与支持。对家庭成员、专业工作者进行培训的目的是为了促使他们成为更好的沟通同伴，同时成为更好的沟通同伴后又有利于使个体成为更好的沟通者，个体成为了更好的沟通者从而能为家庭成员与专业工作者的培训创造新的积极的培训需求，从而形成一个类似良性循环的过程。

学会正常说话的儿童也是在支持性的语言环境下通过互动而习得口语的。普通的语言环境包括家庭成员、幼儿园和学校的工作人员以及儿童周围的其他儿童和成人。接受替代沟通系统教学的发展中的个体也能在普通的语言环境中成长，但是他们不能从普通的语言模式中获得语言能力。所以，有必要适应为他们设置的特殊环境。能与普通情境的他人进行沟通，这种能力对人的幸福体验很重要，也是衡量生活品质的核心内容。所以环境的适应应该尽可能地包括与个体相关的社会环境，具体而言涉及到对家庭成员进行教学和指导的人员，幼儿园、学校和机构的工作人员，还有其他的重要人员。

适应环境

残疾婴幼儿的干预经常通过影响其父母和其他人对儿童说话和回应的方式来提高他们之间的互动和沟通能力。涉及到替代沟通系统的相关干预通常不会在儿童出生后的第一年就开始。图形符号和手势的使用一般是由儿童的父母引发话题，只有当儿童不能正常开始说话时才会有可能考虑使用替代沟通系统。对于口语发展不足的高危（at risk）儿童在其几个月大时，就须讨论是否可以开始使用替代沟通系统（劳诺宁，1996，2003；普雷沃斯特，1983）。手势的使用要求有一定的教学工作安排，如果普通环境中的关键人物计划让儿童使用手势前就已经学会了一些手势，这对儿童是非常有利的。早期环境的适应是早期干预的一个基本要素。教给儿童已进入或即将进入的幼儿园其工作人员和该场所中年龄较大的儿童一些手势或图形符号也是非常有用的。当儿童表现出对具体环境中的事物、活动及事件的兴趣时，父母和其他成人应尽早使用手势，或者使用符号尝试着引导儿童对环境中某些方面的关注。

图形沟通也能以类似渐进的方式教儿童，因此在期望儿童使用图形符号之前，照片和象形符号应成为语言环境中的一部分。通过此方式，环境中的人们能逐渐熟悉图形符号，当儿童进行学习时，他所体验到的压力会比预期中更小。

年龄较大儿童、青少年和成人对环境适应的程度取决于他们的沟通与言语能力。对于语言理解能力以及表达能力受限的人而言，过度解释将仍发挥重要作用。为替代性语言群体中的人所创造的环境的目标之一便是让普通环境中的人尽可能像以往正常沟通那样做出反应。普通环境中的人很容易关注到个体发出的声音，但是通常不能对个体所努力采取的其他沟通方式作出回应，例如其他沟通方式有挥动手臂或摆出姿势。一种适应的环境应该更易于过度解释个体的行为、面部表情、姿势。这能增加个体得到回应的可能性，与此同时个体回应可能性的增加又能培养其自发活动和共同注意的能力。

对于具有较好语言技能的个体而言，更重要的是确保个体能够与这些了解他们的人交谈。可用的方法有设计"附带学习"对潜在的沟通同伴进行教学，让环境中的人们的关注集中于该个体的能力方面。

具有广泛运动障碍的个体日常生活中几乎没有沟通机会。为这些个体设置环境的重要目标之一是创造更多样的日常生活情境和沟通情境，虽然在这些情境下沟通同伴并非总知道接下来该说些什么，但却有足够的时间来寻找该个体想沟通的内容。

语言与符号的同时使用

沟通同伴在使用手势、图形符号和可触式符号的同时也应用语言进行表运，这样有能力的个体就有机会将符号与口语单词联系起来。语言与符号同时使用的干预方法已有很长的历史，它提高了个体对语言的理解能力。对其他个体而言，同时使用语言似乎既没有积极影响也没有消极影响（克拉克，雷明顿和莱特，1986；罗麦克和塞科威克，1996）。因此，就是否应该同时使用语言这一观点而言其结论相当明确即使用符号的同时使用语言总是正确的。另外，实践中不可能"选择排除语言"。除了一些小的聋人手语群体有可能之外，语言是普通环境中最常用的沟通形式，然而并非所有个体都能从单一的口语环境中受益。

为了确保能获得替代语言模式的最佳条件，有必要让处于普通环境中的人们接受个体有可能在普通环境下在与他人进行互动的过程中学习语言的观点。人们可能选择一种替代模式，并彻底地使用该模式与个体进行沟通，从而形成了由自然说话者构成的语言环境中，人们小范围地使用替代沟通模式的现象。这些范围可能包括学校、日托中心、家、机构以及类似的受限制的环境。尽管针对有一点或完全没有口语理解能力的个体而言这是最佳的学习条件，但实践证明采用此方式的个体难以完全适应环境（马丁森和冯·特茨纳，1996）。

在普通环境下的人们也可能对使用某一替代沟通模式的个体进行回应时没有同

时使用手势和语言而只是正常地说话。在此互动过程中，替代沟通者与其沟通同伴两者采用了不同的语言理解模式与语言生成模式。这种情境下的人们属于表达性语言群体，但在支持性语言群体和替代性语言群体这两个群体中这种现象也很常见。有效的适应取决于个体的口语理解能力，取决于普通环境中的人们如何清晰地将替代沟通模式与口语进行联系。

最后一点，在普通环境下的人们可以正常地讲话，并在讲话的同时辅以手势或图形符号（关键词使用符号）。这可能是属于支持性语言群体和替代性语言群体的人们最常用的适应环境的方式。然而，个体利用环境的能力将在很大程度上取决于他们理解口语的能力，这种适应环境的方式可能对大多数有理解问题的个案是无效的（参照格罗夫等，1996；罗姆斯基和塞弗西科，1996）。

简化的语言

当人们与有语言障碍的个体沟通时，应该简化其口语，避免使用过于复杂的句子。然而，对于口语进行改变的程度上可能存在一些限制。不合语法规则的缩写句子显然不能提高学习障碍者的语言理解能力，导致学习障碍者往往只能使用核心的单词进行表达。针对该问题对语言发展正常儿童进行的实验研究得到不同的结论。一项研究表明平均语言表达长度少于两个单词的儿童必须或多或少的接受语言完整性的教学，佩特瑞蒂克和特维尼（1997）的研究发现结构完整的句子更可能形成正确的行为表现。缩写句子、省略虚词并不能提高儿童的语言理解能力。在希普利、格雷特玛和史密斯（1969）的一项类似的研究中发现主要使用核心单词进行表达的儿童对短缩和简化语言反应次数更多，对完整语言反应次数更少。

由于有语言表达能力的人说出"电报文体"是不正常的，所以最好使用完整的句子而非简化的句子。理解及使用被动句式和语言表达中包含长的从句这两种情况出现在语言正常发展阶段的后期，由于个体很难理解这两种句式，因而人们与没有足够理解能力的个体互动时要避免使用这些句式。不过，在口语的表达中最重要的是表达的自然性，使沟通同伴能感觉到舒适，并且能将注意力集中于个体本人，而不是关注个体是否采取了"正确"的说话方式。

相对于采用符号来表达完整的句子而言，采用单一的符号来辅助支持讲话的方式更普遍。当使用手势时，一般省略小品词和虚词（格罗夫等，1996）。这有助于沟通同伴更容易使用手势，但是学习替代沟通模式的个体达到相应的语言水平后也应该有机会学习介词和其他虚词的使用（见第九章）。

会话同伴的说话方式将很大程度上决定了个体在会话中所起的作用。即使运动障碍者有好的口语理解能力，并拥有合理数目图形符号的沟通板，但仍会碰到一些与之能力不相符的是—否问题（见第30页）。为了给个体提供使用大量的符号和多样化语言形式的机会，普通环境中的人应该关注其自己使用手势或图形符号和口语的方式。这意味着他们必须改变自己的语言形式，如当人们与替代沟通系统使用者说话时可增加一些自己的评论，可提问更多开放式问题。

全纳和模型

一个好的替代性语言环境必须有部分人使用替代性沟通方式，并且按照该语言模式付诸行动。当沟通同伴与正在学习手势的个体交流时，他们使用手语辅助支持说话是很自然的。但有研究表明在普通环境下的人们几乎不使用他们自己的或个体的沟通板，这些沟通板只用于与辅助沟通使用者交谈时辅助理解口语的方式（布鲁诺和布赖恩，1986；罗姆斯基和塞弗西科，1996）。因此新的图形符号不能采取和手势相同的方式"自然地"加以介绍。

全纳是一个双向的过程。为了给在幼儿园或学校中使用替代沟通模式的儿童建构一个真正的全纳环境，其他的儿童应该有使用替代沟通模式的能力。他们要求能够理解使用手势或图形符号的儿童，同时在与他们进行沟通的过程中也应能使用一些类似的手势与图形符号。在幼儿园或学校中的其他儿童学习一些手势是很常见的。他们一般用这些手势来告诉符号使用者他们将去吃饭，将去散步等等，但在游戏或其他活动情境下的谈话里他们也可能共同使用这些手势，如一方提问后会等待另一方肯定或否定的回答。在下面的案例中所有的儿童都发展了使用手势的能力，从而能使在幼儿园里的自闭症儿童易于进行沟通（冯·特茨纳等，2005）。

奥雷是一个5岁的自闭症男孩。评估结果显示他的非语言认知技能在中等程度上落后于其同龄儿童的平均水平，他对口语的理解能力仅相当于一个18个月大的幼儿。在一所普通幼儿园里他参加了一个由六个儿童组成的小适应性单元课程的学习。幼儿园里的工作人员和其他儿童均学会了使用手势；所以每个人都能理解奥雷的手势。许多儿童和成人在奥雷开始使用某些手势之前就先使用它们，这便为奥雷提供了除通过特殊教育教师个训时学到的符号之外学习新符号的机会。辛娜（Synne）是一个5岁正常发展的女孩。

（辛娜从家中带来一个玩具娃娃，抱着它站在那。）

奥雷：（走到辛娜前说）"借"。（他伸出手后似乎想不起还应该做什么）

辛娜：（看着奥雷，帮助他打出借的手势）"借，娃娃，娃娃"。

奥雷：（边打手势边说）"借，借，娃娃，娃娃。"（然后便笑着伸手拿玩具娃娃）

辛娜把玩具娃娃递给奥雷。

虽然奥雷能说一些口语，但他常常依赖手势来激活、表达口语。辛娜构造了与奥雷的沟通，帮助他用符号表达她所理解的奥雷所要表达的意思，并通过问他是不是想要她的娃娃继续这段对话，她与老师在相似情景中做的相同，她既没有对他的沟通进行表扬，也没有进行元沟通的评论。

两个孩子一起走到"玩具娃娃角"后，奥雷将辛娜的玩具娃娃放在床上。辛娜找到另外一个玩具娃娃，开始玩起来，如给娃娃喂东西，哄娃娃睡觉等。玩了一会后，又开始如下对话：

辛娜：（将其找到的玩具娃娃递给奥雷说）"还我的娃娃好吗？"

奥雷："不。"（摇头）

辛娜：（边打手势边说）"不玩了，不玩了，借，借。"

奥雷：（将玩具娃娃还给她，接受另一个玩具娃娃并将娃娃放在床上）

上例对单词和手势"借""完成"的沟通练习说明通过成人的相关指导后能促进儿童间形成新的积极的互动。在替代沟通干预中，手势"完成"是规范活动和他人行为的一个重要符号，幼儿园的教师与学生都会经常使用它。例如，在上例中当奥雷拒绝归还玩具娃娃时，辛娜采用规范的"完成"手势和"借"的手势，这便是儿童显著的发展与提高。若该情境于几个月前发生，奥雷可能不经辛娜同意就夺走玩具娃娃，接着辛娜可能会抵制并开始尖叫，很可能不会有积极互动和共同游戏的局面出现。工作人员通过结合儿童周边重要的事件和有用的沟通常规对"借"进行教学，既提高了儿童的社交技能又提高了他们适当文化知识和行为的能力。

自然而然就学会说话的儿童能采取与手势相同的方式使用图形符号，但仍需进行一些训练。尽管成人很容易理解象形文字系统，但不识字的儿童可能会误解象形文字（史密斯，1996）。图形符号是其他儿童必须学习的内容，图形符号不仅仅是一些附属的图片，它并不具有消极意义，反而它能使其他儿童增加兴趣，提高替代沟通模式和使用这种替代沟通模式的儿童的地位。在成人身上也同样会真实地显示这种积极作用。当普通环境下的人使用某个个体的沟通模式时体现了他们的认真态度，这就有可能提高该个体的地位。

例如，在含有学习障碍者的日托中心每周举行一次青年会议上，其中有一名青年会使用手势表达，而其他人只能使用语言进行表达。这名青年有很好的口语理解能力并能灵活地使用近200个手势。其他青年不会使用手势，在会议上也很难理解他表达的意思，因而有一名教师为他做翻译。其他青年因此对这名青年印象深刻。他们非常关注使用手势的青年所要表达的内容，因而这位青年在群体中的地位提高了（斯坦德尔，1990）。

为了引起普通环境中的人对图形符号的关注，专业工作者可能会在普通环境中使用图文符号标记物品，例如：门、厕所、椅子、玻璃杯、电视、收音机、床。这有助于个体学会物品的名称，图形符号成为了日常环境中的一部分，但更重要的是这能让人们在与个体讲话时更容易地使用个体的图形符号。然而，图形符号不是代替个体的沟通辅助，而是通过使用图形符号来简化其沟通辅助。以此种方式使用的图形符号就是指个体在学习过程中应习得的典型图形符号。当然也可以在装有个体私人物品的橱柜、抽屉及其他相关物品上贴上标签，这种方法非常有用。标签能成为环境中一个规范的组成部分，并能让个体保持有序性、能记住其物品所放的位置。

家庭教育

儿童的父母与兄弟姐妹是其生活中的核心人物，因此在任何干预中他们都是重要的合作者。只有儿童家庭成员理解与支持儿童所付出的努力，才能让儿童熟练地使用图形、手势或触摸式符号。人们对家庭的重视还很不够，家庭所需付出的努力，家庭互动中替代沟通系统发生的潜在变化往往被低估。专业工作者趋向过于关注手势的表达、图形符号的自然暗示，而较少关注手势与图形符号的含义与使用方式。他们很少让家长们了解关于替代沟通系统可能会"不现实"并且交流速度缓慢，可能很难在普通的家庭生活中发挥其作用等内容。当父母应该用手势表达某些内容时，他们却常常忙于其他的事情。如父母习惯于边做饭边聊天，或是干其他家务活的同时与孩子谈话。他们通常不会停止正在进行的活动来确保其呈现手势或指示图形符号时吸引了孩子的注意力。如果沟通成为日常生活的一部分，那么许多常规必须得以改变。父母需得到相关支持与指导来适应此过程。他们须知道自己行为的重要性，并且明白其结果是值得付出的。父母们也需要外部支持以辅助其持续地使用替代沟通方式。他们需要不断的支持，但是在儿童开始取得明显的成绩，或者当儿童说出其生平中头几个单词前的这段时间里，对支持的需求是很弱的。若幼儿园或学校不能为家庭提供支持，即使替代沟通系统是成功的，它也不会在家庭环境中得以持续的的使用（劳诺宁，2003，斯库勒拉德，2002）。

因此，家庭成员必须了解其孩子沟通的可能性，了解在与其孩子沟通时如何利用这些可能性。他们需要学习、使用并完善某些策略，这些策略能给他们提供机会进行积极主动的沟通，并参与真实情景中的对话。如果家庭成员没有足够的知识，并且缺乏理解这些可能会对其与孩子的沟通机会、参与孩子喜欢的活动的可能性造成消极影响。

玛格丽达没有口语，不能发出大到能听见的声音。直到 8 岁，她仍没有机会以有效的方式表达她的基本需要、愿望、思想和感情。从学校回家后，父母安排她坐在电视机前的沙发上，便接着忙自己的日常工作。她不能行走，不能发音，不能动甚至不能随意改变她想看的电视频道。父母认为她喜欢看电视，理由是她能持续地坐在那两三个小时而不给大人添麻烦（劳伦科等，1996）。

如果家庭能够积极参与、接受适当的训练、共同担当干预的"主体"，那么对儿童的干预效果会更明显更持久（安吉洛，琼斯和科科斯卡，1995；贝里）。这需要努力地进行合作，可是在许多情况下既没有人向这些儿童的父母进行咨询，也没让父母承担一定的责任使干预生效。不过，家长积极参与并不意味着他们应该像教师一样对待他们的孩子或像专业工作者一样承担责任。教学导向的会话风格未必能促进语言的发展。父母的角色首要的是为人父母，当孩子为重度残疾时，这本身就要求父母承担足够多的任务。残疾儿童的父母需花大量时间与精力帮助孩子完成诸如穿衣、洗衣服、饮食等日常活动，几乎没有其余的时间能让父母与孩子共同参与一些令人愉快的活动。父母进行培训的目标应该是促进家长与子女间共同参与互动、增强沟通，使日常活动尽可能的顺畅、多样化和有趣。

对于家长而言，暑期是一段难熬的时间，因为家长要使整整一天的活动安排对自己和孩子都有意义是很困难的。在暑假期间专业工作者面向家长的一项重要任务就是帮助他们设计沟通机会、帮助他们找出可能需用的新手势和图形符号。同时暑期也意味着在此段时间中，家长有很多时间与孩子会话，体验孩子在沟通上取得的成就，这些成就可能在繁忙的家庭日常生活中难以体现出来。

家长教学计划主要包括三个部分：一般课程、指导性的个别会议及指导下的亲子互动、包含录像在内的后续讨论。若残疾儿童的兄弟姐妹年龄较大，他们也能参与这三部分课程或者从其家长那获得信息和支持。家庭培训涉及的范围不应过于狭窄。家长应该了解扩大替代沟通是什么，了解不同类型的替代沟通模式，了解关于替代沟通的相关研究成果与临床经验。尤需重点强调的是任何人都不能放弃儿童将会开始说话的信念，替代沟通系统的目的是为了提高语言发展的可能性。家庭成员接下来的一个重要任务是指出儿童在家中的进步状况以及儿童采用替代沟通系统所能沟通的和不能沟通的内容。家长或其兄弟姐妹与儿童在沟通过程中的任务应该是找出儿童不理解的物品或图画，这些实例能有效地代表儿童自身的能力。家长培训的目的并不是指导家庭成员尽可能在孩子身上节约时间。随着儿童的成长以及他们对新的沟通系统与会话技能的提高，家庭成员也将对提供的帮助及指导提出新的要求。

干预的一个必要组成部分就是教家长了解其孩子正在使用的沟通系统。这部分内容可多也可少。有的专业工作者认为不必让家长彻底地学会他们孩子的沟通系统。这些专业工作者希望孩子在幼儿园或学校时就开始使用沟通系统，当他们干预成功后再把此沟通方式带回家去。然而，专业工作者这样做实际上妨碍了家长与孩子间最有效的沟通。一位母亲用以下方式表达了她的心声："我想将学习使用手势的进度赶在孩子前，在教师教孩子之前就学会孩子的沟通符号。比如，他现在知道颜色的符号，但是我不懂这些符号代表什么。他能清晰地表达事物，但我因为不懂这些符号而无法理解他的意思，这是相当糟糕的。教师不必教他那些没有人能与他进行沟通的内容"（冯·特茨纳，1996b）。另一种极端便是家长努力寻找保姆照看孩子，每周将自己仅有的空闲时间都用于相关课程的学习。一年之后家长可能已经学会了好几百个手势，但与此同时，孩子仅学会 10 个手势。孩子的学习结果也不错，因为其最初学会手势和图形符号需花许多时间。但家长却认为该结果很糟糕，从而对其投入了许多时间并抱有很大期望的干预感到失望。

大部分的手势课程不是针对有自闭症或学习障碍儿童的家长设计的。家长可能会感觉到他们学习的许多符号是没用的。如果家长能接受专门针对自闭症和学习障碍者的专业工作者的指导可能会更好。也有针对某类儿童特别设计的手势词汇教材。家长无需学会超出孩子学习进度的过多的符号。如果儿童能快速发展，这将激发家庭成员学习新的符号。若儿童学会了使用十个手势，那么家庭成员能使用20或30个手势，这样的比例在时间与精力等方面的投入是最合理的。

学习图形符号的儿童家长也需有人系统地彻底地向他们进行解释。他们需要看符号应该如何使用，而且最好参加幼儿园或学校的指导会议。有必要强调的是图形符号不仅仅只是附属的图片集，而是一个沟通系统。这些图形是儿童的词汇，是目前对其口语的替代与补充。在诸如象形符号和图片沟通符号等简单的系统中，这些图片发挥了特殊的重要作用。有些家长像评论普通图片一样开始评论其孩子所指向的图形符号，这误解了设计"图片"是为了发挥其语言功能的本意。所以家庭成员应该接受指导与培训以深刻地理解实际沟通的产生过程，以及他们应怎样使用图形符号，而不是将其视为普通图片妄加评论。关于徒步旅行及其他个人事件的照片可能对构建会话有益，但是儿童必须使用他们自己的语言来谈论照片上有什么，而不仅仅只是指出照片中的人或物。

据研究许多家长妨碍了布里斯符号沟通板的使用，可能是由于不适当的教学导致该结果。家长可能不确定或不知道应如何支持孩子使用该系统，认为就算使用沟通板也不比以前更了解孩子。他们会转而继续使用一个已建立的象形文字系统，比如象形图片或图片沟通符号，问孩子是否类型的问题直到儿童学会阅读。尽管该过程事实上可能会花很长时间，但也可能会失败。家庭关系将会影响儿童的沟通，因而家人需持续地学习替代语言模式。家长消极的态度会影响孩子，结果会导致孩子不能学会充分地利用其所拥有的语言工具。

至关重要的一点是儿童不仅要在幼儿园或学校学会使用新符号，而且也需快速地在家中学会使用它们。同样在家中学会的新符号也应尽可能地运用于学校活动中。教师应协助家长跟上儿童的教学进度，并且确保家长知道在家中如何与孩子沟通。教师会给儿童布置与家长的"沟通家庭作业"，就是指家长与孩子在家中要完成的沟通任务。不过重要的是教师不能将在家中的沟通简单地视为复习功课或是完成家庭作业。他们应帮助家长在家中尽可能地与孩子进行沟通，教师也应学习其在家中沟通的成功经验。此外，家长在家中并不需要教师的技能，他们所需的是作为家长的能力，能在教师和其他专业工作者的协助下增强适应孩子的能力。这意味着，仅仅告诉家长在幼儿园或学校是怎么做的是不够的。教师也同样需要家长的协助与指导为其提供关于儿童在家真实情况、提供最有效适应与支持儿童语言和沟通发展的信息，同时也应考虑到家庭的整体需求、潜力与限制等方面的内容。

一般意义上的家长培训、有关干预和教学方法的研讨会不能保证此培训和使用的替代沟通模式一定能在家中很好地执行（巴兹尔，1986；凯西，1978）。角色扮演、录像都有一定的效果。较好的策略之一就是让家长观察教师，并接受实践性指导。从而使家长理解儿童所表达与使用的符号，帮助他们分辨儿童在家尝试进行沟通的行为。一些关于儿童与教师间的讨论会应定期地在儿童家中召开，以听取家长和其兄弟姐妹的建议，同样关于儿童与家长及其兄弟姐妹间的讨论会也应该听取教师的建议（巴兹尔，索罗·卡马茨，1996）。该干预能更好地发挥儿童在家中沟通机会作用的同时也使其家庭成员能利用好这些机会。

在家中的培训涉及的范围不应该过于宽泛以致占用家人喜爱的其他活动的时间。该培训的作用不是将家变成教室，而是保证在家庭中的日常活动中能运用良好的沟通策略。家长可能接受了超出范围的任务，但经常听到专业工作者对家长没有及时地跟上进度的批评。如果给了家长在家中进行特殊训练的任务，这便成为了儿童的家庭作业，教师须考虑整体的家庭状况。专业工作者可能忘记了这点，他们能把工作留在办公室，但家长在所有时间里都需承担对孩子的责任。

尽管将部分家庭培训放在儿童家中和儿童的课堂上进行很重要，同时在若干家庭聚合在一起的工作场中所进行培训也是有效的。儿童与家长的课程内容须部分重叠并且部分并行。儿童可能会进行高强度的训练，有时家长也会部分参与以发展完善共同互动与沟通技能。家长（和其兄弟姐妹）应该参加关于扩大替代沟通系统的理论与实践内容的讲座，参与关于如何选择词汇、发展多种符号表达、角色扮演等主题的讨论会和其他形式的小组活动。特别有意义的是能让家长从日常工作中得以解脱，有时间深入地思考相关问题，家长之间能相互了解并建构人际关系网络，使他们有机会交流经验、讨论问题及其解决问题的方式。这类课程显然能改变家长与儿童的行为（布鲁诺和德里本，1998）。

最后，在干预中父亲通常比母亲较少地参与儿童发展替代沟通能力。父亲们通常缺乏沟通系统的知识，同孩子的沟通几乎未经训练（斯威尼，1999）。尽管干预不研究性别角色这方面内容，但应该鼓励父母共同分担责任。由于父亲与母亲有着不同的兴趣爱好，因而专业工作者可以利用这点以建构的方式扩展儿童的经验、促进其语言学习，例如对一名对技术知识感兴趣的父亲进行特别的电脑培训使他承担部分责任，并持续给予高级的技术帮助，或是介绍体育项目以便父亲能和孩子共同进行体育运动。

对同伴与朋友的教育

同学与其他同伴是儿童语言环境中的一个重要组成部分，对于使用手势、图形或触摸式符号适应环境的儿童而言，这是一种无价的资源。诸多研究证明对同伴进行训练能增加沟通和协调对话（亨特，奥尔韦尔和戈茨，1991；罗姆斯基和塞弗西科，1996）。属于表达性语言群体的残疾儿童的兴趣与爱好显然会与同伴一致，所以同伴能比成人更了解其兴趣与爱好。此外，与受到成人的帮助相比，残疾儿童接受其他儿童帮助时会产生较少的依赖感（玛奇和法萨姆，1982）。对于自闭症或学习障碍儿童而言，训练同伴如何对他们的沟通意向进行反应，并开始与他们互动能很大程度上改善残疾儿童的沟通环境，从而减少双方的挫折感与生气情绪，增强双方积极的情感体验（戈德斯坦等，1992；冯·特茨纳等，2005）。

为了能给普通环境下的儿童提供一个全纳的支持性的语言环境，儿童和替代沟通者必须共享沟通模式。这意味着他们必须接受足够的教育以理解替代沟通模式，并能在一定程度上使用它。替代沟通模式不仅仅在幼儿园和学校中与依赖替代沟通系统的儿童进行直接互动，而且用于幼儿园和学校中日常的活动中。在幼儿园中，手势和图形符号是围圈游戏（circle time）和其他小组活动的一部分。在学校里班级每周有一节替代沟通课。沟通课成为学校一门科目，儿童必须使用象形符号或布利斯符号撰写报告或使用手势作汇报。有研究证明班上所有学生均能在布利斯符号系统的学习中受益。例如，对布利斯符号系统的解释使儿童可以注意不同范畴的特点（布雷克和冯·特茨纳，2003）。这方面有利作用的证明可以采用中文教授相同科目的方法进行跟踪记录。

沟通方式的个体差异会影响会话，在对其同伴进行训练时应该考虑到已有的习惯与策略。在表达性语言群体中年龄较大的儿童自己能观察同伴的沟通方式。布泽里克和 伦格 （1995） 问一位 12 岁有运动障碍并使用沟通辅助名为薇薇安的女孩，让她去评价她的三名被挑选出来作为沟通伙伴而接受过特别训练的同学的沟通方式。结果当薇薇安与她的同学在开始关注沟通方式时，她们均改变了其沟通策略，最终使她们更好地适应了彼此间的沟通方式。

在普通环境下使用替代沟通系统的主要群体不仅仅局限于儿童，使用替代沟通系统的有成人也有朋友和熟人，这些朋友与熟人是重要的沟通同伴，能在普通环境中起表率作用。通过让沟通同伴深入地了解个体的沟通能力，使之拥有好的同伴策略，他们将形成一个更具有吸引力的能提高个体的日常沟通质量与频数的语言环境。即使对个体的协助者和朋友直接进行短期的教学也能减少沟通同伴的话轮转换与引发，并增加使用替代沟通系统的成人的话轮转换与引发次数 （莱特等，1992）。对成人的沟通同伴教学的时间越长，效果可能就会越好。但是，重点是要保证沟通的自然进行，沟通同伴的行为从一开始就不能像教室里的教师那样。

最后，促进使用语言与使用替代沟通系统的学习障碍者之间的互动是一个重要的目标。即使在日托中心或支持性的家庭环境中学习障碍者们有大量时间共处，但他们之间几乎不进行沟通。他们主要与工作人员进行沟通，但是工作人员只有有限的工作时间来回应障碍者的沟通。许多学习障碍者能说话，应当鼓励他们之间进行更多的沟通，但像对待普通的说话者一样要为他们开设特别的适应性课程并做实践指导，对他们进行必要的训练使之成为使用手势和图形符号的优秀沟通同伴。这也能使采用替代沟通系统的学习障碍者的沟通环境明显地拓展。此种形式的训练也是专业人员传递给学习障碍者的一个信号，即使在没有口语的情况下，学习障碍者间的沟通也是非常重要的，专业人员愿意投入更多的时间和资金增强使用替代沟通系统者的自主性和独立性。

对工作人员的教育

在幼儿园、学校、机构和工作场所中对教师和其他工作人员的培训是替代沟通系统干预的一个基本组成部分。虽然使用替代沟通系统越来越普遍，但大部分专业工作人员只具备有限地使用该系统的工作经验，因而缺乏对替代沟通系统的了解或者不太了解替代沟通系统，许多工作人员是在教学的同时对替代沟通系统进行学习。因而首要的目标是让工作人员认识到个体实际使用的是一种语言模式，而不仅仅是一些自然的手势或图片。

如果要使干预成功，那么所有个体周边的工作人员及其他人员需要获得相关资料并得到帮助以发展其必备的技能。多数情况下，只有那些对手势、图形符号和触摸式符号很感兴趣或者有天赋或者由于其他原因而被挑选出的人才接受扩大替代沟通系统的教学（参照：斯威尼，1999）。典型的现象是只有能使用手势的人才能适应图形符号沟通模式，只有他们知道对个体尝试性的沟通应该如何回应。员工培训应该包括与个体有关联的所有人，诸如社会支持者、救济人员、厨房人员等。辅助人员往往有更多的机会与个体沟通，但实际上他们几乎没有接受过系统的训练与指导。

替代性沟通系统的发展需要时间。员工培训应该定期举行，培训应该涉及干预的所有内容。若部分工作人员接受外来专家的集中培训，他们有责任对其他员工进行培训，从而增加培训的整体影响力（格兰隆德，特恩比和奥尔森，1992）。如此重复可潜在地提高接受集中培训的人员的能力。

员工培训应该有高质量。我们通常会在低质量的培训中发现其培训的内容仅限于对几个手势进行教学或示范某些图形符号。其实，这是培训中最简单的部分。培训应该告诉员工们在与个体互动时如何评估个体所隐含的能力或限制。员工应该学习手势、图形或触摸式符号系统的基础知识，学习这些系统是如何建构而成，学习基本的沟通干预理论。一位专家以下列方式解释这类培训的必要性："为了能理解残疾儿童，研究干预方法的方法论和理论背景对我而言是必不可少的。它使我以一种完全不同的方式来认识对待儿童（曼底斯和瑞杜，1996）。"

虽然许多人指出使用图形符号或手势时感到尴尬、愚蠢，但这是培训中最简单的部分。其实之前没有关于手势经验的员工在培训中会有优势，因为他们呈现的手势较慢、更清晰，个体更易于接受其表达的信息。（怀特黑德等，1999）

有人认为读懂他人呈现的手势比自己呈现手势更困难。因此教学的一个重要目标就是理解他人使用的手势。特别在日常生活情境中理解他人使用的手势是很困难的。在教学情境下，教师通常知道个体将尝试使用哪个手势，即使该手势表达不清晰也能够对其回应。但在通常自然沟通情境中，该手势可能根本无法理解。在训练环境外所使用的手势可能会失败或是受挫。

　　聋人协会通常会有许多用于教学目的的录像出租。人们也可以自己录像，或练习手势让别人猜。为正在学习手势的人进行录像的方法特别有用，因为这样能让员工们看到他呈现手势是怎样的。有种很好的训练方式就是看教师的教学录像，将声音关小以便听不到教师的说话声，确保图像不显示出个体沟通的内容和活动，注意教师不先示范要呈现的手势，在没有任何提示的条件下试着猜测录像中个体所呈现出的手势的意思。

　　许多沟通辅助使用者的动作协调性差，很难理解他们向哪指和如何指。录像是一种有用的方式，它能显示出针对某个特殊的个体哪种方法最适合，从而可能减少普通环境下人们误解个体所指内容。

　　图形符号常常在每个符号上方标有文字说明，这样能阅读的人就不必学习每个图形符号的设计。但所有的工作人员都应该理解沟通系统是如何建构而成，应该理解某些特殊符号出现在个体沟通板中的原因。工作人员之间试着使用符号进行沟通也是一个好的训练方法，这样他们会对沟通系统存在的优缺点有更深刻的理解。工作人员也应该学习关于如何选择沟通系统的基本理论，能懂得个体发展的期望水平。这将有助于工作人员在新的情境下做出恰当的回应，并对个体显著的进步做好记录。

　　工作人员也应该知道每个个体所期望沟通发生的方式，例如他们是否应该在个体完成其想表达的意思之前就猜测或解释沟通的内容。为了形成自然的沟通，重要的是工作人员应学会不能总是引发沟通，而是对个体自己尝试的沟通保持敏感性并进行回应，工作人员必须学会关注自己作为沟通同伴的角色。凯泽，奥斯特罗斯和阿尔珀特（1993）的研究发现幼儿园的工作人员为成为更好的沟通同伴而接受培训后，当其在普通情境下使用策略提高沟通辅助水平时，儿童使用沟通辅助的整体沟通次数增加。对参与较长时间训练课程的个体与工作人员之间的互动进行录像后，有些参与者进行如下汇报："我开始关注这个女孩为了沟通所进行的所有尝试、使用的方式和可能性，给她时间进行纠正，避免发生其付出的每个努力被误解从而让其感到受挫的情况。""作为一名对话者最重要的是提高技能。我学会了观察，关注儿童的行为，对儿童的行为较好的回应，并开始根据自己的沟通同伴调节我的语言。"（曼底斯和瑞杜 1996）

　　当个体使用图形符号时，沟通同伴很容易跟不上其刚说的内容，并忘记回答其费半天劲才提出的问题或进行评价。应该强调在使用沟通系统时会遇到的困难，以及误解应该怎样排除。如果工作人员懂得使用者可能遇到的问题，那么就很容易帮助个体解决这类问题。针对布利斯系统的使用者，工作人员应熟悉个体的符号、熟悉其类推的方式、熟悉其句型和会话策略，这些是至关重要的。这能使个体尽可能有效地使用该系统，当其与工作人员进行沟通时以避免他们须经过最低级水平的沟通过程。

除了进行直接的教学与指导之外，负责员工培训的工作人员应该在自然的、未经设计的场景中为其余的工作人员作好示范。对许多工作人员来说，使用符号将是一种新的体验，一个示范能让他们更容易运用其所学的知识。

使用替代沟通系统的个体常常会面临冷漠、排斥、感到恐惧。因而员工培训应该更加强调员工随时都准备好与个体沟通的重要性，并表明他们把沟通的互动过程看得比沟通任务更重要。一旦工作人员对个体使用的沟通系统表现出兴趣，并能理解时，这意味着对沟通系统与沟通者的积极态度与尊重。特别是对属于表达性语言群体的人而言，这能提高其自尊。如果工作人员告诉那些有很好口语理解能力的个体他们很难掌握其沟通系统，他们很羡慕其技能与能力，这样做并不会造成任何伤害。这类直言可能会让受辅助的沟通者觉得更有能力，并可能会对他人的误解与失误减少失望情绪，这也为他提供了好的机会发挥教师的作用，工作人员可以利用他的这种能力。

成本及收益

员工培训的收益是很大的。实际上，若没有一个有竞争力的、支持性的环境，干预的目的可能无法达到。员工培训需要时间和资金，但时间与金钱都花得很值，而且将资金运用于工作人员上，这表明最大限度地发展个体语言和沟通技能的紧迫性。

有些项目过于关注员工培训而导致没有多少时间用于完成其他任务（麦克诺顿和莱特，1989）。这意味着工作人员无需接受很多教育，这也支持了人们需要高科技设备这种不切实际的期望。结果造成一旦个体不能快速地学会使用高科技设备，那么工作人员就会撤走设备放弃干预。进行评估干预效果时需工作人员接受过足够的教育、需有充足的时间。我们认为在员工培训上省钱是不明智的政策。好的教育项目能协助形成有能力的、能理解与把握其工作任务的工作人员。这些专业人员能为正在学习替代沟通系统的个体提供最佳的语言环境。

第十三章　个案回顾

本章概述了对接受替代沟通系统干预的发展障碍个体进行描述的相关文献。撰写本章的目的是为家长与专业人员提供更多此类干预的具体描述，本章只包括已公开出版的文章。本概述包括的信息有个体的年龄、基于原文的分类而划分的障碍类别、个体使用的沟通系统类别等。完整的参考见本书后面的参考文献目录。

已出版了相当多的对个体进行描述的文章，本书列表不可能全都纳入，但这里包含了对有发展障碍以及对扩大沟通系统需求的最普通群体的描述，并包含了最常使用的替代沟通系统与教学策略的案例。

障碍群体

自闭症（A）

学习障碍（LD）

运动障碍（M）

多重障碍（MI）

特殊语言障碍（S）

其他障碍（Oth）

未确定的障碍（？）

沟通系统

布利斯符号系统（B）

计算机技术辅助（C）

姿势 Gestures（G）

符号字（L）

手势（MS）

可视语言（Mi）

摩尔斯（MO）

其他（Oth）

图片（P）

图片沟通系统（PCS）

象形表意沟通（PIC）

图片系统（PS）

普雷马克词语积木（PWB）

画谜（R）

脚本（S）

手势符（SG）

未确定的（？）

描 述

作者	障碍类型	年龄	系统
巴勒等（1980）	A	4	MS
巴勒，苏尔泽·阿扎拉夫（1983）	A	6,7,9	MS
巴兹尔（1992）	M	17~18	PCS
巴兹尔，索罗·卡马茨（1996）	M	17	PCS
鲍姆加特，约翰逊，赫尔姆斯泰特（1990）	M，LD，MI，A	3~37	Oth，P，B
贝德瓦尼克（1983）	LD	5	G
贝内特等（1986）	MI	14,14,17	MS
布刊斯查克，罗伊德（1996）	MI	38	R，S，R，MS，C
邦维利安，内尔森（1976）	A	5	MS
邦维利安，内尔森（1978）	A	12	MS
布思（1978）	LD	15	MS
布雷迪，斯莫斯（1978）	A	6	Oth
布鲁克纳，墨菲（1975）	LD，S	13	MS，S
布鲁诺（1989）	M	4	P
巴芬顿（1998）	A	4~6	G
布泽利克（1987）	M，LD	7,9,15	MS，B，C
布泽利克，伦格（1995）	M	12	S，C

续表

作者	障碍类型	年龄	系统
卡尔等(1978)	A	10~15	MS
卡尔,克罗金斯基,莱夫~西蒙(1987)	A	11~16	MS
凯西(1978)	A	6,7	MS
克拉克,雷明顿,莱特(1986)	LD	6,11,11	MS
克拉克,雷明顿,莱特(1988)	LD	5~12	MS
科尔曼,库克,迈耶(1980)	M	44	C
库克,科尔曼(1987)	M,LD	14	B,P
克雷根(1993)	LD	14	SG
卡拉塔,布莱克斯通(1980)	LD,MI	3,5,5	MS
卡尔普(1989)	S	8	MS
库姆,斯旺森(1999)	S	3,8,12	PCS,S.C
达蒂罗,卡马拉塔(1991)	M,MI	21,36	P,S,C
戴奇,霍奇斯(1977)	A,LD	2~20	MS,PWB
狄克逊(1996)	M	2	P,B,S,C
杜克,米切尔森(1983)	LD	8,12,16	MS
杜克,穆尼(1985)	LD	11,13,14	MS
杜克,穆尼(1986)	LD	10,12,14	MS
杜克,莫尔森克(1984)	A,LD	8~23	MS
杜兰德(1993)	MI,LD	3,5,15	?,C
埃尔德,伯格曼(1978)	LD	3~17	B,P
英格利希,普鲁汀(1975)	Oth	1	MS
埃弗森,古德温(1987)	M	16~19	C
福尔克(1988)	MI	9	MS,S,P,C
费伊(1993)	MI	35	S,C
芬恩,罗(1975)	LD	10~13	MS
费里尔(1991)	M	47	S,C
弗伦斯伯格(1988)	M	12,12	B,S,C
福斯(1981)	A,Oth	25,39	MS
福克斯等(1988)	LD,MI	18,20	MS
富勒,纽科姆,昂斯特德(1983)	MI	6	MS
福尔怀勒(1976)	A	5	MS
冯·特茨纳(1996)	LD	13	MS,B
吉等(1991)	MI	5,7,10	Oth
格伦宁,凯尔克莱特(1985)	M,MI	15,12	P,R,S
古德曼,雷明顿(1993)	LD	4~6	MS

作者	障碍类型	年龄	系统
古森斯(1989)	M	6	PCS
古森斯,克拉特(1985)	M,MR	3,5,7	P,S,C
汉密尔顿,斯内尔(1993)	A	15	P
汉森(1986)	A	6	MS
哈里斯(1982)	M	6,6,7	S,C
哈里斯,多伊尔,哈弗(1996)	S	5	PCS,C
希利(1994)	M,LD	?	Oth,C
海姆,贝克·米尔斯(1996)	MI	2	B,G
赫勒等(1996)	MI	19,19,20	MS,PCS,Oth
希尔等(1968)	M	6	S
欣德(1989)	M	3	B,C
欣德科特,赖克利(1987)	MI	18	R
海因曼等(1982)	A	5	MS
霍布森,邓肯(1979)	LD	16～57	MS
胡柏,康纳尔,弗莱特(1987)	M	17	MS,B
霍纳,巴德(1985)	A,LD	11	MS
谢,罗(1999)	M	14	C,MO
休斯(1974-75)	S	7～11	PWB
亨特,奥尔韦尔,戈茨(1991)	LD,MI	15,15,17	P
赫尔伯特,伊万塔,格Lin(1982)	M,LD	14,16,18	P,B
亚科诺,米兰达,比克马(1993)	LD	3,4	MS,PCS
亚科诺,邓库姆(1995)	MI	2	MS,PS,C
亚科诺,帕森斯(19886)	LD	11,13,15	MS
卡恩(1981)	LD	5～8	MS
卡伦等(1982)	S	6～7	MS
基奥等(1987)	A,LD	14,25	MS
克尔塞尔曼(1996)	S	7	B
克林萨斯(1984)	LD	20	MS
康斯塔,奥克斯曼,韦伯斯特(1977)	A,LD	5～9	MS
康斯塔,韦伯斯特,奥克斯曼(1979)	A,LD	8～10	MS
科特金,辛普森,德桑特(1978)	LD	6,7	MS
库瑞(1989)	LD	2	MS
克兹勒斯基(1991)	A	7～13	B,PEB,R,P,S
克里斯滕(1997)	M	17	P,PCS
拉格曼,胡克(1982)	M	11	S,C
莱顿,贝克(1981)	A	8	MS

作者	障碍类型	年龄	系统
普赫瓦斯特(1983)	LD	1	MS
莱伯(1994)	MI	12	P,S,Oth
莱特等(1992)	MI	26	Oth,C
莱特等(1998)	A	6	S,C
莱特等(1999)	M,LD	10~44	G,P,S,C
莱特,雷明顿,波特(1982)	A,LD	14,14,14	PWB
洛克(1988)	LD	11	Oth
利德基·斯塔尔曼(1985)	S	5	MS
马希尔,赫格瑞纳(1972)	A	7	S
马西·莱科(1989)	MI	8	Oth
麦克唐纳,舒尔茨(1973)	M	6	B
麦克尤恩,卡伦(1989)	MI	3,4	Oth
麦格雷戈等(1992)	MI	20	P,S,C
麦基尔文等(1984)	A,LD	18,27	MS
麦克莱恩,麦克莱恩(1973)	A	8,8,10	Oth
麦克诺顿,莱特(1989)	M,LD	27	G
米尔斯,希金斯(1984)	M	9	R,S
米伦达,达蒂诺(1987)	LD	10,11,12	P
米伦达,桑托格罗斯(1985)	LD	8	PCS
默多克(1978)	LD	15	S
莫莱,冯·特茨纳(1996)	MI	42	MS,PCS,PIC
内尔姆斯(1996)	MI	11	Oth,C
奥多姆,厄普思格罗夫(1997)	M	29	S,C
奥基夫,达蒂诺(1992)	LD,MI	24,38,60	R,P,C
奥利弗,哈利(1982)	LD	7	MS
奥斯古索普,昌(1987)	M,LD	11~14	R
帕金森,罗亚尔,达维尔(1995)	MI	15,15	MS,C
佩斯纳(1988)	LD	4	R
彼得(1973)	M,MI	13	MS
彼得森等(1995)	A	7,9	MS,G,P
若图尼斯科,若图尼斯科(1974)	A	10	S
赖克勒,布朗(1986)	A	23	R,PIC
赖克勒,罗杰斯,巴瑞特(1984)	LD	15	MS
赖克勒等(1987)	A,MI	18,18	P
赖克勒,沃德(1985)	LD	13	MS,S,C
赖克勒,约德(1985)	MI	3~4	PIC

作者	障碍类型	年龄	系统
里德,赫尔伯特(1977)	M,MI	31~34	P
雷明顿,克拉克(1983)	A	10,15	MS
雷明顿,克拉克(1993a)	LD	6~12	MS
雷明顿,克拉克(1993b)	LD	4~11	MS
罗布森,欧文斯(1995)	LD	27	P
罗姆斯基,鲁德(1984)	LD	3~7	MS
罗姆斯基,赛弗斯科(1989)	LD	18,19	L
罗姆斯基等(1984)	LD	11~18	L
罗姆斯基,赛弗斯科,佩特(1988)	M,LD	14~19	L
罗斯霍尔茨,伯科威茨,伯伯里(1989)	A	7,18	MS,PCS
鲁伊,雷帕(1980)	M,S	6,13	MS
萨尔温等(1977)	A	5	MS
谢弗等(1977)	A	4,5,5	MS
谢支斯等(1982)	A,LD	18~21	MS
谢支斯,里德,伯曼(1996)	MI	23,38,42	C
谢支斯等(1998)	A,LD	3~5	P,C
施洛瑟等(1998)	A	10	PCS,S,C
赛洛福斯,西加福斯,彭内尔(1996)	MI	7~15	P,C
赛洛福斯,罗伯特,彭内尔(1999)	LD	6	G,C
西森,巴瑞特(1984)	LD	4,7,8	MS
斯米特斯,斯特里菲尔(1976)	LD	16	MS
史密斯,刘易斯,福特(1987)	M	25	MS
史密斯(991)	M	19	P,B,C
史密斯(1992)	M	7~9	G,PCS,C
史密斯(1994)	M	7~9	G,PCS,C
萨默,怀特曼,基奥(1988)	A,MI,LD	8~25	MS
索托(1993)	LD	22	SG,C
斯皮格尔,本杰明,斯皮格尔(1993)	MI	19	S,P,C
托普(1975)	LD	28	MS
特雷费勒,克里斯利普(1985)	M	18	S,C
特雷维娜若,唐诺克(1987)	M	7,8	B,P,S,C
范德希顿等(1975)	M	11~16	B
范德希顿,劳埃德(1986)	M	7	S,C,?
沃恩,霍纳(1995)	A	21	P
维利尔斯,麦克诺顿(1974)	A	6,9	S

续表

作者	障碍类型	年龄	系统
冯·特茨纳(1984a)	S	3	MS
冯·特茨纳(1984b)	A	5	MS
沃森,莱希(1995)	S	3	MS
韦伯斯特等(1973)	A,LD	6	MS
韦尔斯(1981)	LD	18,25,26	MS
惠里,爱德华兹(1983)	A	5	MS
威尔肯·蒂姆(1997)	M	5	PCS,C
约克斯顿(1989)	M	36	B,PS

符号图式列表

手势	咖啡	飞
	冷的	食物
飞机	来	餐叉
然后	哭	水果
生气的	杯子	得到
苹果	切	给
球	爸爸/父亲	玻璃杯
香蕉	跳舞	胶
鸟嘴	正餐	走了
床	医生	葡萄
鸟	狗	直升机
饼干	玩具娃娃	你好
小船	门	帮助
书	绘画	这里
靴子	衣服	马
面包	喝	热的
黄油	驾驶	我
蛋糕	鸭	冰激凌
汽车	吃	果汁/榨汁
猫	鸡蛋	跳
椅子	父亲/爸爸	刀
巧克力	取来	灯
清洁的	完成	大的
衣服	首先	左

杂志	睡觉	床
肉	小的	在…后面
牛奶	勺	自行车
矿泉水	运动	鸟
更多	仍然	书
母亲/妈妈	停止	汽车
音乐	一直向前	猫
尿布	糖	椅子
巢	游泳	圣诞节
不	荡秋千	冷的
现在	桌子	计算机
护士	眼泪	会话
外面的	渴	杯子
纸	投掷	循环
片	整洁的	医生
盘子	洗手间	玩具娃娃
玩	火车	门
马铃薯	树	大象
推	裤子	结局
安静	等	入口
栏杆	走	出口
葡萄干	想	落下
读	咱俩	圣诞老人
红色的	什么	知觉
驯鹿	翅膀	电影明星
骑	工作	滑稽
右	写	游戏
卷	是	给
香肠	你	愉快的
围巾		重的
剪刀	布利斯符号	你好
看见/看	行动	帮助
缝	几乎相同 almost-same-as	她的
衬衫	动物	他的
商店	婴儿	历史
坐	包	节日

家	洗手间	玩具娃娃
热的	树	门
房屋	在…下面	向下地
在…前面	向上的	绘画
大的	水	喝
轻的	我们	鸭
喜欢	什么	吃
长的	聪明的	鸡蛋
厕所	工作	落下
男人	错误的	父亲
数学	你们的	渡船/船
男人们		完成
钱	象形表意沟通	食物
更多	飞机	餐叉
母亲	苹果	朋友
我的	球	滑稽
鼻子	香蕉	游戏
不	床	给
意思相反	自行车	玻璃杯
有偿的	大的	葡萄
过去式	鸟	手提包
复数	书	重的
保护	面包	你好
雨	汽车	帮助
航行	胡萝卜	家
学校	椅子	马
商店	巧克力	热的
淋浴	圣诞节	热狗
小的	爬	房屋
运动	咖啡	我
方的	冷的	冰激凌
邮票	计算机	夹克
笨的	薯片	跳
谈话	杯子	踢
电话	跳舞	和蔼
电视机	牙科医生	刀

续表

编织	睡觉	饼干
左	小的	马戏团
信	勺	冷的
喜欢	运动	杯子
肉	果汁/榨汁	门
牛奶	楼梯	喝
矿泉水	站	吃
母亲	安静的	落下
音乐	游泳	餐叉
不	荡秋千	从
橘子	谈论	滑稽
外面	茶	给
在…上面	眼泪	玻璃杯
钢笔/铅笔	电视机	帮助（动）
盘子	投掷	帮助（名）
玩	洗手间	跳
马铃薯	牙刷	刀
薯片	火车	喜欢
推	裤子	棒棒糖
安静的	在…下面	卡车
收音机	向上地	更多
读	拜访	不
骑	走	葡萄干
右边	编织	环、铃声
跑	工作	沙箱
锯	写	学校
看见/看	是	小的
缝	你	牙刷
衬衫		在…下面
商店	图片沟通符号	想
淋浴	床	什么
坐	自行车	是

主题索引

abbreviation	缩写
aided	辅助的
communication	辅助沟通

language	辅助语言
play	辅助游戏
speaker	辅助发言者
alternative language group	替代性语言群体
American Sign Language	美国手语
analogy	类比
anarthria	(因大脑受伤引起的)构音障碍
articulation	构音
artificial speech	人工语言
digitised	数码的,数字的
synthetic	合成的
assessment	评估
assistive technology	辅助技术
aid	辅助
environmental control	环境控制
switch	开关
technical device	技术装置
at risk	高危
attention	注意
joint	联合注意
visual	视觉注意
attitude	态度
auditory	听觉的
agnosia	失认症
disorder	听觉障碍
perception	听知觉
scanning	听觉扫描
screening	听觉筛查
autism	自闭症
automaticy	自动
babbLing	喋喋不休
behavioural disorder	行为障碍
bilingualism	双语
second language learning	第二语言学习
Blissymbols	布利斯符号
bootstrapping	引导法
British Sign Language	英国手语

cerebral palsy	脑瘫
chaining	链接
chalanging behaviour	挑战性行为
check list	检查清单
chinese writing	中文文字
co - construction	共同建构
coding	译码
cognition	认知
communication	沟通
aid	沟通辅助
board	沟通板
book	沟通书本
breakdown	沟通失败
competence	沟通能力
disorder	沟通障碍
function	沟通功能
idiosyncratic	异质性沟通
intentional	有意沟通
nonverbal	非语言性沟通
partner	沟通同伴
record	沟通记录
style	沟通方式
task	沟通任务
total	总体性沟通
competence	能力
complement	补充
complexity	复杂性
comprehension	理解
of language	对语言的理解
of sign	对符号的理解
of spoken language	对口语的理解
of pictures	对图片的理解
problem	理解问题
training	理解训练
concept keyboard	概念键盘
context	语境
decontextualisation	去语境化

frame	框架
recontextualisation	复语境化
shared	共享的语境
conversation	会话
page	会话插页
partner	会话同伴
skills	会话技能
strategies	会话策略
creative	创造性
cue	提示
day clock	日程时间表
deaf	聋
deaf – blind	聋盲
dependency	依赖性
learned	习得性依赖
dependent	依赖的
communication	依赖性沟通
mode	依赖模式
developmental	发展的
delay	发展迟缓
disorder	发展障碍
dysphasia	发展性言语障碍
group	发展性群体
path	发展路径
diagnosis	诊断
dialogue	对话
Down's syndrome	唐氏综合征
drawing	图画
dysprexia	动作协调困难
echolalia	模仿语言
epilepsy	癫痫
expressive language group	表达性语言群体
explicit	清晰的
eye	眼睛
blinking	眨眼
contact	目光接触
gaze	凝视

poingting	眼指示
switches	眼部开关
facial expression	面部表情
facilitating techniques	易化技术
family	家庭
fill – in	填空
generalization	推广
gesture	姿势
deictic	指示的姿势
gloss	注释
grammar	语法
graphic sign	图形符号
graphic sign system	图形符号系统
Blissymbols	布利斯符号
lexigram	符号字
PIC	象形表意沟通
PCS	图片沟通符号
Rebus	组字画
Sigsymbols	手势符
guessing	猜测
habilitation	康复
plan	康复计划
hand – guidance	手把手指导
hearing	听觉
aid	听觉辅助
impairment	听觉障碍
hierarchy	层级
high – technology system	高科技系统
horizontal structure	水平结构
iconicity	形象性
translucency	半透明的
transparency	透明的
Illinois Test of PsychoLinguistic	伊利诺斯心理语言能力测验
Abilities	能力
imitation	模仿
implicit	模糊的
incependence	独立

instruction	教学
intellectual impairment	智力障碍
intelligence	智力
quotient	智商
test	智力测验
intention	意图
interaction	互动
key – word signing	关键词符号
learning disability	学习障碍
explicit	明晰学习
implicit	含蓄学习
pattern	学习模式
situation	学习环境
spontaneous	自发学习
strategy	学习策略
lexigram	符号字
literacy	识字
logographic	形意文字
low – technology aid	低技术辅助
Makaton	马卡顿(一种沟通方式)
manual sign	手势
manual sign language	手语
manual sign system	手语系统
Paget Gorman Sign System	佩吉特 – 戈尔曼手势系统
British	英国手语
Norwegian	挪威手语
memory	记忆
metaphor	隐喻
Minspeak	最小化语言
morphology	形态学
Morse	摩尔斯
motor impairment	运动障碍
multi – sign utterance	多符号表达
naming	命名
narrative	叙述
negation	否定
Norwegian Sign Language	挪威手语

续表

notation	记号
noun	名词
orthography	正字法
overinterpretation	过度解释
structured	结构化过度解释
Paget Gorman Sign System	佩吉特－戈尔曼手势系统
paraphrase	意译
parent	父母
participation	参与
model	参与模式
passivity	被动
learned	习得性被动
problem	被动问题
Peabody Rebus Reading Program	皮博迪组字画阅读项目
perspective	视角
language	语言视角
metapersective	元视角
shared	共同视角
photograph	照片
Pictogram Ideogram Communication, PIC	象形表意沟通
pictographic	象形文字的
Picture Communication Symbols, PCS	图片沟通符号
Picture Exchange Communication System	图片交换沟通系统
pidgin language	混杂语言
pivot	核心词
pragmatic	务实的
prediction	预言
Premack's word bricks	普雷马克词语积木
proper names	适当的名字
question	问题
clarification	澄清问题
open	开放式问题
probing	探求问题
rhetorical	修辞问题
yes/no	是否问题
twenty	猜猜二十问（一种游戏）

reading	阅读
disorder	阅读障碍
instruction	阅读指导
skills	阅读技能
receptive language	接受性语言
relevance	相关
relief service	救济事业
request	要求
responsibility	责任
communicative	沟通责任
Rett's syndrome	瑞特综合征
RDLS Reynell Developmental Language Scales	雷内尔发展性语言量表
routine	常规
scaffold	构架
scanning	扫描
auditory	听觉扫描
automatic	自动扫描
dependent	依赖性扫描
directed	定向扫描
independent	独立扫描
screening	筛查
script	脚本
self – help skills	自助技能
semantic	语义学的
agent	作用者
category	范畴
patient	承受着
relation	关系
role	角色
sentences	句子
ready – made	预备句子
shared	共同的
attention	共同注意
context	共同语境
experience	共同经历
focus	共同焦点
perspective	共同视角

topic	共同主题
sigsymbols	手势符
staff training	员工培训
structure	结构
frame	框架
situational	情景结构
sructured waiting	结构化等待
supportive language group	支持性语言群体
switch	开关
symbol	符号
syntax	句法
tactile signs	触觉符号
tangible signs	可触式符号
teaching	教学
domain – oriented	领域导向教学
experimental	试验性教学
explicit	明晰教学
implicit	含蓄教学
incidental	随机教学
material	教学材料
milieu	教学环境
situation	教学情境
staff	教学人员
strategy	教学策略
telecommunication	电信
topic – comment	主题讨论
total communication	总体沟通
structured	结构化沟通
turn	转换
conversational	谈话转换
unaided	非辅助的
uptake	理解力,领悟力
verb island constructs	单词框架的建立
vertical structure	垂直结构
videotelephone	可视电话
vision	视力
impairment	视力障碍

续表

vocable	词
vocabulary	词汇
writing	书写,文字
automatic	自动书写
chinese	中文文字
disorder	书写障碍
ideographic	表意文字
logographic	形意文字
orthographic	正体字
skills	书写技能

附：替代沟通干预个案研究

——五彩鹿儿童行为矫正中心的经验

个　案　一

　　语言作为人类特有的、最重要的交际工具，是进行思维和传递信息的工具，是人类保存认识成果的载体，也是日常生活中应用最广泛、最普遍的沟通方式。一个刚出生的婴儿，从咿咿呀呀无意识的发音到喊出"爸爸"、"妈妈"，都会给家长带来无比的欣喜，并且随着年龄的增长，儿童的语言会迅速增长。在正常情况下，孩子两岁时就开始积极地与人进行语言交流对话了。但是自闭症的孩子往往在语言发展方面出现发育迟滞、面临各种障碍、倒退，有些孩子甚至到学龄期还没有语言，这也是大多数自闭症儿童家长发现孩子有问题、去医院进行诊断的最初原因。而进行早期干预之后，语言的训练及其进展也是家长普遍最为关心的内容。

　　实际上语言的训练也往往是自闭症孩子遭遇很多挫折的领域。如何让儿童从无语言到有语言，从能发单音到模仿短语，从发音不清到别人能听懂，从模仿语言到理解、应用语言，从被动到主动等等，是需要专业训练者以及家长的长期坚持、由易到难、循序渐进地去进行干预，而在这个过程中，除了改用其他的替代交流方式，我们也可以考虑和不断尝试是否有更适合于每个儿童的特定的、有效的辅助方式来促进语言的学习。

　　此个案儿童经过早期干预，从无语言到能模仿发音，有了一定的进步，但仅局限在说两个字的词的阶段，并且语序颠倒，词义不连贯，不会用口语来表达自己的需求和想法——始终要依赖于周围人的提示。老师们经过不断的尝试，最终寻找到一个有效的方式，帮助孩子在语言沟通交流方面取得了非常大的进展。

一、个案基本信息

个案姓名：浩浩（化名）

性别：男

出生年月：2005 年 2 月 26 日

浩浩三岁时被医生诊断为自闭症，开始接受早期干预训练至今。

二、个案能力状况

1. 能模仿说字、词。

2. 记忆力非常好，比较擅长认知类学习，比如对图片、汉字的记忆非常好。

3. 能理解日常生活中的语言。

4. 有需求时通常会显得急躁，经常哭闹和发脾气。

三、干预过程及效果

1. 教孩子认字：首先通过汉字配对、指认汉字、命名汉字等学习，教会孩子认读常用的汉字。

2. 教孩子从左到右逐字的阅读词和短语。

3. 老师将孩子常提的要求语句制作成卡片，当孩子有需求想要表达时，立即呈现出来相应的卡片，以视觉提示的方式帮助孩子流畅地用语言来表达自己的需求，然后给予他想要的满足。

4. 泛化：让孩子接触的老师和家长都使用字卡提示法，在日常生活和学习中随时给予孩子及时的辅助，帮助浩浩流利地用正确的语句来表达自己的需求和感受。

5. 当孩子的需求越来越多、越来越丰富的时候，制作卡片就成为比较受限制的方法了，所以老师和家长采用随时用笔和纸把孩子的想法和需求写下来给予他帮助的方式——只要把中文字写在纸上，他看着卡片就能够用口语完整地表达出自己的想法和需求。

6. 逐渐撤出字卡的辅助。随着每天反复的使用和练习，老师们从一开始等浩浩逐字阅读整句话到后来只给他看一眼就撤掉字卡，让他尽可能独立和流利地使用正确的语言来表达需求和想法。

四、讨论

1. 语言的理解和表达是比较抽象的，利用汉字卡这一形象化的提示，让孩子更容易记忆和理解语言的使用，并且在日积月累当中真正理解语句和事物之间的联系。

2. 沟通训练比单纯的发音训练更重要。在语言训练过程中，要注重发音的清晰度、流利度等等，所以很多老师和家长会用读或背诵儿歌、三字经、古诗词等内容来进行这方面的练习，往往忽视了日常生活中语言的功能性。老师们在训练过程中更多的是从孩子的实际需要开始，这样就自然强化了孩子学习使用语言沟通的行为。

3. 利用孩子的优势技能来促进其他方面能力的发展和提高。此案例中，浩浩对汉字的认知非常擅长，所以老师们利用这一优势来帮助孩子语言技能的提高，取得了良好的效果。

4. 泛化训练非常重要。在训练过程中，由于老师和家长随时随地都在用字卡提示孩子使用正确的语言来表达，基本做到了一致性和连续性，让孩子更容易、快速地掌握语言的使用。

5. 逐渐撤出提示：给予提示和辅助的目的是帮助孩子最终独立地使用语言，所以不能始终如一地给孩子字卡的提示，而是要想办法减少提示，也还能保证孩子使用正确的语言表达，只有这样，才能促使孩子的语言能力不断提高。

个案二

乐乐出生于 2001 年 8 月，从三岁起就开始进行干预训练。虽然乐乐现在能模仿发音，偶尔还会主动说几个有意义的音或词，但并不清晰——不熟悉的人很难听懂。在日常生活和学习过程中的大部分时间，乐乐都是沉默的，不愿意与人沟通和互动。虽然在持续进行语言方面的训练，但乐乐的语言发展状况不能达到她与别人进行沟通和交流的需要，所以我们在继续强化她发音训练、语言交流的同时，不断尝试其他的替代沟通方式，促进乐乐去表达自己的需求和感受，为她将来的生活和学习奠定基础。

一、个案基本信息

个案姓名：乐乐（化名）

出生日期：2001 年 8 月 21 日

开始训练日期：2008 年 4 月

孩子的主要照护者：父母

教育训练经历：曾在艺术类的幼儿园和普通幼儿园参与教育训练，2008 年春季到五彩鹿接受训练。

孩子的生长发育史：

3 个月	叫名字有反应
6 个月	会坐
7 个月	会爬
1 岁 6 个月	会走
8 个月	有无意识的发音"爸爸妈妈"
1 岁开始	有呀呀学语，但有意识的语音很少
3 岁	会跑
6 岁	会单双脚跳

二、个案能力情况

1. 孩子有一定的模仿意识，粗大动作模仿较好，能做三步以上的动作模仿。

2. 手部精细较好，能用手指表示 1～10 的数字，拼板，串小珠子，剪纸粘贴等做得很好，但运用笔的能力需要加强——不会写字，很难把字连起来，点与点之间连线困难，涂色时手腕的力度不够。

3. 日常生活中经常从事的事情能做得比较好，如：打水，擦桌子，给小朋友送好吃的等。

4. 认知水平和听从学习型指令能力较弱，对日常的生活物品认识有限，对身边的事物关注度不够。

5. 人际交往方面非常胆怯和被动，不敢看人，也不敢与人交流；接受新鲜事物和适应周围人员变动的过程较慢。

6. 语言能力弱，只能模仿单字和很少的词，舌头比较僵硬，嘴部的控制力度不够，发音困难，主动语言很少。

三、尝试用图片、视觉提示的方式来辅助她的沟通需求

乐乐对视觉信息处理比听觉要好，如拼板、绘画、仿写汉字、图片配对等等都是她比较擅长的内容，但要求她去拿水杯的时候，如果没有指水杯的手势提示，她就茫然无措、不知道要干什么，而且模仿发音始终局限在单个音的模仿上，无法记住一个词或者短语，所以在语言表达训练的时候，我们尝试给她呈现视觉的提示卡（物品图片＋汉字）——提示她该发什么音、怎样说单词或者短语，提示她我们的要求是什么，慢慢的我们会突出汉字的提示——如果她能记住更多的汉字，她就可以更方便、更广泛的采用视觉提示来帮助她进行语言表达。

具体实施过程

1. 选择强化物：将乐乐平时喜欢的东西（包括吃的、玩的），或一些操作活动，还有一些她不经常见到或吃到的东西呈现出来，让她进行选择并做好记录，结合家长对孩子日常生活中的观察和了解，确定出几种乐乐最喜欢的事物，制作成卡片。

2. 老师将强化物（如山楂片）的卡片放在桌子上，手上拿着山楂片实物，当孩子想去拿山楂片的时候，辅助她先从桌子上拿卡片交给老师，然后老师再给她山楂片，让乐乐明白她想要山楂片的时候，要先找出相应的卡片和老师交换。

3. 将卡片的位置由近及远变化，直到乐乐能在屋内寻找卡片。

4. 加强目光对视的要求——在给老师卡片的同时必须保持目光对视，然后才给

想要的东西。

5. 将训练距离从 1 米、2 米、3 米等逐渐拉开，再进行不同人员的泛化，让她了解她想要的东西在谁手里，就用卡片去和谁交换。

6. 扩展选择的范围：让孩子学会从多张不同的卡片中去寻找自己想要的那一张交给老师。

7. 用图片做互动问答：乐乐对一些物品、职业、动作卡片有一定的认识，当老师提问"你想要什么？""你想干什么？"等有关乐乐最急需的要求时，提示她去找出相应的图片交给老师。

训练效果

1. 乐乐会在上课时自己挑选任务和休闲的卡片（汉字）。

2. 会根据图片上的汉字来发音提要求，如"帮帮我"、"完成了"等。

3. 能利用图片回答一些问题。如：你想要什么？你想要干什么？你喜欢家里的谁？你用什么拍照片？你用什么写字？今天的天气怎么样？爸爸开什么车来送你上学？你今天穿的是什么？谁给你上个训课？你喜欢什么？哪些是水果？夏天来了，你喜欢吃什么水果？你表现得怎么样？你怎么了？等等。

四、尝试教乐乐使用电脑

电脑是现代社会非常普及的一个信息收集、储存、处理、交换的工具，既可以用来工作，也可以用来娱乐生活，还是与人沟通或自我表达的媒介。我们希望通过电脑的使用，可以让乐乐丰富自己的生活，将来也可以发展成为一种职业技能。乐乐的视觉能力属于她的优势能力，电脑的使用正好符合她的特点。在教授电脑使用的过程中乐乐掌握得比较快，也能非常积极主动地去学习和练习。

训练目标的进展

1. 使用鼠标点击图标开启游戏程序。

2. 玩连连看的游戏：使用鼠标点击一样的两个图片。

3. 对照拼音字母、数字按键盘，从一个到多个的组合。

4. 使用拼音输入法打汉字：根据拼音组合打出汉字，从单字到词、短语。

5. 使用拼音输入法打汉字：根据给出的汉字，自己打出汉字，从单字到词、短语。

6. 学习使用聊天工具 QQ：输入用户名、密码；使用表情；使用简单字；使用视频等。

训练效果

1. 在休闲时间里，乐乐能自己从电脑硬盘里找到想玩的电脑游戏，并且点击打开和关闭，能够独立玩电脑中"连连看"的游戏。

2. 在给出汉语拼音提示下自己输入相应的汉字词语和短句。

3. 在视觉提示下输入 QQ 号和密码，独立使用鼠标给别人发送 QQ 表情。

五、讨 论

1. 视觉是乐乐擅长的技能领域，采用图片等视觉提示法进行沟通，降低了乐乐与人沟通的难度，也提高了沟通的成功率，通过这段时间的替代沟通干预，乐乐与老师之间的沟通积极性有所提高。

2. 由于电脑的操作过程非常视觉化，对乐乐来说比较容易掌握，引发了孩子的兴趣，并且给予了她很大的成就感，从而增强了孩子的学习动机。

3. 虽然电脑可以发展成为乐乐的沟通媒介，但与人面对面的沟通和交流仍然是干预训练不可缺失的部分，因为在日常生活中与人的交流、互动等是无处不在。

4. 乐乐的良好表现目前还仅仅局限在个训室里，并且只是和熟悉的老师（在其他老师，甚至是家长面前，乐乐的行为表现都会有差异），所以在训练中一定要注意进行有计划的泛化训练，这样才能真正改善孩子的日常生活和学习状态。

个 案 三

　　语言是日常生活中最主要的沟通方式，但是对于语言发育障碍者来说，需要更多地通过非语言的方式来达到沟通的目的，以保证日常生活和学习的正常进行。

　　非语言的沟通方式包括手势、图片、电脑或者利用其他设备等。在本个案中，针对个案的具体情况，我们采用了图片沟通的方式来教学生表达自己的需求以及与人进行交流，经过三个月的干预，学生开始具备了用图片与训练者进行沟通的能力，从而减少了发脾气的次数。

一、个案基本信息

　　个案姓名：小红（化名）

　　出生日期：1991 年 11 月 2 日

　　开始训练日期：2009 年 9 月 28 日

　　截止训练日期：2009 年 12 月 30 日

二、个案能力情况

　　PEP 评估结果

项目	心理年龄（月）	最近可发展年龄（月）	最近可发展区（月）
模仿	22 ~ 26	26 ~ 30	4
感知	35 ~ 38	59 ~ 62	24
精细动作	40 ~ 43	46 ~ 49	6
粗大动作	37 ~ 40	37 ~ 40	0
手眼协调	27 ~ 31	31 ~ 35	4

续表

项目	心理年龄 （月）	最近可发展年龄 （月）	最近可发展区 （月）
认知表现	40～43	51～54	11
口语认知	29～33	40～43	10～11

生理年龄：214 个月（实际）　　　　　　　心理年龄：31～35 个月

三、训练计划

1. 着重生活自理技能，如刷牙、穿衣服、使用热水壶、嗑瓜子、剥花生、认识钱币、到超市购物等。

2. 提高肢体运动的控制力和协调性，如跑、跳、蹲、踢球、投球等。

3. 使用图片沟通方式来表达需求和回答问题，如表达"我要听音乐、我要去厕所、去找杨老师"，回答"你在家最喜欢干什么?"、"今天谁陪你来的?"、"这是谁给你的?"等等。

4. 休闲娱乐的技能，如拼板、弹琴、听音乐、书写绘画、打扑克牌等。

5. 基本的社会常规，如进屋之前先敲门、不随便翻动别人的东西、不在公共场所大笑大叫等。

四、图片沟通教学的具体实施

1. 选择强化物

根据家长的反馈以及在教学中的观察，发现该生喜欢听音乐，爱吃一些零食，通过强化物的选择，确定她的最好的强化物为听音乐、QQ 糖、小饼干、小点心等。

2. 制作强化物图片

因为小红的手部精细技能较弱，在不确定她对图片的认知能力时，我们先采用了大的彩色的图片让她使用。但在以后的教学过程中，发现她对图片的认知能力很好，手部精细也有很大的提高，加上小红所能使用的卡片量逐渐增大，在后期的教学远程中采用了小卡片。

3. 具体的教学过程

（1）教学阶段一：交换（教学生用图卡来交换一个想要的物品）。

开始教学时，小红不太清楚图片对于她的意义，当老师呈现她喜欢的物品时，总是会习惯性地伸手去拿或拉着老师的手去拿物品，这时就需要辅助老师坐在小红的后面及时给予辅助。当老师呈现 QQ 糖时，小红要伸手去拿 QQ 糖，辅助老师就立刻辅助她去拿 QQ 糖的卡片，并辅助小红把 QQ 糖的卡片放到老师的手里。在卡片放下的一瞬间，老师立刻给予 QQ 糖，同时快速说"QQ 糖"，不需要说其他的话语。交换完成后，由主训老师把 QQ 糖的卡片放回原处，等待下一次沟通的开始。

经过 3~4 次的训练，小红就可以与主训老师进行独立的交换过程。在这种情况下，我们的教学提前走一步，同时进行距离和人员的泛化。我们开始增加小红和卡片之间的距离、小红和老师之间的距离，以及主训老师的更换，很快她就适应了这种变化，可以独立地进行各种交换。

（2）教学阶段二：使用沟通本。

沟通本的使用更好地提升她的主动性，能主动从沟通本上取下她想要物品的照片交到他人手中，以换取所要的物品。

这个阶段教学中，要求小红能把贴在沟通本上的图片拿下来后递给主训老师进行交换，交换成功后由主训老师把图片贴回到沟通本。

通过这个阶段的泛化，小红对人和环境的变化已经完全适应，我们也要求小红的家长和集体课老师开始使用图片沟通系统，因为前期泛化的成功，在集体课上当小红有需求时，能自己拿图片告诉老师。

由于小红对图片的认知能力很好，我们的教学又前进了一步，进入到辨识阶段。在沟通本里放入了大量的卡片，让小红在表达需求时能从沟通本里自己挑选出想要表达的内容。在她能完全掌握的情况下，我们把大卡片换成了小卡片，在锻炼她精细能力的同时，也方便她把沟通本随身携带。

（3）教学阶段三：使用句子"我要……"，教小红以"我要……"的字词，应用图卡来造句。

在这个教学阶段，主要采用反串教学，即老师先把"我要"的图片贴在沟通本上，再教小红想要的物品。当小红按照习惯拿卡片去交换时，先让她把图片贴在沟通本上组成句子，再把沟通本递给老师，老师接到沟通本后很快说出"我要……"。

此阶段通过后，要求小红自己拿"我要"和"听音乐"的图片组句。老师的辅助要非常及时，不给小红犯错的机会，当她准备拿卡片时，老师可以给出各种辅助方式来帮助她正确的反应，如声音的提示、眼神的提示等。

（4）教学阶段四：图片使用的多样化。

因为小红已经18岁了，再想让她发展语言比较困难，所以在图片使用的过程中，语言不再是重要的部分，而更多的是沟通，让别人了解到她想要说什么。在这个教学过程中，让小红主动发起沟通的同时，老师也会问她一些问题，让她通过卡片来回答，如"你最喜欢谁？"她就会拿出爸爸的图片来。问她"哪些老师给上课？"她会拿出李老师、刘老师、杨老师的图片来。

五、干预成效

1. 小红能知道随身携带沟通本，在有需要的时候拿出来使用。例如：有一次老师们给她过生日，她拿出沟通本找到杨老师的图片，主动提出想邀请杨老师参加。

2. 小红能用沟通本来和老师进行简单的交流。例如：有一天老师问她为什么不高兴，她拿出阿姨的图片（老师就知道她不高兴可能跟阿姨有关），问她阿姨怎么了，她会指一指自己的手（老师知道可能是阿姨用力拉她的手了）。在家里家人问她一些问题，她也能拿出正确的图片来回答。

3. 据家人反映，以前小红会经常发脾气，一发起脾气就很难控制，到处打人。但在机构接受训练的三个月里，小红发脾气的现象比以往少了很多，在学校里也仅仅对她的阿姨发过两次脾气，与上课的老师都很配合。在家里忍耐性也有进步，喜欢站在一旁看姐姐做事，察觉到姐姐需要什么就帮忙拿。即使有时会不高兴，也不会像以前一样用力跺脚或尖叫了。

六、讨论和总结

1. 图片使用的范围受到认知能力的局限。

经过3个月的训练，小红初步掌握了使用图片沟通的技巧，但局限于日常生活中所熟悉的事物图片，对于抽象一点的文字、数字还不能使用，这会限制她使用沟通本的灵活性，因为图片占用面积比较大，为了携带方便，通常选择的是体积很小的沟通本，这样所能存放的图片量就少。

2. 需要继续深入练习以养成稳固的习惯，并使之达到泛化——与不同的人、到不同的环境中使用沟通本。

日常生活中人与人的沟通是随时随地发生的，要想让小红通过使用沟通本改善自己的日常生活，就需要鼓励她跟周围的人沟通时都要使用图片，而不仅仅是在训练机构或者在家里，由家人提醒的时候才用，这就需要加强泛化的训练。

3. 语言逻辑思维的加强：小红在使用沟通本时，往往是把想要表达的关键词找出来，但是语序不正确，比如："音乐 听 我" 实际上是要表达 "我要听音乐"，虽然别人也能猜出她的意思，但是对于将来大量使用时会有影响。需要及时纠正，养成良好的习惯。

4. 对于特殊的孩子来说，机构训练只是暂时的加强过程，真正能让孩子得到根本改善的还是需要家庭来提供孩子更大、更长远的支持和帮助。

5. 家长思想观念的改变。要想让家长配合训练，关键是让家长能接受替代沟通的理念。因为很多的家长还是固执地希望让孩子最终能说话，而不是用其他的方式替代。

个　案　四

一、个案基本信息

个案姓名：冉冉（化名）

性别：男

出生日期：2004 年 11 月 9 日

开始训练日期：2007 年 12 月

二、个案能力情况

PEP 评估结果（2008 年 12 月）：

项目	心理年龄（月）
模仿	24～33
感知	9～17
精细动作	40～44
粗大动作	46～51
手眼协调	39～42
认知表现	20～24
口语认知	29～33
年龄当量	28～32

三、图片沟通系统（PECS）的具体操作方法

冉冉进入机构训练时只有个别的音，经过一段时间的干预训练后有 2－3 个字的模仿语言，但发音不清楚，语言理解差，没有主动性，不会使用语言，更多的只是模仿语言，针对这种现象在教学中加入了 PECS 的使用。

1. 在开始 PECS 之前要先进行强化物的选择

只要有学习动机，儿童一定可以很好地配合教学，因为此教学方法的前提就是从强化物中而来的学习动力，所以在进行教学前应先做好强化物的选择。同样需要注意的是孩子是否已经有好的强化物，如果没有，建议先培养孩子的多种强化物后再开始教学，否则教学会很难开展。

通过冉冉的强化物列表，发现他有 20 多种强化物，包括吃的（百利滋、薯片、QQ 糖等）、喝的（旺旺 Q 泡果奶等）、玩具（形状箱、拼板、泡泡水等）和其他物品（药盒子等）、活动（顶头、挠痒痒等），其中有 12 种是他多次选择的。

2. 制作强化物卡片

冉冉的视觉能力比较好，对卡片也具备一定的认知能力，在制作卡片时是直接用彩笔画的中等大小的卡片。

3. 教学阶段一：交换（教学生用图卡来交换一个想要的物品）

开始教学时，冉冉完全不明白图片对于他的意义，当老师呈现他喜欢的物品时，总是会习惯性地伸手去拿或拉着老师的手去拿物品，这时就需要辅助老师及时给与辅助。

在教学过程中，辅助老师坐在冉冉的后面，保证主训老师、冉冉和所用的卡片在一条线上。当老师呈现强化物薯片时，冉冉要伸手去拿薯片，辅助老师就立刻辅助孩子去拿薯片的卡片，并辅助冉冉把薯片的卡片放到老师的手里，在卡片放下的一瞬间，老师立刻给予薯片，同时说"薯片"，不需要说其他的话语。交换完成后，由主训老师把薯片的卡片放回原处，等待下一次沟通的开始。

经过一段时间的训练，冉冉可以在独立呈现一种卡片的情况下，与主训老师进行独立的交换。这时，我们开始增加冉冉和卡片之间的距离、冉冉和老师之间的距离，对冉冉进行一个距离上的泛化。当冉冉能够独立完成泛化距离的图片交换后，我们开始进行对人的泛化，即主训老师和辅助老师互换角色。这对冉冉是个很大的

挑战。因为在以往的训练过程中，我们就发现冉冉对人的泛化不是很好。开始泛化时，冉冉总是会拿图片给原来的主训老师，但强化物在辅助老师手里。针对此现象我们把对人的泛化作为他训练的重点。当主训老师和辅助老师泛化成功后，我们又替换另一个老师进行泛化，然后妈妈也加入到教学训练中来。通过一段时间的训练后，冉冉对人的泛化逐渐适应，他会观察强化物到底在谁的手里。这对他来说是个非常大的进步，学会去观察别人，对他人也有了注意和兴趣，这在以往是没有的。

4. 教学阶段二：距离的建立和沟通本的使用。

距离的建立及沟通本的使用，更好地提升儿童的主动性，儿童能主动从沟通板上取下所要物品的照片交到他人手中，以交换想要的物品。

这个阶段教学中，我们使用了沟通本，要求冉冉能把贴在沟通本上的图片拿下来，递给主训老师进行交换。交换成功后由主训老师把图片贴在沟通本上。同时在位置上也进行了变化，由原来的一条直线变成了三角形位置（老师、冉冉、沟通本）。

开始时的泛化由增加一个距离开始，即增加老师与冉冉或冉冉与沟通本的距离。等到冉冉对这两个距离分别泛化成功后，我们再逐渐过渡到同时增加两个距离，即老师与冉冉和冉冉与沟通本的距离。

通过这个阶段的泛化，冉冉对人和环境的变化已经完全适应，这时我们也要求家长和集体课老师开始使用图片沟通系统，因为前期泛化的成功，在集体课上当冉冉有需求时，能自己拿图片告诉老师，在家也同样如此，这样在很大程度上增加了冉冉沟通交流的主动性。

5. 教学阶段三：辨识。

这个阶段训练的重点是选择，把儿童喜欢和不喜欢的东西的照片排列在一起，教儿童选出他最喜欢的东西的图片。

冉冉对图片有一定的认知能力，在辨识阶段，他很轻松地就通过了。老师在沟通本上贴上一张他喜欢的和一张不喜欢的图片，同时把2个物品放在一只手上时，冉冉能正确选择他喜欢的图片进行交换。在此过程中，我们同样还在继续让冉冉进行对人和环境距离的泛化，以便在进入一个新的阶段时冉冉能在各种环境下正确进行沟通。

6. 教学阶段四：使用句带"我要……"，教冉冉以"我要……"的字词应用图卡来造句。

在这个教学阶段，主要采用反串教学，即老师先把"我要"的图片贴在沟通本上，再教冉冉想要的物品。当冉冉按照习惯拿卡片去交换时，应先让他把图片贴在沟通本上组成句子，再把沟通本递给老师，老师接到沟通本立刻说出"我要……"。开始冉冉很不习惯使用句带，在逐渐强化的过程中适应了。这个阶段老师给冉冉强化物时会读句子"我要……"，而冉冉因为主动性的增加同时会有一些语言的模仿，所以会主动跟老师进行语言模仿说"我要……"。有时在老师没说完的情况下自己能主动说"我要薯片"，"我要QQ糖"，大大促进了主动语言的发展。他自己组成句带后会主动向老师说"我要QQ糖"，主动性得到了很大程度的提高，在家里也会主动拿沟通本给妈妈来表达自己的要求。

四、图片沟通系统（PECS）在教学中的成果

通过开展此项教学，儿童的主动性得到了很大的提高。因为每一步教学过程都是以儿童发起主动为开始的。通过每个阶段的教学，冉冉在主动性方面得到了很大提高，同时主动语言也逐渐增加。

PECS教学的开展，给无语言或语言困难的孩子开辟了另外一条沟通的道路，让我们能够及时了解孩子想要表达意愿，从而降低儿童出现问题行为的机会。

个 案 五

一、个案基本信息

个案姓名：明明（化名）

性别：男

出生日期：2006 年 10 月 7 日

入园日期：2009 年 12 月 3 日

离园日期：2010 年 3 月 31 日

二、个案能力情况描述

1. 没有任何的目光对视，从不关心周围发生的事情，叫名字没有任何反应。

2. 间歇性地冒出不符合汉语语法规则的无意识话语，并不断重复。

3. 理解别人的语言十分困难：当家人向他提出要求时，无法做出正确的反应。

4. 无法用语言进行沟通：虽然能发出声音，但无法用正常的语言和周围人进行沟通，当他想表达自己的需求或情感时，不知道该如何开口；当别人不理解他所说的话而无法令其达到满足时（为了得到某样东西，或要引起周围人的关注），他便会歇斯底里地尖叫、发脾气。

5. 无法配合老师进行学习，常有哭闹行为。

6. 与人没有任何情感交流：对周围人的态度是冷漠的，见到父母也是面无表情。不具备与人交往的技能，当他和别人接触时，时常会感到束手无策、有强烈的挫败感，久而久之便失去了与人交往的意愿。

三、干预训练目标

1. 加强明明的注意力训练。

2. 增进其在一对一状况下对简单指令的理解和分辨能力。

3. 建立模仿意识，从大动作模仿到精细动作模仿，再到口部动作模仿，直至发音模仿。

4. 用一些简单的手势动作来表达自己的要求、感受等——当他向家长提要求的时候就可以用手势来替代哭闹的行为，及时得到想要的满足，从而减少不适当行为的发生。

四、干预训练的实施

1. 在课堂上老师用手或其他物品遮住明明眼睛的两侧，让他只能看到一定的范围，这样他与老师目光对视的机率就会增加，并及时给予有效的强化，逐渐提高了他的注意力，并且要求家长在日常生活中，要目标一致地坚持要求孩子在与人说话时保持目光对视，慢慢地养成良好的习惯。

2. 在训练语言理解能力的过程中，先是教孩子掌握几个简单的大动作指令，如起立、拍手、摸头、跺脚等。但是老师发现在对孩子发出轮换指令的情况下，孩子对指令的理解出现混淆，因此，老师加强了对孩子两个简单指令的分辨能力的训练，随机轮换发出指令，比如一会儿"摸头"一会儿"起立"，让孩子无法找到其中的规律，只能是认真地看老师的口型、听老师的声音来做出正确的反应。

3. 通过和孩子玩一些他感兴趣的互动小游戏，增进与老师之间的情感。明明喜欢被挠痒痒，每次挠他痒痒的时候都会非常开心地笑。在课堂学习过程中，老师会在学习间隙跟他玩挠痒痒的游戏——只要他和老师目光对视，或者达到老师的要求的时候（比如听指令或者模仿动作等），就挠他痒痒，整个教学气氛非常轻松、愉悦，也非常有效地强化了孩子的对视行为，提升了他和老师之间的配合度。

4. 当明明的模仿意识被建立起来之后，他会很努力、很认真地观察老师的动作，并且在老师的要求下及时做出反应，这个时候，老师就会创造机会让孩子有表达需求的欲望——比如在周围环境中放置一个孩子非常喜欢的物品，但孩子无法轻易够到，当他伸手尝试自己去拿的时候，老师及时的示范给他适当的手势表达（伸出食指，指出想要的物品所在的方向），如果孩子正确模仿，老师就立即把物品拿到孩子的眼前，然后老师再示范用手拍拍胸口的动作（表示"我要"），如果孩子正确模仿，老师就立即将这样物品交给孩子，让他享受一会儿，作为自然的强化。注意这个过程中教师要非常了解孩子的喜好，以防准备的物品并不是孩子非常喜欢的，孩子表达需求的动机就不强烈，即使孩子正确模仿了手势，强化效果也不是非常理想。

5. 将孩子在一对一课堂上学会的知识和技能泛化到日常生活中。老师每天和家长及时沟通，将孩子在课堂上牢固掌握的项目，指导家长在课堂之外的环境中如何及时泛化，真正改变孩子在日常生活、学习中的表现，而不仅仅是在一对一的个训课上能做出正确的反应。

五、干预训练的效果

明明可以主动地和老师去教室上一对一的课程；并且在任何情况下叫名字都能做出反应；对指令类的项目掌握得很好，即使有不理解的指令也能比较快地学习掌握，而且能够区分不同的指令，无论老师如何轮换其发出指令的顺序，也能达到80%以上的成功率；学习的时候可以将注意力集中在任务上；对家人的关注度有所增加，并且有了进一步的情感交流。明明会主动地去观察周围熟悉的人，并且还会主动地亲亲老师和妈妈；当明明想要某样东西的时候，知道用手去指，然后拍拍胸口，表示他想要这样物品，并且在大人的辅助下，努力发出相关的、正确的音来。

个 案 六

一、个案基本信息

个案姓名：晨晨（化名）

性别：男

出生日期：2006 年 8 月 9 日

入园日期：2009 年 2 月 16 日

离园日期：2009 年 10 月 26 日

二、能力水平描述

1. 无语言，能发个别简单的音；有模仿意识，但模仿不准确；有大动作模仿意识，但没有手部精细模仿能力；物品操作能力差；注意力维持时间短；能完成简单的大动作指令，但不会指认身体部位；无配对能力，视觉任务较差；认知能力较好，能指认常用的物品及图片。

2. 与人的情感交流较好，但不会用正确的方式与人沟通，当遇到不喜欢的事情时，通常张大嘴巴，发出"a…a…a…"的音，并叫个不停，边叫边看着老师笑，还左右摇头，用发出一声比一声高的声音表示不愿意。

三、干预训练目标

1. 增强孩子的配合度，提高孩子的模仿能力，增强孩子的成功感。

2. 教孩子用适当的方式来表达自己的意愿。

四、干预训练具体实施

1. 提高孩子的发音模仿能力，增加其成功的机率

（1）做好发音的准备工作：

①锻炼精细能力：通过精细能力的提高，能让孩子更好地控制小肌肉，为发音打基础。在个训课上，通过往瓶里插小棍、拿雪花片（单片拿，手里握有一个雪花片再拿）、穿珠子、捏碎薯片等活动来锻炼他的手部精细和手眼协调，同时把他喜欢的薯片捏碎放在他伸出的 5 个手指上，锻炼他手部的控制力度。

②锻炼口部肌肉控制和舌头的灵活度：让他用舌头去舔放在盘子里的小片薯片、或放在他嘴唇任何一个位置上的薯片；用嘴唇夹住薯片；按摩脸部肌肉和口部等，锻炼他的嘴部肌肉的控制度。

③锻炼气息：每天坚持练习蹲跳、跑步、骑儿童三轮车，增加孩子的肺活量，同时在课上利用他会发的 a 音来练习他的长短音；吹纸条、吹泡泡来锻炼气息的控制。

④增加模仿的准确性：虽然孩子有模仿意识，但却模仿不到位，只是大致比划一下，所以从大动作模仿开始，逐步要求他的模仿准确性。

⑤增加注意力的维持：要求做事情时一定要用眼睛看

（2）行为动量：先练习孩子会发的音，并及时给与强化，调动起孩子发音的兴趣后，再加入发的不准的音和不会发的音，及时给予辅助，如果项目完不成，转换一个孩子已经掌握的项目后再开始继续发音（发的不准确的音）的练习。会发、发不准和不会发的音在量上一定要控制好，基本按 50%、30%、20% 的比例来安排，增加孩子成功的机率。

2. 教孩子用适当的方式来表达自己的意愿

（1）差别强化孩子的不适当行为

①当孩子虽然发音不准但能模仿老师发音而且不再乱叫时，老师只给与他较弱的社会性强化。

②当孩子虽然模仿老师的发音但却一直乱叫时，忽视他的同时继续下一个任务。

③当孩子能模仿老师发音并且发音很准，而且没有乱叫的行为出现，立刻给予社会性强化和物质性强化。

④学校和家庭都保持统一的处理方法。

（2）强化孩子的适当表达方式

①当孩子遇到挫败但没有乱叫的情况下，示范给孩子停止的手势供他模仿，如果他情绪良好地正确模仿出这个动作，就可以暂时停止一会儿发音训练，让他休息

一下。

②待孩子情绪稳定、配合度良好的状态下重新开始发音训练，创造机会反复教孩子如何用手势表达获得休息的机会，作为自然的强化，逐渐地撤掉提示，最终让孩子达到独立表达。

③泛化：当孩子想要逃避的时候，及时提示他用同样的手势来获得休息的机会，并且指导家长在课堂以外的所有情境中，当孩子出现想要逃避、停止某项任务或要求时，及时地提示他用动作来表示，并逐渐减少提示，最终达到独立。

④当孩子能很容易模仿发"不要"的音时（这是孩子最先掌握的有关拒绝的音），除了教孩子使用以前的手势来表达自己的意愿，老师也会同时要求他模仿发"不要"的音，并且逐渐强化发音表达的行为，加强孩子使用语言表达、沟通的意识，并将这一技巧教给家长，让家长帮助孩子在其他环境中泛化。

五、干预结果总结

1. 通过发音模仿训练，晨晨的语音模仿能力不断提高，成功率的增高让孩子自己体会到发音的成就感和乐趣，晨晨渐渐喜欢上发音，并且碰到自己不会发的音也愿意耐心地去学习，让老师去不断地纠正，见到自己认识的物品也能主动去尝试发音，整体的发音水平得到了很大的提高；

2. 因为对发音产生兴趣，提高了发音训练的配合度，在发音的过程中故意乱叫的行为也在逐渐地减少；

3. 晨晨在遇到不喜欢的事情或需要完成老师的要求时，有时能主动地做出"停止"的手势，并且在老师的提示下用语言表达"不要"，偶尔也能独立的发出"不要"表示拒绝，从而减少了很多不适当的行为。

个 案 七

一、个案基本信息

个案姓名：杨杨（化名）

性别：男

出生日期：2006 年 04 月 20

入园日期：2009 年 10 月 11

离园日期：2011 年 1 月 12 日

二、能力状况描述

无语言；容易发脾气；没有配合意识；无目光对视，叫名字无反应；无模仿意识；兴趣范围狭窄，迷恋卡片，但不会玩玩具。

无语言是因为孩子没有仿说的意识，而家长的骄纵导致孩子通常用尖叫、哭闹、手势等行为代替了语言来表达自己的各种需要和感受，没有学习和使用语言的机会。

三、干预训练策略

首先提高孩子学习的配合能力（通过对视、听指令、模仿动作等内容的训练）。

在此前提下，以孩子喜欢"看卡片"为切入点，配合口部按摩和口型模仿，寻找和创造尽可能多的机会有效地强化孩子的发音。

四、干预训练的实施

第一步：增强孩子与老师进行目光对视的行为——保证孩子注意力集中；

第二步：老师在闪卡片的时候清晰、口型夸张地说出卡片上的物品名称，供孩子模仿，重点是寻找和创造尽可能多的机会，大力地强化孩子的任何一次发音的尝试（哪怕孩子只是无意识地哼哼几声，即使不能听清楚发的是什么音，也要立即给与强化），并差别强化更好的发音努力；

第三步：做一些口部按摩和口型模仿——让孩子习惯老师对其口部的辅助，同时刺激与发音有关的部位的神经控制，以及更准确地对老师口型进行模仿的能力。

第四步：通过辅助提高孩子发音的频率和成功率。先从孩子更容易发出的音开始，如"a、o、yi"等；

第五步：当孩子有需求要表达（比如想要卡片或者食品）时，及时辅助他发出有关的声音，然后立即给予他满足（自然的强化），让孩子知道发音、语言是表达自己需求的方式，哭闹、尖叫等等是不适当的行为；

第六步：指导家长和教师保持一致的干预方法：将在个训课学会的发音应用于个训课外的所有环境——在孩子需要表达自己需求的时候（想让抱抱、喝水、吃东西、看卡片时），提示他发出相关的音，然后再给予满足（自然强化）；另外家长也要在日常生活中同样寻找和创造机会有效强化孩子的无意识发音。

五、干预结果

经过将近一个月的干预训练，杨杨在目光对视及语言方面都有很大进步。尤其是在语言方面，由原来的无语言、无意识发音到现在可以仿说几乎所有的单字（除z、c、s、zh、ch、sh、l发音还不太清楚以外），两个字的词语、三个字的词语如：西红柿、长颈鹿、卷心菜等等，最多可以说五个字的短句，如"我要吃薯片"，并且在家长和老师一致的要求下，逐渐学会用语言来替代不适当的行为表达方式来达到自己的需求。

除此以外，孩子在配合、规矩性、社会互动及不良情绪的改善方面也都有不同程度的提高。

个 案 八

一、个案基本信息

个案姓名：小羽（化名）

性别：男

出生日期：2007 年 8 月 20 日

入园日期：2009 年 10 月 12 日

离园日期：2010 年 1 月 30 日

二、个案能力状况描述

没有任何语言，注意力较差，无规矩性；适应环境能力较差，对陌生的环境和陌生人表现出强烈的抗拒，离开家人后有极大的情绪反应——因为不能有效表达自己的各种需求（想要某样物品、想离开某地、想逃避与陌生人接触、想和家人在一起等等），哭闹行为非常严重。

例如：

1. 当孩子进入陌生的环境时，情绪异常不稳定，对平日比较喜欢的东西兴趣度也较差，玩几下就会扔掉，开始哭闹，表示想要离开。

2. 当有外人靠近孩子或试图抱孩子的时候，孩子表现得非常烦躁——不停地哭闹，不配合做任何事情，逃避与家人以外的人的接触。

3. 当要离开家人去跟老师上一对一课程时，用哭闹表示不想分开。

三、干预训练的目标

1. 提高孩子适应新环境的能力，教给孩子表达自己想要离开的适当方式。

2. 提高孩子跟家人以外的人的相处能力，教给孩子用打招呼、抚摸、拥抱、亲吻等方式与他人进行简单的接触。

3. 孩子和家人暂时分开的时候能够不哭闹。

4. 用肢体语言表达需求。

四、干预训练具体实施

1. 适应新环境以及适当表达想要离开的需求

（1）在新环境里放入孩子比较喜欢的东西，让孩子先在这个新环境能感觉到安全和开心，并给孩子做一些简单的容易配合的项目，只要孩子没有情绪反应立刻加大强化力度，等孩子熟悉环境后开始练习孩子的基本配合能力（听指令、模仿等等）。

（2）当孩子的配合度有所提高后，带孩子进入其他陌生的房间，但前提是要将新的环境布置的和原环境基本相符，让孩子容易适应新环境。

（3）在孩子能够配合的情况下，两个环境随机转换。

（4）经过环境的几次相互转换后，孩子在两个不同环境中都能够配合做事情，再转换其他环境。

（5）第三次转换的新环境中除了摆放孩子喜欢的东西，还可以放入其他的陌生物品，以此逐渐淡出孩子对原来环境的印象。在孩子情绪稳定的前提下，尝试让孩子抚摸环境中陌生的物品，然后用孩子喜欢的东西作为强化物、稳定孩子的情绪，也可以做一些孩子喜欢的活动，在活动中寻找机会让孩子尝试去指认或者抚摸陌生的物品，并及时给予有效的强化。

（6）当孩子能够在新环境中配合做事情以后，逐渐的撤出孩子熟悉的物品，并且尝试去转换其他陌生的教室环境。

（7）当孩子对转换陌生环境相对适应、不会出现大的情绪反应的时候，老师可以教给孩子用适当的行为来表达自己的需求——如想离开教室，在孩子不哭闹的前提下，教孩子拉着老师的手去开门。这一沟通方式适用于还没有发音的孩子，可以让他们知道哭闹不是解决问题的手段，身体的动作加上保持良好的情绪才能与人进行沟通、有效地表达自己的各种需要。

2. 接受并与家人以外的人进行适当的接触、互动

（1）选择几个目标人物（如四个陌生人），事先安排好，带孩子在陌生人面前

经过，并且根据孩子的情绪状况，找机会让孩子看一看、指一指，逐渐熟悉目标人物。

（2）当孩子见到这几个目标人物也能保持情绪稳定的时候，尝试让孩子挥挥手，向目标人物打招呼——在陌生人面前能停留较长时间。

（3）尝试辅助孩子碰一碰陌生人，让孩子逐渐建立安全感，从而增强孩子的信任感，之后可以再尝试让外人抱一抱，亲一亲等互动行为。

（4）逐渐泛化到其他不熟悉的人——先让孩子看一看、摸一摸，取得孩子的信任后，开始与孩子做一些简单的互动。

3. 与家人暂时分开去时情绪能保持稳定

（1）即使孩子哭闹也坚持将其与家人分开，让孩子知道哭闹并不能达到目的。

（2）在课间的时候，老师也尝试将孩子与其家长暂时分开，在保证孩子还没出现情绪反应的短暂时间内，教给孩子挥手与老师再见，然后老师立即离开，让孩子回到家人身边。

4. 模仿老师用肢体语言表达需求

（1）训练孩子的模仿意识：如教孩子学习点头、摇头、用手拍拍胸口、跺跺脚等，孩子做对了，加大强化力度。

（2）将孩子学会的肢体动作和实际情境结合起来：如老师拿着一个孩子喜欢的物品，提示孩子用手拍胸脯表示"我要"，孩子跟着老师做动作，立刻将物品递给孩子。

五、干预结果总结

1. 当小羽进入陌生环境时，孩子能在愉快的气氛中进行活动，指认或者抚摸环境中的物品，孩子的哭闹情绪持续时间比干预前缩短，能够很快地配合做事情。

2. 由于一方面老师在想办法让孩子尽快适应新环境，另一方面又想教孩子如何用动作适当表达自己的需求，经过训练经验总结，建议先选择其中一个目标进行训练，达到巩固之后，再训练另外一个目标。

3. 当有陌生人进入教室时，小羽的表现不像干预前那么紧张、烦躁了。陌生人与孩子进行简单的游戏时，在较短的时间内孩子能与其进行简单的互动（如亲一亲、抱一抱等）。

4. 由于训练让孩子与老师之间建立起了良好的信任和配合，老师可以比较容易的将孩子与家长分开，小羽也不会出现情绪反应，还会高兴的跟着老师走。

5. 小羽经过一段时间的训练，可以用肢体语言来表示自己的需求，可以用动作表示"我要"、"外出"、"不要"等简单生活需求和意愿，孩子哭闹行为的发生频率大大降低。

个 案 九

一、个案基本信息

个案姓名：小花（化名）

性别：女

出生日期：2007 年 2 月 22 日

入园日期：2009 年 11 月 11 日

离园日期：2010 年 2 月 10 日

二、个案能力状况描述

不与人对视，不配合，听不懂指令，没有模仿意识，不认识常见物品及卡片。

无语言，哭闹，尤其是在去上课的路上（知道将要与奶奶分开），哭的特别厉害；不愿意进教室，进了教室后就在门边哭闹着要出去。一边哭一边拉着老师的手往门口走（表示她想要出去），而且会整整一节课不停地哭。

三、行为原因分析

据家长描述，来机构训练之前，家人都是在孩子没有需要的时候，就把她想要的东西准备好了拿到她面前，所以孩子不需要任何表示就能得到满足；有些情况是当小花得不到自己想要的东西时，一哭闹家人就想尽一切办法满足她的要求，她学会并习惯于用哭闹来表达到自己所有的需求。

四、干预过程

1. 上课时，老师先拿着小花比较喜欢的东西自顾自地玩，想让她看到老师玩得很高兴，希望用这样的方法来吸引她的注意力。但是没有起到效果，小花反而哭得更加厉害——跪在地上哭，在门前哭个不停。

2. 老师尝试把小花抱在怀里，有时她的哭闹行为会减少一些，但很快就又开始大哭。老师尝试抱着她，给她看电脑上面的广告（因为她平时喜欢看广告）。在这种情况下，小花哭闹的时间缩短了1/4。但哭闹行为出现的并不规律，老师无法掌控。老师就尝试一直抱着她看广告，当小花不哭的时候，马上给她喜欢的玩具，这样的状况下，小花的哭闹行为逐渐开始减少，但非常不稳定，在家过一个周末，回来之后就又恢复像以前一样了。奶奶这时会很不放心地一直坚持跟着送她到教室（无意中强化了孩子的哭闹行为），小花的哭闹行为反而又加强了。

3. 老师尝试将其抱进教室后，一直播放广告给她看，但不再抱着她，而是放她坐在椅子上，如果小花一直哭，老师就拿出插棒辅助她来插，小花就边哭边做事情——老师坚持只要她哭就让她插插棒。一个偶然的机会，老师跟她闹着玩，用手把她的头轻轻摇动，小花却非常喜欢，笑得很开心。老师试着给她做了几次同样的动作，她不但没有厌烦，反而每次停下来，她都会期待着老师再跟她玩。说明这是一个非常有效的强化物，所以在小花不哭时老师就会轻轻摇动她的头，如果有哭的声音或者表情，老师就会立刻停下来。过了几天后，老师抱她离开奶奶也不哭了，但是到教室以后却会断断续续的哼哼（想要老师摇动她的头）。

4. 发现小花这么喜欢刺激性的活动，老师就开始变换着不同的形式跟她玩起来——比如拉着她的手晃动、挠她痒痒、抱她转悠悠等等。一个星期之后，小花基本不哭了，可以在教室里学习更多的项目了。

五、干预结果总结

1. 小花在上课前与奶奶分开、上课的过程中已经完全不哭闹了，并且开始有配合的意识，主动看老师、关注老师，开始对教室中更多的东西感兴趣了，如插棒、吹泡泡、小汽车、玩拼版等等。

2. 在这个过程中，小花先是像普通孩子一样在陌生环境和与陌生人在一起的状况下感到非常恐惧和害怕，因此非常不愿意和奶奶分开、不愿意跟老师进教室上课，这是可以理解的行为表现，但是小花的哭闹行为比普通孩子表现得更为强烈和不适当。

3. 在干预孩子哭闹的过程中，首先是跟孩子建立信任的情感联系，而不是直接就让孩子坐到椅子上学习，所以老师会尝试一直抱着孩子做事情，也确实起到了一些效果。

4. 小花本来已经好转的哭闹现象在经过周末两天的训练中断后，会变得更为强烈，证明干预训练的持续和一致性是非常重要的。如果无法保证对孩子在家庭里和学校里的要求一致，不仅影响了对孩子有效地进行干预训练，还会导致不适当行为的升级。

5. 小花经过两三周跟老师的磨合，逐渐和老师熟悉起来，为哭闹行为的控制提供了良好的前提。但关键的因素还是老师发现了对孩子非常有效的强化方式——孩子喜欢的互动方法（如摇她的头、晃动她的手、转悠悠等）。因为强化的效能非常强，孩子哭闹的行为得到了有效的抑制，而且通过和老师的互动，孩子了解到哭闹是不会得到这些奖励的，只有不哭闹、眼睛看着老师的时候才有可能获得满足。老师教会孩子如何用适当的方式表达自己的需求和获得满足。

6. 虽然这些活动强化效果很好，但鉴于自闭症的孩子容易发生很多自我刺激行为，所以当孩子不再哭闹、可以和老师配合做项目之后，老师要逐渐减少这种强化方式的使用，寻找其他更为适当的强化物进行训练。

个 案 十

一、个案基本信息

个案姓名：小晶（化名）

出生日期：2006 年 7 月 16 日

入园时间：2009 年 10 月 9 日

二、个案能力状况描述

1. 跟老师进入教室的时候不哭闹，而且对教室里面所有东西都感兴趣，可以自己摆弄着玩，但叫她名字时却像没听见一样。

2. 对她感兴趣的东西稍有干涉就表现出尖叫、发脾气等行为（表示不要干扰她的活动），如揪自己的头发。

3. 不能长时间坐在椅子上（只能坚持 2 分钟）。

4. 不配合做事情，对接受性的语言也不能理解，认知水平差。

5. 模仿能力良好，但手部动作的模仿不是很好。

6. 无语言，有无意识的发音（自言自语），没有模仿他人发音的意识，缺乏有效、适当的沟通方式。

三、干预训练过程

1. 孩子近距离的目光对视不好，但是远距离的时候却很好——可能是因为她看近距离的东西不舒服——视觉上有厌恶的感受，所以听到叫她名字的时候不愿意做出对视的反应。老师就在上课的时候有计划地和她玩近距离的游戏，如（顶哞哞，抱着她唱歌），以此来慢慢帮她消除视觉上的厌恶感受、改善不愿意近距离对视的问题，同时对她主动看别人的行为给予有力的强化。

2. 用尖叫等不适当行为来逃避做事情，是孩子长期被家长无意识的错误强化养成的习惯——只要她不想做事情就会哭，拿走她喜欢的东西就尖叫等等。鉴于初期她没有意识去和老师配合，所以老师首先采取强化孩子无意识的良好行为的方式，从她非常喜欢的活动——照镜子入手（一开始只要坐下五分钟就给予强化，然后再慢慢地增加等待时间），让孩子逐渐对如何获得喜欢的事物变得有意识。

3. 老师尝试在她还没有想到要镜子的时候，要求并辅助她坐下，然后立即给予一个选择的机会，让孩子得到镜子，孩子会有意外的惊喜（非常有力的强化）。让孩子知道想要得到镜子时就必须坐好。在这项训练中，每个项目中间都换一次强化物，项目和项目互相穿插进行，避免孩子的刻板性。

4. 在孩子能长久地保持坐在椅子上之后，老师尝试以闪卡片为强化物，教小晶嘴部的动作模仿；接着做气息的练习——放各种她喜欢的东西在桌子上，只要她能用吹气的方法让强化物移动，就把她喜欢的东西给她；教她舌头的运动模仿（左右摆动、上下运动舌头、舔牙齿等）；加强唇部肌肉的锻炼（叭叭、嘶嘶、呜呜等）。这些训练都为以后语言的学习奠定了良好的基础。

四、训练效果总结

1. 现在小晶一来到教室就会主动将自己和老师上课要坐的椅子摆好，如果还没有正式上课，她就会和老师玩游戏，并且会主动要求老师给她玩蚂蚁上树（不是主动地使用语言进行表达，但是会主动地伸出手来，做蚂蚁上树的动作，拉住老师的手放到她的胳膊上），当她听见上课铃声响时，就会主动地起立和老师说"上午好"，并且整堂课都能安静地坐在椅子上、很好地配合老师进行学习。

2. 当老师有意将强化物延迟出现的时候，小晶不会表现出尖叫的行为、也不会逃避做事情，而是保持良好的情绪和学习状态。

3. 小晶目前可以发很多简单的音——大部分的音都可以模仿说，但有些音说得不是很清楚。

4. 叫她名字的时候她会说"啊"；与人可以进行简单的互动，如见面时会说"你好"，离开的时候会说"拜拜、再见"等。

个案十一

一、个案基本信息

个案姓名：磊磊（化名）

性别：男

出生日期：2005 年 10 月 19 日

入园日期：2009 年 11 月 4 日

二、个案能力状况描述

1. 语言表达能力缺乏，会说单字及叠字，能够重复别人的话，语速慢且大部分音发不清楚，不能有效地表达自己的意愿。

2. 语言理解能力缺乏，不明白别人的指令和问话。

3. 认知能力缺乏，但记忆能力非常好。

4. 与老师没有配合，做事情无耐心。

5. 没有规矩性，经常在上课时跳起来走动，或逃避做事情。

6. 有歇斯底里地尖叫、会因为逃避做事情而不断晃头、碰头，以及自言自语的问题行为，遇到不想做的事情时会站起来跳动或来回走动。

三、行为原因分析

1. 磊磊来机构之前没有接受过系统的训练，在以往的日常生活中可以随意得到自己想要的东西，当得不到时，因为对语言的理解、表达能力缺乏，沟通的障碍导致孩子在有需求时会以尖叫和碰头等不适当的行为来达到自己的目的。

2. 独处的时间越长，自我刺激出现越多。

四、干预训练过程

1. 和孩子培养感情，建立配合关系

由于磊磊以前接触的环境比较单一，很少和陌生人有接触。老师首先要和孩子建立起一种亲近友好的关系，让孩子感受到这个人的存在，并愿意去拥抱老师、和老师互动。

同时老师还在教室里放了各种玩具和孩子喜欢的食物。孩子进入教室发现有很多自己喜欢的东西，就会伸手去拿。慢慢的老师会尝试在孩子情绪良好的状态下提出一些简单的、操作性强的、孩子很容易做到的活动要求，当孩子做到了，就立即给予他强化，慢慢的，磊磊熟悉并接受了这种得到奖励的方式。

当磊磊和老师熟悉、信任了之后，老师就尝试让他抱抱，磊磊很快就抱住了老师，并及时有效地得到了强化。从此每天上课他都会很积极主动地走进教室。

2. 仔细观察，认真分析

通过向家长了解情况，经过详细的观察记录，确定了孩子行为发生的频率、强度以及周围环境对其的影响。发现导致孩子出现情绪问题行为的原因很多，也很复杂。但最主要的原因是：孩子没有经过系统的训练，家长对孩子的行为没有进行正确的干预，孩子总是以尖叫和撞头来表达自己的要求和不满，在出现不想做的事情和想要一样东西却被拿走这两种情况下，不适当行为发生的频率最高；另外孩子在自己一个人没事干的时候也会出现尖叫的自我刺激行为。针对这两方面的原因，采取了以下的处理方案。

（1）如果是因为想得到自己想要的东西才出现的尖叫，就先教会孩子如何表达自己——根据孩子的实际情况（有简单的语言），出示孩子想要的东西并提示说："我要"，孩子重复说"我要"就立即把想要的东西给他。从而将孩子不正确的表达方式转换成正确的方式，孩子的尖叫行为就会慢慢减少。

（2）如果是在做事情的过程中，他想要逃避才出现尖叫和撞头的行为时，就采用忽视的方式——继续做刚才的事情——不要让他达到目的。

（3）如果磊磊是在闲着没事干的时候出现了尖叫等行为，则要针对孩子的实际能力情况，最大限度地把学习项目安排得紧凑一些、节奏快一些——不给他出现问

题的机会。

（4）同时告诉家长，在家尽量少给孩子独处的机会，多陪孩子玩游戏和玩具，给孩子讲故事，多带孩子到外边接触社会和享受大自然。

3. 在孩子喜欢的活动过程中训练语言

自闭症的孩子或多或少都会有语言方面的缺陷、沟通和交流的障碍。磊磊虽然能说单字和叠字，但语言理解能力差，而且刚开始练习发音时他表现得很抗拒——每到练发音都会"哇哇"叫。所以老师调整了方法，首先选择孩子最好的强化物，只是把它用在发音的练习上，别的项目就用次一级的强化；其次是尝试在孩子从事比较喜欢的活动过程中穿插进发音方面的要求。比如，磊磊比较喜欢看卡片，老师从模仿读卡片开始，只要他跟老师一起读，就会得到及时的强化。他还很喜欢拼拼板，老师会故意拿走一块拼板，当他伸手去和老师要时就提示他说"我要"，然后才给他。经过多次练习，每到这时他都会独立地说"我要"了；另外还采用唱儿歌的方式，引导孩子去接歌词，如老师唱"我爱我的小鸡，小鸡怎样叫？"他会接"叽叽叽"，孩子的很多发音都会从唱儿歌中引导出来。

4. 泛化练习

（1）在孩子已经掌握了一些内容后，要做到及时的泛化。这样才能真正地学会并在生活中恰当地使用学到的知识和技能。在语言表达上，除了说"我要"来表达自己的需求，还泛化到"我要薯片"、"我要好多鱼"、"我要拼板"等多个需求的表达。

（2）对环境的泛化：在教室里能够很好地配合老师之后，就把磊磊带到教室和课堂以外的环境中进行语言表达的训练，如孩子上学的路上、儿童游乐场等等。

五、干预效果总结

（1）通过两个多月的学习和对家长进行指导，磊磊虽然还有很多问题继续存在，但问题出现的频率逐渐降低。

（2）在教会孩子如何正确地用语言表达自己的需求之后，磊磊几乎不出现尖叫和撞头的行为了，规矩性也有很大提升，能够安静地坐着小椅子上一节课，注意力维持得时间较长，最重要的是孩子的情绪和注意力基本稳定，学习状态较为良好。

（3）磊磊的过度兴奋也日益降低，能够配合老师和家长进行学习。

（4）能够在提示下和别人打招呼，主动表达自己的需求"我要"。能够语速较慢地说简单的短句，会说几首儿歌。

个案十二

一、个案基本信息

个案姓名：小易（化名）

性别：男

出生日期：2005.09.17

入园日期：2008.11.24

离园日期：2009.06.15

二、个案能力状况描述

无语言，只是偶尔能在着急的情况下叫"妈妈"，无意识发音，并且无人能懂。在外界环境下不与人对视，听不懂指令，什么都不配合做，没有模仿意识；喜欢看智慧树，不认识常见物品及卡片；脾气急躁，非常刻板，没有等待意识。

三、训练目标

1. 建立小易与老师的配合，并逐渐加强。

2. 促进小易模仿发音的意识和能力，强化小易用发音来表示自己的需求和想法，从而逐渐减少哭闹的表达方式。

四、干预过程

1. 使其接受教室的教学环境——孩子突然来到一个新的、陌生的环境，有抗拒的反应是正常的，但小易表现得过于强烈——每次进教室，一看到门被关上就开始发脾气，通过各种方式闹着要出去。刚开始他会坚持一刻不停的哭闹（差不多整节课都是如此），而老师则在他能看得见的地方玩着已准备好的非常丰富的玩具，并且挨个把玩，老师故意夸张地表现出非常享受的样子（玩具很好玩等），当小易哭了一段时间停下来的时候，老师就夸奖、鼓励他，并趁机接近他，引导他跟老师一起玩他感兴趣的玩具、给他好吃的，如果他又接着哭，老师就继续自己玩玩具，通过这种差别强化的实施，小易在教室哭闹的频率、强度都逐渐减弱，并且开始理解"只有不哭才能得到自己想要的物品"的原则。

随着哭闹时间和强度的减少和降低，同时让孩子在教室找到一些乐趣，小易渐渐地接受了教室这个环境。

在整个过程中，当小易因为着急、偶尔喊叫"妈妈"时，老师会立即不失时机的给予社会性强化。

2. 建立与老师的配合——小易的刻板性表现的非常强烈，让他把外衣脱掉，帽子摘掉，不但不配合，还会用哭闹的方式来要求还给他衣服和帽子。老师就拿他的衣物作为强化物——只要不哭，或主动看老师，就把衣服、帽子还给他（用良好的行为来替代哭闹的表达方式）。

除此之外，还进行了其他类型项目的训练，如听指令、大动作模仿等等，通过一个个项目的学习，小易跟老师的配合度也逐渐提升了，而且当他保持情绪稳定的状态时，掌握项目的速度也显得很快。

3. 模仿发音——在训练进行了三、四周之后，有一天老师跟往常一样给他读卡片，偶然尝试让他假装吃一口"葡萄"时，小易突然发出"啊呜"的音来，虽然不是很清楚，但老师仍然给予了他很好的强化，做出很夸张的表情鼓励他——让他感受到他的努力得到了回报。通过这次有效的强化，小易发出的音越来越多了，虽然有些音并不是很清楚，老师先大力强化他清楚的发音，并且鼓励他越来越频繁的发音。随着发音行为的逐渐增强，小易发音的次数越来越多、发音也越来越清楚，老师无论说单个音（"啊，我，好"等）还是词（"妈妈，拜拜，爸爸"）他都能跟着模仿了。

随着小易能够独立模仿发音，老师提高了对他的要求——在给小易他非常喜欢的事物时，问他要不要，并提示让他说"我要"，说完之后就立即给他该物品。

接下来，为了能让小易学会等待，老师就慢慢地将给他强化物的时间拉长或延迟，让他学习等待，小易的情绪也就得到了进一步的稳定控制，他的学习状态也就越来越好了。

在每天的上课过程中，无论孩子看到、用到了什么东西，老师都会告诉他这个东西的名称、用途，并且还会要求他跟老师一起重复（以此加强语言的模仿训练），如：泡泡，饼干，面包，山楂片，棒棒糖等，从两个字的词逐渐过渡到三个字的词，

4. 互动语言——当小易的模仿、配合能力达到一定水平之后，老师就将训练目标转移到对孩子互动语言的教育训练上，如：小鸡怎样叫？叽叽叽；你叫什么名字？小易；你是男孩还是女孩？男孩等等，另外，老师还创设了一些在小易日常生活学习过程中频繁发生的语言沟通情境。在初期一定要能及时、准确的提示孩子应该怎么表达，用以减少孩子的挫败感，增强孩子发音的自信心。如：遇到困难说："帮帮我"；开门时说："开开"；问他要什么？"我要薯片"；还教他一些儿歌如：小白兔、数鸭子 、数数歌、小星星等。

五、干预结果总结

1. 小易离园时，和老师的配合已经很稳固了。

2. 由于情绪逐渐稳定，小易表现出比较强的学习能力——日常物品的认知、一步动作指令以及在日常生活中的泛化都掌握的比较巩固。

3. 可以关注身边的人——别人做事情或自己做事情时都能关注了。

4. 大多数发音都很清晰，可以很好地模仿发音（两个字的词，三个，四个，甚至一句话都可以说了），但在实际情境中主动发音则需要提示。

5. 经过训练，有一些互动语言和主动语言，由于能在某些适当的情境中被动甚至偶尔主动地表达自己的需求，小易的哭闹行为逐渐被替代。

注：个案资料是由北京五彩鹿儿童行为矫正中心的特教老师：刘美、杨智然、李欣书、沈宁、金宁宁、韩丽华、关键、郝晓敏、赵红阳、杨亚儒等人提供，感谢他们做出的工作。

参考文献

Acheson, M. J. (2006). The effect of natural aided language stimulation on requesting desired objects or actions in children with autism spectrum disorder. Doctoral Thesis, University of Cincinnati.

Acredolo, L. and Goodwyn, S. (2000). Baby signs. London: Vermilion.

Adamson, L.B. and Dunbar, B. (1991). Communication development of young children with tracheostomies. Augmentative and Alternative Communication, 7, 275 – 283.

Alant, E., Life, H. and Harty, M. (2005). Comparison of the learnability and retention between Blissymbols and CyberGlyphs. International Journal of Language and Communication Disorders, 40, 151 – 169.

Alm, N. and Newell, A.F. (1996). Being an interesting communication partner. In S. von Tetzchner and M.H. Jensen (Eds.), Augmentative and alternative communication: European perspectives (pp. 171 – 181). London: Whurr/Wiley.

Amir, R.E., Van den Veyer, I.B., Wan, M., Tran, C.Q., Franckr, U. and Zoghbi, H.Y. (1999). Rett syndrome is caused by mutations in X - linked MECP2, encoding methyl - CpG - binding protein 2. Nature Genetics, 23, 185 – 188.

Anderson, A. and Moore, D.W. (2007). Functional communication and other concomitant behavior change following PECS training: A case study. Behaviour Change, 24, 173 – 181.

Angelo, D.H., Jones, S.D. and Kokoska, S.M. (1995). Family perspective on augmentative and alternative communication: Families of young children. Augmentative and Alternative Communication, 11, 193 – 201.

Armstrong, D.D. (1997). Review of Rett syndrome. Journal of Neurophatology and Experimental Neurolology, 56, 843 – 749.

Baker, B. (1982). Minspeak: A semantic compaction system that makes self - expression easier for communicatively disabled individuals. Byte, 7, 186 – 202.

Baker, B. (1986). Using images to generate speech. Byte, 11, 160 – 168.

Baker, L. and Cantwell, D.P. (1982). Language acquisition, cognitive development, and emotional disorder in childhood. In K.E. Nelson (Ed.), Children's language, Volume 3 (pp. 286 – 321). London: Lawrence Erlbaum.

Balandin, S. and Iacono, T. (1998). Topics of meal - break converstaions. Augmentative and Alternative Communication, 14, 131 – 146.

Barnes, S., Gutfreund, M., Scatterly, D. and Wells, G. (1983). Characteristics of adult speech which predict children's language development. Journal of Child Language, 10, 65 - 84.

Barrera, R.D., Lobato - Barrera, D. and Sulzer - Azaroff, B. (1980). A simultaneous treatment comparison of three expressive language training programs with a mute autistic child. Journal of Autism and Developmental Disorders, 10, 21 - 37.

Barrera, R.D. and Sulzer - Azaroff, B. (1983). An alternating treatment comparison of oral and total communication training programs with echolalic autistic children. Journal of Applied Behavior Analysis, 16, 379 - 394.

Barton, A., Sevcik, R. A. and Romski, M. A. (2006). Exploring visual - graphic symbol acquisition by pre - school age children with developmental and language delays. Augmentative and Alternative Communication, 22, 10 - 20.

Basil, C. (1986). Social interaction and learned helplessness in nonvocal severely handicapped children. Presented at The 2nd Biennial Conference on Augmentative and Alternative Communication, Cardiff, August 1986.

Basil, C. (1989). Personal communication.

Basil, C. (1992). Social interaction and learned helplessness in severely disabled children. Augmentative and Alternative Communication, 8, 188 - 199.

Basil, C. and Soro - Camats, E. (1996). Supporting graphic language acquisition by a girl with multiple impairments. In S. von Tetzchner and M.H. Jensen (Eds.), Augmentative and alternative communication: European perspectives (pp. 270 - 291). London: Whurr/Wiley.

Bates, E. (1979). The emergence of symbols. New York: Academic Press.

Bates, E., Bretherton, I. and Snyder, L. (1988). From first words to grammar: Individual differences and dissociable mechanisms. Cambridge: Cambridge University Press.

Bates, E., Dale, P.S. and Thal, D. (1988). Individual differences and their implications for theories of language development. In P. Fletcher and B. MacWhinney (Eds.), The handbook of child language (pp. 96 - 151). Cambridge: Cambridge University Press.

Baumgart, D., Johnson, J. and Helmstetter, E. (1990). Augmentative and alternative communication systems for persons with moderate and severe disabilities. Baltimore: Paul H. Brookes.

Bedwinek, A.P. (1983). The use of PACE to facilitate gestural and verbal communication in a language - impaired child. Language, Speech, and Hearing Services in Schools, 14, 2 - 6.

Bennet, D.L., Gast, D.L., Wolery, M. and Schuster, J. (1986). Time delay and system of leasts prompts in teaching manual sign production. Education and Training of the Mentally Retarded, 21, 117 - 129.

Berg, M.H. (1998). Children's use of pointing cues in aided language intervention Presented at The 8th Biennial Conference on Augmentative and Alternative Communication, Dublin, August 1998.

Berry, D.C. and Dienes, Z. (1993). Towards a working characterisation of implicit learning. In D.C. Berry and Z. Dienes (Eds.), Implicit learning. Theoretical and empirical issues (pp. 1 - 18). Hove: Lawrence Erlbaum.

Berry, J.O. (1987). Strategies for involving parents in programs for young children using augmentative and alternative communication. Augmentative and Alternative Communication, 3,

90 – 93.

Beukelman, D.R. and Mirenda, P. (2005). Augmentative and alternative communication: Management of severe communication disorders in children and adults. Thrd Edition. London: Paul H. Brookes.

Beukelman, D.R., Yorkston, K.M., Poblete, M. and Naranjo, C. (1984). Frequency of word occurrence in communication samples produced by adult communication aid users. Journal of Speech and Hearing Disorders, 49, 360 – 367.

Biklen, D. (1990). Communication unbound: Autism and praxis. Harvard Educational Review, 60, 291 – 314.

Biklen, D. (1993). Communication unbound. New York: Teachers College Press.

Bird, F., Dores, P.A., Moniz, D. and Robinson, J. (1989). Reducing severe aggressive and self - injurious behaviors with functional communication training, American Journal on Mental Retardation, 94, 37 – 48.

Bishop, D. V. M. (2006). What causes specific language impairment in children? Current Directions in Psychological Science, 15, 217 – 221.

Bjerkan, B. (1975). En re - definering av stamming og en analyse av stammingens situasjonsvariabilitet (A redefinition of stuttering and an analysis of the situational variability of stuttering). Thesis, University of Oslo.

Blackstone, S. and Painter, M. (1985). Speech problems in multihandicapped children. In J. Darby (Ed.), Speech and language evaluation in neurology: Childhood disorders (pp. 219 – 242). Orlando: Grune and Stratton.

Blau, A. (1983). On interaction. Communicating together, 1, 10 – 12.

Blischak, D.M. (1994). Phonological awareness: Implications for individuals with little or no functional speech. Augmentative and Alternative Communication, 10, 245 – 254.

Blischak, D.M. and Lloyd, L.L. (1996). Multimodal augmentative and alternative communication: A case study. Augmentative and Alternative Communication, 12, 37 – 46.

Blischak, D.M. and McDaniels, M.A. (1995). Effects of picture size and placement on memory for written words. Journal of Speech and Hearing Research, 38, 1356 – 1362.

Bliss, C. (1965). Semantography (Blissymbolics). Sydney: Semantography Publications.

Bloom, L. (1973). One word at a time. The Hague: Mouton.

Bloom, L. (1998). Language acquisition in its developmental context. In W. Damon, D. Kuhr and R.S. Siegler (Eds.), Handbook of child psychology, Volume 2 (pp. 309 – 420). New York: Wiley.

Bloom, L. and Lahey, M. (1978). Language development and language disorders. New York: Wiley.

Bloom, Y. (1990). Object symbols: A communication option. North Rocks, Australia: North Rocks Press.

Bloomberg, K. and Johnson, H. (1990). A statewide demographic survey of people with severe communication impairments. Augmentative and Alternative Comunication, 6, 50 – 60.

Bondurant, J.L., Romeo, D.J. and Kretschmer, R. (1983). Language behaviors of mothers of children with normal and delayed language. Language, Speech, and Hearing Services in Schools, 14, 233 – 242.

Bondy, A.S. and Frost, L.A. (1998). The Picture Exchange Comunication System. Seminars in Speech and Language, 19, 373 - 424.

Bondy, A.S. and Frost, L.A. (2002). A picture's worth: PECS and other visual communication strategies in autism. Bethesda, Maryland: Woodbine House.

Bonvillian, J.D. and Blackburn, D.W. (1991). Manual communication and autism: Factors relating to sign language acquisition. In P. Siple and S.D. Fischer (Eds.), Theoretical issues in sign language research. Volume 2: Psychology (pp. 255 - 277). Chicago: Chicago University Press.

Bonvillian, J.D. and Nelson, K.E. (1976). Sign language acquisition in a mute autistic boy. Journal of Speech and Hearing Disorders, 41, 339 - 347.

Bonvillian, J.D. and Nelson, K.E. (1978). Development of sign language in language - handicapped individuals. In P. Siple (Ed.), Understanding language through sign language research (pp. 187 - 212). New York: Academic Press.

Bonvillian, J.D., Orlansky, M.D. and Novack, L.L. (1981). Early sign language acquisition and its relation to cognitive and motor development. Presented at the 2nd International Symposium on Sign Language Research, Bristol, July 1981.

Booth, T. (1978). Early receptive language training for the severely and profoundly retarded. Language, Speech, and Hearing Services in Schools, 9, 142 - 150.

Bornman, J., Alant, E. and Du Preez, A. (2009). Translucency and learnability of Blissymbols in Setswana - speaking children: An exploration. Augmentative and Alternative Communication, 25, 287 - 298

Bottorf, L. and DePape, D. (1982). Initiating communication systems for severely speech - impaired persons. Topics in Language Disorders, 2, 55 - 71.

Brady, D.O. and Smouse, A.D. (1978). A simultaneous comparison of three methods for language training with an autistic child. Journal of Autism and Childhood Schizophrenia, 8, 271 - 279.

Brady, N. (2000). Improved comprehension of object names folowing voice output communication aid use: Two case studies. Augmentative and Alternative Communication, 16, 197 - 204.

Brady, N.C. and McLean, L.K. (1995). Arbitrary symbols learning by adults with severe menatl retardation: Comaprison of Lexigrams and prited words. American Journal of Mental Retardation, 100, 423 - 427.

Braine, M.D.S. (1963). The ontogeny of English phrase structure: The first phase. Language, 39, 1 - 14.

Brekke, K.M. and von Tetzchner, S. (2003). Co - construction in graphic language development. In S. von Tetzchner and N. Grove (Eds.), Augmentative and alternative communication: Developmental issues (pp. 176 - 210). London: Whurr/Wiley.

Brodin, J. and von Tetzchner, S. (1996). Augmentative and alternative telecommunication for people with intellectual impairment - a preview. In S. von Tetzchner and M.H. Jensen (Eds.), Augmentative and alternative communication: European perspectives (pp. 195 - 212). London: Whurr/Wiley.

Brookner, S.P. and Murphy, N.O. (1975). The use of a total communication approach with a nondeaf child: A case study. Language, Speech, and Hearing Services in Schools, 6, 313 - 139.

Brown, R. (1977). Why are signed languages easier to learn than spoken languages? Presented at the National Symposium on Sign Language Research and Teaching, Chicago, 1977.

Bruno, J. (1989). Customizing a Minspeak system for a preliterate child: A case example. Augmentative and Alternative Communication, 5, 89 – 100.

Bruno, J. and Bryen, D.N. (1986). The impact of modelling on physically disabled non-speaking children's communication. Presented at the 2nd Biennial Conference on Augmentative and Alternative Communication, Cardiff, September 1986.

Bruno, J. and Dribbon, M. (1998). Outcomes in AAC: Evaluating the effectiveness of a parent training program. Augmentative and Alternative Communication, 14, 59 – 70.

Bryen, D.N. and Joyce, D.G. (1985). Language intervention with the severely handicapped: A decade of research. The Journal of Special Education, 19, 7 – 39.

Buffington, D.M., Krantz, P.J., McClannahan, L.E. and Poulson, C.L. (1998). Procedures for teaching appropriate gestural communication skills to children with autism. Journal of Autism and Developmental Disorders, 28, 535 – 545.

Burd, L., Hamnes, K., Boernhoeft, D.M. and Fosher, W. (1988). A North - Dakota prevalence study of nonverbal school - age children. Language, Speech and Hearing Services in Schools, 19, 371 – 383.

Burkhart, L.J. (1987). Using computers and speech synthesis to facilitate communicative interaction with young and/or severely handicapped children. College Park: Burkhart.

Buzolich, M.J. (1987). Children in transition: Implementing augmentative communication systems with severely speech - handicapped children. Seminars in Speech and Language, 8, 199 – 213.

Buzolich, M.J. and Lunger, J. (1995). Empowering system users in peer training. Augmentative and Alternative Communication, 11, 37 – 48.

Byler, J.K. (1985). The Makaton vocabulary: An analysis based on recent research. British Journal of Special Education, 12, 113 – 129.

Cafiero, J.M. (2001). The effect of an augmentative communication intervention on the communication, behavior, and academic program of an adolescent with autism. Focus on Autism and Other Developmental Disabilities,16, 179 – 189.

Calculator, S. and Dollaghan, C. (1982). The use of communication boards in a residential setting: An evaluation. Journal of Speech and Hearing Disorders, 47, 281 – 287.

Calculator, S. and Luchko, C.D'A. (1983). Evaluating the effectiveness of a communication board training program. Journal of Speech and Hearing Disorders, 48, 185 – 191.

Campos, J., Anderson, D.I., Barbu - Roth, M.A., Hubbard, E.M., Hertenstein, M.J. and Witherington, D. (2000). Travel broadens the mind. Infancy, 1, 149 – 219.

Cannella - Malonea, H.I., DeBarb, R.M. and Sigafoos, J. (2009). An examination of preference for augmentative and alternative communication devices with two boys with significant intellectual disabilities. Augmentative and Alternative Communication, 25, 262 – 273.

Cannella - Malone, H.I., Fant, J.L. and Tullis, C.A. (2010). Using the Picture Exchange Communication System to increase the social communication of two individuals with severe developmental disabilities. Journal of Developmental and Physical Disabilities, 22, 149 – 163.

Caparulo, B.K. and Cohen, D.J. (1977). Cognitive structures, language, and emerging social competence in autistic and aphasic children. Journal of the American Academy of Child Psychiatry, 16, 620 – 645.

Carbone, V.J., Lewis, L., Sweeney - Kerwin, E.J., Dixon, J., Louden, R. and Quinn, S. (2006). A comparison of two approaches for teaching VB functions: Total communication vs. vocal - alone. The Journal of Speech - Language Pathology and Applied Behavior Analysis, 1, 181 – 192.

Carey, S. (1978). The child as word learner. In M. Halle, J. Bresnan and G.A. Miller (Eds.), Linguistic theory and psychological reality (pp. 264 – 293). Cambridge, Massachusetts: MIT Press.

Carlson, F. (1981). A format for selecting vocabulary for the nonspeaking child. Language, Speech, and Hearing Services in Schools, 12, 240 – 145.

Carr, D. and Felce, J. (2007). The effects of PECS teaching to Phase III on the communicative interactions between children with autism and their teachers Journal of Autism and Developmental Disorders, 37, 724 – 737.

Carr, E.G. (1985). Language acquisition in developmentally disabled children. Annals of Child Development, 2, 49 – 76.

Carr, E.G. (1988). Tegnspr? k (Sign language). In O.I. L? vaas, Oppl? ring av utviklingshemmede barn (pp. 177 – 186). Oslo: Gyldendal.

Carr, E.G., Binkoff, J.A., Kologinsky, E. and Eddy, M. (1978). Acquisition of sign language by autistic children. I: Expressive labelling. Journal of Applied Behavior Analysis, 11, 489 – 501.

Carr, E. G. and Dores, P. A. (1981). Patterns of language acquisition following simultaneous communication with autistic children. Analysis and Intervention in Developmental Disabilities, 1, 347 – 361.

Carr, E.G. and Durand, V.M. (1987). See me, help me. Psychology Today, 21 (11), 62 – 65.

Carr, E.G. and Kemp, D.C. (1989). Functional equivalence of autistic leading andcommunicative pointing: Analysis and treatment. Journal of Autism and Developmental Disorders, 19, 561 – 578.

Carr, E.G. and Kologinsky, E. (1983). Acquisition of sign language by autistic children. II: Spontaneity and generalization effects. Journal of Applied BehaviorAnalysis, 16, 297 – 314.

Carr, E.G., Kologinsky, E. and Leff - Simon, S. (1987). Acquisition of sign language by autistic children. III: Generalized descriptive phrases. Journal of Autism and Developmental Disorders, 17, 217 – 229.

Carr, E.G., Levin, L., McConnachie, G., Carlson, J.I., Kemp, D.C. and Smith, C.E. (1994). Communication intervention for problem behavior: A user's guide for producing positive change. Baltimore: Paul H. Brookes.

Carr, E.G., Levin, L., McConnachie, G., Carlson, J.I., Kemp, D.C., Smith, C.E. and Magito - McLaughlin, D. (1999). Comprehensive multisituational intervention for problem behavior in the community: Long - term maintenance and social validation. Journal of Positive Behavior Interventions, 1, 5 – 25.

Carré, A.J.M., Le Grice, B., Blampied, N.M. and Walker, D. (2008). Picture Exchange Communication (PECS) training for young children: Does training transfer at school and to home? Behaviour Change, 26, 54 – 65.

Carrier, J.K. (1974). Nonspeech noun usage training with severely and profoundly retarded children. Journal of Speech and Hearing Research, 17, 510 – 517.

Carrier, J.K. and Peak. T. (1975). NONSLIP (non - speech language initiation program). Kansas City: H. and H. Enterprise.

Carter, M. (1999). The effects of an aided augmentative system on communication and speech in a preschool child with developmental delay: A case study. Australasian Journal of Special Education, 23, 25 – 46.

Casey, L.O. (1978). Development of communicative behavior in autistic children: A parent program using manual signs. Journal of Autism and Childhood Schizophrenia, 8, 45 – 59.

Chaabane, D.B.B., Alber - Morgan, S. R. and DeBar, R. M. (2009). The effects of parent - implemented PECS training on improvisation of mands by children with autism. Journal of Applied Behavior Analysis , 42, 671 – 677

Chapman, R.S. and Miller, J.F. (1980). Analyzing language and communication in the child. In R.L. Schiefelbusch (Ed.), Nonspeech language and communication (pp. 159 – 196). Baltimore: University Park Press.

Charlop, M. H., Malmberg, D. B. and Berquist, K. L. (2008). An application of the Picture Exchange Communication System (PECS) with children with autism and a visually impaired therapist. Journal of Developmental and Physical Disabilities, 20, 509 – 525.

Charlop - Christy, M. H., Carpenter, M., Le, L., LeBlanc, L. A., and Kellet, K. (2002). Using the picture exchange system (PECS) with children with autism: Assessment of PECS acquisition, speech, social - communicative behaviors, and problem behavior. Journal of Applied Behavior Analysis, 35, 213 – 231.

Chelly, J., Khelfaoui, M., Francis, F., Chérif, B. and Bienvenu, T. (2006). Genetics and pathophysiology of mental retardation. European Journal of Human Genetics, 14, 701 – 713.

Choi, H., O'Reilly, M., Sigafoos, J. and Lancioni, G. (2010). Teaching requesting and rejecting sequences to four children with developmental disabilities using augmentative and alternative communication. Research in Developmental Disabilities, 31, 560 – 567.

Cicchetti, D. and Beegly, M. (Eds.) (1990). Children with Down syndrome: A developmental perspective. Cambridge: Cambridge University Press.

Cihak, D.F. (2007). Teaching students with autism to read pictures. Research in Autism Spectrum Disorders, 1, 318 – 329.

Clark, C.R. (1981). Learning words using traditional orthography and the symbols of Rebus, Bliss and Carrier. Journal of Speech and Hearing Disorders, 46, 191 – 196.

Clark, C.R. (1984). A close look at the standard Rebus system and Blissymbolics. Journal of the Association for Persons with Severe Handicaps, 9, 37 – 48.

Clark, E.V. (1992). Conventionality and contrast: Pragmatic principles with lexical consequences. In A. Lehrer and E.F. Kittay (Eds.), Frames, fields and contrasts (pp. 171 – 188). Hove: Lawrence Erlbaum.

Clark, R. (1982). Theory and method in child - language research: Are we assuming too much? In S. Kuczaj, II (Ed.), Language development, Volume 1: Syntax and semantics (pp. 1 – 36). Hillsdale, N.J.: Erlbaum.

Clarke, M., McConachie, H., Price, K. and Wood, P. (2001). Views of young people using augmentative and alternative communication systems. International Journal of Language and Communication Disorders, 36, 107 – 115.

Clarke, S., Remington, B. and Light, P. (1986). An evaluation of the relationship between receptive speech skills and expressive signing. Journal of Applied Behavior Analysis, 19, 231 – 239.

Clarke, S., Remington, B. and Light, P. (1988). The role of referential speech in sign learning by mentally retarded children: A comparison of total communication and sign - alone training. Journal of Applied Behavior Analysis, 21, 419 – 426.

Clibbens, J. (2001). Signing and lexical development in children with Down syndrome. Down Syndrome Research and Practice, 7, 101 – 105.

Cline, T. and Baldwin, S. (1993). Selective mutism in children. London: Whurr/Wiley.

Cohen, N. J., Barwick, M., Horodezky, N., Vallance, D. and Im, N. (1998). Language, achievement and cognitive processing in psychiatrically disturbed children with previously identified and unsuspected language impairments. Journal of Child Psychology and Psychiatry, 37, 865 – 877.

Coleman, C.L., Cook, A.M. and Meyers, L.S. (1980). Assessing non - oral clients for assistive communication devices. Journal of Speech and Hearing Research, 45, 515 – 526.

Collins, S. (1996). Referring expressions in conversations between aided and natural speakers. In S. von Tetzchner and M.H. Jensen (Eds.), Augmentative and alternative communication: European perspectives (pp. 89 – 100). London: Whurr/Wiley.

Collins, S. and Marková, I. (1999). Interaction between impaired and unimpaired speakers: Inter - subjectivity and the interplay of culturally shared and situation specific knowledge. British Journal of Social Psychology, 38, 339 – 368.

Conway, N. (1986). My perceptions of communication aids. Presented at the 2nd Biennial Conference on Augmentative and Alternative Communication, Cardiff 1986.

Cook, A.M. and Coleman, C.L. (1987). Selecting augmentative communication systems by matching client skills and needs to system characteristics. Seminars in Speech and Language, 8, 153 – 167.

Cook, A. M. and Polgar, J.M. (2008). Cook and Hussey's assistive technologies: Principles and practice, Third edidion. Philadelphia: Elsevier.

Cregan, A. (1982). Sigsymbol dictionary. Cambridge: LDA.

Cregan, A. (1993). Sigsymbol system in a multimodal approach to speech elicitation: Classroom project involving an adolescent with severe mental retardation. Augmentative and Alternative Communication, 9, 146 – 160.

Cregan, A. and LLoyd, L.L. (1984). Sigsymbol dictionary: American edition. West Lafayette: Purdue University.

Cregan, A. and LLoyd, L.L. (1990). Sigsymbol dictionary: American edition. Wauconda, Illinios: Don Johnston Developmental Equipment.

Crossley, R. (1994). Facilitated communication training. New York: Teachers College Press.

Crossley, R. and Remington - Gurney, J. (1992). Getting the words out: Facilitated communication training. Topics in Language Disorders, 12, 29 – 45.

Crystal, D. (1987). Towards a "bucket" theory of language disability: taking account of interaction between linguistic levels. Clinical Linguistics and Phonetics, 1, 7 – 22.

Culatta, B. and Blackstone, S. (1980). A program to teach non - oral communication symbols to multiply handicapped children. Journal of Childhood Communication Disorders, 1, 29 – 55.

Cullen, K., Ollivier, H., Kubitschke, L., Clarkin, N., Darnige, A., Robinson, S. and Dolphin, C. (1995). Connecting the information superhighway: Access issues for elderly people and people with disabilities. In P.R.W. Roe (Ed.), Telecommunications for all (pp. 233 – 244). Luxembourg: Office for Official Publications of the European Communities.

Culp, D.M. (1982). Communication interactions – nonspeaking children using augmentative systems and their mothers. Unpublished manuscript.

Culp, D.M. (1989). Developmental apraxia and augmentativ or alternative communication – a case example. Augmentative and Alternative Communication, 5, 27 – 34.

Cumley, G.D. and Swanson, S. (1999). Augmentative and alternative communication options for children with developmental apraxia of speech: Three case studies. Augmentative and Alternative Communication, 10, 161 – 168.

Cummings, A.R. and Williams, W.L. (2000). Visual identity matching and vocal imitation training with children with autism: A surprising finding. Journal of Developmental Disabilities, 7, 109 – 122.

Dada, S. and Alant, E. (2009). The effect of aided language stimulation on vocabulary acquisition of children with little or no functional speech. American Journal of Speech - Language Pathology, 18, 50 – 64.

Dalhoff, F. (1986). Forst? r han hvad man sier? Fredrikshavn: Dafolo Forlag.

Dattillo, J. and Camarata, S. (1991). Facilitating conversation through self.initiated augmentative communication treatment. Journal of Aplied Behavior Analysis, 24, 369 – 378.

Davis, A.S. (2008). Children with Down syndrome: Implications for assessment and intervention in the school. School Psychology Quarterly, 23, 271 – 281.

Deacon, J. (1974). Tongue tied. London: Spastics Society.

Deich, R.F. and Hodges, P.M. (1977). Language without speech. London: Souvenir Press.

Deich, R.F. and Hodges, P.M. (1982). Teaching nonvocal communication to nonverbal retarded children. Behavior Modification, 6, 200 – 228.

DeLoache, J. and Burns, N.M. (1994). Early understanding of the representational function of pictures. Cognition, 52, 83 – 110.

DeLoache, J., Miller, K.F. and Pierroutsakos, S.L. (1998). Reasoning and problem solving. In W. Damon, D. Kuhn and R.S. Siegler (Eds.), Handbook of child psychology, Volume 2 (pp. 801 – 850). New York: Wiley.

Denham, S.A. (1986). Social cognition, prosocial behavior, and emotion in preschoolers: Contextual validation. Child Development, 57, 194 – 201.

Dennis, R., Reichle, J., Wiliams, W. and Vogelsberg, R.T. (1982). Motoric factors influencing the selection of vocabulary for sign production programs. Journal of the Association for Persons with Severe Handicaps, 7, 20 – 32.

Detheridge, T. and Detheridge, M. (1997). Literacy through symbols. London: David Fulton.

DiCarlo, C., Stricklin, S., Banajee, M. and Reid, D.H. (2001). Effects of manual signing on communicative verbalizations by toddlers with and without disabilities in inclusive classrooms. Journal of The Association for Persons with Severe Handicaps, 26, 120 – 126.

Dixon, H. (1996). Natalie and her ORAC: From babbling to custom scanning. Communication Matters, 10 (2), 13 – 16.

Dixon, L.S. (1981). A functional analysis of photo - object matching skills of severely retarded adolescents. Journal of Applied Behavior Analysis, 14, 465 – 478.

Doherty, J.E. (1985). The effect of sign characteristics on sign acquisition and retention: An integrative review of the literature. Augmentative and Alternative Communication, 1, 108 – 121.

Downing, J. (Ed.) (1973). Comparative reading. New York: MacMillan.

Drager, K.D.R., Anderson, J.L., Debarros, J., Hayes, E., Liebman, J. and Panek, E. (2007). Speech synthesis in background noise: Effects of message formulation and visual information on the intelligibility of American English DECTalk. Augmentative and Alternative Communication, 23, 177 – 186.

Drager, K.D.R., Postal, V.J., Carrolus, L., Castellano, M., Gagliano, C. and Glynn, J. (2006). The effect of aided language modeling on symbol comprehension and production in two preschoolers with autism. American Journal of Speech - Language Pathology, 15, 112 – 126.

Dugan, L., Campbell, P.H. and Wilcox, M.J. (2006). Decision - making about assistive technology use with infants and toddlers. Topics in Early Childhood Special Education, 25, 25 – 32.

Duker, P.C. and Michielsen, H.M. (1983). Cross - setting generalization of manual signs to verbal instructions with severely retarded children. Applied Research in Mental Retardation, 4, 29 – 40.

Duker, P.C. and Moonen, X.M. (1985). A program to increase manual signs with severely/ profoundly mentally retarded students in natural environments. Applied Research in Mental Retardation, 6, 147 – 158.

Duker, P.C. and Moonen, X.M. (1986). The effect of two procedures on spontaneous signing with Down's syndrome children. Journal of Mental Deficiency Research, 30, 335 – 364.

Duker, P.C. and Morsink, H. (1984). Acquisition and cross - setting generalization of manual signs with severely retarded individuals. Journal of Applied Behavior Analysis, 17, 93 – 103.

Durand, M. (1993). Functional communication training using assistive devices: Effects on challenging behavior and affect. Augmentative and Alternative communication, 9, 168 – 176.

Edman, P. (1991). Relief Bliss: A low tech technique. Communicating Together, 9, 21 – 22.

Eisenberg, N., Fabes, R.A. and Losoya, S. (1997). Emotional responding: Regulation, social correlates, and socialization. In P. Salovey and D.J. Sluyter (Eds.), Emotional development and emotional intelligence (pp.? 129 – 167). New York: Basic Books.

Elbro, C., Rasmussen, I. and Spelling, B. (1996). Teaching reading to disabled readers with language disorders: A controlled evaluation of synthetic speech feedback. Scandinavian Journal of Psychology, 37, 140 – 155.

Elder, P.S. and Bergman, J.S. (1978). Visual symbol communication instruction with nonverbal, multiply - handicapped individuals. Mental Retardation, 16, 107 – 112.

Elman, J.L., Bates, E.A., Johnson, M.H., Karmiloff - Smith, A., Parisi, D. and Plunkett, K. (1996). Rethinking innateness. A connectionist perspective on development. London: MIT Press.

Emerson, E. (2001). Challenging behaviour, Second edition. Cambridge: Cambridge University Press.

Emmorey, K. and Lane, H, (2000). The signs of language revisited. London: Lawrence Erlbaum.

English, S.T. and Prutting, C.A. (1975). Teaching American Sign Language to a normally hearing infant with tracheostenosis. Clinical Pediatrics, 14, 1141 – 1145.

Everson, J.M. and Goodwyn, R. (1987). A comparison of the use of adaptive microswitches by students with cerebral palsy. The American Journal of Occupational Therapy, 41, 739 – 744.

Facon, B., Bollengier, T. and Grubar, J. - C. (1993). Overestimation of mentally retarded persons' IQ using the PPVT: a reanalysis and some implications for future researc. Journal of Intellectual Disability Research, 37, 373 – 379.

Fagan, J.F. (1987). Personal communikation.

Falck, K. (2001). The practical application of Pictogram. Stockholm: Swedish Institute for Special Needs Education.

Falkman, K.W., Sandberg, A.D. and Hjelmquist, E. (2002). Preferred communication modes: Prelinguistic and linguistic communication in non - speaking preschool children with cerebral palsy. International Journal of Language and Communication Disorders, 37, 59 – 68.

Faulk, J.P. (1988). Touch Talker: A case study. Communication Outlook, 10, 8 – 11.

Fay, L. (1993). An account of the search of a woman who is verbally impaired for augmentative devices to end her silence. Women and Therapy, 14, 105 – 115.

Feallock, B. (1958). Communication boards for the non - vocal individual. American Journal of Occupational Therapy, 12, 60.

Felce, D., Lowe, K., Perry, J., Baxter, H., Jones, E., Hallam, A. and Beecham, J. (1998). Service support to people in Wales with severe intellectual disability and the most severe challenging behaviours: Processes, outcomes and costs. Journal of Intellectual Disability Research, 42, 390 – 408.

Fenn, G. and Rowe, J.A. (1975). An experiment in manual communication. British Journal of Disorders of Communication, 10, 3 – 16.

Fenson, L., Dale, P.S., Reznich, J.S., Thal, D., Bates, E., Hartung, J., Pethick, S. and Reilly, J. (1993). The MacArthur Communicative Development Inventories: User's guide and technical manual. San Diego: Singular.

Ferguson, C.A. (1978). Learning to pronounce: The earliest stages of phonological development in the child. In F.D. Minifie and L.L. Lloyd (Eds.), Communicative and cognitive abilities – Early behavioral assessment (pp. 273 – 297). Baltimore: University Park Press.

Ferguson, C. A. and Debose, C. E. (1977). Simplified registers, broken language, and pidginization. In A. Valman (Ed.), Pidgin and creole linguistics (pp. 99 – 125). Bloomington: Inidiana University Press.

Ferm, U. Ahlsén, E. and Bj? rck - ? kesson, E. (2005). Conversational topics between a child with complex communication needs and her caregiver at mealtime. Augmentative and Alternative communication, 21, 19 - 40.

Ferrier, L. (1991). Clinical study of a dysarthric adult using a Touch Talker with Words Strategy. Augmentative and Alternative Communication, 7, 266 - 274.

Fischer, U. (1994). Learning words from context and dictionaries: An experimantal comparison. Applied Psycholinguistics, 15, 551 - 574.

Fishman, I.R. (1987). Electronic communication aids and techniques: Selection and use. San Diego: College Hill.

Flensborg, C. (1988). Snak med mig. K? benhavn: Socialstyrelsen.

Foss, N. E. (1981). Tegnspr? koppl? ring av autister og psykisk utviklingshemmede (Teaching manual signs to people with autism and intellectual impairment). Thesis, University of Oslo.

Foxx, R.M., Kyle, M.S., Faw, G.D. and Bittle, R.G. (1988). Cues - pause - point training and simultaneous communication to teach the use of signed labeling repertoires. American Journal of Mental Retardation, 93, 305 - 311.

Frafjord, F. D. and Brekke, K.M. (1997). Bliss symbolkommunikasjon. Etablering av nettverkssamarbeid for fagpersoner i Rogaland. Stavanger: Rehabiliteringstjenesten ? sterlide.

Franklin, K., Mirenda, P. and Phillips, G. (1996). Comparison of five symbols asssessment protocols with nondisabled preschoolers and learners with severe intellectual disabilities. Augmentative and Alternative Communication, 12, 63 - 77.

Frea,W. D., Arnold, C. L. and Vittimbera, G. L. (2001). A demonstration of the effects of augmentative communication on the extreme aggressive behavior of a child with autism within an integrated preschool setting. Journal of Positive Behavior Interventions, 3, 194 - 198.

Fried - Oken, M. and More, L. (1992). Initial vocabulary for nonspeaking preschool children based on developmental and environmental language samples. Augmentative and Alternative Communication, 8, 1 - 16.

Fristoe, M. and Lloyd, L.L. (1980). Planning an initial expressive sign lexicon for persons with severe communication impairment. Journal of Speech and Hearing Disorders, 45, 170 - 180.

Frith, U. (1989). Autism. Explaining the enigma. Oxford: Blackwell.

Fry, D.B. (1966). The development of the phonological system in the normal and the deaf child. In F. Smith and G.A. Miller (Eds.), The genesis of language (pp. 187 - 206). London: MIT Press.

Fuller, D.R. (1997). Initial study into the effects of transluency and complexity on the learning of Blissymbols by children and adults with normal cognitive abilities. Augmentative and Alternative Communication, 13, 14 - 29.

Fuller, D.R. and Lloyd, L.L. (1987). A study of physical and semantic characteristics of a graphic symbol system as predictors of perceived complexity. Augmentative and Alternative Communication, 3, 26 - 35.

Fuller, D.R., Lloyd, L.L. and Stratton, M.M. (1997). Aided AAC symbols. IN L.L. Lloyd,

D.R. Fuller and H.H. Arvidson (red.), Augmentative and alternative communication. A handbook of principles and practices (pp. 48 – 79). Boston: Allyn and Bacon.

Fuller, P., Newcombe, F. and Ounsted, C. (1983). Late language development in a child unable to recognize or produce speech sounds. Archives of Neurology, 40, 165 – 169.

Fulwiler, R.L. and Fouts, R.S. (1976). Acquisition of American sign language by a noncommunicating autistic child. Journal of Autism and Childhood Schizophrenia, 6, 43 – 51.

Fundudis, T., Kolvin, I. and Garside, R. (Eds.). (1979). Speech retarded and deaf children: Their psychological development. London: Academic Press.

Gandell, T. and Sutton, A. (1998). Comparions of AAC interactions patterns in face - to - face and telecommunications conversations. Augmentative and Alternative Communication, 14, 3 – 10.

Gangkofer, M. and von Tetzchner, S. (1996). Cleaning - ladies and broken buses. A case study on the development of Blissymbol use. In S. von Tetzchner and M.H. Jensen (Eds.), Augmentative and alternative communication: European perspectives (pp. 292 – 308). London: Whurr/Wiley.

Ganz, J.B., Cook, K.E., Corbin - Newsome, J., Bourgeois, B. and Flores, M. (2005). Variations on the Use of a Pictorial Alternative Communication System with a Child with Autism and Developmental Delays. TEACHING Exceptional Children Plus, 1(6) Article 3. Retrieved from http://escholarship.bc.edu/education/tecplus/vol1/iss6/3

Ganz, J.B., Heath, A.K., Rispoli, M.J. and Earles - Vollrath, T.L. (2010). Impact of AAC versus verbal modeling on verbal imitation, picture discrimination, and related speech: A pilot investigation. Journal of Developmental and Physical Disabilities, 22, 179 – 196.

Ganz, J.B., Parker, R. and Benson, J. (2009). Impact of the Picture Exchange Communication System: Effects on communication and collateral effects on maladaptive behaviors. Augmentative and Alternative Communication, 25, 250 – 261.

Ganz, J. B., Sigafoos, J., Simpson, R. L. and Cook, K. E. (2008a). Generalization of a pictorial alternative communication system across instructors and distance. Augmentative and Alternative Communication, 24, 89 – 99.

Ganz, J. B. and Simpson, R. L. (2004). Effects of communicative requesting and speech development of the picture exchange communication system in children with characteristics of autism. Journal of Autism and Developmental Disorders, 34, 395 – 409.

Ganz, J. B., Simpson, R. and Corbin - Newsome, J. (2008b). The impact of the Picture Exchange Communication System on requesting and speech development in preschoolers with autism spectrum disorders and similar characteristics. Research in Autism Spectrum Disorders, 2, 157 – 169.

Garber, N. and Veydt, N. (1990). Rett syndrome: A longitudinal developmental case report. Journal of Communication Disorders, 23, 61 – 75.

Garcia, J. (1999). Sign with your baby. Bellingham, Washington: Stratton Kehl.

Garrett, S. (1986). A case study in tactile Blissymbols. Communicating Together, 4, 16.

Garvey, C. (1977). The contingent query: A dependant act in conversation. In M. Lewis and L.A. Rosenblum (Eds.), Interaction, conversation and the development of language (pp. 63 – 93). New York: Wiley.

Gee, K., Graham, N., Goetz, L., Oshima, G. and Yoshioka, K. (1991). Teaching students to request the continuation of routine activities by using time delay and decreasing physical assistance in the context of chain interruption. Journal of the Association for Persons with Severe handicaps, 16, 154 - 167.

Geschwind, N. (1972). Language and the brain. Scientific American, 233, 76 - 83.

Gibbon, F. and Grunwell, P. (1990). Specific developmental language learning disabilities. In P. Grunwell (Ed.), Developmental speech disorders (pp. 135 - 161). Edinburgh: Churchill Livingstone.

Glennen, S.L. and Calculator, S.N. (1985). Training functional communication board use: A pragmatic approach. Augmentative and Alternative Communication, 1, 134 - 142.

Goldstein, H., Kaczmarek, L., Pennington, R. and Shafer, K. (1992). Peer - mediated intrvention: Attending to, commenting on, and acknowledging the behavior of preschoolers with autism. Journal of Applied Behavior Analysis, 25, 289 - 305.

Goodman, J. and Remington, B. (1993). Acquisition of expressive signing: Comaprison of reinforcement strategies. Augmentative and Alternative Communication, 9, 26 - 35.

Goodwin, C. and Duranti, A. (1992). Rethinking context: An introduction. In A. Duranti and C. Goodwin (Eds.), Rethinking context (pp. 1 - 42). Cambridge: Cambridge University Press.

Goosens', C.A. (1983). The relative iconicity and learnability of verb referents represented in Blissymbolics, Rebus symbols, and manual signs: An investigation with moderately retarded individuals. Thesis, Purdue University.

Goosens', C.A. (1989). Aided communication intervention before assessment: A case study of a child with cerebral palsy. Augmentative and Alternative Communication, 3, 14 - 26.

Goosens', C. and Crain, S.S. (1992). Utilizing switch interfaces with children who are severely physically challenged. Austin, Texas: Pro - Ed.

Goosens', C.A. and Kraat, A. (1985). Technology as a tool for conversation and language learning for the physically disabled. Topics in Language Disorders, 6, 56 - 70.

Grandin, T. (1989). An autistic person's view of holding therapy. Communication, 23, 75 - 78.

Granlund, M., Terneby, J. and Olsson, C. (1992). Creating communicative opporptunities through a combined in - service training and supervision package. European Journal of Special Needs Education, 7, 229 - 252.

Green, G. (1994). The quality of the evidence. In H.C. Shane (Ed.), Facilitated communication: The clinical and social phenomenon (pp. 157 - 225). San Diego: Singular Press.

Griffith, P.L. and Robinson, J.H. (1980). Influence of iconicity and phonological similarity on sign learning by mentally retarded children. American journal of Mental Deficiency, 85, 291 - 298.

Griffith, P.L. and Robinson, J.H. (1981). A comparative and normative study of the iconicity of signs rated by three groups. American Annals of the Deaf, 126, 440 - 449.

Grove, N. (1990). Developing intelligible signs with learning - disabled students: A review of the literature and an assessment procedure. British Journal of Disorders of Communication, 25, 265 - 294

Grove, N. (1998). Literature for all. London: David Fulton.

Grove, N. and Dockrell, J. (2000). Multi - sign combinations by children with intellectual impairments: An analysing of language skills. Journal of Speech, Language and Hearing Research, 43, 309 – 323.

Grove, N., Dockrell, J. and Woll, B. (1996). The two - word stage in manual signs: Language development in signers with intellectual impairment. In S. von Tetzchner and M.H. Jensen (Eds.), Augmentative and alternative communication: European perspectives (pp. 101 – 118). London: Whurr/Wiley.

Grove, N. and Walker, M. (1990). The Makaton Vocabulary: Using manual signs and graphic symbols to develop interpersonal communication. Augmentative and Alternative Communication, 6, 15 – 28.

Guillaume, P. (1971). Imitation in children. Chicago: Chicago University Press.

Gustason, G., Pfetzing, D. and Zawolkow, E. (1980). Signing Excact Englsih, Third edition. Los Alamitos, California: Modern Signs Press.

Guttentag, R.E., Ornstein, P.A. and Siemens, L. (1987). Children's spontaneous rehearsal: Transitions in strategy acquisition. Cognitive Development, 2, 307 – 326.

Hagberg, B. (2002). Clinical manifistations and stages of Rett syndrome. Mental Retardation and Developmental Disabilities Research Review, 8, 61 – 65.

Hagberg, B. and Hagberg, G. (1997). Rett syndrome: Epidemiology and geographical variability. European Child and Adolescent Psychiatry, 6 (Supplement 1), 5 – 7.

Hagberg, B. and Skjeldal, O.H. (1994). Rett variant: A suggested model for inclusion criteria. Pediatric Neurology, 11, 5 – 11.

Hagen, C., Porter, W. and Brink. J. (1973). Nonverbal communication: An alternate mode of communication for the child with severe cerebral palsy. Journal of Speech and Hearing Disorders, 38, 448 – 455.

Halle, J.W., Alpert, C.L. and Anderson, S.R. (1984). Natural environment language assessment and intervention with severely impaired preschoolers. Topics in Early Childhood Special Education, 4, 36 – 56.

Hamilton, B.L. and Snell, M.E. (1993). Using the milieu approach to increase spomtaneus communication book use across environments by an adolescent with autism. Augmentative and Alternative Communication, 9, 273 – 280.

Hansen, E.M. Jon l? rer tegn. Thesis, Statens Spesiall? rerh? gskole, 1986.

Hardy, J.C. (1983). Cerebral palsy. Englewood Cliffs, N.J.; Prentice - Hall.

Harris, D. (1982). Communicative interaction processes involving nonvocal physically handicapped children. Topics in Language Disorders, 2, 21 – 37.

Harris, L., Doyle, E.S. and Haaf, R. (1996). Language treatment approach for users of AAC: Experimental single - subject investigation. Augmentative and Alternative Communication, 12, 230 – 243.

Harris, M. (1992). Language experience and early language development. From input to uptake. Hove: Lawrence Erlbaum.

Harris, M.D. and Reichle, J. (2004). The impact of aided language stimulation on symbol comprehension and production in children with moderate cognitive disabilities. American Journal of Speech - Language Pathology, 13, 155 - 167.

Hart, P., Scherz, J., Apel, K. and Hodson, B. (2007). Analysis of spelling error patterns of individuals with complex communication needs and physical impairments. Augmentative and Alternative Communication, 23, 16 - 29.

Haskew, P. and Donnellan, A. (1992). Emotional maturity and well being: Psychological lessons of facilitated communication. Madison, Wisconsin: DRI Press.

Haupt, E. (2001). The Iconicity of selected Picture Communication Symbols for rural Zulu - speaking children. Masters thesis, Centre for Augmentative and Alternative Communication, University of Pretoria.

Hawkes, R. (1998). A visual communication - based intervention approach for challenging behaviour. Presented at The 8th Biennial Conference on Augmentative and Alternative Communication, Dublin, August 1998.

Healy, S. (1994). The use of a synthetic speech output communication aid by a youth with severe developmental disability. In K. Linfoot (Ed.), Communication strategies for people wuith developmental disabilities (pp. 156 - 176). Baltimore, Maryland: Paul H. Brookes.

Heim, M.J.M. and Baker - Mills, A.E. (1996). Early development of symbolic communication and linguistic complexity through augmentative and alternative communication. In S. von Tetzchner and M.H. Jensen (Eds.), Augmentative and alternative communication: European perspectives (pp. 232 - 248). London: Whurr/Wiley.

Heller, K.W., Allgood, M.H., Davis, B., Arnold, S.E., Castelle, M.D. and Taber, T.A. (1996). Promoting tontask - related communication at vocational sites. Augmentative and Alternative Communication, 12, 169 - 178.

Hermelin, B.A. and O'Connor, N. (1970). Psychological experiments with autistic children. Oxford: Pergamon Press.

Hesselberg, F. (Ed.) (1998). Habiliteringsplaner: Et hjelpemiddel til ? skape kontinuitet og stabilitet i tilbudet til mennesker med omfattende hjelpebehov: Noen artikler og eksempler. Oslo: Autismeprogrammet, Universitetet i Oslo.

Hesselberg, F. and von Tetzchner, S. (2008). Organisering av tjenester og samarbeid. I: S. von Tetzchner, F. Hesselberg. and H. Schi? rbeck (red.), Habilitering: Tverrfaglig arbeid for mennesker med utviklingsmessige funksjonshemninger (pp. 85 - 107). Oslo: Gyldendal Akademisk.

Hetzroni, O.E. and Belfiore, P.J. (2000). Preschoolers with communication impairment playing shrinking Kim: An interactive computer storytelling intervention for teaching Blissymbols. Augmentative and Alternative Communication, 16, 260 - 269.

Hetzroni, O.E. and Shalem, U. (2005). From logos to orthographic symbols: A multilevel fading computer program for teaching nonverbal children with autism. Focus on Autism and Other Developmental Disabilities, 20, 201 - 212.

Higgins, J. and Mills, J. (1986). Communication training in real environments. In S.W. Blackstone (Ed.), Augmentative communication: An introduction (pp. 345 - 352). Rockville: American Speech and Hearing Association.

Hill, S.D., Campagna, J., Long, D., Munch, J. and Naecker, S. (1968). An explorative study of the use of two response keyboards as a means of communication for the severely handicapped child. Perceptual and Motor Skills, 26, 699 - 704.

Hind, M. (1989). Synrel: Programs to teach sequencing of Blissymbols. Communication Outlook, 10, 6 – 9.

Hinderscheit, L.R. and Reichle, J. (1987). Teaching direct select color encoding to an adolescent with multiple handicaps. Augmentative and Alternative Communication, 3, 137 – 142.

Hine, N. and Arnott, J.L. (2002). A multimedia social interaction service for inclusive community living: Initial user trials. Universal Access in the Information Society, 2, 8 – 17.

Hinerman, P.S., Jenson, W.R., Walker, G.R. and Petersen, P.B. (1982). Positive practice overcorrection combined with additional procedures to teach signed words to an autistic child. Journal of Autism and Developmental Disorders, 12, 253 – 263.

Hjelmquist, E. and Sandberg, A.D. (1996). Sounds and silence: Interaction in aided language use. In S. von Tetzchner and M.H. Jensen (Eds.), Augmentative and alternative communication: European perspectives (pp. 137 – 152). London: Whurr/Wiley.

Hobson, P.A. and Duncan, P. (1979). Sign learning and profoundly retarded people. Mental Retardation, 17, 33 – 37.

Hodges, P.M. and Deich, R.F. (1978). Teaching an artificial language system to nonverbal retardates. Behavior Modification, 2, 489 – 509.

Hodges, P.M. and Schwethelm, B. (1984). A comparison of the effectiveness of graphic symbol and manual sign training with profoundly retarded children. Applied Psycholinguistics, 5, 223 – 253.

Hooper, J., Connell, T.M. and Flett, P.J. (1987). Blissymbols and manual signs: A multimodal approach to intervention in a case of multiple disability. Augmentative and Alternative Communication, 3, 68 – 76.

Horn, E.M. and Jones, H.A. (1996). Comparison of two selection techniques used in augmentative and alternative communication. Augmentative and Alternative Communication, 12, 23 – 31.

Horner, R.H. and Budd, C.M. (1985). Acquisition of manual sign use: Collateral reduction of maladaptive behavior, and factors limiting generalization. Education and Training of the Mentally Retarded, 20, 39 – 47.

Hughes, J. (1974/75). Acquisition of a non - vocal "language" by aphasic children. Cognition, 3, 41 – 55.

Humphreys, G.W and Riddoch, M.J. (1987). To see but not to see. A case study of visual agnosia. London: Lawrence Erlbaum.

Hunt, P., Alwell, M. and Goetz, L. (1991). Establishing conversational exchanges with family and friends: Moving from training to meaningful communication. Journal of Special Education, 25, 305 – 319.

Hunter, D. S. (1983). Nicola: The use of sign language with a blind, autistic child. Child and Youth Care Forum, 12, 321 – 336.

Hurlbut, B.I., Iwata, B.A. and Greeen, J.D. (1982). Nonvocal language acquisition in adolescents with severe physical disabilities: Blissymbol vs. iconic stimulus formats. Journal of Applied Behavior Analysis, 15, 241 – 258.

Hsieh, M. - C. and Luo, C. - H. (1999). Morse code typing of an adolescent with cerebral palsy using computer technology: Case study. Augmentative and Alternative Communication,

15, 216 - 221.

Iacono, T.A. and Duncom, J.E. (1995). Comparison of sign alone and in combination with an electronic communication device in early language intervention: Case study. Augmentative and Alternative Communication, 11, 249 - 259.

Iacono, T.A., Mirenda, P. and Beukelman, D. (1993). Comparison of unimodal and multi-modal AAC techniques for children with intellectual disabilities. Augmentative and Alternative communication, 9, 83 - 94.

Iacono, T.A. and Parsons, C.L. (1986). A comparison of techniques for teaching signs to intellectually disabled individuals using an alternating treatment design. Australian Journal of Human Communication Disorders, 14, 23 - 34.

Ingersoll, B., Lewis, E. and Kroman, E. (2007). Teaching the imitation and spontaneous use of descriptive gestures to young children with autism using a naturalistic behavioral intervention. Journal of Autism and Developmental Disorders, 37, 1446 - 1456.

Ingram, T.T.S. Speech disorders in childhood. In E.H. Lenneberg and E. Lenneberg (Eds.), Foundations of language development (pp. 195 - 261). New York: Academic Press.

Johansson, I. (1987). Tecken - en genv? g till tal (Signs - a short - cut to speech). Down Syndrom: Spr? k ock tal, No. 28.

Johnson, I. (1989). "Hellish difficult to live in this world": The unexpected emergence of written communication in a group of severely mentally handicapped individuals. Journal of Social Work Practice, 1, 13 - 23.

Johnson, R. (1981). The picture communication symbols. Solana Beach, Ca.: Mayer - Johnson.

Johnson, R. (1985). The picture communication symbols - Book II. Solana Beach, Ca.: Mayer - Johnson.

Johnson, R. (1992). The picture communication symbols - Book III. Solana Beach, Ca.: Mayer - Johnson.

Johnson, R. (2004). The picture communication symbols - Book IV. Solana Beach, Ca.: Mayer - Johnson.

Johnston, S., Nelson, C., Evans, J. and Palazollo, K. (2003). The use of visual supports in teaching young children with autism spectrum disorders to initiate interactions. Augmentative and Alternative Communication, 19, 86 - 103.

Johnston, S.S., Buchanan, S. and Davenport, L. (2009b). Comparison of fixed and gradual array when teaching sound - letter correspondence to two children with autism who use AAC. Augmentative and Alternative Communication, 25,136 - 144.

Johnston, S.S., Davenport, L., Kanarowski, B., Rhodehouse, S. and McDonnell, A.P. (2009a). Teaching sound letter correspondence and consonant - vowel - consonant combinations to young children who use augmentative and alternative communication. Augmentative and Alternative Communication, 25,123 - 135.

Jones, F., Pring, T. and Grove, N (2002). Developing communication in adults with profound and multiple learning difficulties using objects of reference. International Journal of Language and Communication Disorders, 37, 173 - 184.

Jones, K. (1979). A Rebus system of non - fade visual language. Child: Care, Health and

Development, 5, 1 – 7.

Jones, K. R. and Cregan, A. (1986). Sign and symbol communication for mentally handi-capped people. Beckenham, England: Croom Helm.

Jurgens, A., Anderson, A. and Moore, D. W. (2009). The effect of teaching PECS to a child with autism on verbal behaviour, play and social functioning. Behaviour Change, 26, 66 – 81.

Kahn, J.V. (1981). A comparison of sign and verbal language training with nonverbal retard-ed children. Journal of Speech and Hearing Research, 24, 113 – 119.

Kaiser, A.P., Ostrosky, M.M. and Alpert, C.I. (1993). Training teachers to use environ-mental and milieu teaching with nonvocal preschool children. Journal of The Association for Per-sons with Severe handicaps, 18, 188 – 199.

Karlan, G.R., Brenn - White, B., Lentz, A., Hodur, P., Egger, D. and Frankoff, D. (1982). Establishing generalized, productive verb - noun phrase usage in a manual language system with moderately handicapped children. Journal of Speech and Hearing Disorders, 47, 31 – 42.

Keen, D., Sigafoos, J. and Woodyatt, G. (2001). Replacing prelinguistic behaviors with functional communication. Journal of Autism and Developmental Disorders, 31, 385 – 398.

Keogh, D., Whitman, T., Beeeman, D., Halligan, K. and Starzynski, T. (1987). Teaching in-teractive signing in a dialogue situation to mentally retarded individuals. Research in Develop-mental Disabilities, 8, 39 – 53.

Kiernan, C. and Reid, B. (1987). Pre - verbal communication schedule. Windsor: NFER - Nelson.

Kiernan, C., Reid, B. and Jones, L. (1982). Signs and symbols. London: Heinemann.

Kirk, S. A., McCarthy, J.J. and Kirk, W.D. (1968). The Illinois Test of Psycholinguistic Abilities, Revised edition. Urbana, Illinois: University of Illinois Press.

Kirman, B.H. (1985). Mental Retardation: Medical aspects. In M. Rutter and L. Hersov (Eds.), Child and adolescent psychiatry (pp. 650 – 660). Oxford: Blackwell.

Klewe, L., Starup, G., Cros, B., Andersen, J., Karpatschof, B. and Hansen, V.R. (1994). Tro, h? b og p? dagogik (Faith, hope and pedagogy). Herning: Systine.

Klima, E. and Bellugi, U. (1979). The signs of language. London: Harvard University Press.

Ko, M.L.B., McConachie, H. and Joleff, N. (1998). Outcome of recommendations for aug-mentative communication in children. Child, Care, Health and Development, 24, 195 – 205.

Koerselman, E. (1996). Using Blissymbols to structure language. Communication Matters, 10 (3), 13 – 14.

Kohl, F.L. (1981). Effects of motoric requirements on the acquisition of manual sign re-sponses by severely handicapped students. American Journal of Mental Deficiency, 85, 396 – 403.

Koke, S. and Neilson, J. (1987). The effect of auditory feedback on the spelling of non-speaking physically disabled individuals who use microcomputers. Unpublished manuscript, U-niversity of Toronto.

Kollar (1999)

Kollinzas, G. (1983). The communication record: Sharing information to promote sign lan-guage generalization. Journal of the Association for Persons with Severe Handicaps, 8, 49 – 55.

Konstantareas, M.M., Oxman, J. and Webster, C.D. (1977). Simultaneous communication with autistic and other severely dysfunctional nonverbal children. Journal of Communication Disorders, 10, 267 - 282.

Konstantareas, M.M., Webster, C.D. and Oxman, J. (1979). Manual language acquisition and its influence on other areas of functioning in four autistic and autistic - like children. Journal of Child Psychology and Psychiatry, 20, 337 - 350.

Koppenhaver, D. and Yoder, D. (1992). Literacy issues in persons with severe physical and speech impairments. In R. Gaylord - Ross (Ed.), Issues in research and special education, Volume 2 (pp. 156 - 201). New York: Teacher's College Press.

Kose, G., Beilin, H. and O'Connor, J.M. (1983). Children's comprehension of actions depicted in photographs. Developmental Psychology, 19, 636 - 643.

Kotkin, R.A., Simpson, S.B. and Desanto, D. (1978). The effect of sign language on the picture naming in two retarded girls possesing normal hearing. Journal of Mental Deficiency Research, 22, 19 - 25.

Kouri, T. (1989). How manual sign acquisition relates to the development of spoken language: A case study. Language, Speech, and Hearing Services in Schools, 20, 50 - 62.

Kozleski, E.B. (1991). Visual symbol acquisition by students with autism. Exceptionality, 2, 173 - 194.

Kraat, A.W. (1985). Communication interaction between aided and natural speakers: A state of the art report. Toronto: Canadian Rehabilitation Council for the Disabled.

Kravits, T. R., Kamps, D. M., Kemmerer, K., and Potucek, J. (2002). Brief report: Increasing communication skills for an elementary - aged student with autism using the picture exchange communication system. Journal of Autism and Developmental Disorders, 32, 225 - 230.

Kristen, U. (1997). Wie Kerstin lernt, über Bilder zu kommunizieren. Unterstützte Kommunikation, 2 - 3, 18 - 25.

Kvale, A.M., Martinsen, H. and Schj? lberg, S. (1992). Milj? messige betingelser for trivsel og l? ring hos autistiske barn og voksne. Oslo: Landsforeningen for Autister.

Lagergren, J. (1981). Children with motor handicaps. Acta Paediatrica Scandinavia, Supplement 289.

Lagerman, U. and H?? k, O. (1982). Communication aids for patients with dys/anathria. Scandinavian Journal of Rehabilitational Medicine, 14, 155 - 158.

Lahey, M. and Bloom, L. (1977). Planning a lexicon: Which words to teach first. Journal of Speech and Hearing Disorders, 42, 340 - 350.

Laucioni, G.E. (1983). Using pictorial representations as communication means with tow - functioning children. Journal of Autism and Developmental Disorders, 13, 87 - 105.

Lancioni, G.E., O'Reilly, M.F., Cuvo, A.J., Singh, N.N., Sigafoos, J. and Didden, R. (2007). PECS and VOCAs to enable students with developmental disabilities to make requests: An overview of the literature. Research in Developmental Disabilities, 28, 468 - 488.

Lane, H. (1984). When the mind hears. London: Penguin.

Launonen, K. (1996). Enhancing communication skills of children with Down syndrome: Early use of manual signs. In S. von Tetzchner and M.H. Jensen (Eds.), Augmentative and alternative communication: European perspectives (pp. 213 - 231). London: Whurr/Wiley.

Launonen, K. (2003). Manual signing as a tool for communicative interaction and language: The development of children with Down syndrome and their parents. In S. von Tetzchner and N. Grove (Eds.), Augmentative and alternative communication: Developmental issues (pp. 83 – 122). London: Whurr/Wiley.

Launonen, K. and Grove, N. (2003). A longitudinal study of sign and speech in a boy with Down syndrome. In S. von Tetzchner and N. Grove (Eds.), Augmentative and alternative communication: Developmental issues (pp. 123 – 154). London: Whurr/Wiley.

LaVigna, G. (1977). Communication training in mute autistic adolescents using the written word. Journal of Autism and Childhood Schizophrenia, 7, 135 – 141

Layton, T.L. and Baker, P.S. (1981). Description of semantic - syntactic relations in an autistic child. Journal of Autism and Developmental Disorders, 11, 385 – 399.

Layton, T.L. and Savino, M.A. (1990). Acquiring a communication system by sign and speech in a child with Down syndrome: A longitudinal investigation. Child Language Teaching and Therapy, 6, 59 – 76.

Leber, I. (1994). Nikki ist nicht Sprachlos! Karlsruhe: von Loeper Literaturverlag.

Lees, J. and Urwin, S. (1997). Children with language disorders, Second edition. London: Whurr/Wiley.

Lenneberg, E.H. (1967). Biological foundations of language. New York: Wiley.

Leonard, L.B. (1981). Facilitating linguistic skills in children with specific language impairment. Applied Psycholinguistics, 2, 89 – 118.

le Prevost, P. (1983). Using the Makaton vocabulary in early language learning with a Down's baby. Mental Handicap, 11, 28 – 29.

Lesher, G. Moulton, B. and Higginbotham, D.J. (1998). Techniques for augmenting scanning communication. Augmentative and Alternative Communication, 14, 81 – 101

Liboiron, N. and Soto, G. (2006). Shared storybook reading with a student who uses alternative and augmentative communication: A description of scaffolding practices. Child Language Teaching and Therapy, 22, 69 – 95.

Lidz, C.S. (1997). Dynamic assessment approaches. IN D.P. Flanagan, J.L. Genshaft and P.L. Harrison (red.), Contemporary intellectual assessment. Theories, tests, and issues (pp. 281 – 296). London: Guilford.

Lie, F. and von Tetzchner, S. (2010). Dynamisk utredning og tiltak i skolen. Skolepsykologi, 45, 15 – 30.

Light, J. (1985). The communicative interaction patterns of young nonspeaking physically disabled children and their primary caregivers. Toronto: Blissymbolics Communication Institute.

Light, J. C., Beukelman, D. R. and Reichle, J. (2003). Communicative competence for individuals who use AAC: From research to effective practice. Baltimore: Brookes.

Light, J., Binger, C., Agate, T.L. and Ramsay, K.N. (1999). Teaching partner - focused questions to individuals who use augmentative and alternative communication to enhance their communicative competence. Journal of Speech, Language and Hearing Research, 42, 241 – 255.

Light, J., Binger, C. and Smith, A.K. (1994). Story reading interactions between preschoolers who use AAC and their mothers. Augmentative and Alternative Communication, 10, 255 – 268.

Light, J., Dattilo, J., English, J., Gutierrez, L. and Hartz, J. (1992). Instructing facilitators to support the communication of people who use augmentative communication systems. Journal of Speech and Hearing Research, 35, 865 – 875.

Light, J., Roberts, B., Dimarco, R. and Greiner, N. (1998). Augmentative and alternative communication to suport receptive and expressive communication for people with autism. Journal of Communication Disorsers, 31, 153 – 180.

Light, P., Remington, R.E. and Porter, D. (1982). Substitutes for speech? Nonvocal approaches to communication. InM. Beveridge (Ed.), Children thinking through language. London: Arnold.

Lin, C.M. - C., Gerner de García, B. and Chen - Pichler, D. (2009). Standardizing Chinese Sign Language for use in post - secondary education. Current Issues in Language Planning, 10, 327 – 337.

Lindberg, B. Retts syndrom – en kartlegging av psykologiske och pedagogiska erfarenheter i Sverige. Stockholm: H? gskolan f? r l? rarutbildning i Stockholm, 1987.

Lloyd, P., Camaioni, L. and Ercolani, P. (1995). Assessing referential communication skills in the primary school years: A comparative study. British Journal of Developmental Psychology, 13, 13 – 29.

Locke, J.L. (1993). The child's path to spoken language. Cambridge: Harvard University Press.

Locke, P.a. and Mirenda, P. (1988). A computer - supported communication approach for a child with severe communication, visual and cognitive impairments: A case study. Augmentative and Alternative Communication, 4, 15 – 22.

Lord, C., Rutter, M. and LeCouteur, A. (1994). Autism Diagnostic Observation Schedule – Revised: A revised version of a diagnostic interview for caregivers of individuals with possible pervassive development disorders. Journal of Autism and Developmental Disorders, 24, 659 – 685.

Louren? o, L., Faias, J., Afonso, R., Moreira, A. and Ferreira, J.M. (1996). Improving communication and language skills of children with developmental disorders: Family involvement in graphic language intervention. In S. von Tetzchner and M.H. Jensen (Eds.), Augmentative and alternative communication: European perspectives (pp. 309 – 323). London: Whurr/Wiley.

Lovas, O.I., Koegel, R.L. and Schreibman, L. (1979). Stimulus overselectivity in autism: A review of research. Psychological Bulletin, 86, 1236 – 1254.

Luchsinger, R. and Arnold, G.E. (Eds.) (1965). Voice – Speech – Language. Belmont: Wadsworth.

Luetke - Stahlman, B. (1985). Using single design to verify language learning in a hearing, aphasic boy. Sign Language Studies, 46, 73 – 86.

Luftig, R.L. (1984). An analysis of initial sign lexicons as a function of eight learnability variables. Journal of the Association for Persons with Severe Handicaps, 9, 193 – 200.

Lund, S. and Light, J. (2006). Long - term outcomes for individuals who use AAC: Part I – what is a ''good'' outcome? Augmentative and Alternative Communication, 22, 284 – 299.

Lund, S.K. and Light, J. (2007a). Long - term outcomes for individuals who use augmentative and alternative communication: Part II – Communicative interaction. Augmentative and Alternative Communication, 23, 1 – 15.

Lund, S.K. and Light, J. (2007b). Long - term outcomes for individuals who use augmentative and alternative communication: Part III – Contributing factors. Augmentative and Alternative Communication, 23, 323 – 335.

Luria, A.R. (1969). The mind of a mnemonist. London: Jonathan Cape.

Lyon, S.R. and Ross, L.E. (1984). Comparison scan training and the matching and scanning performance of severely and profoundly mentally retarded students. Applied Research in Mental Retardation, 5, 439 – 449.

Lyons, J. (1977). Semantics, Volume 1. Cambridge, UK: Cambridge University Press.

Lytle, R.R., Johnson, K.E. and Hui, Y.J. (2005/2006). Deaf education in China: History, current issues and emerging deaf voices. American Annals of the Deaf, 150, 457 – 469.

MacWhinney, B. (1982). Basic syntactic processes. In S. Kuczaj (Ed.), Language development. Volume 1. Syntax and semantics (pp. 73 – 136). Hillsdale, New Jersey: Erlbaum.

Madge, N. and Fassam, M. (1982). Ask the children. London: Batsford.

Maharaj, S.C. (1980). Pictogram ideogram communication. Regina, Canada.: The George Reed Foundation for the Handicapped.

Malandraki, G. A. and Okalidou, A. (2007). The application of PECS in a deaf child with autism: A case study. Focus on Autism and Other Developmental Disabilities, 22, 23 – 32.

Marková, I., Jahoda, A., Cattermole, M. and Woodward, D. (1992). Living in hospital and hostel: The pattern of interactions of people with learning difficulties. Journal of Intellectual Disability Research, 36, 115 – 127.

Marshall, N.R. and Hegrenes, J. (1972). The use of writen language as a communication system for an autistic child. Journal of Speech and Hearing Disorders, 37, 258 – 261.

Martinsen, H. and von Tetzchner, S. (1989). Imitation at the onset of speech. In S. von Tetzchner, L.S. Siegel and L. Smith (Eds.), The social and cognitive aspects of normal and atypical language development (pp. 51 – 68). New York: Springer - Verlag.

Martinsen, H. and von Tetzchner, S. (1996). Situating augmentative and alternative communication intervention. In S. von Tetzchner and M.H. Jensen (Eds.), Augmentative and alternative communication: European perspectives (pp. 37 – 48). London: Whurr/Wiley.

Masterson, J.J. (1997). Interrelationships in children's language production. Topics in Language Disorders, 17 (4), 11 – 22.

Masur, E. (1997). Materbnal labelling of novel and familiar obejcts: Implications for chilcren's development of lexical constraints. Journal of Child Language, 24, 427 – 439.

Matas, J.A., Mathy - Laikko, P., Beukelman, D.R and Legresley, K. (1985). Identifying the nonspeaking population. Augmentative and Alternative Communication, 1, 17 – 31.

Mathisen, B., Arthur - Kelly, M., Kidd, J. and Nissen, C. (2009). Using MINSPEAK: a case study of a preschool child with complex communication needs. Disability and Rehabilitation: Assistive Technology, 4, 376 – 385.

Mathy - Laikko, P., Iacono, T., Ratcliff, A., Villarruel, F., Yoder, D. and Vanderheiden, G. (1989). Teaching a child with multiple disabilities to use a tactile augmentative communication device. Augmentative and Alternative Communication, 5, 249 – 256.

McClenny, C.S., Roberts, J.E. and Layton, T.L. (1992). Unexpected events and their effect on children's language. Child Language Teaching and Therapy, 8, 229 - 245.

McCord, M.S. and Soto, G. (2004). Perceptions of AAC: An ethnographic investigation of Mexican - American families. Augmentative and Alternative Communication, 20, 209 - 227.

McDonald, E.T. and Schultz, A.R. (1973). Communication borads for cerebral - palsied children. Journal of Speech and Hearing Disorders, 38, 73 - 88.

McEwen, I.R. (1997). Seating, other positioning and motor control. IN L.L. Lloyd, D.R. Fuller and H.H. Arvidson (red.), Augmentative and alternative communication. A handbook of principles and practices (pp. 281 - 298). Boston: Allyn and Bacon.

McEwen, I.R. and Karlan, G.R. (1989). Assessment of effects of position on communication borad access by individuals with cerebral palsy. Augmentative and Alternative Communication, 5, 235 - 242.

McGregor, G., Young, J., Gerak, J., Thomas, B. and Vogelsbeerg, R.T. (1992). Increasing functional use of an assistive communication device by a student with severe disabilities. Augmentative and Alternative Communication, 8, 243 - 250.

McIlvane, W.J., Bass, R.W., O'Brien, J.M., Gerovac B.J. and Stoddard, L.T. (1984). Spoken and signed naming of foods after receptive exclusion training in severe retardation. Applied Research in Mental Retardation, 5, 1 - 27.

McKinnon, E., King, G., Cathers, T. and Scott, J. (1995). Electronic mail: Services from afar for individuals with physical disabilities. Augmentative and Alternative Communication. 11, 236 - 243.

McLarty, M. (1997). Putting objects of reference in context. European Journal of Special Needs Education, 12, 12 - 20.

McLean, L.P. and McLean, J.E. (1973). A language training program for nonverbal autistic children. Journal of Speech and Hearing Disorders, 39, 186 - 193.

McNaughton, D., Fallon, K., Tod, J., Weiner, F. and Neisworth, J. (1994). Effect of repeated listening experiences on the intelligibility of synthesized speech. Augmentative and Alternative Communication, 10, 161 - 168.

McNaughton, D. and Light, J. (1989). Teaching facilitators to support the communication skills of an adult with severe cognitive disabilities: A case study. Augmentative and Alternative Communication, 5, 35 - 41.

McNaughton, S. (1998). Reading acquisistion of adults with severe congenital speech and physical impairments: Theoretical infrastructure, empirical investigation, educational application. Thesis, University of Toronto.

McNaughton, S. (2003). Blissymbol learners, their language and their language partners: Development through three decades. In S. von Tetzchner, and N. Grove (Eds.), Augmentative and alternative communication: Developmental issues (pp. 357 - 387). London, UK: Whurr/Wiley.

McNaughton, S. and Lindsay, P. (1995). Approaching literacy with AAC graphics. Augmentative and Alternative Communication, 11, 212 - 228.

Meier, R.P. (1991). Language acquisition by deaf children. American Scientist, 79, 60 - 70.

Mendes, E. and Rato, J. (1996). From system to communication: Staff training for attitude change. In S. von Tetzchner and M.H. Jensen (Eds.), Augmentative and alternative communication: European perspectives (pp. 342 - 354). London: Whurr/Wiley.

Millar, D. C., Light, J. C. and Schlosser, R. W. (2006). The impact of augmentative and alternative communication intervention on the speech production of individuals with developmental disabilities: A research review. Journal of Speech, Language, and Hearing Research, 49, 248 - 264.

Miller, M.S. (1987). Sign iconicity: Single - sign receptive vocabulary skills of nonsigning hearing preeschoolers. Journal of Communication Disorders, 20, 359 - 365.

Mills, J. and Higgins, J. (1984). An environmental approach to delivery of microcomputer - based and other communication systems. Seminars in Speech and Language, 5, 35 - 45.

Mirenda, P. and Dattilo, J. (1987). Instructional techniques in alternative communication for students with severe intellectual handicap. Augmentative and Alternative Communication, 3, 143 - 152.

Mirenda, P. and Santogrossi, J. (1985). A prompt - free strategy to teach pictoral communication system use. Augmentative and Alternative Communication, 1, 143 - 150.

Mizuko, M. (1987). Transparency and ease of learning of symbols represented by Blissymbols, PCS, and Picsyms. Augmentative and Alternative Communication, 3, 129 - 136.

M? ller, S. and von Tetzchner, S. (1996). Allowing for developmental potential: A case study of intervention change. In S. von Tetzchner and M.H. Jensen (Eds.), Augmentative and alternative communication: European perspectives (pp. 249 - 269). London: Whurr/Wiley.

Morley, M.E. (1972). The development and disorders of speech in childhood. Edinburgh: Churchill Livingstone.

Morgan, J.L and Demuth, K. (Eds.) (1996). Signal to syntax: Bootstrapping from speech to grammar in early acquisition. Mahwah, New Jersey: Lawrence Erlbaum.

Morningstar, D. (1981). Blissymbol communication: Comparison of interaction with naive vs. experienced listeners. Unpublished manuscript, University of Toronto.

Morris, S.E. (1981). Communication/interaction development at mealtimes for the multiple handicapped child: Implications for the use of augmentative communication systems. Language, Speech, and Hearing Services in Schools, 12, 216 - 232.

Murdock, J.Y. (1978). A non - oral expressive communication program for a nonverbal retardate. Journal of Childhood Communication Disorders, 2, 18 - 25.

Murphy, J., Marková, I., Collins, S. and Moodie, E. (1996). AAC systems: Obstacles to effective use. European Journal of Disorders of Communication, 31, 31 - 44.

Murphy, J., Marková, I., Moodie, E., Scott, J. and Boa, S. (1995). AAC systems used by people with cerebral palsy in Scotland: A demographic study. Augmentative and Alternative Communication, 11, 26 - 36.

Murray - Branch, J, Udavari - Solner, A. and Bailey, B. (1991). Textured communication systems for individuals with severe intellectual and dual sensory impairments. Language, Speech and Hearing Services in Schools, 22, 260 - 268.

Myrbakk, E. and von Tetzchner, S. (2008). Psychiatric disorders and behavior problems in people with intellectual disability. Research in Developmental Disabilities, 29, 316 - 332.

Naigles, L.R., Fowler, A. and Helm, A. (1991). The endpoint of syntactic bootstrapping? The comprehension of ungrammatical sentences by normal - IQ and Down's syndrome school children. Presentert p? The biennial Meeting of the Society for Research in Child Development, Seattle, USA.

Naraian, S. (2010). ''Why Not Have Fun?'': Peers Make Sense of an Inclusive High School Program. Intellectual and Developmental Disabilities, 48, 14 - 30.

Nelms, G. (1996). Tactile symbols: A case study. Communication Matters, 10 (3), 11 - 12.

Nelson, K. (Ed.) (1989). Narratives from the crib. Cambridge: Harvard University Press.

Nelson, K. (1996). Language in cognitive development. Cambridge: Cambidge University Press.

Nelson, K. (2007). Young minds in social worlds: Experience, meaning and memory. Cambridge: Cambridge University Press

Nelson, K. and Gruendel, J. (1979). At morning it's lunchtime: A scriptal view of children's dialogues. Discourse Processes, 3, 73 - 94.

Nelson, K.E., Camarata, S.M., Welsh, J., Butkovsky, L. and Camarata, M. (1996). Effects of imitative and conversational recasting treatment on the acquisition of grammar in children with specific language impairment and younger language - normal children. Journal of Speech and Hearing Research, 39, 850 - 859.

Newell, A.F., Arnott, J.L., Booth, L., Beattie, W., Brophy, B. and Ricketts, I.W. (1992). Effect of the "Pal" word prediction system on the quality and quantity of text generation. Augmentative and Alternative Communication, 8, 304 - 311.

Newell, A.F., Booth, L. and Beattie, W. (1991). Predictive text entry with PAL and children with learning difficulties. British Journal of Educational Techneology, 22, 23 - 40.

Nunes, D. and Hanline, M.(2007). Enhancing the AAC use of a child with autism through a parent - implemented naturalistic intervention. International Journal of Disability, Development and Education, 54, 177 - 197.

Odding, E., Roebroeck, M.E. and Stam, H.J. (2006). The epidemiology of cerebral palsy: incidence, impairments, and risk factors. Disability and Rehabilitation, 28, 183 - 191.

Odom, A.C. and Upthegrove, M. (1997). Moving towards employment using AAC: Case study. Augmentative and Alternative Communication, 13, 258 - 262.

O'Keefe, B.M. and Datillo, J. (1992). Teaching respons - recode form to adults with mental retardation using AAC systems. Augmentative and Alternative Communication, 8, 224 - 233.

Olive, M., de la Cruz, B., Davis, T. N., Chan, J. M., Lang, R. B., O'Reilly, M. F., and Dickson, S. M. (2007). The effects of enhanced milieu teaching and a voice output communication aid on the requesting of three children with autism. Journal of Autism and Developmental Disorders, 37, 1505 - 1513.

Oliver, C. (1995). Self - injurious behaviour in children with learning disabilities: Recent advances in assessment and intervention. Journal of Child Psychology and Psychiatry, 30, 909 - 927.

Oliver, C.B. and Halle, J.W. (1982). Language training in the everyday environment. Journal of the Association for Persons with Severe Handicaps, 8, 50 - 62.

Olsson, B. and Rett, A. (1987). Autism and Rett syndrome: Behaviourial investigations and differential diagnosis. Developmental Medicine and Child Neurology, 29, 429 - 441.

Olsson, B. and Rett, A. (1990). A review of the Rett syndrome with a theory of autism. Brain and Development, 12, 11 – 15.

Osguthorpe, R.T. and Chang, L.L. (1987). Computerized symbol processors for individuals with severe communication disabilities. Journal of Special Education Technology, 8, 43 – 54.

Ottem, E., Sletmo, A. and Bollingmo, M. (1991). En analyse av WPPSI med relevans for barn med spr? k/talevansker. Tidsskrift for Norsk Psykologforening, 28, 1079 – 1084.

Oxley, J.D. and von Tetzchner, S. (1999). Reflections on the development of alternative language forms. In F.T. Loncke, J. Clibbens, H.H. Arvidson and L.L. Lloyd (Eds.), Augmentative and alternative communication: New directions in research and practice (pp. 62 – 74). London: Whurr/Wiley.

Pan, B.A. and Snow, C.E. (1999). The development of conversational and discourse skills. IN M. Barrett (red.), Development of language (pp. 229 – 249). Hove: Psychology Press.

Park, K. (1997). How do objects become object of reference? British Journal of Special Education, 24, 103 – 114.

Park, K. (2001). Oliver Twist: An exploration of interactive storytelling and object use in communication. British Journal of Special Education, 28, 18 – 23.

Parkinson, E., Royal, L. and Darvil, G. (1995). Does augmentative communication improve communication and reduce frustration? Communication Matters, 9 (2), 17 – 21.

Pecyna, P.M. (1988). Rebus symbol communication training with a severely handicapped preschool child: A case study. Language, Speech, and Hearing Services in Schools, 19, 128 – 143.

Peirce, C.S. (1931). Collected papers. Cambridge: Harvard University Press.

Pennington, L. and McConachie, H. (1999). Mother – child interaction revisited: Communication with non - speaking physically disabled children. International Journal of Language and Communication Disorders, 34, 391 – 416.

Pennington, L. and McConachie, H. (2001). Interaction between children with cerebral palsy and their mothers: The effects of speech intelligibility. International Journal of Language and Communication Disorders, 36, 371 – 393.

Percy, A.K. (1997). Neurobiology and neurochemistry of rett syndrome. European Child and Adolescent Psychiatry, 6 (Supplement 1), 80 – 82.

Peters, A.M. (1986). Early syntax. In P. Fletcher and M. Garman (Eds.), Language acquisition, 2. edition (pp. 307 – 325). Cambridge: Cambridge University Press.

Peters, L.J. (1973). Sign language stimulus vocabulary learning of a brain - injured child. Sign Language Research, 3, 116 – 118.

Peterson, S.L., Bondy, A.S., Vincent, Y. and Finnegan, C.S. (1995). Effects of altering communicative input for students with autism and no speech: Two case studies. Augmentative and Alternative Communication, 11, 93 – 100.

Petretic, P.A. and Tweeney, R.D. (1977). Does comprehension precede the production? The development of children's responses to telegraphic sentences of varying grammatical adequacy. Journal of Child Language, 4, 201 – 209.

Petitto, L.A., Katerelos, M., Levy, B.G., Gauna, K., Tétreault, K. and Ferraro, V. (2001). Bilingual signed and spoken language acquisition from birth: Implications for the mechanism underlying early bilingual language acquisition. Journal of Child Language, 28, 453 - 496.

Phillips, W., Gómez, J.C., Baron - Cohen, S. Laá, V. Rivière, A. (1995). Treating people as objects, agents, or "subjects": How young children with and without autism make requests. Journal of Child Psychology and Psychiatry, 36, 1383 - 1398.

Piaget, J. and Inhelder, B. (1969). The psychology of the child. London: Routledge and Kegan Paul.

Pinker, S. (1990). Language acquisition. In D.N. Osherson and H. Lasnik (Eds.), Language (pp. 199 - 241). Cambridge, Massachusetts: MIT Press.

Pirila, S., van der Meere, J., Pentikainen, T., Ruusu - Niemi, P., Korpela, R. and Kilpinen, J. (2007). Language and motor speech skills in children with cerebral palsy. Journal of Communication Disorders, 40, 116 - 128.

Premack, D. (1971). Language in a chimpanzee? Science, 172, 808 - 822.

Prinz, P.M. and Prinz, E.A. (1979). Acquisition of ASL and spoken English in a hearing child of a deaf mother and hearing father: Phase I - Early lexical development. Papers and Reports on Child Language Development, 17, 139 - 146.

Prinz, P.M. and Prinz, E.A. (1981). Acquisition of ASL and spoken English in a hearing child of a deaf mother and hearing father: Phase II - Early combinatorial patterns. Sign Language Studies, 30, 78 - 88.

Prior, M. and Ozonoff, S. (1998). Psychological factors on autism. In F.R. Volkmar (Ed.), Autism and pervasive developmental disorders (pp. 64 - 108). Cambridge: Cambridge University Press.

Quist, R.W. and Lloyd, L.L. (1997a). Principles and use of technology. In L.L. Lloyd, D.R. Fuller and H.H. Arvidson (Eds.), Augmentative and alternative communication. A handbook of principles and practices (pp. 107 - 126). Boston: Allyn and Bacon.

Quist, R.W. and Lloyd, L.L. (1997b). High technology. In L.L. Lloyd, D.R. Fuller and H.H. Arvidson (Eds.), Augmentative and alternative communication. A handbook of principles and practices (pp. 137 - 168). Boston: Allyn and Bacon.

Raghavendra, P. and Fristoe, M. (1990). "A spinach with a V on it": What 3 - year - olds see in standard and enhanced Blissymbols. Journal of Speech and Hearing Disorders, 55, 149 - 159.

Raghavendra, P. and Fristoe, M. (1995). "No shoes; they walked away?": Effects of enhancement on learning and using Blissymbols by normal 3 - year - old children. Journal of Speech and Hearing Research, 38, 174 - 188.

Raghavendra, P. and Oaten, R. (2007). Effects of speech and print feedback on spelling performance of a child with cerebral palsy using a speech generating device. Disability and Rehabilitation: Assistive Technology, 2, 299 - 308.

Ramer, A. (1976). Syntactic styles in emerging language. Journal of Child Language, 3, 49 - 62.

Ratcliff, A. (1994). Comparison of realtive demands implicated in direct selection and scanning: Considerations from normal children. Augmentative and Alternative Communication, 10, 67 - 74.

Ratusnik, C.M. and Ratusnik, D.L. (1974). A comprehensive communication approach for a ten - year - old nonverbal autistic child. American Journal of Orthopsychiatry, 44, 396 – 403.

Reichle, J., Barrett; C., Tetlie, R.R. and McQuarter, R.J. (1987). The effect of prior intervention to establish generalized requesting on the acquisition of object labels. Augmentative and Alternativ Communication, 3, 3 – 11.

Reichle, J. and Brown, L. (1986). Teaching the use of a multipage direct selection communication board to an adult with autism. Journal of the Association for Persons with Severe Handicaps, 11, 68 – 73.

Reichle, J. and Karlan, G. (1985). The selection of an augmentative communication system in communication intervention: A critique of decision rules. Journal of the Association for Persons with Severe Handicaps, 10, 146 – 156.

Reichle, J. Rogers, N. and Barrett, C. (1984). Establishing pragmatic discriminations among the communicative functions of requesting, rejecting, and commenting in an adolescent. Journal of the Association for Persons with Severe Handicaps, 9, 31 – 36.

Reichle, J. and Ward, M. (1985). Teaching discriminative use of an encoding electronic communication device and Signing Exact English to a moderately handicapped child. Language, Speech, and Hearing Services in Schools, 16, 58 – 63.

Reichle, J. and Yoder, D.E. (1985). Communication use in severely handicapped learners. Language, Speech, and Hearing Services in Schools, 16, 146 – 157.

Reid, D.H. and Hurlbut, R. (1977). Teaching nonvocal communication skills to multihandicapped retarded adults. Journal of Applied Behavior Analysis, 10, 591 – 603.

Remington, B. and Clarke, S. (1983). Acquisition of expressive signing by autistic children: An evaluation of the relative effects of simultaneous communication and sign - alone training. Journal of Applied Behavior Analysis, 16, 3154 – 3328.

Remington, B. and Clarke, S. (1993a). Simultaneous communication and speech comprehension. Part 1: Comparison of two methods of teaching expressive signing and speech comprehension skills. Augmentative and Alternative Communication, 9, 36 – 48.

Remington, B. and Clarke, S. (1993b). Simultaneous communication and speech comprehension. Part ll: Comparison of two methods of overvoming selective attention during expressive signing training. Augmentative and Alternative Communication, 9, 49 – 60.

Remington, B. and Light, P. (1983). Some problems in the evaluation of research on non - oral communication systems. Advances in Mental Handicaps, 2, 69 – 94.

Reynell, J. (1985). Reynell Developmental Language Scales – Revised. Windsor: NFER - Nelson.

Reynolds, M.E., Bond, Z.S. and Fucci, D. (1996). Synthetic speech intelleigibility: Comparison of native and non - native speakers of English. Augmentative and Alternative Communication, 12, 32 – 36.

Robinson, L.A. and Owens, R.E. (1995). Functional augmentative communication and positive behaviour change. Augmentative and Alternative Communication, 11, 207 – 211

Roe, P.R.W. (Ed.) (1995). Telecommunications for all. Luxembourg: Office for Official Publications of the European Communities.

Rogers, S.J. and Ozonoff, S. (2005). Annotation: What do we know about sensory dysfunction in autism? A critical review of the empirical evidence. Journal of Child Psychology and

Psychiatry, 46, 1255 - 1268.

Romaine, S. (1988). Pidgin and creole languages. London: Longman.

Romski, M.A. and Ruder, K.F. (1984). Effect of speech and speech and sign instruction on oral language learning and generalization of action + object combinations by Down's syndrome children. Journal of Speech and Hearing Research, 49, 293 - 302.

Romski, M.A. and Sevcik, R.A. (1989). An analysis of visual - graphic symbol meanings for two nonspeaking adults with severe mental retardation. Augmentative and Alternative Communication, 5, 109 - 114.

Romski, M.A. and Sevcik, R.A. (1996). Breaking the speech barrier. Baltimore: Paul H. Brookes.

Romski, M.A., Sevcik, R.A. and Pate, J.L. (1988). Establishment of symbolic communication in persons with severe retardation. Journal of Speech and Hearing Disorders, 53, 94 - 107.

Romski, M.A., Sevcik, R.A., Pate J.L. and Rumbaugh, D.M. (1985). Discrimination of Lexigrams and traditional orthography by nonspeaking severely mentally retarded children. American Journal of Mental Deficiency, 90, 185 - 189.

Romski, M.A., White, R.A., Millen, C.E. and Rumbaugh, D.M. (1984). Effects of computer - keyboard teaching on the symbolic communication of severely retarded persons: Five case studies. The Psychological Record, 34, 39 - 54.

Rosenberg, S. and Abbeduto, L. (1993). Language and communication in mental retardation. Hillsdale, New Jersey: Lawrence Erlbaum.

Rosenblum, S.M., Arick, J.R., Krug, D.A. Stubbs, E.G., Young, N.B. and Pelson, R.O. (1980). Auditory brainstem evoked responses in autistic children. Journal of Autism and Childhood Disorders, 10, 215 - 225.

Rotholz, D.A., Berkowitz, S.F. and Burberry, J. (1989). Functionality of two modes of communication in the community by students with developmental disabilities: A comparison of signing and sommunication books. Journal of the Association for Persons with Severe handicaps, 14, 227 - 233.

Rowe, J.A. and Rapp, D.L. (1989). Tantrums: Remediation through communication. Child: Care, Health, and Development, 6, 197 - 208.

Rowland, C. and Schweigert, P. (1989). Tangible symbols: Symbolic communication for individuals with miltisensory impairments. Augmentative and Alternative Communication, 5, 226 - 234.

Rowland, C. and Schweigert, P. (2003). Cognitive skills and AAC. In J. C. Light, D. R. Beukelman and J. Reichle (Eds.), Communicative competence for individuals who use AAC (pp. 241 - 276). Baltimore: Brookes.

Rudd, H., Grove, N. and Pring, T. (2007). Teaching productive sign modifications to children with intellectual disabilities. Augmentative and Alternative Communication, 23, 154 - 163.

Rutter, M. (1985). Infantile autism and othe pervasive developmental disorders. I: M. Rutter and L. Hersov (red.), Child and adolescent psychiatry (pp. 545 - 566). Oxford: Blackwell.

Rutter, M., Mawhood, L. and Howlin, P. (1992). Language delay and social development. In P. Fletcher and D. Hall (Eds.), Specific speech and language disorders in children (pp. 63 - 78). London: Whurr/Wiley.

Ryan, J. (1977). The silence of stupidity. In J. Morton and J.C. Marshall (Eds.), Psycholinguistic series, Vol 1. Developmental and pathological (pp. 99 – 124). London: Elek Science.

Saarni, C. (1997). Emotional competence and self - regulation in childhood. In P. Salovey and D.J. Sluyter (Eds.), Emotional development and emotional intelligence (pp.? 35 – 66). New York: Basic Books.

Sacks,O. (1987). The man who mistook his wife or a hat and other clinical tales. New York: Harper and Row.

Salminen, A. - L. (2001). Daily life with computer augmented communication. Helsinki: Stakes National Research and Development Centre for Welfare and Health.

Salvin, A., Routh, D.K., Foster, R.E. Jr. and Lovejoy, K.M. (1977). Acquisition of modified American Sign Language by a mute autistic child. Journal of Autism and Childhood Schizophrenia, 7, 359 – 371.

Sandberg, A.D. (1996). Literacy abilities in nonvocal children with cerebral palsy. Thesis, Gothenburg University.

Sandberg, A.D., Ehlers, S., Hagberg, B. and Gillberg, C. (2000). The Rett syndrome complex: Communicative functions in relation to developmental level and autistic features. Autism, 4, 249 – 267.

Sandberg, A.D. and Hjelmquist, E. (1992). Blissanv? ndare i f? rskola, skola och efter avslutad skolg? ng. Inventering an antall och skattning av grad av Blissanv? nding. Rapport fr? n Psykologiska Institutionen, No. 6.

Sarriá, E., Gómez, J.C. and Tamarit, J. (1996). Joint attention and alternative language intervention in autism: Implications of theory for practice. In S. von Tetzchner and M.H. Jensen (Eds.), Augmentative and alternative communication: European perspectives (pp. 49 – 64). London: Whurr/Wiley.

Schaeffer, B., Kollinzas, G., Musil, A. and McDowell, P. (1977). Spontaneous verbal language for autistic children through signed speech. Sign Language Studies, 17, 387 – 328.

Schaeffer, B., Raphael, A. and Kollinzas, G. (1994). Signed speech for nonverbal students. Seattle, Washington: Educational Achievement Systems.

Schaffer, H.R. (1989). Language development in context. In S. von Tetzchner, L.S. Siegel and L. Smith (Eds.), The social and cognitive aspects of normal and atypical language development (pp. 1 – 22). New York: Springer - Verlag.

Schank, R.C. and Abelson, R.P. (1977). Scripts, plans, goals, and understanding. Hillsdale: Lawrence Erlbaum.

Schatz, J. and Hamdan - Allen, G. (1995). Effects of age and IQ on adaptive behavior domains for children with autism. Journal of Autism and Developmental Disorders, 25, 51 – 60.

Schepis, M.M., Reid, D.H. and Behrman, M.M. (1996). Acquisition and functional use of voice output communication by persons with profound multiple disabilities. Behavior Modification, 20, 451 – 469.

Schepis, M.M., Reid, D.H., Behrman, M.M. and Sutton, K.A. (1998). Increasing communicative interactions of young children with autism using a voice output communication aid and naturalistic teaching. Journal of Applied Behavior Ananlysis, 31, 561 – 578.

Schepis, M.M., Reid, D.H., Fitzgerald, J.R., Faw, G.D., Pol, A.v.d. and Welty, P.A.

(1982). A program for increasing manual signing by autistic and profoundly retarded youth within the daily environment. Journal of Behavior Ananlysis, 15, 363 – 379.

Schi? rbeck, H. and Stadskleiv, K. (2008). Utredning og tiltak ved kognitive vansker. In S. von Tetzchner, F. Hesselberg and H. Schi? rbeck (Eds.), Habilitering: Tverrfaglig arbeid for mennesker med utviklingsmessige funksjonshemninger (pp. 239 – 290). Oslo: Gyldendal Akademisk

Schj? lberg, S. (1984). Forst? elighet av talen til barn med spr? kvansker. Thesis, University of Oslo.

Schley, S. and Snow, C.E. (1992). The conversational skills of school aged children. Social Development, 1, 18 – 35.

Schlosser, R.W. (1997a). Nomenclature of category levels in graphic symbols, Part I: Is a flower a flower a flower? Augmentative and Alternative Communication, 13, 4 – 13.

Schlosser, R.W. (1997b). Nomenclature of category levels in graphic symbols, Part II: The role of similarity in categorization. Augmentative and Alternative Communication, 13, 14 – 29.

Schlosser, R.W., Blischak, D.M., Belfiore, P.J., Bartley, C. and Barnett, N. (1998). Effects of synthetic speech output and orthographic feedback on spelling in a student with autism: A preliminary study. Journal of Autism and Develomental Disorders, 28, 309 – 319.

Schlosser, R.W. and Wendt, O. (2008). Effects of augmentative and alternative communication intervention on speech production in children with autism: a systematic review. American Journal of Speech - Language Pathology, 17, 212 – 230.

Schwartz, I.S., Garfinkle, A.N. and Bauer, J. (1998). The Picture Exchange Communication System: Communicative outcomes for young children with disabilities. Topics in Early Childhood Special Education, 18, 144 – 159.

Schwartz, J. B. and Nye, C. (2006). A systematic review, synthesis, and evaluation of the evidence for teaching sign language to children with autism. EBP Briefs, 1, 1 – 17.

Schulerud, A. (2002). Bridge over troubled water – utvikling av lesekunnskap med alternativ og supplerende kommunikasjon som spr? klig grunnlag. Skien: Habiliteringstjenesten.

Scollon, R. (1976). Conversations with a one year old. Honolulu: University of Hawaii Press.

Scope (2008).

Seal, B. C. and Bonvillian, J. D. (1997). Sign language and motor functioning in students with autistic disorder. Journal of Autism and Developmental Disorders, 27, 437 – 466.

Sellin, A. (1992). Bericht über die Arbeit mit Birger nach der Methode 'Facilitated Communication' vom 2. August 1990 bis November 1990. Autismus, 33, 2 – 4.

Serna, R.W. and Carlin, M.T. (2001). Guiding visual attention in individuals with mental retardation. International Review of Research in Mental Retardation, 24, 321 – 357.

Shane, H.C. and Bashir, A.S. (1981). Election criteria for the adoption of an augmentative communication system: Preliminary considerations. Journal of Speech and Hearing Disorders, 45, 408 – 414.

Shane, H.C. and Cohen, C.G. (1981). A discussion of communicative strategies and patterns by nonspeaking persons. Language, Speech, and Hearing Services in Schools, 12, 205 – 210.

Shane, H.C., Lipschultz, R.W. and Shane, C.L. (1982). Facilitating the communicative interaction of nonspeaking persons in a residential setting. Topics in Language Disorders, 2, 73 – 84.

Sharpe, P.A. (1992). Comparative effects of bilateral hand splints and an elbow orthosis on stereotypic hand movements and toy play in two children with Rett syndrome. American Journal of Occupational Therapy, 46, 134 – 140.

Sheehy, E., Moore, K. and Tsamtsouris, A. (1993). Augmentative communication for the non - speaking child. The Journal of Clinical Pediatric Dentistry, 17, 261 – 264.

Shepherd, T.C. and Haaf, R.G. (1995). Comparison of two training methods in the learning and generalization of Blissymbolics. studies. Augmentative and Alternative Communication, 11, 154 – 164.

Shepherd, T.A., Campbell, K. A., Renzoni, A.M. and Sloan, N. (2009). Reliability of speech generating devices: A 5 - year review. Augmentative and Alternative Communication, 25, 145 – 153.

Shere, B. and Kastenbaum, R. (1966). Mother - child interaction in cerebral palsy: Environmental and psychosocial obstacles to cognitive development. Genetic Psychology Monographs, 73, 255 – 335.

Shipley, E., Gleitman, L.R. and Smith, C. (1969). A study in the acquisition of language: Free responses to commands. Language, 45, 322 – 342.

Shu, H. (2003). Chinese writing system and learning to read. International Journal of Psychology, 38, 274 – 285.

Sidener, T., Shabani, D., Carr, J. and Roland, J. (2006). An evaluation of strategies to maintain mands at practical levels. Research in Developmental Disabilities, 27, 632 – 644.

Sigafoos, J. (1998). Assessing conditional use of graphic mode requesting in a young boy with autism. Journal of Developmental and Physical Disabilities, 10, 133 – 151.

Sigafoos, J., Couzens, D., Roberts, D., Phillips, C. and Goodison, K. (1996). Teaching request for food and drink to children with multiple disabilities in a graphic communication mode. Journal of Developmental and Physical Disabilities, 8, 247 – 262.

Sigafoos, J., Doss, S. and Reichle, J. (1989). Developing mand and tact repertoires in persons with severe developmental disabilities using graphic symbols. Research in Developmental Disabilities, 10, 183 – 200.

Sigafoos, J. and Drasgow, E. (2001). Conditional use of aided and unaided AAC: A review and clinical case demonstration. Focus on Autism and Other Developmental Disabilities, 16, 152 – 161.

Sigafoos, J., Drasgow, E., Halle, J., O'Reilly, M., Seely - York, S., Edrisinha, C. and Andrews, C. (2004a).Teaching VOCA use as a communication repair strategy. Journal of Autism and Developmental Disorders, 34, 411 – 422.

Sigafoos, J., Drasgow, E., Reichle, J., O'Reilly, M., Green, V. A. and Tait, K. (2004c). Tutorial: Teaching communicative rejecting to children with severe disabilities. American Journal of Speech - Language Pathology, 13, 31 – 42.

Sigafoos, J., Ganz, J. B., O'Reilly, M., Lancioni, G. E. and Schlosser, R. W. (2007). Assessing correspondence following acquisition of an exchange - based communication system. Research in Developmental Disabilities, 28, 71 – 83.

Sigafoos, J., Laurie, S. and Pennell, D. (1996). Teaching children with Rett syndrome to request preferred objects using aided communication: Two preliminary studies. Augmentative and Alternative Communication, 12, 88 - 96.

Sigafoos, J., O'Reilly, M., Seely - York, S., Weru, J., Son, S., Green, V. and Lancioni, G. (2004b). Transferring AAC intervention to the home. Disability and Rehabilitation, 26, 1330 - 1334.

Sigafoos, J. and Roberts - Pennell, D. (1999). Wrong - item format: A promising intervention for teaching socially appropriate forms of rejecting to children with developmental disabilities? Augmentative and Alternative Communication,15, 135 - 140.

Silverman, H., Kates, B. and McNaughton, S. (1978). The formative evaluation of the Ontario Crippled Children's Centre symbol communication program. In H. Silverman, S. McNaughton and B. Kates (Eds.). Handbook of Blissymbolics. Toronto: Ontario Crippled Children's Centre.

Sisson, L.A. and Barrett, R.P. (1984). An alternating treatment comparison of oral and total communication training with minimally verbal children. Journal of Applied Behavior Analysis, 17, 559 - 566.

Skinner, B.F. (1957). Verbal behavior. New York: Appleton - Century - Crofts.

Skjeldal, O.H., von Tetzchner, S., Aspelund, F., Herder, G.A. and Lofter? d, B. (1997). Rett syndrome: Geographic variation in prevalence in Norway. Brain and Development 19, 258 - 261.

Smeets, P.M. and Striefel, S. (1976). Acquisition of sign reading by transfer of stimulus control in a retarded deaf girl. Journal of Mental Defiency Research, 20, 197 - 205.

Smith, A.K., Thurston, S., Light, J., Parnes, P. and O'Keele, B. (1989). The form and use of written communication produced by physically disabled individuals using microcomputers. Augmentative and Alternative Communication, 5, 115 - 124.

Smith, L. and von Tetzchner, S. (1986). Communicative, sensorimotor, and language skills of young children with Down syndrome. American Journal of Mental Deficiency, 91, 57 - 66.

Smith, M.M. (1991). Assessment of interaction patterns and AAC use: A case study. Journal of Clinical Speech and Language Studies, 1, 76 - 102.

Smith, M.M. (1992). Reading abilities of nonspeaking student: Two case studies. Augmentative and Alternative Communication, 8, 57 - 66.

Smith, M.M. (1994). Speech by another name: The role of communication aids in interaction. European Journal of Disorders of Communication, 29, 25 - 240.

Smith, M.M. (1996). The medium or the message: A study of speaking children using communication boards. In S. von Tetzchner and M.H. Jensen (Eds.), Augmentative and alternative communication: European perspectives (pp. 119 - 136). London: Whurr/Wiley.

Smith, M.M. (2003). Environmental influences on aided language development: The role of parental adaptation. In S. von Tetzchner and N. Grove (Eds.), Augmentative and alternative communication: Developmental issues (pp. 155 - 175). London, UK: Whurr/Wiley.

Smith, M.M. and Grove, N. (1999). The bimodal situation of children learning language using manual and graphic signs. In F.T. Loncke, J. Clibbens, H.H. Arvidson and L.L. Lloyd (Eds.), Augmentative and alternative communication: New directions in research and practice (pp. 8 - 30). London: Whurr/Wiley.

Smith, M. M., Murray, J., von Tetzchner, S. and Langan, P. (2010). A tale of transitions: The challenges of integrating speech synthesis in aided communication. In J. Mullennix and S. Stern (Eds.), Computer synthesized speech technologies: Tools for aiding impairment (pp. 234 – 256). Hershey, PA: IGI Global.

Smith - Lewis, M. (1994). Discontinuity in the development of aided augmentative and alternative communication systems. Augmentative and Alternative Communication, 10, 14 – 26.

Smith - Lewis, M. and Ford, A. (1987). A user's perspective on augmentative communication. Augmentative and Alternative Communication, 3, 12 – 17.

Snow, C.E. and Ferguson, C.A. (Eds.) (1977), Talking to children. Cambridge: Cambridge University Press.

Sommer, K.S., Whitman, T.L. and Keogh, D.A. (1988). Teaching severely retarded persons to sign interactively through the use of a behavioral script. Research in Developmental Disabilities, 9, 291 – 304.

Son, S., Sigafoos, J., O'Reilly, M. and Lancioni, G. E. (2006). Comparing two types of augmentative and alternative communication systems for children with autism. Pediatric Rehabilitation, 9, 389 – 395.

Soro, E., Basil, C. and von Tetzchner, S. (1992). Teaching initial communication and language skills to AAC users. Part 1: Children and adolescents with impairment of language comprehension and expression. Video presented at Fifth Biennial Conference on Augmentative and Alternative Communication, Philadelphia, August 1992.

Soto, G., Belfiore, P.J., Schlosser, R.W. and Haynes, C. (1993). Teaching specific requests: A comparative analysis on skill acquisition and preference using two augmentative and alternative communication aids. Education and Training in Mental Retardation, 28, 169 – 178.

Soto, G. and Hartmann, E. (2006). Analysis of narratives produced by four children who use augmentative and alternative communication. Journal of Communication Disorders, 39, 456 – 480.

Soto, G., Hartmann, E. and Wilkins, D. (2006). Exploring the elements of narrative that emerge in the interactions between an 8 - year - old child who uses a device and her teacher. Augmentative and Alternative Communication, 22, 231 – 241.

Soto, G. and Seligman - Wine, J. (2003). Child - driven development of graphic communication: A case study. In S. von Tetzchner and N. Grove (Eds.), Augmentative and alternative communication: Developmental issues (pp. 211 – 228). London, UK: Whurr/Wiley.

Soto, G., Yu, B. and Henneberry, S. (2007). Supporting the development of narrative skills of an eight - year - old child who uses an augmentative and alternative communication device. Child Language Teaching and Therapy, 23, 27 – 45.

Sparrow, S.S., Balla, D.A. and Cicchetti, D.V. (1984). Vineland Adaptive Behavior Scales. Circle Pines: American Guidance Service.

Sparrow, S. S., Ciccetti, D. V. and Balla, D. A. (2006). Vineland Adaptive Behavior Scales, Second edition. Circle Pines: American guidance Service.

Spetalen, S. (1990). Personal communication.

Spiegel, B.B., Benjamin, B.J. and Spiegel, S.A. (1993). One method to increase spontaneous use of anassistive communication: case study. Augmentative and Alternative Communication, 9,

111 – 118.

Starble, A., Hutchins, T., Favro, M., Prelock, P. and Bitner, B. (2005). Family - centered intervention and satisfaction with AAC device training. Communication Disorders Quarterly, 27, 47 – 54.

Steindal, K. (1990). Personal communication.

Stephenson, J. (2009a). Iconicity in the development of picture skills: Typical development and implications for individuals with severe intellectual disabilities. Augmentative and Alternative Communication, 25,187 – 201.

Stephenson, J. (2009b). Picture – book reading as an intervention to teach the use of line drawings for communication with students with severe intellectual disabilities. Augmentative and Alternative Communication, 25, 202 – 214.

Stephenson, J. and Linfoot, K. (1996). Pictures as communication symbols for students with severe disability. Augmentative and Alternative Communication, 12, 244 – 255.

Steriadis, C.E. and Constantinou, P. (2003). Designing human - computer interfaces for quadriplegic people. ACM Transactions on Computer - Human Interaction,10, 87 – 118.

Stiebel, D. (1999). Promoting augmentative communication during daily routines: a parent problem - solving intervention. Journal of Positive Behavior Interventions 1 (3), 159 – 169.

Stokes, T.F., Baer, D.M. and Jackson, R.L. (1974). Programming the generalization of a greeting response in four retarded children. Journal of Applied Behavior Analysis, 7, 599 – 610.

Stone, W.L., Ousley, O.Y., Yoder, P.J., Hogan, K.L. and Hepburn, S.L. (1997). Nonverbal communication in two - and three - year - old children with autism. Journal of Autism and Developmental Disorders, 27, 677 – 696.

Sundberg, M. L., Endicott, K. and Eigenheer, P. (2000). Using intraverbal prompts to establish tacts for children with autism. The Analysis of Verbal Behavior, 17, 89 – 104.

Sutton, A.C. (1982). Augmentativ communication systems: The interaction process. Presented at the Annual Convention of the American Speech - Language - Hearing Association, Toronto, 1982.

Sutton, A. (1999). Linking language learning experience and grammatical acquisition. In F.T. Loncke, J. Clibbens, H.H. Arvidson and L.L. Lloyd (Eds.), Augmentative and alternative communication: New directions in research and practice (pp. 49 – 61). London: Whurr/Wiley.

Sutton, A. and Morford, J.P. (1998). Constituent order in picture pointing sequences produced by speaking children using AAC. Applied Psycholinguistics, 19, 525 – 536.

Sweeney, L.A. (1999). Moving forward with families: Perspectives on augmentative and alternative communication research and practice. In F.T. Loncke, J. Clibbens, H.H. Arvidson and L.L. Lloyd (Eds.), Augmentative and alternative communication: New directions in research and practice (pp. 231 – 254). London: Whurr/Wiley.

Sweeney - Kerwin, E. J., Carbone, V. J., O'Brien, L., Zecchin, G. and Janecky, M. N. (2007). Transferring control of the mand to motivating operations in children with autism. The Analysis of Verbal Behavior, 23, 89 – 102.

Sweidel, G.B. (1989). Stop, lok and listen! When vocal and nonvocal adults communicate. Disability, Handicap and Society, 4, 165 – 175.

Tait, K., Sigafoos, J., Woodyatt, G., O'Reilly, M. and Lancioni, G. (2004). Evaluating parent use of functional communication training to replace and enhance prelinguistic behaviors in six children with developmental and physical disabilities. Disability and Rehabilitation, 26, 1241 - 1254.

Tavares, L. and Peixoto, A. (2003). Late development of independent conversation skills with manula and graphic signs through joint activities. In S. von Tetzchner and N. Grove (Eds.), Augmentative and alternative communication: Developmental issues (pp. 272 - 286). London, UK: Whurr/Wiley.

Taylor, H.G. and Alden, J. (1997). Age - related differences in outcomes following childhood brain insults: An introduction and overview. Journal of the International Neuropsychological Society, 3, 555 - 567.

Taylor, R. and Iacono, T. (2003). AAC and scripting activities to facilitate communication and play. Advances in Speech - Language Pathology, 5, 79 - 93.

Thunberg, G., Ahlsen, E. and Sandberg, A.D. (2007). Children with autistic spectrum disorders and speech - generating devices: Communication in different activities at home. Clinical Linguistics and Phonetics, 21, 457 - 479.

Thunberg, G, Sandberg, A.D. and Ahlsen, E. (2009). Speech - generating devices used at home by children with autism spectrum disorders. Focus Autism Other Developmental Disabilities, 24, 104 - 114.

Tincani, M. (2004). Comparing the picture exchange communication system and sign language training for children with autism. Focus on Autism and Other Developmental Disablties, 19, 152 - 163.

Todman, J. (2000). Rate and quality of conversations using a text - storage AAC system: Single - case training study. Augmentative and Alternative Communication, 16, 164 - 179.

Tomasello, M. (1992). First verbs: A case study of early grammatical development. Cambridge: Cambridge University Press.

Tomasello, M. (1999). The cultural origins of human cognition. London: Harvard University Press.

Tomasello, M. (2003). Constructing a language. A usage - based theory of language acquisition. London: Harvard University Press.

Tomblin, J.B., Records, N.L., Buckwalter, P., Zhang, X., Smith, E. and O'Brien, M. (1997). Journal of Speech, Language and Hearing Research, 40, 1245 - 1260.

Topper, S.T. (1975). Gesture language for a non - verbal severely retarded male. Mental Retardation, 13, 30 - 31.

Trasher, K. and Bray, N. (1984). Effects of iconicity, taction, and training technique on the initial acquistion of manual signing by the mentally retarded. Presented at the 17th Annual Gatinburg Conference on Research in Mental Retardation, Gatinburg, 1984.

Travis, J. and Geiger, M. (2010). The effectiveness of the Picture Exchange Communication System (PECS) for children with autism spectrum disorder (ASD): A South African pilot study. Child Language Teaching and Therapy, 26, 39 - 59.

Trefler, E. and Crislip, D. (1985). No aid, an Etran, a Minspeak: A comparison of efficieny and effectiveness during structured use. Augmentative and Alternative Communication, 1, 151 - 155.

Trevathan, E. and Moser, H.W. (1988). Diagnostic criteria for Rett syndrome. Annals of Neurology, 23, 425 - 428.

Trevarthen, C. (1986). Notes on the psychology and developmental neurobiology of Rett syndrome. Journal of Mental Deficiency Research, 31, 106 - 108.

Trevinarus, J. and Tannock, R. (1987). A scanning computer access system for children with severe physical disabilities. The American Journal of Occupational Therapy, 41, 733 - 738.

Troseth, G.L., Pierroutsakos, S.L. and DeLoache, J.C. (2004). From the innocent to the intelligent eye: The early development of pictorial competence. Advances in Child Development and Behavior, 32, 1 - 35.

Udwin O. and Yule, W. (1990). Augmentative communication systems taught to cerebral palsy children - a longitudinal study. 1. The acquisition of signs and symbols and syntactic aspects of their use over time. British Journal of Disorders of Communication, 25, 295 - 309.

Udwin, O. and Yule, W. (1991). Augmentative communication systems taught to cerebral-palsied children - A longitudinal study. 3. Teaching practices and exposure to sign and symbol use in schools and homes. British Journal of Disorders of Communication, 26, 149 - 162.

Undheim, J.O. (1978). H? ndbok til Wechsler Intelligence Scale for Children - Revised. Oslo: Norsk Psykologforening.

Valiquette, V., Sutton, A. and Ska, B. (2010). A graphic symbol tool for the evaluation of communication, satisfaction and priorities of individuals with intellectual disability who use a speech generating device. Child Language Teaching and Therapy, 26, 313 - 319.

Van Acker, R. (1991). Rett syndrome: A review of current knowledge. Journal of Autism and Developmental Disorders, 21, 381 - 406.

Vance, M. and Wells, B. (1994). The wrong end of the stick: Language - impaired children's understanding of non - literal language. Child Language Teaching and Therapy, 10, 23 - 46.

Vanderheiden, D.B., Brown, W.P., MacKenzie, P., Reinen, S. and Scheibel, C. (1975). Symbol communication for the mentally handicapped. Mental Retardation, 13, 34 - 37.

Vanderheiden, G.C. and Lloyd, L.L. (1986). Communication systems and their components. In S.W. Blackstone (Eds.), Augmentative communication: An introduction (pp. 49 - 161). Rockville, Maryland: American Speech and Hearing Association.

van Engeland, H. and Buitelaar, J.K. (2008). Autism spectrum disorders. In M Rutter, D. Bishop D, Pine, S. Scott, J.S. Stevenson and E.A. Taylor (Eds.), Child and adolescent psychiatry, 5th edition (pp. 759 - 781). Oxford: Blackwell Publishing.

van Oosterom, J. and Devereux, K. (1985). Learning with Rebus glossary. Back Hill, UK: Earo, The Resource Centre.

Vaughn, B. and Horner, R.H. (1995). Effects of concrete versus verbal choice systems on problem behavior. Augmentative and Alternative Communication, 11, 89 - 92.

Venkatagiri, H.S. (1993). Efficiency of lexical prediction as a communication acceleration technique. Augmentative and Alternative Communication, 9, 161 - 167

Venkatagiri, H.S. (1994). Effect of sentence length and exposure on the intelligibility of synthesized speech. Augmentative and Alternative Communication, 10, 96 - 104.

Venkatagiri, H.S. and Ramebadran, T.V. (1995). Digital speech synthesis: A tutorial. Augmentative and Alternative Communication, 11, 14 – 25.

Vesmarovich, S. Hauber, R.P. and Jones, M. (2000). Using telecommunication technologies to change the world for people with disabilities related to catastrophic neurological impairment. CyberPsychology, 3, 925 – 928.

Villiers, J.G.D. and McNaughton, J.M. (1974). Teaching a symbol language to autistic children. Journal of Conculting and Clinical Psychology, 42, 111 – 117.

Volkmar, F.R., State, M. and Klin, A. (2009). Autism and autism spectrum disorders: Diagnostic issues for the coming decade. Journal of Child Psychology and Psychiatry, 50, 108 – 115.

von Tetzchner, S. (1984a). Facilitation of early speech development in a dysphatic child by use of signed Norwegian. Scandinavian Journal of Psychology, 25, 265 – 275.

von Tetzchner, S. (1984b). Tegnspr? ksoppl? ring med psykotiske/autistiske barn: Teori, metode og en kasusbeskrivelse. Tidsskrift for Norsk Psykologforening, 21, 3 – 15.

von Tetzchner, S. (1985). Words and chips – pragmatics and pidginization of computer - aided communication. Child Language Teaching and Therapy, 1, 295 – 305.

von Tetzchner, S. (1987). Testprogrammer for barn med bevegelseshemning. Oslo: Sentralinstituttet for Cerebral Parese.

von Tetzchner, S. (Ed.) (1991). Issues in telecommunication and disability. Luxembourg: Office for Official Publications of the European Communities.

von Tetzchner, S. (1996a). Facilitated, automatic and false communication: Current issues in the use of facilitating techniques. European Journal of Special Needs Education, 11, 151 – 166.

von Tetzchner, S. (1996b). The contexts of early aided language acquisition. Presented at the 7th Biennial Conference of the International Society for Augmentative and Alternative Communication, Vancouver, August 1996.

von Tetzchner, S. (1997a). The use of graphic language intervention among young children in Norway. European Journal of Disorders of Communication, 32, 217 – 234.

von Tetzchner, S.v. (1997b). Communication skills of females with Rett syndrome. European Child and Adolescent Psychiatry, 6 (Supplement 1), 33 – 37.

von Tetzchner, S. (1997c). Historical issues in intervention research: Hidden knowledge and facilitating techniques in Denmark. European Journal of Disorders of Communication, 32, 1 – 18.

von Tetzchner, S. (2001). Utviklingspsykologi: Barne - og ungdomsalderen (Developmental psychology: Childhood and adolescence). Oslo: Gyldendal Akademisk

von Tetzchner, S. (2003). Utfordrende atferd for mennesker med l? rehemning (Challenging behaviour in individuals with learning disability). Oslo: Gyldendal Akademisk.

von Tetzchner, S. (2004). Early intervention and prevention of challenging behaviour in children with learning disabilities. Perspectives in Education, 22, 85 – 100.

von Tetzchner, S. (2006, December 1st). Communication impairments in girls with Rett syndrome. Invited presentation in Autism Affinity Distinguished Lecture Serie, Center for Autism Research and Treatment, University of California, Los Angeles.

von Tetzchner, S. (2009). Suporte ao desenvolvimento da comunica?? o suplementar e alternative. In D. Deliberato, D., M. de J. Gon? alves and E. C. de Macedo (Eds.), Comunica?? o alternative: Teoria, prática, tecnologias e pesquisa (pp. 14 – 27). S? o Paulo: Memnon Edi?? es Científicas.

von Tetzchner, S. (2010). Teoretiske og kliniske perspektiver p? felles oppmerksomhet. In V. Moe, K. Slinning and M. Bergum Hansen (Eds.), H? ndbok i sped - og sm? barns psykiske helse (pp 424 – 444). Oslo: Gyldendal Akademisk.

von Tetzchner, S., Brekke, K.M., Sj? thun , B. and Grindheim, E. (2005). Constructing preschool communities of learners that afford alternative communication. Augmentative and Alternatve Communication, 21, 82 – 100.

von Tetzchner, S., Dille, K., J? rgensen, K.K., Ormhaug, B.M., Oxholm, B. and Warme, R. (1998). From single signs to relational meanings. Presented at the 8th Biennial Conference of the International Society for Augmentative and Alternative Communication, Dublin, August 1998.

von Tetzchner, S. and Grove, N. (2003). The development of alternative language forms. In S. von Tetzchner and N. Grove (Eds.), Augmentative and alternative communication: Developmental issues (pp. 1 – 27). London, UK: Whurr/Wiley.

von Tetzchner, S., Jacobsen, K.H., Smith, L., Skjeldal, O.H., Heiberg, A. and Fagan, J.F. (1996). Vision, cognition and developmental characteristics of girls and women with Rett syndrome. Developmental Medicine and Child Neurology, 38, 212 – 225.

von Tetzchner, S. and Jensen, K. (1999). Communicating with people who have severe communication impairment: Ethical considerations. International Journal of Disability, Development and Education, 46, 453 – 462.

von Tetzchner, S. and Jensen, M.H. (1996). Introduction. In S. von Tetzchner and M.H. Jensen (Eds.), Augmentative and alternative communication: European perspectives (pp. 1 – 18). London: Whurr/Wiley.

von Tetzchner, S. and Martinsen, H. (1980). A psycholinguistic study of the language of the blind: I. Verbalism. International Journal of Psycholinguistics, 19, 49 – 61.

von Tetzchner, S. and Martinsen, H. (1996). Words and strategies: Communicating with young children who use aided language. In S. von Tetzchner and M.H. Jensen (Eds.), Augmentative and alternative communication: European perspectives (pp. 65 – 88). London: Whurr/Wiley.

von Tetzchner, S. and ? ien, I. (1989). Rett syndrom: Forl? p og tiltak. Video. Oslo: Norsk forening for Rett syndrom.

von Tetzchner, S., ? vreeide, K. D., J? rgensen, K. K., Ormhaug, B. M., Oxholm, B. and Warme, R. (2004). Acquisition of graphic communication by a young girl without comprehension of spoken language. Disability and Rehabilitation, 26, 1335 – 1346.

von Tetzchner, S., Rogne, S.O. and Lilleeng, M.K. Literacy intervention for a deaf child with severe reading disorders. Journal of Literacy Research, 1997, 29, 25 – 46.

Vygotsky, L. (1962). Thought and language. Cambridge, Massachusetts: MIT Press.

Wagner, K.R. (1985). How much do children say in a day? Journal of Child Language, 12, 475 – 487.

Walker, M. (1976). Language programmes for use with the revised Makaton vocabulary. Surrey: M. Walker.

Walker, M., Parson, P., Cousins, S., Carpenter, B. and Park, K. (1985). Symbols for Makaton. Back Hill, UK: Earo, The Resource Centre.

Waller A. and O'Mara, D. (2003). Augmentative and alternative communication and the development of personal story telling. In S. von Tetzchner and N. Grove (Eds.), Augmentative and alternative communication: Developmental issues (pp. 256 - 271). London, UK: Whurr/Wiley.

Warren, D.H. (1994). Blindness and children. Cambridge: Cambridge University Press.

Warren, S.F. and Kaiser, A.P. (1986). Incidental teaching: A critical review. Journal of Speech and Hearing Disorders, 51, 291 - 299.

Watson, M.M. and Leahy, J. (1995). Multimodal therapy for a child with developmental apraxia for speech: A case study. Child Language Teaching and Therapy, 11, 264 - 272.

Watters, R.G. Wheeler, L.J. and Watters, W.E. (1981). The realtive efficiency of two orders for training autistic children in the expressive and receptive use of manual signs. Journal of Communication Disorders, 14, 273 - 285.

Webster, C.D., McPherson, L., Evans, M.A. and Kuchar, E. (1973). Communication with an autistic boy by gesture. Journal of Autism and Childhood Schizophrenia, 3, 337 - 346.

Weir, R.H. (1966). Some questions on the child's learning of phonology. In F. Smith and G. A. Miller (Eds.), The genesis of language (pp. 153 - 168). London: The MIT Press.

Weis, D.A. (1967). Cluttering. Folia Phoniatrica, 19, 233 - 263.

Wells, M.E. (1981). The effect of total communication training versus traditional speech training on word articulation in severely mentally retarded individuals. Applied Research in Mental Retardation, 2, 323 - 333.

Wergeland, E. (1995).

Wexler, K., Blau, A., Leslie, S. and Dore, J. (1983). Conversational interaction of nonspeaking cerebral palsied individuals and their speaking partners, with and without augmentative communication aids. Manuscript, West Haverstraw, Helen Hayes Hospital.

Whedall, K. and Jeffree, D. (1974). Criticisms regarding the use of PPVT in subnormality research. British Journal of Disorders of Communication, 9, 140 - 143.

Wherry, J.N. and Edwards, R.P. (1983). A comparison of verbal, sign, and simultaneous systems for the acquisition of receptive language by an autistic boy. Journal of Communication Disorders, 16, 201 - 216.

Whitehead, R.L., Schiavetti, N. Metz, D.E. and Farrell, T. (1999). Temporal characteristics of speech produced by inexperienced signers during simultaneous communication. Journal of Communication Disorders, 32, 79 - 95.

Wilken - Timm, K. (1997). Kommunikationshilfen zur Pers? nlichkeitsentwicklung. Karlsruhe: von Loeper Literaturverlag.

Wilkinson, K.M., Romski, M.A. and Sevcik, R.A. (1994). Emergence of visual - graphic symbol combinations by youth with moderate or severe mental retardation. Journal of Speech and Hearing Research, 37, 883 - 895.

Willinger, U., Brunner, E., Diendorfer - Radner, G., Sams, J., Sirsch, U. and Eisenwort, B. (2003). Behaviour in children with language development disorders. Canadian Journal of Psychiatry, 48, 607 - 614.

Wills, K.E. (1981). Manual communication for nonspeaking hearing children. Journal of Pediatric Psychology, 6, 15 - 27.

Wing, L. (1999). Diagnostic Interview for Social and Communication Disorders (DISCO), 10th Edition. London: Autistic Society.

Wing, L. and Potter, D. (2002). The epidemiology of autistic spectrum disorders: Is the prevalence rising? Mental Retardation and Developmental Disabilities Research Reviews, 8, 151 – 161.

Woll, B. and Barnett, S. (1998). Toward a spsiolinguistic perspective on augmentative and alternative communication. Augmentative and Alternative Communication, 14, 200 – 211.

Woll, B. and Grove, N. (1996). On language deficits and modality in children with Down syndrome: A case study of twins bilingual in BSL and English. Journal of Deaf Studies and Dead Education, 1, 271 – 278.

Woodyatt, G.C. and Ozanne, A.E. (1992). Communication abilities in a case of Rett syndrome. Journal of Intellectual Disability Research, 36, 83 – 92.

Woodyatt, G.C. and Ozanne, A.E. (1993). A longitudinal study of communication behaviours in children with Rett syndrome. Journal of Intellectual Disability Research, 37, 419 – 435.

World Health Organization (1993). The ICD - 10 classification of mental and behavioural disorders: Diagnostic criteria for research. Geneva: World Health Organization.

Yoder, D.E. and Kraat, A. (1983). Intervention issues in nonspeech communication. In J. Miller, D.E. Yoder and R.L. Schiefelbusch (Eds.), Contemporary issues in language intervention (pp. 27 – 51). Rockville, Maryland: American Speech and Hearing Association.

Yorkston, K.M.. Honsinger, M.J., Dowden, P.A. and Marriner, N. (1989). Vocabulary selection: A case report. Augmentative and Alternative Communication, 5, 101 – 109.

后 记

　　众所周知，中国是一个人口大国，也是一个残疾人口大国。如何满足残疾人的教育、康复、卫生、就业等诸方面的需要，提高他们生活的质量，是各级政府面临的严峻挑战。近些年来，随着我国经济社会的飞速发展和社会文明程度的不断提高，特殊教育事业得到了巨大的发展。在此过程中，一些新类型的特殊需要儿童如孤独症、学习障碍、情绪和行为障碍儿童的教育问题越来越受到社会的重视，相关的培训机构和研究机构也在纷纷出现。但由于我国特殊教育的基础相对薄弱，有关的研究成果不多，因此，对于这些儿童的教育、康复手段还很有限。为了满足社会尤其是家长的需要，我们需要借鉴国外特殊教育同行的研究成果和研究方法，并结合我们具体的国情来设计适合我国特殊需要儿童的教育训练方案。为此，我们翻译了《走出自闭——发展障碍儿童、青少年和成人的沟通辅助技术》这本书。

　　本书的作者斯蒂芬·冯·特茨纳和哈拉尔德·马丁森是挪威奥斯陆大学的知名教授，他们长期从事特殊教育尤其是发展障碍儿童的教育研究，既有精深的特殊教育理论知识，又有丰富的特殊教育实践经验。更为难能可贵的是，作者对中国人民非常友好，对中国的残疾人事业充满热情和信心，愿意把自己多年的研究成果与中国的特殊教育同行分享。斯蒂芬·冯·特茨纳教授还几次来京，亲临现场指导康复机构的教师对孤独症儿童进行康复训练，并在北京师范大学教育学部举办相关讲座，与特教系的师生进行学术交流。其学术水平和敬业精神给我们留下了非常深刻的印象。

　　本书主要由我和我的研究生翻译。她们是：李欢、张瑶、金晶、王亮、郑晶晶、袁玉芬、戚克敏和陆莎。另外，特殊教育的爱心人士刘勇先生翻译了第一章。译稿的统稿和修订工作由我、付秀银和刘勇完成。这本书的翻译工作是在我们从繁忙的工作中抽出时间的情况下完成的，也是在研究生们积极参与的情况下完成的。希望我们的求实态度和刻苦精神能弥补翻译过程中存在的不足，也衷心希望广大读者能不吝赐教。

肖　非

2011 年 1 月于北京师范大学

图书在版编目（CIP）数据

　　走出自闭——发展障碍儿童、青少年和成人的沟通辅助技术／（挪）特茨纳，（挪）马丁森著;五彩鹿儿童行为矫正中心，北京师范大学特殊教育系编译. －天津：天津教育出版社，2011.9

　　ISBN 978 - 7 - 5309 - 6569 - 6

　　Ⅰ. ①走… Ⅱ. ①特… ②马… ③五… ④北… Ⅲ. ①缄默症 - 特殊教育 - 研究②心理交往 - 研究 Ⅳ. ①G760②C912.1

　　中国版本图书馆 CIP 数据核字（2011）第 183182 号

走出自闭——发展障碍儿童、青少年和成人的沟通辅助技术

出 版 人	胡振泰
作　　者	（挪威）斯蒂芬·冯·特茨纳，（挪威）哈拉尔德·马丁森著
译　　者	五彩鹿儿童行为矫正中心，北京师范大学特殊教育系
选题策划	陈志平　蒋丰祥
责任编辑	董　刚
装帧设计	刘长月　戚克娜

出版发行　天津教育出版社
　　　　　天津市和平区西康路 35 号
　　　　　　邮政编码 300051
　　　　　　http://www.tjeph.com.cn

经　　销	新华书店
印　　刷	洛阳市报人印刷厂
版　　次	2011 年 9 月第 1 版
印　　次	2011 年 9 月第 1 次印刷
规　　格	16 开(787×1092 毫米)
字　　数	380 千字
印　　张	27.5
书　　号	ISBN 978 - 7 - 5309 - 6569 - 6
定　　价	59.80 元